本报告是

"读懂如意甘肃·解码文化基因"甘肃历史文化研究与传播专项课题重点项目：

"甘肃境内黄河文化与中华民族多元一体格局形成的考古学研究"（2023ZD007）、

"公众考古学视野下的甘肃考古文化资源"（2023ZD001）

阶段性成果

本报告出版得到

国家重点文物保护专项补助经费资助

广 河 齐 家 坪

甘肃省文物考古研究所
复旦大学文物与博物馆学系　编著

文物出版社

图书在版编目（CIP）数据

广河齐家坪 / 甘肃省文物考古研究所, 复旦大学文物与博物馆学系编著. -- 北京 : 文物出版社, 2023.12
ISBN 978-7-5010-8219-3

Ⅰ.①广… Ⅱ.①甘… ②复… Ⅲ.①文化遗址—出土文物—研究—广河县 Ⅳ.①K878.04

中国国家版本馆CIP数据核字(2023)第196249号

广 河 齐 家 坪

编　　著：甘肃省文物考古研究所
　　　　　复旦大学文物与博物馆学系

封面设计：王文娴
责任编辑：张晓雯　秦　彧
责任印制：王　芳

出版发行：文物出版社
社　　址：北京市东城区东直门内北小街 2 号楼
邮　　编：100007
网　　址：http://www.wenwu.com
经　　销：新华书店
印　　刷：北京荣宝艺品印刷有限公司
开　　本：889mm×1194mm　1/16
印　　张：32.75
字　　数：786 千字
版　　次：2023 年 12 月第 1 版
印　　次：2023 年 12 月第 1 次印刷
书　　号：ISBN 978-7-5010-8219-3
定　　价：580.00 元

Qijiaping Site,Guanghe

Compiled by

Gansu Provincial Institute of Cultural Relics and Archaeology

Department of Cultural Heritage and Museology at Fudan University

Cultural Relics Press

目　录

插图目录

彩版目录

图版目录

第一章　绪　论

第一节　地理环境

　　齐家坪遗址位于甘肃陇中黄土高原区临夏回族自治州广河县齐家镇[1]排子坪村[2]（图一）。

　　陇中黄土高原位于青藏高原与黄土高原的过渡地带，东连陕北，南依北秦岭地区的宝鸡、天水，西接碌曲夏河盆地和河湟盆地，北通河西走廊。境内多山谷，少平地。地质构造复杂，在大地构造上属于鄂尔多斯地台及祁连山褶皱系与西秦岭褶皱系的交接地段。受喜马拉雅山运动影响隆起的六盘山走向近南北，将陇中黄土高原分为陇东黄土高原和陇西黄土高原两部分。

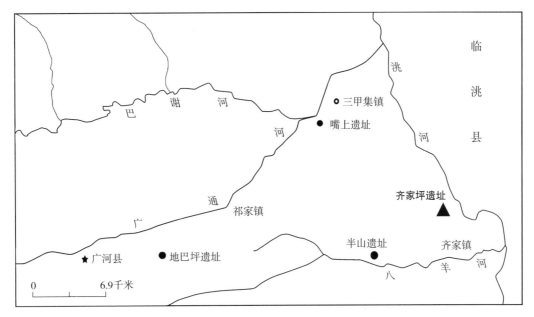

图一　齐家坪遗址地理位置示意图

（引自《中国文物地图集·甘肃分册》，测绘出版社，2010年，第299页）

---

[1] 齐家镇原名排子坪，在洮河上放运的木筏排子经此停放而得名。中华人民共和国成立前属望河乡，1958年公社化改名为水泉公社，排子坪遂归水泉公社；1961年11月从水泉公社划分一部分新组建排子坪公社，1968年撤销水泉公社，将原水泉公社邓家湾、上马家、黄家湾等大队划归排子坪公社，1983年3月改为排子坪乡，2006年6月改名齐家镇，沿用至今。

[2] 遗址发掘记录称：排子坪公社黄家湾大队齐家坪生产队。

黄土高原地貌复杂，受其影响，土壤、热量、水分及农业生产方面都有明显差异。黄土塬区地势平坦、开阔，土壤肥沃，农业生态条件较好；但黄土梁峁区起伏较大，土壤瘠薄，水土流失较严重；河谷盆地地表平坦，耕地连片，土质肥沃，气候温和，水源丰富，灌溉便利，农业生产条件优越[1]。

广河县位于甘肃省中部偏西南，临夏回族自治州东南部，该州位于陇西黄土高原的西南部。陇西黄土高原地势较高且起伏大，海拔在 1200 ~ 2500 米之间。该区域由于古代地形深受切割及后期受流水的剧烈侵蚀，不仅发育了塬、梁、峁、涧、坪、川台阶地、沟壑等黄土地貌，还有黄土潜蚀地貌。有基岩突起的较高山峰，宛如黄土海洋中的岩岛，最著名的有兴隆山、马衔山、华家岭、屈吴山等。

广河县北临东乡族自治县，西接和政县，南连康乐县，东面与定西地区临洮县隔洮河相望。县城西北距临夏市 52 千米，距康乐县 41 千米，西南距和政县 23 千米，西北距东乡族自治县 59 千米。广河县东西长 45 千米，南北宽 13 千米，总面积 556 平方千米。地理坐标为北纬 35° 25′ ~ 35° 28′，东经 102° 23′ ~ 103° 51′。由于广通河自西向东横贯全境，县境地形自西南向东北倾斜。境内多为山地，平均海拔 1953 米，以西南角与和政、康乐交界处的风转磨最高，海拔 2660 米。东部的三甲集镇干坝，海拔 1809 米，大坪东北洮河交界处，海拔 1790 米，为县境东北角最低处。境内除中部的广通河谷冲积阶地地势平坦外，其余地区则丘陵密布，地形复杂，地势起伏大，沟壑纵横。黄河支流洮河及其支流广通河流经该县。

洮河古名洮水，《水经注》有"河水又东，洮水注之"。藏语又称为碌曲（意为"龙水"或"神水"，即从龙王宫殿流出的泉水）。《晋书·地道记》曰："县有禹庙，禹所出也。又东北出山，注于洮水。洮水又北，翼带三水，乱流北入河。"《地理志》曰："洮水北至枹罕，东入河，是也。"洮河是黄河上游右岸最大的一级支流，发源于青海省海南藏族自治州境内的西倾山北麓勒尔当，干流河道全长 673 千米，流域总面积为 25527 平方千米。洮河出青海省河南蒙古族自治县赛尔龙镇流入甘肃省，由西向东流经碌曲、临潭、卓尼，在岷县急转北流，经九甸峡和海甸峡，穿临洮盆地，至永靖县刘家峡水库坝上 2 千米处汇入黄河。洮河流域地跨甘南高原和陇中黄土高原两大地貌单元，干流分为 3 段：岷县西寨以上为上游，西寨至临洮县的海甸峡（倒流河口）为中游，海甸峡以下为下游。流域地势整体西高东低、南高北低，海拔相差悬殊，地貌复杂多样，上下游差别明显，高原、山地占总面积的 98% 以上。洮河干流两岸支沟发育，水系成树枝状分布，长度大于 10 千米且多年平均流量大于 0.1 立方米/秒的大小支沟共有 219 条，其中一级支流 97 条，水土流失严重[2]。

洮河在广河县流经排子坪乡和三甲集镇，长约 20 千米，广河县可利用洮河水 1010 万立方米。本区域内黄土覆盖深厚，植被稀少，水土流失严重，是洮河泥沙的主要来源区。洮河流

[1] 李志强、刘学录：《甘肃地貌区划与地貌条件的农业评价》，《甘肃农业大学学报》1994年第4期。

[2] 哈月新、张荣、姚代顺：《洮河流域水生态问题及治理措施探讨》，《水利发展研究》2019年第6期。

域内河道所经之地多为较宽广的河谷盆地，如干流的临洮盆地和支流广通河的广河盆地等，都是宽广平缓之地，气候适宜，水源条件好，宜于发展农业。

广通河古名大夏水，下游称改河。《水经注》有"洮水右合二水，左会大夏川水"。因明《一统志》将临夏境内的漓水（现代地理之大夏河）误记为大夏水，后世才将改河称广通河。广通河，发源于太子山中部的凯卡，上游称新营河，向北流入和政县境，过新营乡，沿途有小槐沟、北里阳洼、铁沟等支流汇入，至买家集镇与西南来的牙塘河相汇，和政县志全部称为牙塘河。经县城后转向东流，过三合镇约2千米后进入广河县境，至三甲集镇汇入洮河。

广通河流域，西部属青藏高原与黄土高原交汇地带，东部属陇西黄土高原丘陵沟壑地带。为温带半干旱气候，年平均气温 7.9℃，最高极端气温 34.7℃，最低极端气温零下 16.4℃，年降雨量 382.8 毫米，无霜期 140 天。广通河上游位于太子山北坡，山大坡陡，海拔高，降雨多，气温较低，人口密度小，植被茂密，针阔混交林、高山草甸分布广泛。下游在广河—和政盆地，山小坡缓，气候温和，人口分布密集，生态破坏严重，除了耕地外都是裸露的黄土和盐碱地[1]。

广通河流域是多民族聚居区域。至 2010 年，广河县辖 6 镇 3 乡，102 个行政村，1121 个合作社，总人口 22.3049 万人，人口密度 415 人 / 平方千米。广河县回族、东乡族等少数民族人口占总人口的 98%[2]。

第二节　历史沿革

广河县历来是中国西部的重要商埠之一，具有"西部旱码头"之称。举世闻名的"唐蕃古道"穿此而过，明代又是"茶马互市"的一个重要市场。

旧石器时代就有人类在此繁衍，锁南坝镇王家村的下王家旧石器时代遗址就采集到石器和石片。新石器时代考古遗存以马家窑文化为主体。

青铜时代，齐家文化由东向西发展，与马家窑文化交融碰撞。继齐家文化之后，辛店文化得以继承并发展。辛店文化一改齐家文化时彩陶几近绝迹的面貌，出现了一批以黑彩回形纹、双勾纹、犬形纹、平行线纹等的彩陶器。

春秋时，羌、戎族部在这一地区过着半农半游牧的生活。战国末期隶属古雍州。

广河自古扼居交通要冲，汉唐以来，一直是中原沟通西域和进入西藏的重要通道。

秦朝初设罕羌侯邑，后来又设枹罕县。西汉初，临夏境内有大夏县、枹罕县、白石县，隶属陇西郡。东汉建武十二年（36年），金城郡入陇西；献帝建安十九年（214年），曹操遣夏侯渊讨伐，屠枹罕城。三国时，属魏国，初辖于秦州陇西郡。黄初年间枹罕县和大夏县又属雍

---

[1]　广河县志编纂委员会：《广河县志》，兰州大学出版社，1995年。

[2]　广河县地方史志编纂委员会：《广河县志（1987～2010）》，甘肃民族出版社，2020年。

州陇西郡。

十六国时，前凉太元二十一年（344 年），分凉州东界六郡置河州。前秦建元七年（371 年），设河州，治枹罕。西秦太初二年（389 年），设北河州，治枹罕。后秦弘始二年（400 年），姚兴攻西秦取枹罕，亦设河州于枹罕，仍归乞伏氏统辖。西秦更始元年（409 年），乞伏乾归复夺地兴国。乞伏炽磐于永康元年（412 年）徙都谭郊，后移都枹罕。乞伏暮末永弘四年（431 年），为夏赫连定所灭，遂入吐谷浑。北魏太平真君六年（445 年）置枹罕镇。太和十六年（492 年），改置枹罕镇为河州。北周武帝保定四年（564 年），以西道空虚，置河州总管府，节制河、洮、鄯三州、七防诸军事。保定五年（565 年），移总管府于洮州，未几还治河州，旋废。

隋初设枹罕郡。开皇三年（583 年）改为河州。大业二年（606 年）并省州、县。后复改州为郡。隋末为金城校尉薛举所据。

唐武德元年（618 年），改置河州，属陇右道。天宝元年（742 年）改为安乡郡。乾元元年（758 年）复为河州。宝应元年（762 年），为吐蕃属地，仍称河州。

北宋熙宁五年（1072 年）置熙河路。熙宁六年（1073 年），王韶取河州，属熙河路经略安抚司。

金天会九年（1131 年），被金占领，亦为河州。大定二十七年（1187 年），改熙秦路总管府为临洮路，仍属之。

1227 年，蒙古占领河州，初属陕西行中书省巩昌路。忽必烈至元六年（1269 年），改河州为河州路，划归吐蕃等处宣慰使司统辖。

明洪武四年（1371 年），置河州卫，受辖于陕西都司西安行都卫。洪武九年（1376 年），西安行都卫废，后复设，移治甘州（今张掖）。洪武十年（1377 年），河州改置为军民指挥使司，治事河州城，统管军民。成化九年（1473 年）复置河州，属临洮府。河州军民指挥使司改为河州卫，隶于陕西都指挥使司。

清初期，州、卫并存。州属甘肃行省，卫隶陕西都指挥使司。康熙三年（1664 年），州属陕西右布政使司临洮府。雍正四年（1726 年），裁撤河州卫。乾隆二十七年（1762 年），移临洮府驻兰州，遂名兰州府，河州属之。

1913 年，府、州制废，河州改为导河县，属甘肃省兰山道。1917 年，设立宁定县，县治设在太子寺，隶属于兰山道。道废后，直属于省。1919 年设宁定县。1949 年宁定县解放，至 1956 年属临夏专区管辖。1953 年撤销宁定县建置，成立广通回族自治区。1955 年又改自治区为广通回族自治县。1956 年临夏专署撤销，设立临夏回族自治州，广通回族自治县改称广通县。后因县名与云南省广通县重复，于 1957 年改为广河县。1958 年，国务院批准撤销广河县，将其行政区并入和政县。1961 年，恢复广河县，以合并于和政县的原广河县行政区为广河县行政区，沿袭至今[1]。

[1]　广河县志编纂委员会：《广河县志》，兰州大学出版社，1995 年。

第二章　遗址概况

　　齐家坪遗址位于甘肃省临夏回族自治州广河县齐家镇排子坪村（彩版一）。遗址东临洮河，西傍二坪山，南临水沟晏子坪，北靠军马沟，平均海拔 1900 米。1996 年，国务院公布该遗址为全国重点文物保护单位，其地理坐标为北纬 35°26′～35°27′，东经 103°48′～103°49′。遗址中心区域南北长约 441.4 米，东西宽约 375.2 米，面积约 165613.3 平方米。文化层堆积厚约 0.5～1.5 米，内涵极为丰富。

第一节　考古发现与发掘

　　1924 年夏季，瑞典考古学家安特生及其助手沿洮河一带首次进行考古调查和发掘，在此发现与仰韶文化截然不同的陶器，以及与安佛拉瓶造型类似的双大耳罐，在他所著的《甘肃考古记》中，齐家文化是早于甘肃仰韶（即马家窑文化）不含彩陶的遗存，并将其列为甘肃六段远古文化之首，称为齐家段。1945 年，夏鼐先生在广河阳洼湾发掘 2 座齐家文化墓葬。在填土中出土了马家窑文化彩陶片，证明马家窑文化早于齐家文化[1]。据此，夏鼐先生纠正了安特生的错误推断，认为齐家文化晚于马家窑文化。

　　1975 年 6～7 月，甘肃省博物馆文物工作队组织人员对齐家坪遗址进行了首次发掘，本次发掘的区域被命名为 A 区（图版一，1）；同年 10～11 月又对该址进行了第二次发掘，此次发掘的区域命名为 B 区（图版一，2）。参加发掘的人员有甘肃省博物馆文物工作队郭德勇、萧亢达、贠安志、翟春玲、朱瑞明、庞耀先，敦煌文物研究所孙修身。两次发掘区均位于广河县齐家镇排子坪村，发掘总面积近 700 平方米，遗迹有墓葬、房址、灰坑等，遗物有石器、骨器、玉器、铜器、陶器等。

　　A 区位于排子坪村的东南部，距离村庄约有 1 千米的路程，称为东家咀（图版一，3）。地貌原是一片斜坡形的开阔地，地层比较简单，在"农业学大寨"的群众运动中，已被修成梯田。整个发掘 A 区东部原为斜坡状，修梯田时堆积了大量的扰土，扰乱非常严重；中部基本上无扰乱，保存了原始的地形特征；遗址的西部在清除了厚约 0.2～0.4 米的现代耕土层后，部

---

[1]　夏鼐：《甘肃省古文化遗存》，《考古学报》1960年第2期，第32页。

分墓葬的墓口轮廓便显露出来。A 区共发掘 5 米 ×5 米探方 19 个，揭露面积约 475 平方米。主要遗迹有墓葬、灰坑和祭祀遗迹等，共清理出墓葬 112 座、房址 3 座、灰坑 2 个、窑址 1 座（图版二）。

B 区位于村庄东面，地形为一处面积不大的台地，台地地势较平缓，与村民住宅相邻。B 区共开探方 3 个，揭露面积约 200 平方米。B 区主要为遗址区，主要遗迹有墓葬、房址、墙基、硬土路面、灰坑等。共清理墓葬 5 座、房址 2 座、灰坑 15 个、红烧土墙基 5 处、硬土路面 1 条。另外还在 B 区附近发现 1 座墓葬，考古队也对其进行了清理。

第二节　考古勘探

为配合相关单位修订齐家坪遗址的文物保护规划方案，并为其提供更为科学而坚实的依据，我们需要进一步摸清齐家坪遗址的布局和范围。2008 年，甘肃省文物考古研究所和陕西龙腾勘探有限公司合作，对该遗址涉及的范围进行全面踏查和勘探，勘探面积 248077.56 平方米，初步确定了遗址的分布范围，圈定遗址中心区域和墓葬中心区域。遗址中心区域内文化层堆积厚，陶片多、灰层广，遗迹分布相对集中。房屋居住面铺设平整光滑的白灰面，其下有草拌泥层。墓葬中心区域内墓葬分布密集，规律明显，有叠压或打破关系的墓葬较多，大部分墓葬内有陶片和骨骼残存。齐家坪遗址主要分布在二坪山、小咀子山、大咀子山和东家咀山上。

（1）二坪山

位于齐家坪村西部，山势较为平缓，自然地势西高东低。西部为绵延的高山，南部是排子坪山，北部有沟壑，东部是较开阔的台地，现为齐家坪村村民居住区。地层堆积根据地势高低起伏分为东、中、西三部分。

1）东部呈缓坡状，地层堆积可分四层。

第①层：耕土层，厚约 0.3～0.6 米，土质松散，呈浅褐色。地层内含大量植物根系及少量灰土点、红烧土块、小石块。

第②层：冲积层，厚约 0.4 米，土质较松散，呈浅黄色颗粒状。地层内含少量植物根须和料礓石块。

第③层：料礓石结节层，厚约 0.2～0.5 米，土质较硬，呈浅黄色颗粒状。

第④层：淤积层，厚约 0.4～0.5 米，土质较松散，呈黄褐色。地层内含较多的细沙、淤土及零星红烧土、小木炭块。

文化层下为浅红色生土，含较多的料礓石块。

2）中部呈缓坡状，地层堆积仅一层。

耕土层，厚约 0.4 米，土质松散，呈浅黄色。地层内含大量植物根系及少量灰土点、红烧土块、小石块。该层下为较松散的黄褐色生土，含大量细黄沙。

3）西部为台地，地层堆积可分五层。

第①层：耕土层，厚约 0.4 米，土质松散，呈浅黄色。地层内含大量植物根系、少量灰土点和红烧土块。

第②层：扰土层，厚约 0.6 米，土质较松散，呈浅黄色颗粒状。地层内含少量植物根须和大量灰土。

第③层：冲积层，厚约 0.3 米，土质松散，较纯净，呈浅黄色颗粒状。

第④层：浅红色土层，厚约 0.4 米，土质较硬，呈浅红色块状结构。地层内含较多的小料礓石块和淤土。

第⑤层：淤积层，厚约 0.5 米，土质较松散，呈浅灰色颗粒状。地层内含较多的淤土、红烧土点和小木炭颗粒。

文化层下为浅黄色生土，较纯净，土质细腻。

（2）小咀子山

位于二坪山东部，自然地势西高东低。西部地势平缓，现为齐家坪村村民居住区。北部为沟壑，东部山势陡峭，其下洮河蜿蜒而行，南部与大咀子山隔沟相望。以台地为主，台地南北较长，均为耕地。地层堆积依地势高低起伏可分为东、中、西三部分。

1）东部为台地，地层堆积可分二层（中心区域）。

第①层：耕土层，厚约 0.3 米，土质松散，呈浅灰色。地层内含大量植物根系、少量灰土点和红烧土块。

第②层：文化层，厚约 1.5～2 米，东厚西薄，土质松散，呈灰褐色。地层内含少量灰土、小木炭块、骨块、石块和零星残陶片。

文化层下为较纯净的黄褐色生土，含较多细黄沙。

2）中部为台地，地层堆积可分二层（中心区域）。

第①层：耕土层，厚约 0.3 米，土质松散，呈浅黄色。地层内含大量植物根系、少量灰土点、红烧土块和残陶片。

第②层：文化层，厚约 0.3～1.2 米，东厚西薄，土质松散，呈灰褐色。地层内含大量灰土、红烧土块、小木炭块、骨块、石块和陶片。

文化层下为较纯净的黄褐色生土，含较多细黄沙。

3）西部为台地，地层堆积可分二层。

第①层：耕土层，厚约 0.3 米，土质松散，呈浅黄色。地层内含大量植物根系、少量灰土点和红烧土块。

第②层：冲积层，厚约 0.7 米，土质较松散，呈浅黄色颗粒状。地层内含少量灰土、小木炭块和残陶片。

文化层下为较纯净的黄褐色生土，含较多的细黄沙。

（3）大咀子山

位于二坪山东部，即齐家坪村东部，西高东低。西部与小咀子山相接形成较平缓的台地，东部坡势平缓，北部与小咀子山隔沟相望，南部与东家咀山隔沟相望。以台地为主，台地南北较长，均为耕地。

1）大咀子山西部与二坪山东部交汇处的台地区域，地层堆积可分二层。

第①层：耕土层，厚约0.3米，土质松散，呈浅黄色。含大量植物根系、少量灰土点和残陶片。

第②层：扰土层，厚约1.2～1.5米，南厚北薄，土质较松散，呈黄褐色片状。含少量灰土点、小红烧土块和残陶片。

文化层下为较纯净的黄褐色生土，含较多细黄沙。

2）大咀子山中部台地，地层堆积可分二层（中心区域）。

第①层：耕土层，厚约0.3米，土质松散，呈浅灰色。地层内含大量植物根系、少量灰土点、红烧土块和较多残陶片。

第②层：文化层，厚约1～1.9米，西厚东薄，呈斜向堆积，土质松散，呈灰褐色。地层内含大量灰土、小木炭块、骨块、残陶片。

文化层下为较纯净的黄褐色生土，含较多细黄沙。

3）大咀子山西部遗址边沿台地类区域，地层堆积可分二层。

第①层：耕土层，厚约0.3米，土质松散，呈浅黄色。地层内含大量植物根系、少量灰土点、红烧土块和零星残陶片。

第②层：文化层，厚约0.3～0.7米，南厚北薄，土质松散，呈黄褐色。地层内含少量灰土、小木炭块、骨块和零星残陶片。

文化层下为较纯净的黄褐色生土，含较多细黄沙。

4）大咀子山西北部齐家坪村区域为遗址中心区，现被压于村庄下，未进行勘探，地层堆积情况不明。

（4）东家咀山

位于齐家坪村东南部，目前是齐家文物管理所所在区域，地势西北高东南低。北部为大咀子山，西部为较平缓的台地，东部为缓坡，南部为沟壑。以台地为主，均为耕地。

1）东家咀山东部台地类，地层堆积可分二层。

第①层：耕土层，厚约0.2米，土质松散，呈浅黄色。地层内含大量植物根系和较多灰土点。

第②层：扰土层，厚约0.9米，土质松散，呈浅黄色，较纯净。地层内含零星灰土点及少量料礓石块。

文化层下为较纯净的黄褐色生土。

2）东家咀山中部台地类区域（墓葬中心区域），地层堆积可分二层。

第①层：耕土层，厚约0.3米，土质松散，呈浅黄色。地层内含大量植物根系和较多灰土点。

第②层：扰土层，厚约 0.7 米，土质松散，呈浅黄色。地层内含零星灰土点及少量料礓石块。该层下为较纯净的黄褐色生土。

3）东家咀山西部台地类区域，地层堆积可分二层。

第①层：耕土层，厚约 0.3 米，土质松散，呈浅黄色。地层内含大量植物根系及少量灰土点。

第②层：扰土层，厚约 1～1.7 米，由北向南呈缓坡状，土质松散、细腻，呈浅黄色，较纯净。地层内含零星残陶片。

文化层下为较纯净的黄褐色生土，含较多细黄沙。

齐家坪遗址由二坪山、小咀子山、大咀子山和东家咀山等单元组成，遗址总面积 496634.82 平方米。

遗址中心区域位于齐家坪村周围，呈不规则形分布，南北长约 441.4 米，东西宽约 375.2 米，面积约 165613.3 平方米。该区域内地表可见大量橙黄色和灰褐色陶片，台地断面上暴露有灰坑、白灰面和红烧土块，勘探显示该中心区域密集分布着灰坑、房址、窑址、灶址、踩踏面、灰土和灰沟堆积等遗迹。该址文化层堆积厚，其西南部厚约 0.5 米，东北部厚约 1.7 米，局部区域文化层堆积厚度可达 2.3 米，包含较多的草木灰、陶片、骨块和红烧土块等。

墓葬中心区域位于东家咀山中部台地内，呈不规则形分布，东西长约 161.8 米，南北宽约 123.2 米，总面积为 19933.8 平方米。该区域地表陶片少，地层堆积简单，扰土下即为生土。墓葬分布密集，排列有序，另有零星房址、灰坑、灰沟、窑址等遗迹，未发现有大面积堆积的文化层。

本次勘探共发现各类遗迹现象 79 处，其中房址 16 座、灶址 4 座、灰坑 25 个、墓葬 18 座、灰土范围 5 处、灰沟 3 处、窑址 5 座、踩踏面 2 处、扰土坑 1 个。

第三节　报告整理

齐家坪遗址 1975 年的发掘工作结束后，即由该址发掘主持人郭德勇对本次发掘资料进行整理，他完成了《甘肃省广河县齐家坪齐家文化遗址首次发掘的主要收获》和《甘肃广河县齐家坪遗址发掘报告》两文，后期由于人员变动等种种原因，终稿未能完结。时隔多年后，甘肃省文物考古研究所再次启动这批发掘资料的整理工作。本报告最大限度地如实描述 1975 年发掘资料和出土器物现状，在第三章、第四章力争将现有资料悉数公布，在两区的遗迹和遗物介绍上不发己见。器物的类型学分析、遗迹的早晚关系、人群和生业的研究等在第五章、第六章、第七章探讨。

第三章　A 区分述

第一节　发掘区概述

A 区资料仅有墓葬分布总平面草图，无探方记录、地层剖面图。故以下地貌及地层堆积情况描述均来源于郭德勇手稿《甘肃广河县齐家坪遗址发掘报告》：A 区原是一片西高东低的斜坡形开阔地，在"农业学大寨"的群众运动中，已被平整为梯田。发掘点在整个 A 区的东北隅，地层较简单。发掘点西部取土较深，故墓葬多在深 0.2 ～ 0.4 米的现代耕土层下显露，中部地貌扰动较少，基本保持了原有地貌，东部经平田整地垫土较厚。A 区共发掘 5 米 × 5 米的探方 19 个，揭露面积约 475 平方米。清理遗迹包括墓葬 112 座、房址 3 座、灰坑 2 个、窑址 1 座。现以位于 A 区中部稍偏东处的 AT2 东壁为例介绍地层堆积（图二）。

第①层：耕土层，厚约 0.2 米，土质土色未记录。内含齐家文化陶片和近现代瓷片，植物根茎等。

第②层：黄土层，厚约 0.76 米，土质土色未记录。内含比较单纯，主要是齐家文化时期的典型陶片，偶有完整器物出土。

②层下即为生土层，较纯净的黄色土。墓葬多埋在生土层中，深浅不一。

A 区无整体和单个探方记录，未提到探方内有出土器物，但在整理现存遗物时发现有该区探方编号的器物计 7 件。

夹砂绳纹侈口罐[1]　1 件。

标本 AT15：2，夹砂红褐陶。侈口，斜方唇，斜直领稍内曲，领稍高，圆腹，平底。腹饰竖绳纹。口径 8.6、腹径 11.9、底径 6、高 15.2 厘米（图三，1）。

单大耳罐　1 件。

标本 AT8：1，泥质橙黄陶。侈口，圆唇，口一侧有流，溜肩微折，圆弧腹，平底稍内凹。口和腹上部间有桥形单大耳。口径 7.4 ～ 8、腹径 10.2、底径 4.8、高 12.8 厘米（图三，2）。

器盖　2 件。

标本 AT18：1，残缺。泥质橘红陶。圆柱状提手。残高 3.5、提手高 2 厘米（图三，3；彩版

---

[1]　器物中未注明质地者均为陶器。下同。

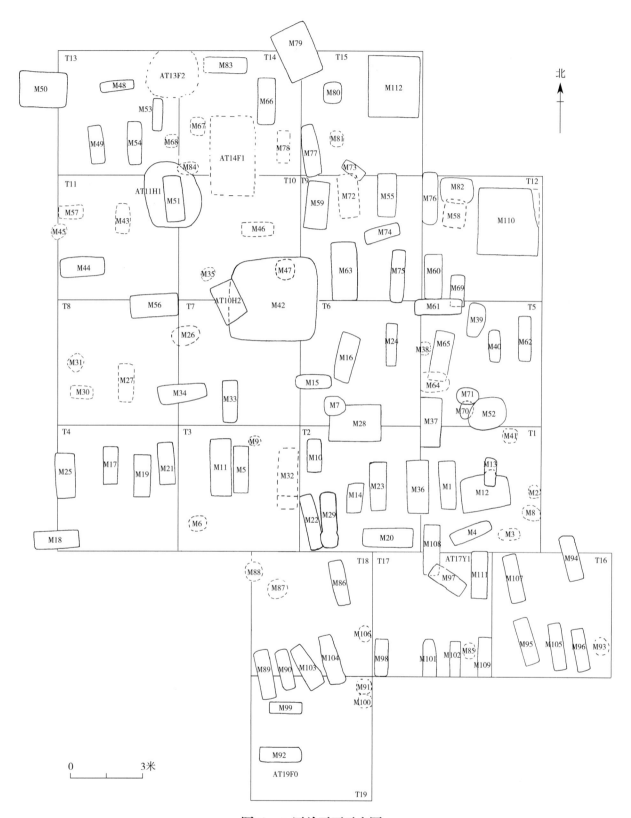

图二　A区总平面示意图

（原始记录里仅有一张简单的表示埋葬方向的简易示意图，无墓圹和打破关系，本图是在示意图的基础上，根据墓葬记录描述的相关数据及信息复原而成的示意图，仅供参考）

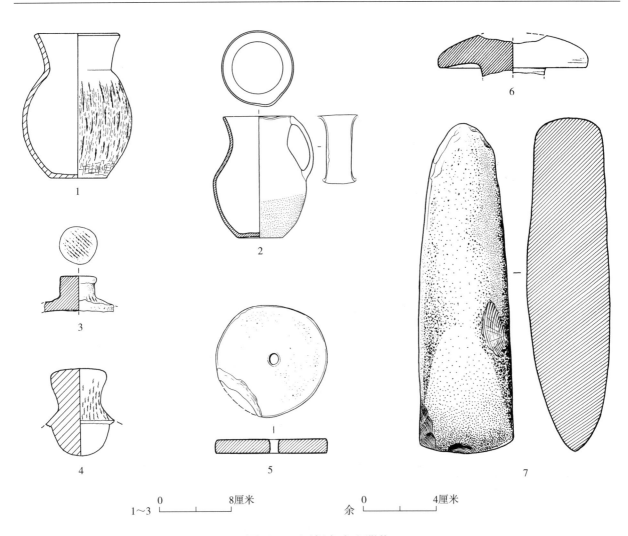

图三　A区探方出土器物

1.夹砂绳纹侈口罐（AT15：2）　2.单大耳罐（AT8：1）　3、4.器盖（AT18：1、AT18：2）　5.纺轮（AT17：2）　6.骨饰（AT17：1）　7.石斧（AT9：1）

二，1）。

标本 AT18：2，残缺。泥质橘红陶。蘑菇状提手。残高 4.6、提手高 2.1 厘米（图三，4）。

纺轮　1件。

标本 AT17：2，泥质橘红陶。圆饼状，中间有一穿孔。直径 5.8、厚 0.7、孔径 0.4 厘米（图三，5；彩版二，2）。

石斧　1件。

标本 AT9：1，磨制。长方形，弧刃，中锋。长 17.7、宽 5、厚 4.3 厘米（图三，7；彩版二，3）。

骨饰　1件。

标本 AT17：1，残缺。似蘑菇状提手器盖。直径 8.2、残高 2.2 厘米（图三，6）。

第二节　遗迹和遗物

一　墓葬

计 112 座，除了少数墓坑是不规则乱葬坑或形制不明确外，其余均为长方形竖穴土坑墓（图二）。无葬具。埋葬方式可分为一次葬、二次扰乱葬、葬式不明的合葬墓。一次葬均为单人仰身直肢葬，二次扰乱葬可分为单人葬和多人合葬两类。二次扰乱葬占墓葬的绝大多数，一次葬数量较少。A 区墓地以单人葬为主要埋葬形式，合葬墓次之。单人葬墓计 76 座，占 A 区墓葬总数的 67.2%。合葬墓 36 座，占 A 区墓葬总数的 32.8%。

（一）一次葬

计 7 座，占 A 区墓葬总数的 6.25%。均为单人仰身直肢葬。分别为 M20、M24、M61、M66、M90、M92、M111。

M20

该墓开口层位未记录，墓口距地表深 0.88 米，墓底距地表深 1.53 米。位于 A 区偏南处，AT2 东南角，东邻 M108，西邻 M29，北邻 M14（图版三，1）。

长方形竖穴土坑墓，口大底小。墓向 268°。墓底长 2.1、宽 0.76、深 0.65 米。无葬具。填土为黄色花土。

单人仰身直肢葬。人骨保存较好，头向西，面向南。墓主的左指骨位于左膝盖旁，左趾骨位于陶豆旁，右胫骨和右指骨位于头骨的左侧。发掘者鉴定墓主为 25 ～ 30 岁的女性。人骨未采集（图四）。

随葬器物计 12 件，其中陶器 11 件、骨器 1 件。器物集中放置在墓主足旁。现存器物 10 件（彩版二，4）。另有白色碎石 76 块，位于墓主左侧腰身处，现存器物中未见该墓编号的白色碎石。

夹砂绳纹侈口罐　2 件。

标本 M20：4，口沿残缺。夹砂灰黑陶。整体器形矮胖。溜肩，斜直腹，腹最大径偏上，平底。腹饰竖绳纹，纹饰较模糊。腹径 8.1、底径 5.2、残高 9 厘米（图五，1；彩版三，1）。

标本 M20：6，现存器物中未见该编号的器物，可能混入无编号或编号错误的器物。

高领罐　2 件。

标本 M20：5，夹砂橘红陶。喇叭口，高束颈，圆肩，弧腹，最大腹径偏上，底内凹。腹饰竖绳纹。口径 9.2、腹径 11.5、底径 5.3、高 17.8 厘米（图五，2；彩版三，2）。

标本 M20：9，夹砂橘红陶。喇叭口，高束颈，圆肩，弧腹，最大腹径偏上，底微内凹。腹饰竖绳纹。口径 7.4、腹径 9.8、底径 5.2、高 16.2 厘米（图五，3；彩版三，3）。

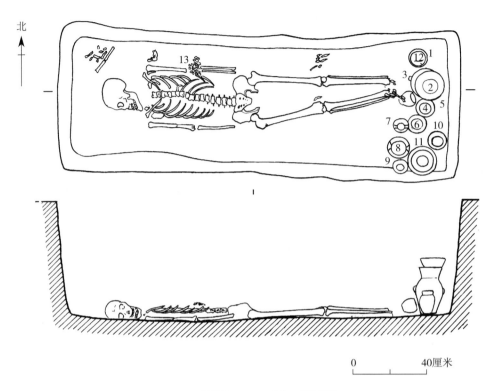

图四　M20 平、剖面图

1.豆　2.钵　3、11.喇叭口篮纹高领罐　4、6.夹砂绳纹侈口罐　5、9.高领罐　7、8、10.双大耳罐　12.骨针　13.碎石

喇叭口篮纹高领罐　2 件。

标本 M20：3，泥质，橙黄色与橘黄色夹杂，器身陶色不均。喇叭口，尖圆唇，高领，溜肩，斜直腹，平底。腹上部有双小耳。口内侧和颈部各有一周旋纹，腹饰竖篮纹。口径 15.8、腹径 16.6、底径 8.6、高 31.2 厘米（图五，5；彩版三，5）。

标本 M20：11，泥质橙黄陶。侈口，圆唇，斜直领，溜肩，斜直腹，平底。腹饰竖篮纹。口径 11.3、腹径 16.5、底径 8.8、高 24.4 厘米（图五，4；彩版三，4）。

双大耳罐　3 件。

标本 M20：7，泥质橘红陶。侈口，圆唇，斜直领较高，鼓腹微下垂，底微内凹。口至腹上部间有桥形双大耳。口径 6.8、腹径 8.9、底径 3.6、高 11.4 厘米（图六，1；彩版四，1）。

标本 M20：8，泥质橘红陶。器形不规整。侈口，口沿一侧有流，圆唇，斜直领较高，鼓腹，平底。口至腹上部间有桥形双大耳。口径 8、腹径 12、底径 4.8、高 14.2 厘米（图六，2；彩版四，2）。

编号 M20：10[1]，现存器物中未见该编号的器物，可能混入无编号或编号错误的器物。

钵　1 件。

---

[1] 仅有编号但未见实物的器物，介绍时在其原始编号前缀"编号"，以示区别。

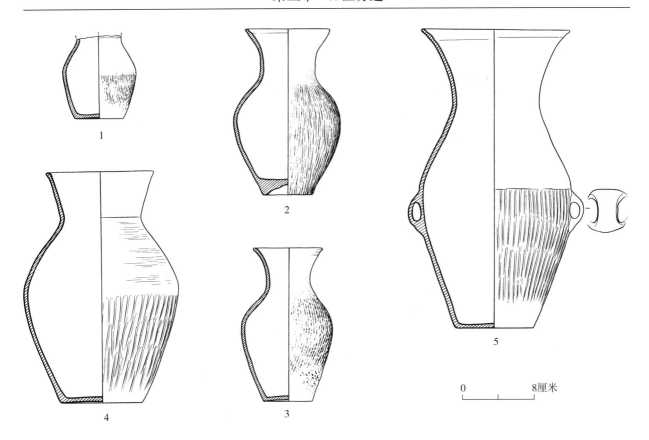

图五　M20出土器物

1.夹砂绳纹侈口罐（M20：4）　　2、3.高领罐（M20：5、M20：9）　　4、5.喇叭口篮纹高领罐（M20：11、M20：3）

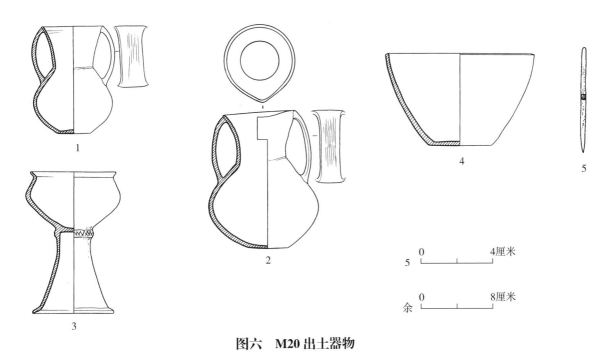

图六　M20出土器物

1、2.双大耳罐（M20：7、M20：8）　　3.豆（M20：1）　　4.钵（M20：2）　　5.骨针（M20：12）

标本 M20：2，泥质橘红陶。敞口，圆唇，斜腹较深，平底。口径 16.2、底径 7、高 9.8 厘米（图六，4；彩版四，3）。

豆　1件。

标本 M20：1，泥质橘红陶。豆盘为盆形，侈口，斜折沿，束颈，圆肩，弧腹，平底。豆柄较高，喇叭状。豆盘与豆柄连接处饰附加堆纹，上有刻划网格纹。口径 9.2、腹径 10.3、底径 8.8、高 15 厘米（图六，3；彩版四，4）。

骨针　1件。

标本 M20：12，残缺。磨制，残存针头部分，呈长圆柱状。残长 5.5、直径 0.1 ～ 0.2 厘米（图六，5）。

M24

该墓开口层位未记录，墓口距地表深 0.7 米，位于 A 区中部偏东，AT6 的东北端，东邻 M65，西邻 M16，北邻 M75（图版三，2）。

长方形竖穴土坑墓。墓向 0°。墓圹长 1.98、宽 0.56、深 0.33 米。无葬具。

单人仰身直肢葬。人骨保存较好，头向北，面向东南。腰椎有严重的骨质增生。发掘者鉴定墓主为 35 ～ 40 岁的男性。未记录人骨采集情况，整理过程中未发现有该墓编号的人骨（图七）。

随葬器物计 7 件，其中陶器 6 件、骨器 1 件（彩版五，1）。陶器集中放置在墓主足旁，骨器压在左臂下。另有白色碎石 64 块置于墓主左侧腰部，呈多棱体状。

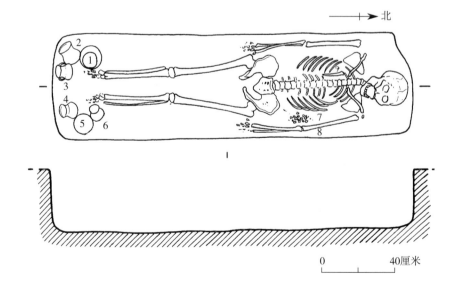

图七　M24 平、剖面图

1、4.高领罐　2、6.夹砂绳纹侈口罐　3.双大耳罐　5.钵　7.碎石　8.骨匕

　　夹砂绳纹侈口罐　2件。

　　标本M24：2，夹砂灰黑陶，器身陶色不均。侈口，尖圆唇，束颈，溜肩，弧腹，平底。颈部有数周被抹的旋纹，腹饰竖绳纹。口径10.8、腹径13.2、底径7.5、高18.5厘米（图八，1；彩版五，2）。

　　标本M24：6，夹砂灰黑陶，器身陶色不均。侈口，斜方唇，束颈，溜肩，弧腹，平底。腹饰竖绳纹。口径8.5、腹径11.1、底径6.6、高15厘米（图八，2；彩版五，3）。

　　高领罐　2件。

　　标本M24：1，泥质橙黄陶。侈口，尖圆唇，束颈，溜肩，弧腹，平底。口径8.9、腹径12.3、底径7.2、高17.8厘米（图八，3；彩版六，1）。

　　标本M24：4，泥质橙黄陶。侈口，尖圆唇，束颈，圆肩，弧腹，平底。口径8.2、腹径10.4、底径5.5、高12.4厘米（图八，4；彩版六，2）。

　　双大耳罐　1件。

　　标本M24：3，泥质橙黄陶。喇叭口，圆唇，斜直领较高，圆腹，最大腹径居中，平底。口至腹上部间有桥形双大耳。口径6.4、腹径7、底径2.8、高10.4厘米（图八，6；彩版六，3）。

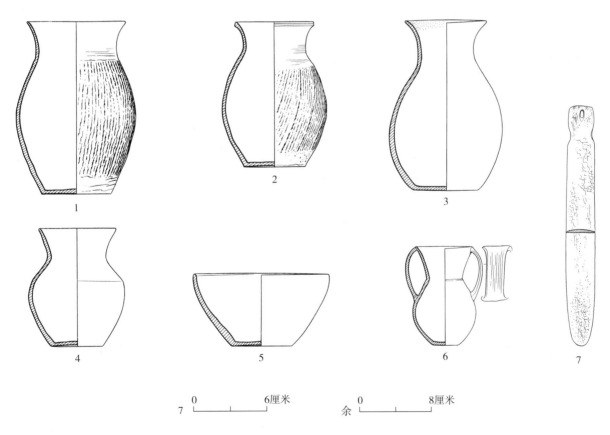

图八　M24出土器物

1、2.夹砂绳纹侈口罐（M24：2、M24：6）　3、4.高领罐（M24：1、M24：4）　5.钵（M24：5）6.双大耳罐（M24：3）　7.骨匕（M24：8）

钵　1件。

标本 M24：5，泥质橘红陶。敞口，圆唇，斜弧深腹，平底。口径 14.2、底径 6.5、高 7.8 厘米（图八，5；彩版六，4）。

骨匕　1件。

标本 M24：8，器身微弯曲，呈圆舌状，匕身上部束腰，上端有钻孔。长 19、宽 2.3、厚 0.2、孔径 0.3～0.8 厘米（图八，7；彩版六，5）。

M61

该墓资料有简单的记录、平面图和遗迹照，无剖面图。

该墓开口层位未记录，墓口距地表深 0.85 米，墓底距地表深 1.1 米。位于 A 区中部偏东处，AT5 北隔梁下，东南邻 M40，南邻 M65，北邻 M60、M69（图版三，3）。

M61 打破 M69。

长方形竖穴土坑墓，口大底小。墓向 270°。墓圹长 1.76、宽 0.62 米。无葬具。

单人仰身直肢葬。头向西，面向南，人骨保存完整。发掘者鉴定墓主为 25～30 岁的男性。未记录人骨采集情况，整理过程中未见该墓编号的人骨（图九）。

随葬器物计 7 件，其中陶器 5 件、石器 1 件、骨器 1 件（彩版七，1）。陶器集中放置在墓主足部。

现存器物中有该址编号的器物多余 1 件骨匕，应为混入的编号错误的器物。

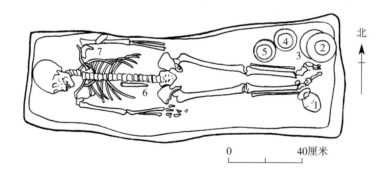

图九　M61 平面图

1.高领罐　2.钵　3.喇叭口颈耳罐　4.薄胎细绳纹罐　5.蛇纹罐　6.骨匕　7.石斧

高领罐　1件。

标本 M61：1，泥质橙黄陶。侈口，尖圆唇，束颈较高，溜肩，弧腹，平底微内凹。近底处有刮削的痕迹。口径 8、腹径 11、底径 5.6、高 16 厘米（图一〇，1；彩版七，2）。

薄胎细绳纹罐　1件。

标本 M61：4，夹细砂红褐陶。侈口，方唇，矮束领，圆肩，弧腹，平底。颈上部饰一周花边附加堆纹，颈下部饰细绳纹。口径 9.1、腹径 13.1、底径 6.2、高 15.5 厘米（图一〇，2；彩版七，3）。

喇叭口颈耳罐　1件。

标本M61:3，泥质橙黄陶。侈口，圆唇，束颈较高，圆肩，弧腹，平底。口径9.7、腹径16.3、底径6.1、高22.2厘米（图一〇，3；彩版八，1）。

蛇纹罐　1件。

标本M61:5，夹砂红褐陶，器身陶色不均。薄胎。侈口，方唇，斜直领，圆肩，弧腹，平底。口至肩部有双耳。颈上部饰两周戳印短线弦纹，颈中部饰交叉刻划纹，颈下部饰一周附加堆纹，其上饰一周由戳印短线组成的斜线纹。肩部为一周附加堆纹，其上压印出斜线状纹饰，似绳索状。

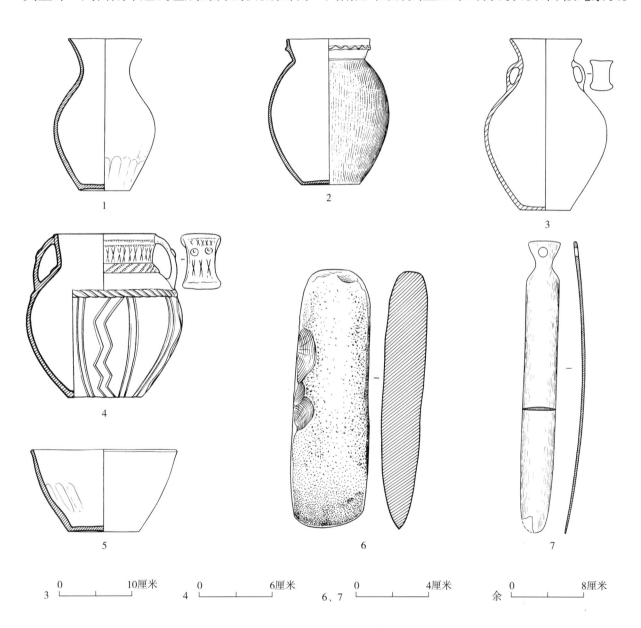

图一〇　M61出土器物

1.高领罐（M61:1）　2.薄胎细绳纹罐（M61:4）　3.喇叭口颈耳罐（M61:3）　4.蛇纹罐（M61:5）　5.钵（M61:2）　6.石斧（M61:7）　7.骨匕（M61:6）

腹饰四组附加纹饰，由两道竖线区隔，其间填平行折线的蛇纹。耳部上下饰由戳印点状纹组成的横线，其间有上下两组交叉刻划纹，中部有两个并排乳突。口径 8.2、腹径 12.6、底径 6、高 13 厘米（图一〇，4；彩版八，2）。

钵　1 件。

标本 M61：2，泥质橙黄陶。敞口，斜方唇，斜直腹较深，平底微内凹。近底处有刮削的痕迹。口径 16、底径 7.6、高 8.7 厘米（图一〇，5；彩版八，3）。

石斧　1 件。

标本 M61：7，圆角长方形体，斜弧刃，偏锋，刃部和顶部磨制光滑。长 13.4、宽 4、厚 2.2 厘米（图一〇，6）。

骨匕　1 件。

标本 M61：6，匕身呈舌状，柄部呈三角形，上端有钻孔。器身微弯曲。长 15.5、宽 1.9、厚 0.1、孔径 0.5 厘米（图一〇，7；彩版八，4）。

M66

该墓开口层位未记录，墓口距地表深 0.42 米，墓底距地表深 0.7 米。位于 A 区西北部，AT14 东部，东南邻 M78，北邻 M79，西邻 M67（图版三，4）。

长方形竖穴土坑墓。墓向 0°。墓圹长 1.9、宽 0.8、深 0.28 米。无葬具。

单人仰身直肢葬。人骨保存完整，面向东。发掘者鉴定墓主为 20 ～ 25 岁的男性。人骨未采集（图一一）。

随葬器物计 9 件，其中陶器 7 件、骨器 2 件（彩版九，1）。集中放置在墓主的足部周围。

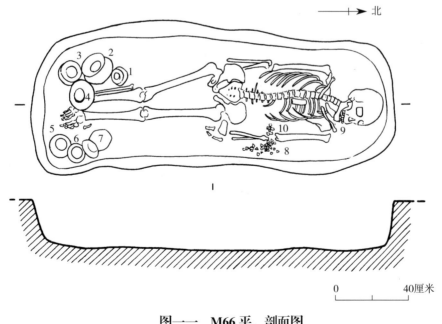

图一一　M66 平、剖面图

1、3、7.夹砂绳纹侈口罐　2、5.喇叭口篮纹高领罐　4.钵　6.双大耳罐　8.碎石　9.牙饰　10.骨匕另有若干白色碎石位于左肘部，现存器物中未见该墓编号的白色碎石。

夹砂绳纹侈口罐　3件。

标本M66：1，底部残缺。夹砂灰黑陶。侈口，圆唇，束颈，溜肩，弧腹，腹饰竖绳纹。口径6.9、腹径9.2、残高12.2厘米（图一二，1；彩版一〇，1）。

标本M66：3，夹砂红褐陶。侈口，圆方唇，束颈，溜肩，弧腹，最大腹径靠上，平底。腹饰竖绳纹。口径10、腹径13.1、底径7.4、高18.3厘米（图一二，2；彩版九，2）。

标本M66：7，夹砂灰褐陶，器身陶色不均。侈口，圆唇，束颈，溜肩，弧腹，最大腹径靠上，平底。腹饰竖绳纹，近底处饰斜绳纹。口径9.7、腹径11.3、底径6.3、高15.4厘米（图一二，3；彩版九，3）。

喇叭口篮纹高领罐　2件。

标本M66：2，泥质橘红陶。大喇叭口，圆唇，高领，溜肩，弧腹，平底。腹部有双耳。腹饰竖篮纹。口径11.7、腹径13、底径6.3、高22.3厘米（图一二，5；彩版一〇，2）。

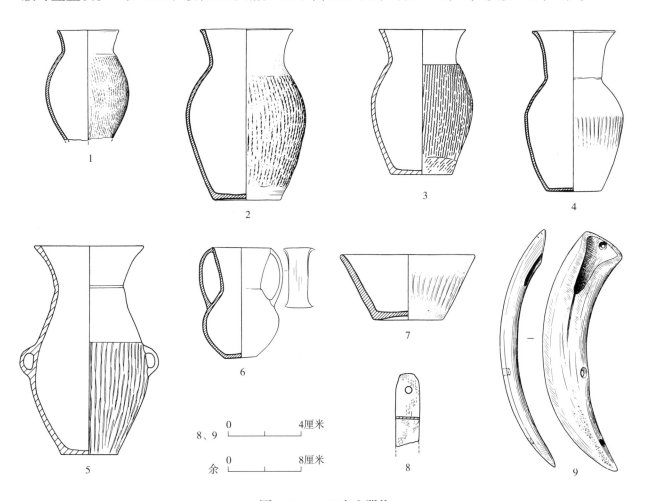

图一二　M66出土器物

1～3.夹砂绳纹侈口罐（M66：1、M66：3、M66：7）　4、5.喇叭口篮纹高领罐（M66：5、M66：2）　6.双大耳罐（M66：6）　7.钵（M66：4）　8.骨匕（M66：10）　9.牙饰（M66：9）

标本 M66:5，泥质橘红陶。喇叭口，圆唇，高束颈，溜肩，弧腹，平底。腹饰竖篮纹。口径 9.1、腹径 10.7、底径 6.1、高 17.2 厘米（图一二，4；彩版一〇，3）。

双大耳罐　1 件。

标本 M66:6，泥质橙黄陶。侈口，圆唇，斜直领较高，圆肩，鼓腹，平底。口至腹上部间有桥形双大耳。口径 6.5、腹径 8.5、底径 3.7、高 11.9 厘米（图一二，6；彩版一〇，4）。

钵　1 件。

标本 M66:4，泥质橙黄陶。大敞口，圆唇，斜直腹，平底微内凹。腹饰竖篮纹。口径 14.8、底径 7.6、高 6.9 厘米（图一二，7；彩版一〇，5）。

骨匕　1 件。

标本 M66:10，残存首部。通体磨制光滑，上有一圆形钻孔。残长 3.8、宽 1.4、厚 0.2、孔径 0.4 厘米（图一二，8）。

牙饰　1 件。

标本 M66:9，以野猪獠牙经磨制而成，有间距相当的三个钻孔。长 12.6、宽 2.6、大孔径 0.3、小孔径 0.2 厘米（图一二，9；彩版一〇，6）。

M90

该墓资料有简单的记录、平面图和遗迹照，无剖面图。

该墓开口层位未记录，墓口距地表深 0.71 米，墓底距地表深 0.82 米。位于 A 区南部，AT19 北隔梁下，延伸至 AT18 内，东邻 M103，西邻 M89（图版四，1）。

长方形竖穴土坑墓。墓向 345°。墓圹长 1.76、宽 0.7、深 0.11 米。

无葬具。填土为黄色土，夹杂有红烧土块。

单人仰身直肢葬。人骨保存完整，头向西北。墓主年龄、性别未记录。人骨未采集（图一三）。

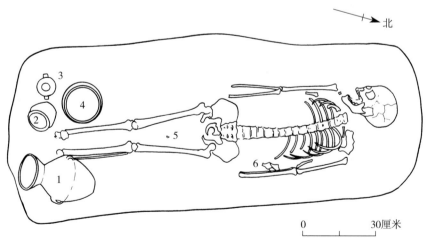

图一三　M90 平面图

1.喇叭口篮纹高领罐　2.夹砂绳纹侈口罐　3.双大耳罐　4.钵　5.绿松石片　6.碎石

随葬器物计5件，其中陶器4件、绿松石薄片1件（彩版一一，1）。陶器集中放置在墓主的足旁，绿松石薄片位于腿骨间。另有白色碎石若干位于左侧腰身处，现存器物中未见该墓编号的白色碎石。

夹砂绳纹侈口罐　1件。

标本M90：2，夹砂灰黑陶。侈口，斜方唇，短颈，溜肩，弧腹，平底。腹饰竖绳纹。口径9.2、腹径10.7、底径5.6、高14.3厘米（图一四，1；彩版一一，2）。

喇叭口篮纹高领罐　1件。

标本M90：1，泥质橙黄陶。喇叭口，圆方唇，高束颈，溜肩微折，弧腹，平底。腹部有双耳。腹上部饰斜篮纹。口径15.4、腹径17、底径7.6、高29.4厘米（图一四，3；彩版一一，1）。

双大耳罐　1件。

标本M90：3，泥质灰黑陶。侈口，圆唇，高斜直领，鼓腹，平底。口至腹上部间有桥形双大耳，颈部有刻划线纹。口径8、腹径8.4、底径3.2、高11.5厘米（图一四，4；彩版一一，3）。

钵　1件。

标本M90：4，泥质橘红陶。敛口，圆唇，斜直腹，平底。口沿下局部饰竖篮纹。口径14.4、腹径15.8、底径9.3、高8.2厘米（图一四，2；彩版一一，4）。

绿松石片　1件。

标本M90：5，长方形薄片。一面有黑色物质，应为粘合胶。

M92

该墓有发掘记录和平、剖面图，无遗迹照。

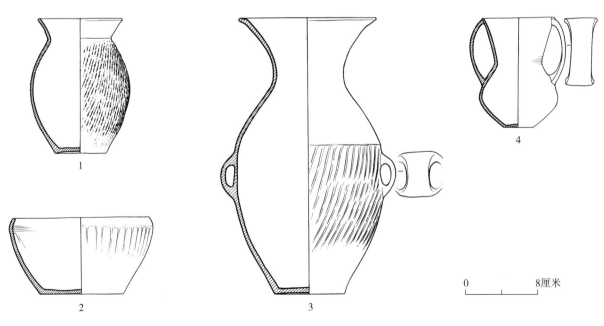

0　　　　　　8厘米

图一四　M90出土器物

1.夹砂绳纹侈口罐（M90：2）　　2.钵（M90：4）　　3.喇叭口篮纹高领罐（M90：1）　　4.双大耳罐（M90：3）

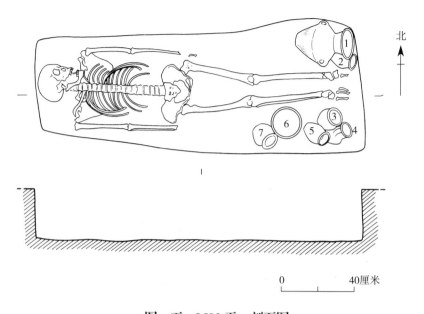

图一五　M92 平、剖面图

1.喇叭口篮纹高领罐　2、3.夹砂绳纹侈口罐　4.双大耳罐　5、7.高领罐　6.钵

该墓开口层位未记录，墓口距地表深 0.49 米，墓底距地表深 0.75 米。位于 A 区南部，AT19 西南角，北邻 M99。

M92 打破 AT19F0。

长方形竖穴土坑墓。墓向 270°。墓圹长 1.78、宽 0.72、深 0.26 米。无葬具。填土为黄色土。

单人仰身直肢葬。人骨保存完整，头向西，面向北。据发掘者鉴定墓主为男性，年龄未记录。人骨采集，现存遗骨中未见该编号的人骨（图一五）。

随葬器物计 7 件，均为陶器（彩版一二，1）。其中 2 件放置在墓主的左趾骨旁，另 5 件放置在墓主的右下肢骨旁。

夹砂绳纹侈口罐　2 件。

标本 M92：2，夹砂橙黄陶。侈口，斜方唇，束颈，溜肩，斜弧腹，底内凹。腹饰竖绳纹。口径 8.2、腹径 8.4、底径 5.3、高 12.5 厘米（图一六，1；彩版一二，2）。

标本 M92：3，夹砂灰黑陶，器身陶色不均。侈口，斜方唇，束颈，圆弧腹，平底。腹饰竖绳纹。口径 9.4、腹径 10.2、底径 5.2、高 13.7 厘米（图一六，2；彩版一二，3）。

高领罐　2 件。

标本 M92：5，夹砂灰黑陶。器形不规整。侈口，尖唇，折沿，束颈，溜肩，弧腹下垂，平底。腹上部饰竖绳纹，腹下部饰斜细绳纹。口径 8.2、腹径 11、底径 7、高 17.7 厘米（图一六，3；彩版一三，1）。

标本 M92：7，泥质橙黄陶。侈口，圆唇，束颈较高，鼓腹，平底。口内侧及颈部饰弦纹一周。

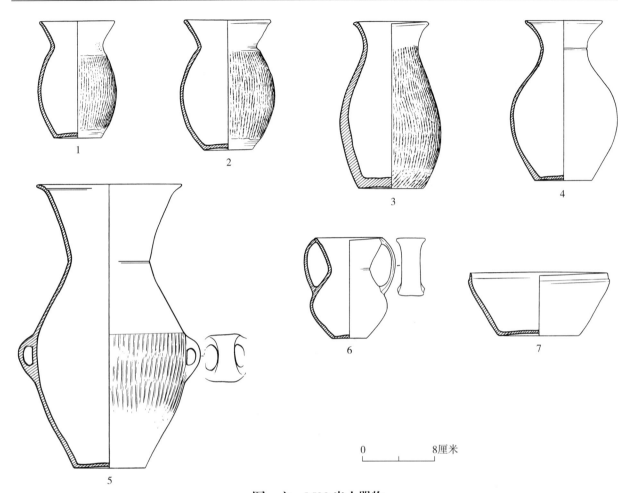

图一六　M92 出土器物

1、2.夹砂绳纹侈口罐（M92∶2、M92∶3）　　3、4.高领罐（M92∶5、M92∶7）　　5.喇叭口篮纹高领罐（M92∶1）　　6.双大耳罐（M92∶4）
7.钵（M92∶6）

口径 8.4、腹径 11.9、底径 6.3、高 17 厘米（图一六，4；彩版一三，2）。

　　喇叭口篮纹高领罐　1 件。

　　标本 M92∶1，泥质橘红陶。喇叭口，圆唇，斜折沿，斜直领较高，溜肩，弧腹，平底。腹部有双耳。肩颈间饰一周旋纹，腹上部饰竖篮纹。口径 15.7、腹径 16.9、底径 7.8、高 30.1 厘米（图一六，5；彩版一三，3）。

　　双大耳罐　1 件。

　　标本 M92∶4，泥质橙黄陶。侈口，圆唇，斜直领较矮，鼓腹，平底。口至腹上部间有桥形双大耳。口径 7.5、腹径 8.4、底径 3.8、高 10.7 厘米（图一六，6；彩版一三，4）。

　　钵　1 件。

　　标本 M92∶6，泥质橘红陶。敛口，圆唇，斜直腹，底内凹。口径 15、腹径 15.7、底径 8.8、高 7 厘米（图一六，7；彩版一三，5）。

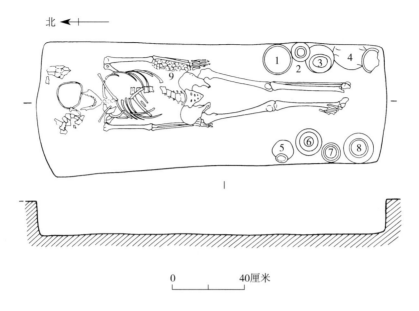

图一七　M111平、剖面图

1.豆　2.双大耳罐　3.瓮　4.喇叭口篮纹高领罐　5.高领罐　6、7.夹砂绳纹侈口罐　8.彩陶罐　9.碎石

M111

该墓开口层位未记录，墓口距地表深0.87米，墓底距地表深1.4米。位于A区南部，AT17东、北隔梁下，东邻M107，西邻M97，北邻M4（图版四，2）。

M111打破AT17Y1。该墓填土内有窑的烧土，年代应晚于窑。

长方形竖穴土坑墓。此墓坑保存完整，四壁整齐，有工具挖凿痕迹，似为耒耜所致。墓向0°。墓圹长1.9、宽0.7、深0.53米。无葬具。填土为黄褐色，夹杂红烧土块。

单人仰身直肢葬。头骨已朽。头向北，面向西，墓主椎骨有明显的骨质增生。墓主年龄、性别未记录。人骨采集（图一七）。

随葬器物计8件，均为陶器（彩版一四，1）。集中放置在墓主的下肢两侧。墓主腰部左侧有白色碎石若干，现存器物中未见该墓编号的白色碎石。

夹砂绳纹侈口罐　2件。

标本M111：6，夹砂红褐陶，器身陶色不均。侈口，斜方唇，斜直领，圆弧腹，平底。腹饰竖绳纹。口径10.3、腹径13.3、底径6.5、高17.8厘米（图一八，1；彩版一四，2）。

标本M111：7，夹砂灰黑陶。侈口，圆唇，斜直领，弧腹，平底。腹饰竖绳纹，腹上部有斜划痕。口径8.4、腹径10.5、底径5.7、高14.6厘米（图一八，2；彩版一四，3）。

高领罐　1件。

标本M111：5，口沿残缺。夹砂橙黄陶。溜肩，弧腹，近底处斜收，平底。颈部饰旋纹十周，腹饰竖篮纹。腹径10.9、底径6.4、残高17.3厘米（图一八，3；彩版一五，1）。

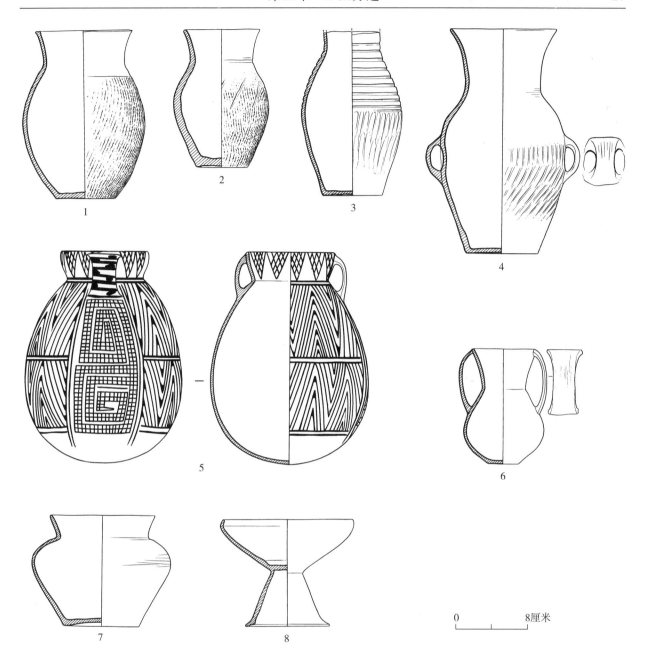

图一八 M111 出土器物

1、2.夹砂绳纹侈口罐（M111:6、M111:7） 3.高领罐（M111:5） 4.喇叭口篮纹高领罐（M111:4） 5.彩陶罐（M111:8） 6.双大耳罐（M111:2） 7.瓮（M111:3） 8.豆（M111:1）

喇叭口篮纹高领罐 1件。

标本 M111:4，泥质橙黄陶。喇叭口，圆唇，斜直领较高，溜肩，弧腹，平底。腹上部有对称双耳。腹饰竖篮纹。口径 11.6、腹径 13.9、底径 7.9、高 23.8 厘米（图一八，4；彩版一五，2）。

双大耳罐 1件。

标本 M111：2，泥质橙黄陶。侈口，圆唇，斜直领较高，鼓腹，平底。口至腹上部间有桥形双大耳。口径7、腹径8.9、底径3.3、高12.5厘米（图一八，6；彩版一五，3）。

彩陶罐 1件。

标本 M111：8，泥质橙黄陶。器形整体瘦高，器高大于腹径。侈口，圆唇，短颈微外弧，溜肩，垂腹，圜底。口至肩之间有双耳。通体饰紫红色彩绘，颈部内外为连续三角网格纹，颈下部、腹中部和下部各饰两周平行窄线纹，将腹部纹样分为上、下两部分，又以竖回纹分为两组，填以折线三角纹，耳面饰折线纹。口径9.6、腹径17.2、高22.4厘米（图一八，5；彩版一六，1、2）。

瓮 1件。

标本 M111：3，泥质橙黄陶。侈口，圆唇，短颈，鼓肩，斜直腹，腹部近底处微内曲，底微内凹。口内外用深红色颜料涂抹，通体残留有制陶工具刮削的细微痕迹。口径11.2、腹径15、底径8.1、高11.7厘米（图一八，7；彩版一六，3）。

豆 1件。

标本 M111：1，泥质橘红陶。豆盘呈钵形，口微敛，圆唇，斜弧腹，柄为喇叭形。口径14、底径9、高11.2厘米（图一八，8；彩版一五，4）。

（二）二次扰乱葬

计91座，占A区墓葬数量的绝大多数，占A区墓葬总数的81.25%。墓主的骨骼均有不同程度的缺失和移动，尤其以残缺头部骨骼较常见。有单人葬和合葬两种方式，多人合葬墓中有墓主骨骼均被扰乱的，也有个别墓主骨骼被扰乱的。葬式分为仰身直肢葬、头骨高于躯干骨葬、屈肢葬、侧身葬、俯身葬及不明确葬式等。

1. 单人仰身直肢葬

计20座，分别为M1、M5、M21、M23、M29、M48、M51、M55、M60、M62、M75、M89、M94、M95、M97、M98、M104、M105、M107、M108。

M1

该墓资料仅有简单的发掘记录和平、剖面图，无遗迹照。

该墓开口于上层，墓口距地表深0.6米，墓底距地表深1.05米。位于A区东南角，AT1的西北部，东邻M12，南邻M4，西邻M36，北邻M37。

长方形竖穴土坑墓。墓向355°。墓圹长1.9、宽0.87、深0.45米。无葬具。

单人仰身直肢葬。墓主头骨及左侧股骨已朽，左侧上肢骨不见，其余人骨保存较完整。发掘者鉴定墓主为40～45岁的男性。未记录人骨采集情况，现存遗骨中未见该墓编号的人骨（图一九）。

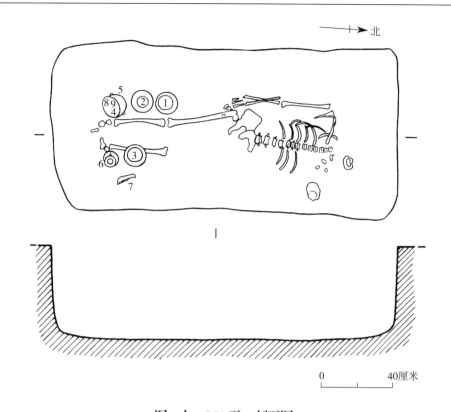

图一九　M1 平、剖面图

1、3.夹砂绳纹侈口罐　2.盉　4.钵　5.喇叭口颈耳罐　6.双大耳罐　7.猪下颌骨　8、9.骨针

随葬器物计 8 件，其中陶器 6 件，骨器 2 件（彩版一七，1）。集中放置在墓主的下肢两侧，其中钵置于喇叭口颈耳罐上，骨针放置在陶钵内。墓主的左胫骨旁有猪下颌骨 1 件。

夹砂绳纹侈口罐　2 件。

标本 M1：1，夹砂灰黑陶。侈口，斜方唇，束颈，圆弧腹，平底。腹饰竖绳纹。口径 10.6、腹径 12.8、底径 7.2、高 18.4 厘米（图二〇，1；彩版一七，2）。

标本 M1：3，夹砂红褐陶，腹部颜色不均。侈口，斜方唇，束颈，圆弧腹，平底。腹饰竖绳纹。口径 10.6、腹径 13.1、底径 7.3、高 18.2 厘米（图二〇，2；彩版一七，3）。

双大耳罐　1 件。

标本 M1：6，泥质橙黄陶。侈口，圆唇，斜直领较高，鼓腹下垂，平底。口和腹上部间有桥形双大耳。口径 6.5、腹径 8.9、底径 3.7、高 11.5 厘米（图二〇，3；彩版一八，1）。

喇叭口颈耳罐　1 件。

标本 M1：5，泥质橘红陶，腹部颜色不均。侈口，斜方唇，束颈较高，圆腹，近底处微内曲，小平底。颈部有双耳。口径 9.8、腹径 13.1、底径 6、高 20.1 厘米（图二〇，4；彩版一八，2）。

钵　1 件。

标本 M1：4，泥质橙黄陶。口微敛，圆唇，斜弧深腹，平底微内凹。口径 13.4、底径 5.6、

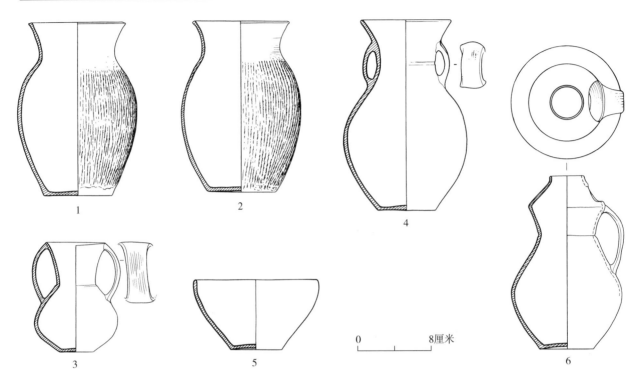

图二〇　M1 出土器物

1、2.夹砂绳纹侈口罐（M1:1、M1:3）　3.双大耳罐（M1:6）　4.喇叭口颈耳罐（M1:5）　5.钵（M1:4）　6.盉（M1:2）

高 7.4 厘米（图二〇，5；彩版一八，3）。

盉　1 件。

标本 M1:2，泥质橙黄陶。下部为单耳罐形，侈口，斜直领，鼓腹微折，近底处斜收，底部微内凹，上部微呈漏斗形。口径 3.7、腹径 12、底径 5.8、高 18.6 厘米（图二〇，6；彩版一八，4）。

骨针　2 件。皆残缺，磨制。

标本 M1:8，残存部分呈圆柱状。残长 4.5、直径 0.1 ～ 0.15 厘米。

标本 M1:9，残存部分呈圆柱状。残长 2.3、直径 0.1 厘米。

M5

该墓资料仅有简单的发掘记录和平、剖面图，无遗迹照。

该墓开口于上层，墓底距地表深 0.55 米。位于 A 区西南部，AT3 北部，东邻 M32，西邻 M11，北邻 M9。

长方形竖穴土坑墓。墓向 0°。墓圹长 1.92、宽 0.6、深 0.5 米。填土为灰黄色土。

单人仰身直肢葬。无头骨，有下颌骨，盆骨以上人骨保存较差，盆骨较完整。发掘者鉴定墓主为 40 ～ 45 岁的男性。未记录人骨采集状况，现存遗骨中未见该墓编号的人骨（图二一）。

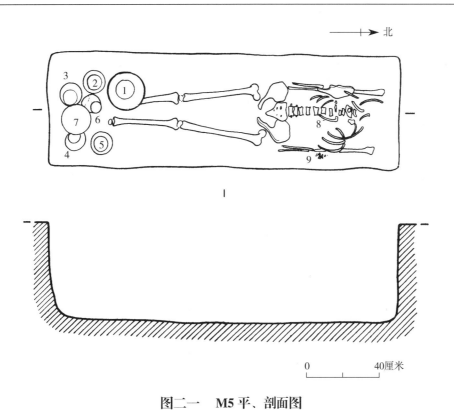

图二一　M5 平、剖面图

1.瓮　2.夹砂绳纹侈口罐　3.薄胎细绳纹罐　4.双大耳罐　5.喇叭口篮纹高领罐　6.单大耳罐　7.钵　8.骨匕　9.碎石

随葬器物计 8 件，其中陶器 7 件、骨器 1 件（彩版一九，1）。陶器集中放置在墓主的足骨旁。另有 26 块白色碎石位于墓主左侧腰部，现存器物中未见到该墓编号的白色碎石。

夹砂绳纹侈口罐　1 件。

标本 M5：2，夹砂橙黄陶，陶色不均。侈口，斜方唇，束颈，圆弧腹，平底微内凹。腹饰竖绳纹。口径 9.8、腹径 13.7、底径 7、高 19 厘米（图二二，1；彩版一九，2）。

喇叭口篮纹高领罐　1 件。

标本 M5：5，泥质橘红陶。器形矮小。侈口，圆唇，束颈，圆弧腹，近底处斜收，平底。腹部饰竖篮纹。口径 8.8、腹径 13.1、底径 6.2、高 18.6 厘米（图二二，2；彩版一九，3）。

薄胎细绳纹罐　1 件。

标本 M5：3，夹细砂红褐陶，通体陶色不均。侈口，平唇，矮束颈，圆腹，平底微内凹。口下部饰花边形附加堆纹，腹部饰细绳纹。口径 8.2、腹径 11.6、底径 6.2、高 13.6 厘米（图二二，3；彩版二〇，1）。

单大耳罐　1 件。

标本 M5：6，耳部残缺。泥质橘红陶。侈口，圆唇，束颈较高，鼓腹，平底。肩腹部有四圈折棱。口径 8、腹径 11.1、底径 3.7、高 13.4 厘米（图二二，4；彩版二〇，2）。

双大耳罐　1 件。

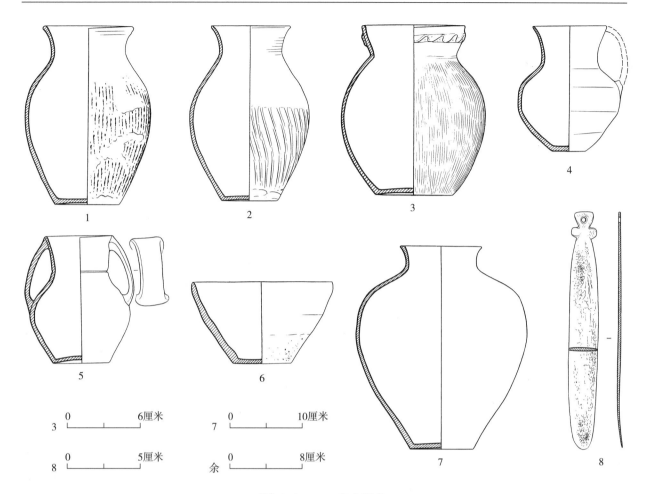

图二二　M5 出土器物

1.夹砂绳纹侈口罐（M5:2）　2.喇叭口篮纹高领罐（M5:5）　3.薄胎细绳纹罐（M5:3）　4.单大耳罐（M5:6）　5.双大耳罐
（M5:4）　6.钵（M5:7）　7.瓮（M5:1）　8.骨匕（M5:8）

　　标本 M5:4，泥质橙黄陶。侈口，圆唇，斜直领较高，鼓腹，平底微内凹。口和腹上部间有桥形双大耳。颈部有一周旋纹。口径 7.4、腹径 10.8、底径 6.1、高 13.4 厘米（图二二，5；彩版二〇，3）。

　　瓮　1件。

　　标本 M5:1，泥质橘红陶。口微侈，圆唇，短颈微束，圆肩，弧腹，近底处微内曲，平底。口径 10.9、腹径 23.2、底径 8.5、高 26.6 厘米（图二二，7；彩版二〇，4）。

　　钵　1件。

　　标本 M5:7，泥质橘红陶。敞口，圆唇，斜弧腹，腹部有不明显的折棱，平底。口径 15.2、底径 6.5、高 8.6 厘米（图二二，6；彩版二〇，5）。

　　骨匕　1件。

　　标本 M5:8，匕身呈舌形，上部束腰，一字格，柄部为三角形，上端有孔。长 15.6、宽 2、厚 0.1、孔径 0.4 厘米（图二二，8；彩版二〇，6）。

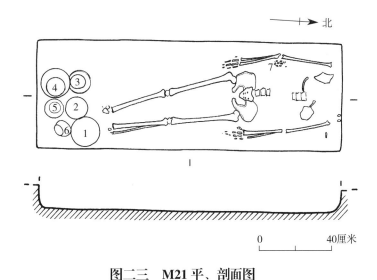

图二三　M21 平、剖面图

1.钵　2、3.夹砂绳纹侈口罐　4.双大耳罐　5、6.高领罐　7.碎石

M21

该墓开口层位未记录，墓口距地表深 0.39 米，墓底距地表深 0.51 米。位于 A 区西南部，AT4 东、北隔梁下，东邻 M11，西邻 M19（图版四，3）。

长方形竖穴土坑墓。墓向 358°。墓圹长 1.64、宽 0.58、深 0.12 米。无葬具。

单人仰身直肢葬。人骨朽烂严重，无头骨和肋骨，仅存四肢骨、盆骨和部分椎骨等。发掘者鉴定墓主为 15～20 岁的男性。人骨未采集（图二三）。

随葬器物计 6 件，均为陶器（彩版二一，1）。集中放置在墓主的足前方。另有白色碎石若干置于墓主右侧腰处。

夹砂绳纹侈口罐　2 件。

标本 M21：2，夹砂灰黑陶。侈口，束颈，圆弧腹，平底。口部为锯齿花边状，腹饰竖绳纹。口径 8.3、腹径 10.8、底径 5.3、高 15 厘米（图二四，1；彩版二一，2）。

标本 M21：3，夹砂灰黑陶。侈口，斜方唇，束颈，弧腹，平底。腹饰竖绳纹。口径 9.4、腹径 12、底径 7.9、高 17.4 厘米（图二四，2；彩版二一，3）。

高领罐　2 件。

标本 M21：5，夹砂橘红陶。器形较小。侈口，圆唇，溜肩，弧腹下垂，平底微内凹。腹饰竖绳纹。口径 5.5、腹径 8.9、底径 5.5、高 13.3 厘米（图二四，3；彩版二二，1）。

标本 M21：6，泥质橙黄陶。侈口，斜方唇，束颈较高，圆弧腹，腹下部斜收，平底。口内侧有一周旋纹。口径 8.8、腹径 15、底径 8.8、高 22 厘米（图二四，4；彩版二二，2）。

双大耳罐　1 件。

标本 M21：4，泥质橘红陶。侈口，圆唇，斜直领较高，鼓腹微下垂，平底。口至腹上部间有桥形双大耳。颈部有一周旋纹。口径 6.7、腹径 9、底径 3.6、高 11.7 厘米（图二四，5；

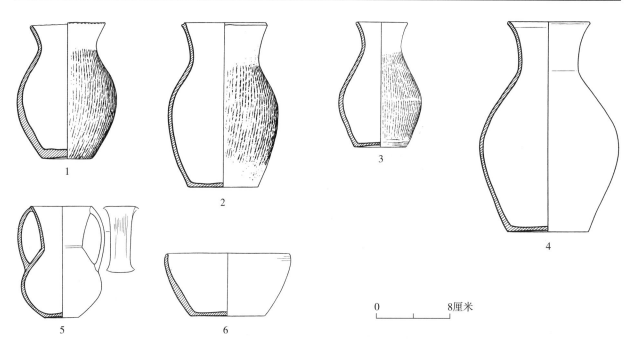

图二四　M21 出土器物

1、2.夹砂绳纹侈口罐（M21:2、M21:3）　3、4.高领罐（M21:5、M21:6）　5.双大耳罐（M21:4）　6.钵（M21:1）

彩版二二，3）。

钵　1件。

标本 M21:1，泥质橘红陶。敛口，圆唇，斜直腹，平底。口径 13.2、腹径 14、底径 8、高 6.6 厘米（图二四，6；彩版二二，4）。

M23

该墓开口层位未记录，墓口距地表深 0.82 米，墓底距地表深 1.25 米。位于 A 区偏南处，AT2 东部，东邻 M36，西邻 M14，南邻 M20（图版五，1）。

长方形竖穴土坑墓。墓向 0°。墓圹长 1.98、宽 0.75、深 0.43 米。无葬具。

单人仰身直肢葬。无头骨，其他骨骼保存较好，腰椎有严重的骨质增生。发掘者鉴定墓主为 40～45 岁的女性。未记录人骨采集状况，现存遗骨中未见该墓编号的人骨（图二五）。

随葬器物计 10 件，其中陶器 9 件、骨器 1 件（彩版二三，1）。陶器集中放置在墓主的足部前方，骨匕位于左侧腰部。另外墓主胸部放置猪下颌骨 1 具，左肘内侧有白色碎石 98 块。

夹砂绳纹侈口罐　2件。

标本 M23:5，夹砂红褐陶，器身陶色不均。侈口，圆唇，斜直领，圆弧腹，平底。腹饰竖绳纹。口径 8.3、腹径 10.2、底径 6、高 13.5 厘米（图二六，1；彩版二三，2）。

标本 M23:9，夹砂红褐陶，器身陶色不均。侈口，圆唇，斜直领稍内曲，圆弧腹，平底。腹饰竖绳纹。口径 9.2、腹径 12.4、底径 6.5、高 17.8 厘米（图二六，2；彩版二三，3）。

高领罐　2件。

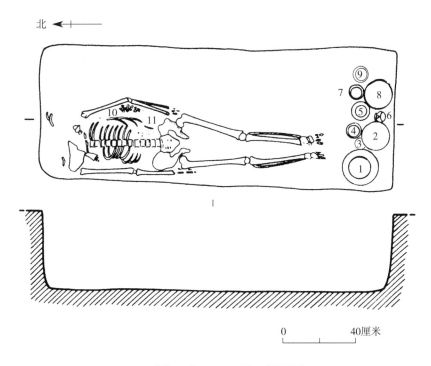

图二五　M23 平、剖面图

1、8.喇叭口篮纹高领罐　2.折肩盆　3、7.双大耳罐　4.高领罐　5、9.夹砂绳纹侈口罐　6.单大耳罐　10.碎石　11.骨匕

　　标本 M23：4，夹细砂橘红陶。侈口，圆唇，斜直领较高，圆弧腹，平底微内凹。口径 7、腹径 8.8、底径 5、高 13 厘米（图二六，4；彩版二四，2）。

　　喇叭口篮纹高领罐　2 件。

　　标本 M23：1，泥质橙黄陶。侈口，圆唇，窄平沿，斜直领较高，圆肩，弧腹，平底。口径 16.4、腹径 19.2、底径 9.8、高 31 厘米（图二六，3；彩版二四，1）。

　　标本 M23：8，泥质橙黄陶。器形瘦高。喇叭口，圆唇，窄平沿，高束领，溜肩，弧腹，平底。腹上部有双耳。颈下部饰旋纹一周，腹上部饰竖篮纹。口径 11.7、腹径 12.4、底径 6.2、高 22.1 厘米（图二六，5；彩版二四，3）。

　　单大耳罐　1 件。

　　标本 M23：6，泥质橙黄陶。侈口，圆唇，斜直领较高，圆腹，平底。口至腹上部有桥形单大耳。口径 7.3、腹径 9.2、底径 3.8、高 12.4 厘米（图二六，6；彩版二四，4）。

　　双大耳罐　2 件。

　　标本 M23：3，泥质橙黄陶，器身陶色不均。侈口，圆唇，斜直领较高，圆鼓腹，平底。口至腹上部间有桥形双大耳。口径 6.4、腹径 7.9、底径 3、高 11.2 厘米（图二六，7；彩版二五，1）。

　　标本 M23：7，泥质橙黄陶，器身陶色不均。侈口，圆唇，斜直领较高，圆鼓腹，平底。口至腹上部间有桥形双大耳。口径 6.8、腹径 8.5、底径 3.4、高 12.5 厘米（图二六，8；彩版

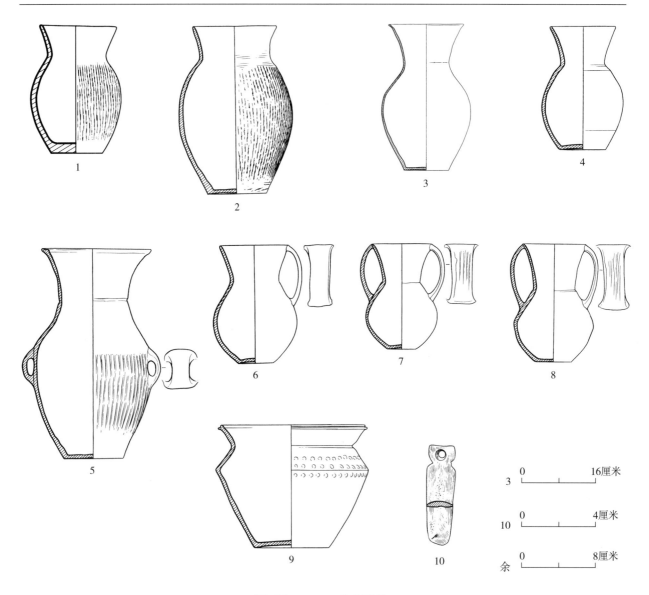

图二六　M23 出土器物

1、2.夹砂绳纹侈口罐（M23：5、M23：9）　3、5.喇叭口篮纹高领罐（M23：1、M23：8）　4.高领罐（M23：4）　6.单大耳罐（M23：6）
7、8.双大耳罐（M23：3、M23：7）　9.折肩盆（M23：2）　10.骨匕（M23：11）

二五，2）。

折肩盆　1件。

标本 M23：2，泥质橙黄陶，器身陶色不均，部分略呈橘红色。侈口，叠唇，短颈，折肩，斜弧腹，底微内凹。口沿内外有涂深红色颜料。肩部饰戳印圆圈纹两周，腹上部饰戳印圆圈纹一周。口径 16.2、腹径 16.6、底径 8.3、高 13 厘米（图二六，9；彩版二四，5）。

骨匕　1件。

标本 M23：11，磨制，匕身一面内凹，一面鼓突，呈舌形。柄部下端有亚腰，顶端钻孔。

长 5.3、宽 1.6、厚 0.3、孔径 0.4 厘米（图二六，10）。

M29

该墓开口层位未记录，墓口距地表深 0.95 米，墓底距地表深 1.33 米。位于 A 区偏南处，AT2 南部，西邻 M22（图版五，2）。

M29 打破 M22。

长方形竖穴土坑墓。墓向 357°。墓圹长 1.8、宽 0.72、深 0.38 米。无葬具。

单人仰身直肢葬。无头骨，其他人骨保存较好。发掘者鉴定墓主为 40～45 岁的男性。未记录人骨采集情况，现存遗骨中未见该墓编号的人骨（图二七）。

随葬器物计 8 件，其中陶器 7 件、骨器 1 件（彩版二六，1）。陶器集中放置在墓主的足骨旁，骨匕位于左胸处。另有 104 块白色碎石置于墓主左侧腰部。

夹砂绳纹侈口罐　1 件。

标本 M29：3，夹砂橙黄陶。侈口，斜方唇，束颈，圆腹，平底。颈部饰两周旋纹，腹饰竖绳纹。口径 10.4、腹径 13.5、底径 7.4、高 17.6 厘米（图二八，1；彩版二七，1）。

高领罐　2 件。

标本 M29：2，夹砂灰黑陶。侈口，圆唇，溜肩，圆弧腹微下垂，平底微内凹。肩部饰间断绳纹，腹饰竖绳纹。口径 7.2、腹径 9.1、底径 4.6、高 13.6 厘米（图二八，2；彩版二六，2）。

标本 M29：5，泥质橙黄陶。喇叭口，圆唇，高束颈，溜肩，圆弧腹。平底。腹部有被抹的竖篮纹。口径 8.8、腹径 12.9、底径 6.4、高 16.2 厘米（图二八，3；彩版二六，3）。

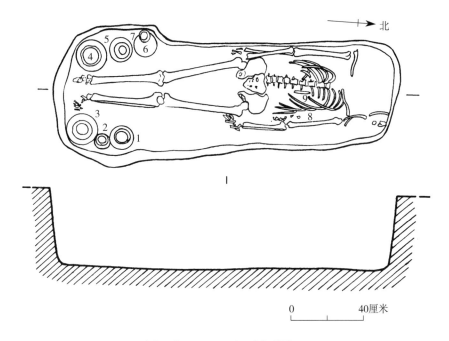

图二七　M29 平、剖面图

1、7.双大耳罐　2、5.高领罐　3.夹砂绳纹侈口罐　4.喇叭口篮纹高领罐　6.钵　8.碎石　9.骨匕

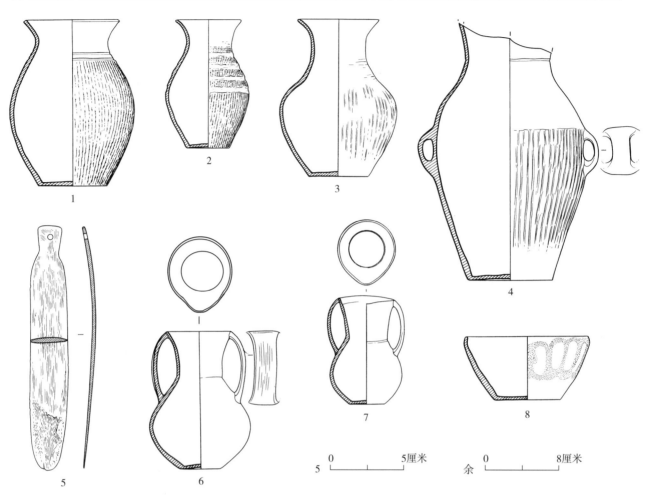

图二八　M29 出土器物

1.夹砂绳纹侈口罐（M29：3）　2、3.高领罐（M29：2、M29：5）　4.喇叭口篮纹高领罐（M29：4）　5.骨匕（M29：9）　6、7.双大耳罐
（M29：1、M29：7）　8.钵（M29：6）

喇叭口篮纹高领罐　1件。

标本 M29：4，口沿残缺。泥质橙黄陶。喇叭口，溜肩，弧腹，平底。腹部有双耳。颈部
饰一道凹弦纹，腹饰竖篮纹。腹径 16.6、底径 9.1、残高 27.2 厘米（图二八，4；彩版二七，2）。

双大耳罐　2件。

标本 M29：1，泥质橙黄陶。侈口，口一侧有流，圆唇，斜直领微内曲，领较高，圆鼓腹稍下垂，
平底。口径 7.2～8、腹径 11.2、底径 4.3、高 14.7 厘米（图二八，6；彩版二七，3）。

标本 M29：7，泥质橙黄陶。侈口，口一侧有流，圆唇，束颈，斜直领较高，圆鼓腹，平底。
口径 6～6.8、腹径 7.8、底径 3.8、高 11.5 厘米（图二八，7；彩版二七，4）。

钵　1件。

标本 M29：6，泥质橘红陶。口微敛，圆唇，斜直腹，平底。外壁用深红色颜料涂抹一圈
由椭圆形图案组成的环形纹。口径 13、腹径 13.8、底径 7.2、高 6.8 厘米（图二八，8；彩版

二七，5）。

骨匕　1件。

标本 M29∶9，匕身为舌形，器身扁平微曲，柄为梯形，中有圆形穿孔。长 16.3、宽 2.7、厚 0.17、孔径 0.4 厘米（图二八，5）。

M48

该墓开口层位未记录，墓口距地表深 0.23 米，墓底距地表深 0.37 米。位于 A 区西北部，AT13 北部，东南邻 M53，西邻 M50，南邻 M54（图版五，3）。

长方形竖穴土坑墓。墓向 266°。墓圹长 1.9、宽 0.48、深 0.14 米。无葬具。

单人仰身直肢葬。部分上肢骨和右侧股骨不见。头向西，面向南。发掘者鉴定墓主为 55 岁左右的男性。原始记录上该墓内还有一女性下颌骨，位置不明确。未记录人骨采集情况，现存遗骨中未见该墓编号的人骨。

无随葬品（图二九）。

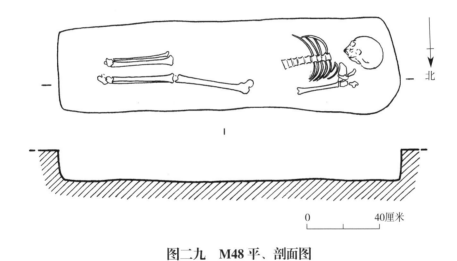

北

0　　　　40厘米

图二九　M48 平、剖面图

M51

该墓资料有简单的记录、平面图和遗迹照，无剖面图。

该墓开口层位未记录，墓口距地表深度很浅，墓底距地表深 0.45 米。位于 A 区偏西北处，AT11 东隔梁下，北邻 M84，西邻 M43（图版五，4）。

M51 打破 AT11H1。

长方形竖穴土坑墓。墓向 354°。墓圹长 1.98、宽 0.8 米。无葬具。

单人仰身直肢葬。头骨已朽，肋骨扰乱严重，其余人骨保存较完整。头向西北。发掘者鉴定墓主是 15 岁左右的未成年人。未记录人骨采集情况，现存遗骨中未见该墓编号的人骨（图三〇）。

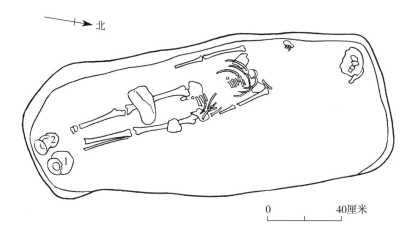

图三〇 M51 平面图

1.夹砂绳纹侈口罐 2.双大耳罐

随葬器物计 2 件，均为陶器，置于墓主的足骨旁。

夹砂绳纹侈口罐 1 件。

标本 M51：1，夹砂灰黑陶。侈口，圆唇，束颈较短，圆弧腹，平底。腹上部饰四圈旋纹，下饰竖绳纹。口径 8.3、腹径 11.2、底径 7、高 14.8 厘米（图三一，1；彩版二五，3）。

双大耳罐 1 件。

标本 M51：2，泥质橙黄陶。侈口，圆唇，斜直领较高，圆鼓腹，平底。口至腹上部间有桥形双大耳。口径 7.6、腹径 8.3、底径 4.5、高 12.4 厘米（图三一，2；彩版二五，4）。

M55

该墓开口层位未记录，墓口距地表深 0.33 米，墓底距地表深 0.86 米。位于 A 区偏东北处，AT9 东北角，东邻 M76，西邻 M72（图版六，1）。

长方形竖穴土坑墓。墓向 0°。墓圹长 1.68、宽 0.78、深 0.6 米。无葬具。填土为花土，较疏松。

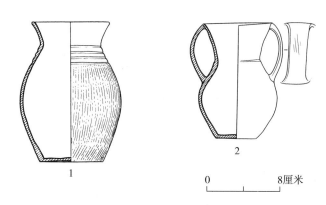

图三一 M51 出土器物

1.夹砂绳纹侈口罐（M51：1） 2.双大耳罐（M51：2）

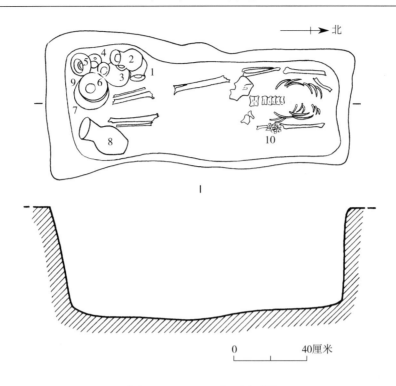

图三二　M55 平、剖面图

1.高领罐　2.单大耳罐　3.夹砂绳纹侈口罐　4、5、9.双大耳罐　6.钵　7.折肩罐　8.喇叭口篮纹高领罐　10.碎石

单人仰身直肢葬。无头骨及左股骨。发掘者鉴定墓主是成年女性，年龄不明。未记录人骨采集情况，现存遗骨中未见该墓编号的人骨（图三二）。

随葬器物计 9 件，均为陶器（彩版二八，1）。集中放置在墓主的下肢骨两侧。另有 50 块白色碎石置于墓主左侧腰部。

夹砂绳纹侈口罐　1 件。

标本 M55：3，夹砂红褐陶。侈口，圆唇，斜直领稍内曲，圆弧腹，平底。腹饰竖绳纹。口径 8.4、腹径 13、底径 7.8、高 18 厘米（图三三，1；彩版二八，2）。

高领罐　1 件。

标本 M55：1，夹砂橙黄陶。侈口，圆唇，高束颈，瘦弧腹，平底。腹饰竖绳纹。口径 8.6、腹径 8.2、底径 3.9、高 13.1 厘米（图三三，2；彩版二八，3）。

喇叭口篮纹高领罐　1 件。

标本 M55：8，泥质橙黄陶，色不均，局部橘红色。喇叭口，斜方唇，束颈较高，溜肩，弧腹，平底。肩部有桥形双耳。肩颈间饰一周旋纹，腹部饰竖篮纹。口径 13.2、腹径 14.8、底径 6.4、高 25.5 厘米（图三三，5；彩版二九，1）。

折肩罐　1 件。

标本 M55：7，泥质橙黄陶。侈口，尖圆唇，短束颈，折肩，折腹，平底。口径 12.3、腹

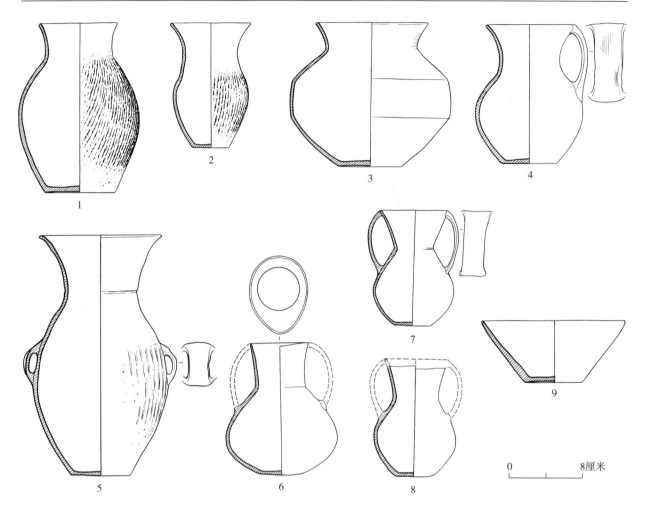

图三三　M55 出土器物

1.夹砂绳纹侈口罐（M55：3）　2.高领罐（M55：1）　3.折肩罐（M55：7）　4.单大耳罐（M55：2）　5.喇叭口篮纹高领罐
（M55：8）　6～8.双大耳罐（M55：5、M55：4、M55：9）　9.钵（M55：6）

径 17.3、底径 6.8、高 15.3 厘米（图三三，3；彩版二九，2）。

单大耳罐　1 件。

标本 M55：2，泥质橙黄陶。大侈口，圆唇，束颈较高，圆腹，平底。口和腹上部间有桥形单大耳。口径 9.5、腹径 11.6、底径 5.8、高 14.8 厘米（图三三，4；彩版二九，3）。

双大耳罐　3 件。

标本 M55：4，泥质橙黄陶。侈口，圆唇，斜直领较高，圆鼓腹稍下垂，平底。口至腹上部间有桥形双大耳。口径 7.3、腹径 8.7、底径 4.1、高 12.3 厘米（图三三，7；彩版二九，4）。

标本 M55：5，双耳残缺。泥质橙黄陶。侈口，口一侧有流，圆唇，斜直领微内曲，鼓腹下垂，平底。口至腹上部间有桥形双大耳。口径 6.7～8.1、腹径 12.3、底径 5、高 14 厘米（图三三，6；彩版三〇，1）。

标本 M55：9，口、耳部残缺。泥质橙黄陶。侈口，圆唇，斜直领较高，圆鼓腹，平底。

口至腹上部间有桥形双大耳。腹径8.7、底径3.5、残高11.6厘米（图三三，8；彩版三〇，2）。

钵 1件。

标本M55：6，泥质橙黄陶。敞口，圆唇，斜腹，平底微内凹。口径15.8、底径6.2、高6.6厘米（图三三，9；彩版三〇，3）。

M60

该墓资料有简单的记录、平面图和遗迹照，无剖面图。

该墓开口层位未记录，墓口距地表深0.95米，墓底距地表深1.15米。位于A区偏东北处，AT12西南角，东邻M69，西邻M75，南邻M61（图版六，2）。

长方形竖穴土坑墓。墓向0°。墓圹长1.74、宽0.75、深0.2米。无葬具，填土为花土，较疏松。

单人仰身直肢葬。人骨保存较完整，但无头骨及左上肢骨。发掘者鉴定墓主为35岁左右的女性。未记录人骨采集情况，现存遗骨中未见该墓编号的人骨（图三四）。

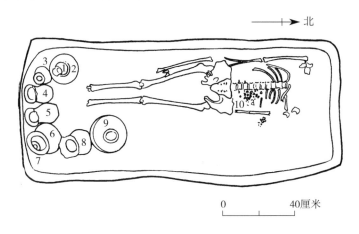

图三四 M60平面图

1、7.双大耳罐 2.钵 3.高领罐 4、5.夹砂绳纹侈口罐 6、8.喇叭口篮纹高领罐 9.折肩罐 10.碎石

随葬器物计9件，均为陶器（彩版三一，1）。集中放置在墓主的足骨前方。另有84块白色碎石置于墓主左侧腰部。

夹砂绳纹侈口罐 2件。

标本M60：4，夹砂红褐陶。侈口，斜方唇，束颈，圆弧腹，平底。腹饰竖绳纹。口径8.6、腹径11.2、底径5.6、高16.2厘米（图三五，1；彩版三〇，4）。

标本M60：5，夹砂陶，灰黑与橘红色夹杂。侈口，斜方唇，束颈，圆弧腹，平底。腹饰竖绳纹。口径9.6、腹径11.1、底径5.6、高17.2厘米（图三五，2；彩版三〇，5）。

高领罐 1件。

标本M60：3，夹砂红褐陶。侈口，圆唇，束颈较高，圆腹稍下垂，平底。腹上部饰间断绳纹，下部饰竖绳纹。口径6.3、腹径9.8、底径4.6、高12.8厘米（图三五，3；彩版三二，1）。

喇叭口篮纹高领罐 2件。

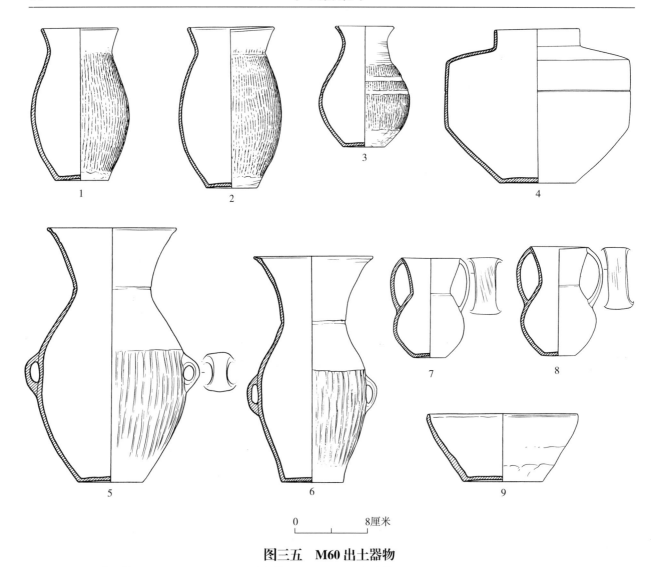

0 _____ 8厘米

图三五　M60 出土器物

1、2.夹砂绳纹侈口罐（M60：4、M60：5）　3.高领罐（M60：3）　4.折肩罐（M60：9）　5、6.喇叭口篮纹高领罐（M60：6、M60：8）　7、8.双大耳罐（M60：1、M60：7）　9.钵（M60：2）

　　标本 M60：6，泥质橙黄陶。喇叭口，圆方唇，高领，束颈，圆腹，平底。腹中部有双耳。口沿内侧有两周旋纹，颈部饰一道旋纹，腹下部饰竖篮纹。口径 14、腹径 16.5、底径 7、高 27.1 厘米（图三五，5；彩版三一，2）。

　　标本 M60：8，泥质橙黄陶。喇叭口，圆唇，高领，束颈，弧腹较瘦，微折，底微内凹。腹中部有双耳。口沿内侧和颈下部各饰一周旋纹，腹下部饰竖篮纹。口径 13、腹径 12、底径 6.8、高 24 厘米（图三五，6；彩版三一，3）。

　　折肩罐　1 件。

　　标本 M60：9，泥质橙黄陶。直口，圆唇，折肩，折腹，腹下部斜收，平底。口沿内外用红色颜料涂抹，腹中部有一道旋纹。口径 9.3、腹径 20.3、底径 8.3、高 16.3 厘米（图三五，4；彩版三二，2）。

双大耳罐　2件。

标本 M60：1，泥质橘红陶。侈口，圆唇，斜直领较高，圆鼓腹稍下垂，平底。口和腹上部间有桥形双大耳。双耳以下的腹部饰四道刻划竖线。口径 6.5、腹径 7.8、底径 3.5、高 10.6 厘米（图三五，7；彩版三二，3）。

标本 M60：7，泥质橘红陶。侈口，圆唇，斜直领较高，圆鼓腹稍下垂，平底。口和腹上部间有桥形双大耳。口径 6.5、腹径 8.2、底径 3.7、高 11.5 厘米（图三五，8；彩版三二，4）。

钵　1件。

标本 M60：2，泥质橙黄陶。敞口，圆唇，斜弧腹，平底微内凹。口径 16.5、底径 8.6、高 7.3 厘米（图三五，9；彩版三二，5）。

M62

该墓资料仅有简单的发掘记录和遗迹照，无平、剖面图（图版六，3）。

该墓开口层位未记录，墓口距地表深 1.25 米，墓底距地表深 1.75 米。位于 A 区偏东处，AT5 东北，西邻 M40。

长方形竖穴土坑墓。墓向 358°。墓圹的长、宽未记录，深 0.5 米。无葬具。填土为花土，较疏松。

单人仰身直肢葬。人骨保存较完整，无头骨，发掘者鉴定墓主为 35～40 岁的男性。未记录人骨采集情况，现存遗骨中未见该墓编号的人骨。

随葬器物计 7 件，均为陶器（彩版三三，1）。集中放置在墓主足前。另有 101 块白色碎石置于墓主左侧腰部。

现存器物中有混入该墓的器物 4 件，分别为标本 M62：1-1、M62：2-1、M62：4-1、M62：3-1，详细描述见第五章第三节。

夹砂绳纹侈口罐　2件。

标本 M62：2，夹砂陶，灰黑色与橘红色夹杂。侈口，圆唇，束颈，圆弧腹，平底。腹饰竖绳纹。口径 10.2、腹径 11.1、底径 6、高 15.8 厘米（图三六，1；彩版三四，1）。

标本 M62：3，夹砂灰黑陶，器身陶色不均。侈口，斜方唇，束颈，圆弧腹，平底。腹饰竖绳纹。口径 10.3、腹径 12.8、底径 7.5、高 19.2 厘米（图三六，2；彩版三四，2）。

高领罐　1件。

标本 M62：6，泥质红褐陶，器身陶色不均。侈口，圆唇，高领，束颈，圆弧腹，平底。腹下部饰竖篮纹。口径 12.9、腹径 14.4、底径 7、高 21 厘米（图三六，3；彩版三三，2）。

单大耳罐　1件。

标本 M62：5，耳残，已修复。泥质橙黄陶。侈口，圆唇，斜直领微内曲，领较高，鼓腹，平底。口和腹上部间有桥形单大耳。口径 8.9、腹径 12.3、底径 4.2、高 14.2 厘米（图三六，4；彩版三四，3）。

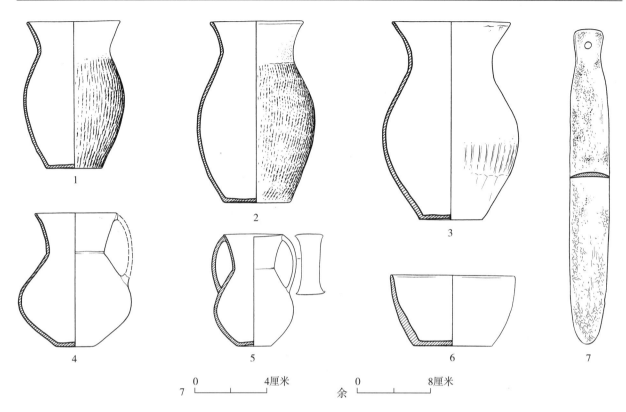

图三六　M62 出土器物

1、2.夹砂绳纹侈口罐（M62：2、M62：3）　3.高领罐（M62：6）　4.单大耳罐（M62：5）　5.双大耳罐（M62：4）　6.钵（M62：1）
7.骨匕（M62：7）

双大耳罐　1 件。

标本 M62：4，残，已修复。泥质陶，橙黄色与橘红色夹杂。侈口，圆唇，斜直领较高，圆鼓腹，平底。口和腹上部间有桥形双大耳。口径 6.6、腹径 8.9、底径 3.5、高 11.9 厘米（图三六，5；彩版三四，4）。

钵　1 件。

标本 M62：1，泥质陶，橙黄色与橘红色夹杂。敞口，圆唇，深弧腹，平底。口径 13.4、底径 8.6、高 7.4 厘米（图三六，6；彩版三三，3）。

骨匕　1 件。

标本 M62：7，匕身呈舌形，柄下部呈亚腰，上部有单孔。器身一面微内凹，一面微凸。长 16.6、宽 2.3、厚 0.18、孔径 0.4 厘米（图三六，7）。

M75

该墓资料有简单的记录、平面图和遗迹照，无剖面图。

该墓开口层位未记录，墓口距地表深 1.05 米，墓底距地表深 1.25 米。位于 A 区偏东处，AT9 的东南，东邻 M60，西邻 M63，北邻 M74（图版六，4）。

长方形竖穴土坑墓。墓向 357°。墓圹长 2.05、宽 0.66、深 0.2 米。无葬具。填土为花土，

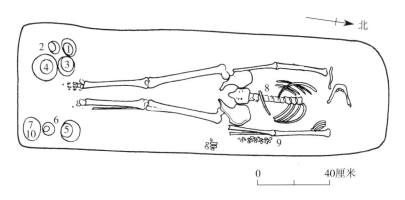

图三七　M75 平面图

1、5.夹砂绳纹侈口罐　2、3.双大耳罐　4、6.高领罐　7.钵　8.骨匕　9.碎石　10.骨针

较疏松。

单人仰身直肢葬。人骨保存较完整，头骨仅存下颌骨。右股骨骨折，腰椎有严重骨质增生。发掘者鉴定墓主为60岁左右的男性。未记录人骨采集情况，现存遗骨中未见该墓编号的人骨（图三七）。

随葬器物计9件，其中陶器7件、骨器2件（彩版三五，1）。陶器集中放置在墓主的足部两侧，骨匕位于腰部，骨针置于钵内。另有43块白色碎石置于墓主左侧腰部。

夹砂绳纹侈口罐　2件。

标本M75：1，口沿局部残缺，已修复。夹砂红褐陶。侈口，口呈花边状，束颈，圆腹，平底。口外饰一周波浪形附加堆纹，颈下部饰旋纹，腹饰竖绳纹。口径8.7、腹径10.2、底径5.5、高13.2厘米（图三八，1；彩版三五，2）。

标本M75：5，夹砂陶，灰黑色与橙黄色夹杂。侈口，斜方唇，束颈，弧腹较瘦，平底内凹。腹饰竖绳纹。口径9.6、腹径11.3、底径6.8、高18.9厘米（图三八，2；彩版三五，3）。

高领罐　2件。

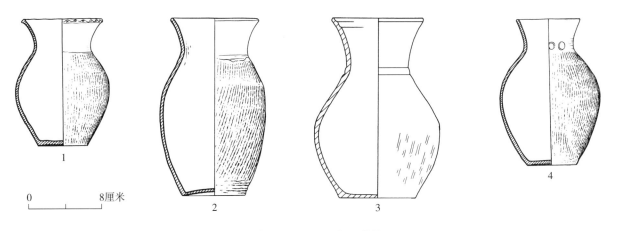

图三八　M75 出土器物

1、2.夹砂绳纹侈口罐（M75：1、M75：5）　3、4.高领罐（M75：4、M75：6）

标本 M75：4，泥质橙黄陶。大侈口，斜方唇，束颈较高，圆腹，平底。口内侧和颈下部各有两道旋纹，腹部局部饰竖篮纹。口径 9.8、腹径 13.6、底径 8.3、高 19 厘米（图三八，3；彩版三六，1）。

标本 M75：6，夹砂红褐陶。侈口，圆唇，斜直领稍内曲，圆腹，最大腹径靠上，平底。颈部堆塑两个泥饼，腹饰竖绳纹。口径 6.9、腹径 10.9、底径 5.4、高 15.5 厘米（图三八，4；彩版三六，2）。

双大耳罐　2 件。

标本 M75：2，泥质橙黄陶。侈口，圆唇，斜直领稍内曲，领较高，圆腹，平底微内凹。口至腹上部间有桥形双大耳。口径 7、腹径 9.4、底径 4、高 11.6 厘米（图三九，2；彩版三六，3）。

标本 M75：3，泥质橙黄陶。侈口，口一侧有流，圆唇，斜直领较高，圆腹稍下垂，平底。口径 7.8～9、腹径 11.1、底径 5、高 13.8 厘米（图三九，1；彩版三六，4）。

钵　1 件。

标本 M75：7，泥质橙黄陶。敞口，圆唇，斜直腹，平底微内凹。口径 12、底径 7、高 7.2 厘米（图三九，3；彩版三六，5）。

骨匕　1 件。

标本 M75：8，磨制。平面呈长方形。长 12.6、宽 2.4、厚 0.2 厘米（图三九，4）。

骨针　1 件。

标本 M75：10，磨制。残存部分呈长圆柱状。残长 9.7、直径 0.1～0.15 厘米（图三九，5）。

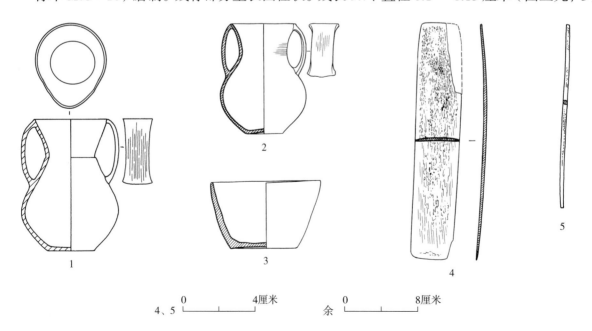

0　　　　4厘米
4、5

0　　　　8厘米
余

图三九　M75 出土器物

1、2.双大耳罐（M75：3、M75：2）　3.钵（M75：7）　4.骨匕（M75：8）　5.骨针（M75：10）

M89

该墓资料有简单的记录、平面图和遗迹照，无剖面图。

该墓开口层位未记录，墓口距地表深 0.67 米，墓底距地表深 0.97 米。位于 A 区南部，AT19 北隔梁下，横跨 AT18 和 AT19，东邻 M90（图版七，1）。

长方形竖穴土坑墓。墓向 350°。墓圹长 1.96、宽 0.66、深 0.3 米。无葬具。填土为花土，较疏松。

单人仰身直肢葬。人骨保存较完整，无头骨。年龄和性别未记录。人骨采集（图四〇）。

随葬器物计 5 件，均为陶器（彩版三七，1）。集中放置在墓主的足旁。另有 38 块白色碎石置于墓主左侧肩部。

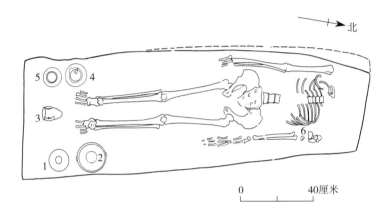

图四〇　M89 平面图

1.盘　2.喇叭口篮纹高领罐　3.双大耳罐　4、5.夹砂绳纹侈口罐　6.碎石

夹砂绳纹侈口罐　2 件。

标本 M89：4，口沿残缺。夹砂灰黑陶。圆鼓腹，平底。腹饰竖绳纹。腹径 9、底径 5、残高 9.4 厘米（图四一，2；彩版三七，2）。

标本 M89：5，夹砂陶，灰黑色与橙黄色夹杂。侈口，圆唇，斜直领微内曲，圆腹，最大腹径靠上，平底。腹饰竖绳纹。口径 10.2、腹径 13.9、底径 7.3、高 17.8 厘米（图四一，1；彩版三七，3）。

喇叭口篮纹高领罐　1 件。

标本 M89：2，泥质橘红陶。喇叭口，窄斜沿，圆唇，斜直领较高，圆弧腹微折，腹最大径居中，平底。腹中上部有双耳。颈下部饰一周旋纹，腹下部饰竖篮纹。口径 16.4、腹径 18.3、底径 8、高 32 厘米（图四一，3；彩版三七，4）。

双大耳罐　1 件。

标本 M89：3，泥质橙黄陶。侈口，圆唇，斜直领稍内曲，圆鼓腹，最大腹径靠下，平底。口和腹上部间有桥形双大耳。口径 7.9、腹径 8.1、底径 4、高 11.2 厘米（图四一，4；彩版三七，5）。

盘　1件。

标本 M89：1，泥质橙黄陶。敞口，圆唇，折腹，腹下部内曲，平底。口内侧有折棱，盆底饰一圈锯齿花边纹。口径16.8、底径5.4、高4厘米（图四一，5；彩版三七，6）。

M94

该墓资料仅有简单的发掘记录和遗迹照，无平、剖面图（图版七，2）。

该墓开口层位未记录，墓口距地表深1.07米，墓底距地表深1.44米。位于A区东南部，AT16北隔梁下。

长方形竖穴土坑墓。墓向344°。墓圹长1.9、宽0.5、深0.37米。无葬具。填土为花土，土质较疏松。

单人仰身直肢葬。人骨基本完整，无头骨及右肱骨，部分肋骨已朽烂。发掘者鉴定墓主为成年女性。未记录人骨采集情况，现存遗骨中未见有该墓编号的人骨。

随葬器物计8件，均为陶器（彩版三八，1）。集中放置在足部。另墓主左侧腰部有白色碎石若干，现存器物中未见该墓编号的白色碎石。

夹砂绳纹侈口罐　2件。

标本 M94：2，夹砂灰黑陶。侈口，圆唇，斜直领微内曲，圆弧腹，腹下部斜收，平底。腹饰竖绳纹。口径7.9、腹径10.1、底径6.1、高15.2厘米（图四二，1；彩版三八，2）。

标本 M94：8，夹砂灰黑陶。侈口，圆唇，斜直领稍内曲，圆腹，最大腹径靠上，平底。腹饰竖绳纹。口径8.7、腹径10.3、底径5.8、高14.6厘米（图四二，2；彩版三八，3）。

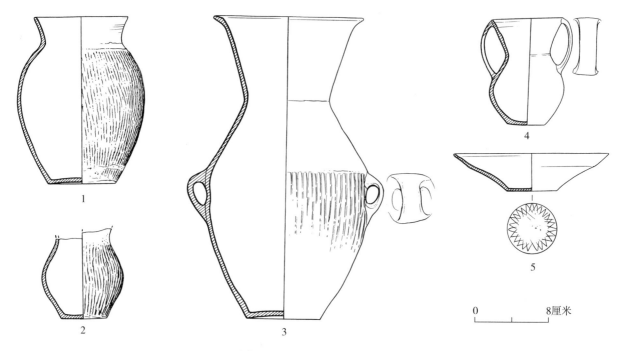

图四一　M89出土器物

1、2.夹砂绳纹侈口罐（M89：5、M89：4）　3.喇叭口篮纹高领罐（M89：2）　4.双大耳罐（M89：3）　5.盘（M89：1）

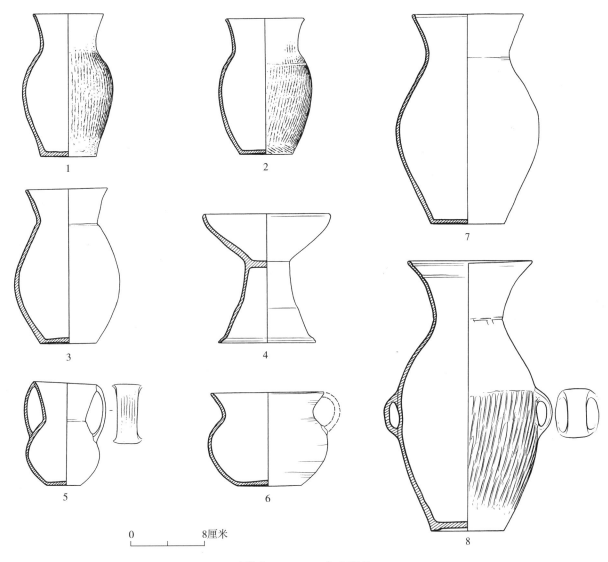

0　　　　　8厘米

图四二　M94出土器物

1、2.夹砂绳纹侈口罐（M94：2、M94：8）　3.高领罐（M94：3）　4.豆（M94：1）　5.双大耳罐（M94：6）　6.单耳杯（M94：7）
7、8.喇叭口篮纹高领罐（M94：5、M94：4）

高领罐　2件。

标本M94：3，泥质橙黄陶。侈口，圆唇，斜直领较高，圆腹，平底微内凹。颈部饰一道旋纹。口径9、腹径11.6、底径6.3、高16.2厘米（图四二，3；彩版三九，1）。

喇叭口篮纹高领罐　1件。

标本M94：4，泥质橙黄陶。体形瘦长。喇叭口，圆唇，斜直领稍内曲，高领，溜肩，肩部微折，圆弧腹，平底内凹。腹部有桥形双耳。口内侧有两道旋纹，颈下部饰一周旋纹，腹饰竖篮纹。口径13.8、腹径15.8、底径8、高28.7厘米（图四二，8；彩版三九，3）。

标本M94：5，泥质橙黄陶。侈口，圆唇，斜直领稍内曲，领较高，圆腹，腹最大径居中，近底处斜收，平底。颈部饰一道旋纹。口径12.2、腹径15.8、底径8、高22.4厘米（图四二，7；

彩版三九，2）。

　　双大耳罐　1件。

　　标本 M94：6，泥质橙黄陶。喇叭口，圆唇，斜直领较高，圆鼓腹，腹最大径居中，平底。口和腹上部间有桥形双大耳。口径6.8、腹径8.1、底径3.7、高11厘米（图四二，5；彩版三八，4）。

　　豆　1件。

　　标本 M94：1，泥质橙黄陶。微敞口，圆唇，斜弧腹较浅，豆柄较粗，呈喇叭形，柄中部有折棱。口径13.4、底径10.6、高13.6厘米（图四二，4；彩版三九，4）。

　　单耳杯　1件。

　　标本 M94：7，耳残缺。泥质橙黄陶。侈口，圆唇，束颈，鼓腹，近平底稍内凹。口和腹上部间有单耳，口沿内外用紫红色颜料涂抹。口径12.4、腹径13.2、底径7.2、高10.1厘米（图四二，6；彩版三九，5）。

M95

　　该墓开口层位未记录，墓口距地表深1.1米，墓底距地表深1.35米。位于A区东南部，AT16西南，东邻M105，西邻M109，北邻M107（图版七，3）。

　　长方形竖穴土坑墓。墓向342°。墓圹长1.86、宽0.53、深0.24米。无葬具。填土为花土，较坚硬。

　　单人仰身直肢葬。无头骨，上半身人骨已朽，下半身人骨保存较好。发掘者鉴定墓主为成年女性。人骨采集（图四三）。

　　随葬器物计4件，均为陶器（彩版四〇，1）。集中放置在足旁。另有15块白色碎石置于

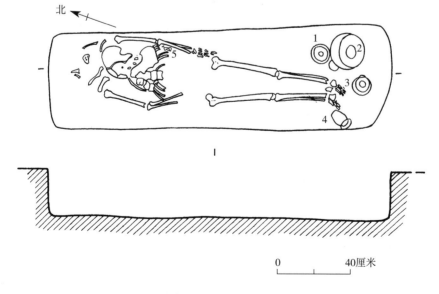

图四三　M95 平、剖面图

1.高领罐　2.喇叭口篮纹高领罐　3.双大耳罐　4.夹砂绳纹侈口罐　5.碎石

墓主腰部。

夹砂绳纹侈口罐　1件。

标本 M95：4，夹砂橙黄陶。侈口，斜方唇，束颈，弧腹，平底稍内凹。颈饰一道旋纹，腹饰竖绳纹。口径 8.4、腹径 9、底径 5.4、高 13 厘米（图四四，1；彩版四〇，2）。

高领罐　1件。

标本 M95：1，泥质陶，灰黑色与橙黄色夹杂。侈口，斜圆唇，曲颈较高，圆腹稍下垂，平底。颈饰两周弦纹和附加堆纹，腹饰竖篮纹。口径 7.8、腹径 12.2、底径 7.8、高 18 厘米（图四四，2；彩版四〇，1）。

喇叭口篮纹高领罐　1件。

标本 M95：2，泥质橙黄陶。喇叭口，圆唇，斜直领较高，圆弧腹，近底处弧收，平底。腹中部有桥形双耳。口内侧饰两道旋纹，颈饰一道旋纹，腹饰竖篮纹。口径 16.7、腹径 18.4、底径 7.6、高 31.5 厘米（图四四，3；彩版四〇，1）。

双大耳罐　1件。

标本 M95：3，泥质橙黄陶。体形略显瘦长。侈口，圆唇，斜直领较高，圆弧腹，平底。口和腹上部间有桥形双大耳。口径 7.6、腹径 8.4、底径 4.1、高 11.9 厘米（图四四，4；彩版四〇，3）。

M97

该墓资料仅有简单的发掘记录和平、剖面图，无遗迹照。

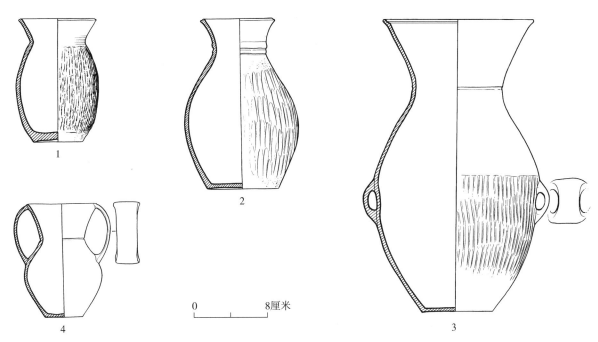

图四四　M95 出土器物

1.夹砂绳纹侈口罐（M95：4）　2.高领罐（M95：1）　3.喇叭口篮纹高领罐（M95：2）　4.双大耳罐（M95：3）

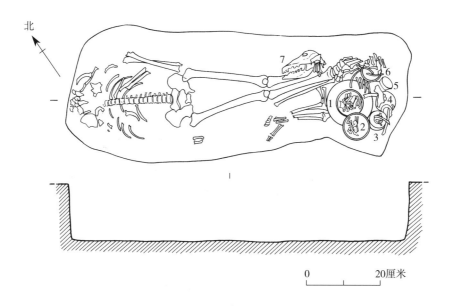

图四五　M97 平、剖面图

1.瓮　2.钵　3、6.夹砂绳纹侈口罐　4.喇叭口颈耳罐　5.单大耳罐　7.狗骨

该墓开口层位未记录，墓口距地表深 0.8 米，墓底距地表深 1.1 米。位于 A 区东南部，AT17 北部。

M97 打破 M108。

长方形竖穴土坑墓。墓向 290°。墓圹长 1.86、宽 0.54～0.74、深 0.3 米。无葬具。填土为细黄土，夹杂少量的红烧土。

单人仰身直肢葬。人骨较完整，双脚交叉，无头骨，肋骨已朽。发掘者鉴定墓主为成年男性，年龄未记录。人骨采集（图四五）。

随葬器物计 6 件，均为陶器（彩版四一，1）。集中放置在墓主足部。墓主左侧小腿部有 1 具狗骨。在随葬陶器中多放置有兽骨。

夹砂绳纹侈口罐　2 件。

标本 M97：3，夹砂灰黑陶。侈口，斜方唇，斜直领稍内曲，圆弧腹，平底微内凹。腹饰竖绳纹。口径 10、腹径 12.4、底径 7、高 17.3 厘米（图四六，1；彩版四一，2）。

标本 M97：6，夹砂灰黑陶。侈口，斜方唇，斜直领稍内曲，圆肩，斜弧腹，平底。颈肩部有旋纹四道，腹饰竖绳纹。口径 8.5、腹径 10.9、底径 6.1、高 14.5 厘米（图四六，2；彩版四一，3）。

单大耳罐　1 件。

标本 M97：5，泥质橙黄陶。侈口，圆唇，斜直领较高，圆鼓腹，腹最大径居中，平底。口和肩上部间有桥形单大耳。近底处有刮削痕迹。口径 6.8、腹径 8.4、底径 3.7、高 12.2 厘米（图四六，4；彩版四二，1）。

喇叭口颈耳罐　1 件。

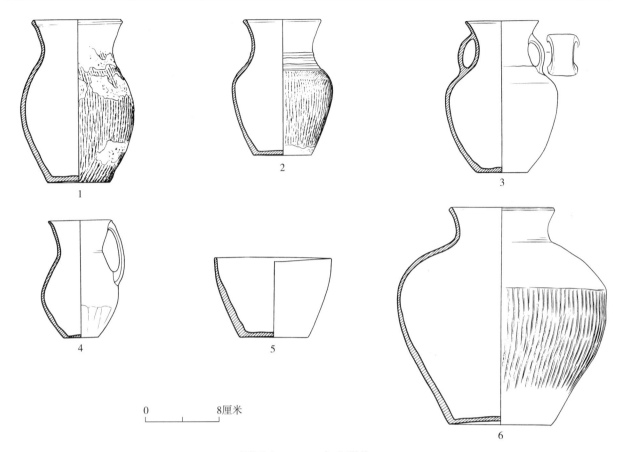

0 —— 8厘米

图四六　M97 出土器物

1、2.夹砂绳纹侈口罐（M97：3、M97：6）　3.喇叭口颈耳罐（M97：4）　4.单大耳罐（M97：5）　5.钵（M97：2）　6.瓮（M97：1）

标本 M97：4，泥质橙黄陶。喇叭口，圆唇，曲颈较高，高束颈，圆肩，弧腹，平底。颈部有桥形双耳。口径 8.1、腹径 12.3、底径 5.5、高 16 厘米（图四六，3；彩版四二，2）。

瓮　1 件。

标本 M97：1，泥质橙黄陶。侈口，斜方唇，短束颈，圆肩微折，斜弧腹，近底处微内曲，平底内凹。腹饰竖篮纹。口径 11.8、腹径 22.7、底径 10.9、高 23.1 厘米（图四六，6；彩版四二，3）。

钵　1 件。

标本 M97：2，泥质橙黄陶。直口，圆唇，深直腹，平底。口沿内侧有一道旋纹。口径 13.1、底径 7.5、高 8.5 厘米（图四六，5；彩版四二，4）。

M98

该墓资料仅有简单的发掘记录和平、剖面图，无遗迹照。

该墓开口层位未记录，墓口距地表深 0.96 米，墓底距地表深 1.12 米。位于 A 区东南部，AT17 西南角，东邻 M101，西邻 M106。

长方形竖穴土坑墓。墓向 0°。墓圹长 1.64、宽 0.6 ～ 0.72、深 0.2 米。无葬具。填土为黄

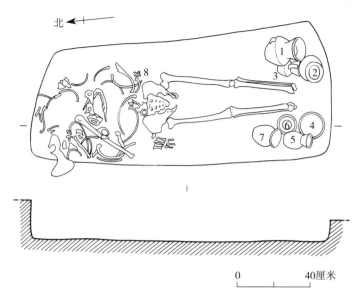

图四七 M98 平、剖面图

1.喇叭口篮纹高领罐 2.折肩盆 3、7.双大耳罐 4.钵 5.高领罐 6.夹砂绳纹侈口双耳罐 8.碎石

土，较疏松。

单人仰身直肢葬。人骨下半身保存较好，上半身扰乱严重，头骨仅存下颌骨。年龄、性别未记录。人骨采集（图四七）。

随葬器物计7件，均为陶器（彩版四三，1）。集中放置在足部两侧。墓主左侧腰部有白色碎石若干，现存器物中未见该墓编号的白色碎石。

高领罐 1件。

标本 M98：5，夹砂红褐陶。侈口，圆唇，斜直领较高，鼓腹，平底。腹饰竖绳纹，颈部饰三道旋纹。口径 7.8、腹径 10.6、底径 5.6、高 15.6 厘米（图四八，1；彩版四三，2）。

喇叭口篮纹高领罐 1件。

标本 M98：1，泥质橘红陶。喇叭口，圆唇，曲颈较高，溜肩稍折，圆弧腹，平底。腹上部有桥形双耳。颈部饰一圈凹弦纹，颈部以下至最大腹径以上部分饰细篮纹，最大腹径以下局部饰竖篮纹。口径 12.4、腹径 16.6、底径 8.4、高 26.8 厘米（图四八，3；彩版四三，3）。

双大耳罐 2件。

标本 M98：3，泥质橙黄陶。侈口，圆唇，斜直领稍内曲，领较高，鼓腹宽扁，近底处稍内曲，平底。口和腹上部间有桥形双大耳。口径 7.2、腹径 8.7、底径 3.8、高 11.5 厘米（图四八，4；彩版四四，1）。

标本 M98：7，双耳残缺。泥质橘红陶。侈口，圆唇，束颈较短，溜肩，圆弧腹，近底稍内曲，平底。口和腹上部间有桥形双大耳。口径 6.4、腹径 7.9、底径 4.2、高 10.7 厘米（图四八，5；彩版四四，2）。

夹砂绳纹侈口双耳罐 1件。

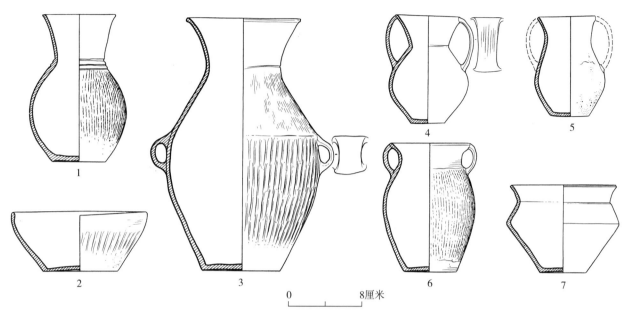

0   8厘米

图四八　M98出土器物

1.高领罐（M98∶5）　2.钵（M98∶4）　3.喇叭口篮纹高领罐（M98∶1）　4、5.双大耳罐（M98∶3、M98∶7）　6.夹砂绳纹侈口双耳罐（M98∶6）　7.折肩盆（M98∶2）

标本M98∶6，夹砂陶，灰黑色与橘红色夹杂。侈口，斜方唇，短束颈，圆弧腹，平底。口和腹上部间有桥形双耳。腹饰竖绳纹。口径8.9、腹径10.1、底径5.5、高13.8厘米（图四八，6；彩版四四，3）。

折肩盆　1件。

标本M98∶2，泥质橙黄陶。侈口，斜方唇，短束颈，折肩，斜直腹，近底处微内曲，平底微内凹。口径11.5、腹径12.2、底径4.8、高9.2厘米（图四八，7；彩版四四，4）。

钵　1件。

标本M98∶4，泥质橙黄陶。敛口，圆唇，斜弧腹，平底微内凹。腹部饰竖篮纹。口径14.4、腹径15、底径8、高6.1厘米（图四八，2；彩版四四，5）。

M104

该墓资料仅有简单的记录，无平、剖面图和遗迹照。

该墓开口层位未记录，墓口距地表深1米，墓底距地表深1.16米。位于A区偏南部，AT18南部，东邻M106，西邻M103。

长方形竖穴土坑墓。墓向353°。墓圹长1.93、宽0.5～0.8米，深0.16米[1]。无葬具。填土为黄土，其间夹杂有少量的红烧土块。

单人仰身直肢葬。无头骨，其余人骨保存较完整。年龄、性别未记录。人骨采集。

随葬器物计2件，均为陶器（彩版四五，1）。集中放置在墓主的右侧下肢旁。

---

[1]　此深度未注明是墓底距地表深度还是墓圹深度。

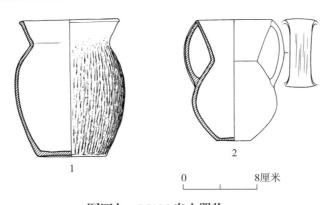

图四九　M104 出土器物
1.夹砂绳纹侈口罐（M104：1）　2.双大耳罐（M104：2）

夹砂绳纹侈口罐　1件。

标本 M104：1，夹砂陶，灰黑色与橘红色夹杂。侈口，斜方唇，短束颈，圆弧腹，平底。腹饰竖绳纹。口径 11、腹径 12、底径 7.6、高 14.5 厘米（图四九，1；彩版四五，1）。

双大耳罐　1件。

标本 M104：2，泥质橙黄陶。侈口，圆唇，斜直领较高，圆鼓腹，平底。口和腹上部间有桥形双大耳。口径 8.2、腹径 9.2、底径 3.9、高 12.8 厘米（图四九，2；彩版四五，1）。

M105

该墓资料仅有简单的发掘记录，无平、剖面图和遗迹照。

该墓开口层位未记录，墓口距地表深 1.25 米，墓底距地表深 1.37 米。位于 A 区东南部，AT16 南部，东邻 M96，西邻 M95。

长方形竖穴土坑墓。墓向 351°。墓圹长 1.82、宽 0.53、深 0.12 米。无葬具。填土为黄色沙土，较疏松。

单人仰身直肢葬。人骨仅存上、下肢骨和部分肋骨，但不见左侧上肢骨。性别、年龄未记录。人骨采集。

随葬器物计 5 件，均为陶器（彩版四五，2）。集中放置在墓主的足前方。

夹砂绳纹侈口罐　1件。

标本 M105：5，夹砂陶，灰黑与橙黄色夹杂。器形不规整。侈口，斜方唇，短束颈，弧腹较瘦，平底。腹饰竖绳纹。口径 9.7、腹径 11.1、底径 7、高 16.6 厘米（图五〇，1；彩版四六，1）。

喇叭口篮纹高领罐　1件。

标本 M105：1，泥质橙黄陶。喇叭口，斜方唇，高颈，曲颈，溜肩微折，圆弧腹，平底。口沿内侧有两道旋纹，用红色颜料涂抹，颈部饰一道旋纹，腹饰竖篮纹。口径 15.9、腹径 17.4、底径 6.5、高 33.3 厘米（图五〇，3；彩版四六，2）。

单大耳罐　1件。

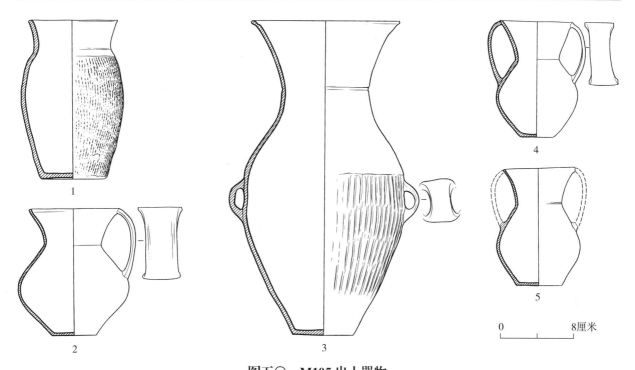

图五〇　M105 出土器物

1.夹砂绳纹侈口罐（M105：5）　　2.单大耳罐（M105：2）　　3.喇叭口篮纹高领罐（M105：1）　　4、5.双大耳罐（M105：3、M105：4）

标本 M105：2，泥质橙黄陶。喇叭口，圆唇，曲颈较高，扁鼓腹，平底。口和腹上部间有桥形单大耳。口径 9.8、腹径 12、底径 4.7、高 13.5 厘米（图五〇，2；彩版四六，3）。

双大耳罐　2 件。

标本 M105：3，泥质橙黄陶。器形不规整。侈口，圆唇，斜直领稍内曲，领较高，圆鼓腹，近底处内曲，平底。口和腹上部间有桥形双大耳。口径 7.5、腹径 8.8、底径 4、高 12.4 厘米（图五〇，4；彩版四六，4）。

标本 M105：4，双耳残缺。泥质橙黄陶。器形不规整。侈口，圆唇，斜直领稍内曲，圆鼓腹，近底处斜收，平底。口和腹上部间有桥形双大耳。口径 7.9、腹径 9、底径 5、高 12.6 厘米（图五〇，5；彩版四六，5）。

M107

该墓开口层位未记录，墓口距地表深 1 米，墓底距地表深 1.5 米。位于 A 区东南部，AT16 西北，西邻 M111（图版七，4）。

长方形竖穴土坑墓。墓向 348°。墓圹长 2、宽 0.7、深 0.5 米。无葬具。填土为灰褐色土，其间夹杂有齐家文化陶片。

单人仰身直肢葬。人骨保存较完整，无头骨。性别、年龄未记录。人骨采集（图五一）。

随葬器物计 9 件，均为陶器（彩版四七，1）。集中放置在墓主足旁。另有 156 块白色碎石置于墓主左胫骨两侧及两股骨之间。

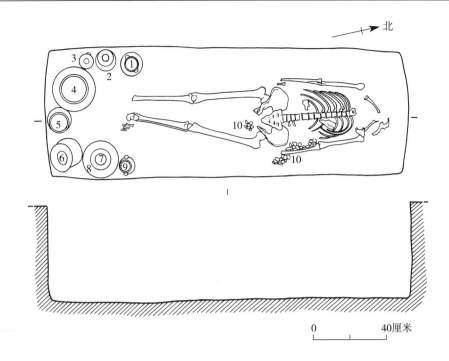

图五一 M107 平、剖面图

1.彩陶罐　2.高领罐　3、9.双大耳罐　4、6.喇叭口篮纹高领罐　5.夹砂绳纹侈口罐　7.钵　8.折肩罐　10.碎石

夹砂绳纹侈口罐　1件。

标本 M107：5，夹砂橙黄陶。侈口，圆唇，短斜直领，圆腹，平底。腹饰竖绳纹。口径 10、腹径 13.6、底径 5.4、高 17.7 厘米（图五二，1；彩版四七，2）。

高领罐　1件。

标本 M107：2，夹细砂橙黄陶。侈口，束颈较长，圆弧腹，腹下部斜收，平底稍内凹。口内侧有一道旋纹，颈部饰两周旋纹，腹饰竖绳纹。口径 8.6、腹径 10.9、底径 5.9、高 17.5 厘米（图五二，2；彩版四七，3）。

喇叭口篮纹高领罐　2件。

标本 M107：4，泥质橙黄陶。侈口，圆唇，斜直领内曲，圆弧腹，平底。腹部近底处饰稀疏竖篮纹。口径 14.2、腹径 18、底径 8.6、高 30 厘米（图五二，5；彩版四八，1）。

标本 M107：6，泥质橙黄陶。大喇叭口，圆唇，曲颈较高，圆弧腹，平底。腹上部有桥形双耳。腹饰竖篮纹。口径 13.6、腹径 14.7、底径 9.25、高 26.7 厘米（图五二，6；彩版四八，2）。

折肩罐　1件。

标本 M107：8，泥质陶，橙黄色与橘红色夹杂。侈口，尖圆唇，短束颈，圆肩，圆弧腹，底微内凹。腹部有戳印纹。口径 11、腹径 17、底径 8.1、高 17.8 厘米（图五二，3；彩版四九，1）。

双大耳罐　2件。

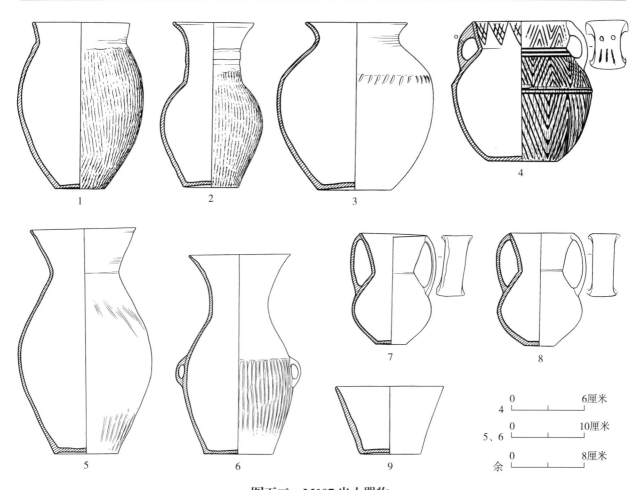

图五二　M107 出土器物

1.夹砂绳纹侈口罐（M107：5）　2.高领罐（M107：2）　3.折肩罐（M107：8）　4.彩陶罐（M107：1）　5、6.喇叭口篮纹高领罐
（M107：4、M107：6）　7、8.双大耳罐（M107：3、M107：9）　9.钵（M107：7）

标本 M107：3，泥质橙黄陶。侈口，圆唇，斜直领较高，圆鼓腹，平底。口和腹上部间有桥形双大耳。口径 7.4、腹径 8.7、底径 3.2、高 11.7 厘米（图五二，7；彩版四八，3）。

标本 M107：9，泥质橙黄陶。侈口，圆唇，斜直领较高，圆鼓腹，平底。口和腹上部间有桥形双大耳。口径 7.1、腹径 9.2、底径 3.2、高 12.1 厘米（图五二，8；彩版四八，4）。

彩陶罐　1 件。

标本 M107：1，泥质橙黄陶。器形矮胖，近方形。侈口，圆唇，短曲领，圆鼓腹，肩部有折棱，平底。红褐色彩绘，局部脱落严重。颈部有桥形双耳，耳面中部有并排两个穿孔，绘斜线纹和平行窄带纹，耳下部纹饰模糊不清。口内侧饰三角网格纹，颈部饰折线三角纹，颈下部为三道平行窄带纹。肩部折棱处饰两周平行窄带纹，腹上部和下部均饰折线三角纹。口径 8.2、腹径 11.4、底径 5.2、高 11.2 厘米（图五二，4；彩版四九，2）。

钵　1 件。

标本 M107：7，泥质橙黄陶。敞口，圆唇，斜直腹微内曲。平底。口径 11.8、底径 6.6、高 7.2 厘米（图五二，9；彩版四八，5）。

M108

该墓开口层位未记录，墓口距地表深 0.87 米，墓底距地表深 1.4 米。位于 A 区偏东南部，AT17 北隔梁下，延伸至 AT1 内，东邻 M4，西邻 M20（图版八，1）。

M108 被 M97 打破。

长方形竖穴土坑墓。墓向 0°。墓圹长 2.05、宽 0.64、深 0.53 米。无葬具。填土为黄褐色土，其间夹杂有少量红烧土块。

单人仰身直肢葬。人骨保存较完整，无头骨。有严重的腰椎增生。左侧股骨上压一块大砾石。性别、年龄未记录。人骨采集（图五三）。

随葬器物计 10 件，其中陶器 9 件、贝壳 1 件（彩版四九，3）。陶器集中放置在墓主足旁。另有 239 块白色碎石置于墓主左侧腰部。

夹砂绳纹侈口罐　2 件。

标本 M108：7，夹砂陶，橙黄色与橘红色夹杂。侈口，斜方唇，曲颈较高，圆腹，平底微内凹。腹饰竖绳纹。口径 9.8、腹径 11.2、底径 6.4、高 16.6 厘米（图五四，1；彩版五〇，1）。

标本 M108：9，夹砂灰黑陶。侈口，圆斜方唇，斜直领较高，圆弧腹，平底。腹饰竖绳纹。口径 9.2、腹径 11.6、底径 7.9、高 17 厘米（图五四，2；彩版五〇，2）。

喇叭口篮纹高领罐　2 件。

标本 M108：2，泥质橙黄陶。喇叭口，圆唇，曲颈较高，圆肩微折，圆弧腹，平底。肩部

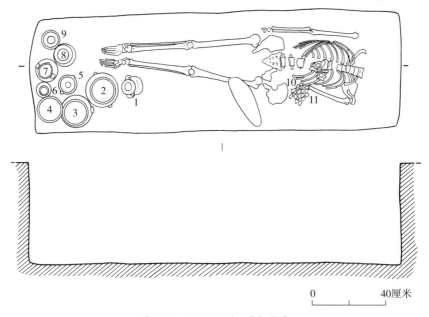

图五三　M108 平、剖面图

1、4、8.双大耳罐　2、3.喇叭口篮纹高领罐　5.豆　6.单大耳罐　7、9.夹砂绳纹侈口罐　10.贝壳　11.碎石

图五四　M108 出土器物

1、2.夹砂绳纹侈口罐（M108:7、M108:9）　3、4.喇叭口篮纹高领罐（M108:2、M108:3）　5、9、10.双大耳罐（M108:8、
M108:1、M108:4）　6.贝壳（M108:10）　7.豆（M108:5）　8.单大耳罐（M108:6）

有双耳。口部涂红色，颈部饰一道旋纹，腹局部饰竖篮纹。口径 13.4、腹径 17.5、底径 6.5、
高 28.2 厘米（图五四，3；彩版五〇，3）。

标本 M108:3，泥质橙黄陶。喇叭口，斜方唇，曲颈较高，溜肩稍折，弧腹，平底。肩部有双耳。颈部饰一周旋纹，腹局部饰竖篮纹。口径15.3、腹径17.7、底径8.9、高30.2厘米（图五四，4；彩版五〇，4）。

单大耳罐　1件。

标本M108：6，耳残缺。泥质橙黄陶。侈口，圆唇，短束颈，圆弧腹，平底。口径6.1、腹径9.8、底径4.9、高13.4厘米（图五四，8；彩版五一，1）。

双大耳罐　3件。

标本M108：1，泥质橙黄陶。侈口，圆唇，斜直领较高，圆腹，平底。口和腹上部间有桥形双大耳。口径7.7、腹径9.2、底径4.2、高12.7厘米（图五四，9；彩版五一，2）。

标本M108：4，泥质橙黄陶。侈口，圆唇，斜直领较高，圆腹微下垂，平底。口和腹上部间有桥形双大耳。口内侧有两道旋纹。口径7.7、腹径9.1、底径4.3、高12.1厘米（图五四，10；彩版五一，3）。

标本M108：8，泥质橘红陶。侈口，口一侧有流，圆唇，斜直领较高，圆鼓腹，平底。口和腹上部间有桥形双大耳。口径8.4～9、腹径11.2、底径3.8、高13.8厘米（图五四，5；彩版五一，4）。

豆　1件。

标本M108：5，泥质橘红陶。豆盘为敞口，圆唇，斜直腹，钵形，豆柄呈喇叭形。口径13.2、底径10.2、高13.7厘米（图五四，7；彩版五一，5）。

贝壳　1枚。

标本M108：10，完整。长1.85、宽1.3厘米（图五四，6）。

2. 头高于躯干骨的单人葬

数量较少。计4座，分别为M18、M34、M74、M99。

M18

该墓资料仅有简单的发掘记录和平、剖面图，无遗迹照。

该墓开口层位及墓口距地表深度未记录，位于A区西南角，AT4西南部。

长方形竖穴土坑墓。墓向268°。墓圹长1.96、宽0.62、深0.22米。无葬具。填土未记录。

单人仰身直肢葬。人骨保存较好，头骨被移动过，头骨高于躯干骨，椎骨和肋骨已朽。发掘者鉴定墓主为55～60岁的女性。未记录人骨采集情况，现存遗骨中未见该墓编号的人骨（图五五）。

随葬器物计12件，均为陶器（彩版五二，1）。集中放置在墓主右下肢和足旁。另有白色碎石若干，置于墓主左侧腰部，现存器物中未见该墓编号的白色碎石。

夹砂绳纹侈口罐　1件。

标本M18：8，夹砂陶，灰黑色与橘红色夹杂。侈口，方唇，短束颈，颈部微外弧，圆腹，平底。通体饰竖绳纹。口径8.6、腹径9.7、底径5、高11.7厘米（图五六，1）。

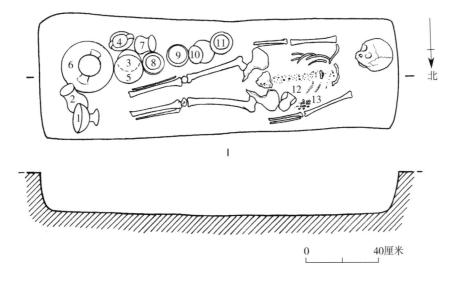

图五五　M18平、剖面图

1.豆　2.高领罐　3、6.折肩罐　4、12.双大耳罐　5.钵　7、9.薄胎细绳纹罐　8.夹砂绳纹侈口罐　10.单大耳罐　11.喇叭口篮纹高领罐　13.碎石

高领罐　1件。

标本M18：2，泥质橙黄陶。侈口，叠唇，曲颈较高，圆腹，平底。腹局部饰竖篮纹。口径7.5、腹径11.1、底径5.5、高14.5厘米（图五六，2；彩版五二，2）。

喇叭口篮纹高领罐　1件。

标本M18：11，泥质橙黄陶。喇叭口，圆唇，高束颈，圆弧腹，平底。腹中部有桥形双耳。腹局部饰竖篮纹。口径12、腹径16、底径7.8、高25.2厘米（图五六，9；彩版五二，3）。

薄胎细绳纹罐　2件。

标本M18：7，夹细砂陶，灰黑色与橘红色夹杂。侈口，平唇，短束颈，圆腹，凹圜底。口和腹上部间有对称双耳。颈上部和腹部饰四周绳索状附加堆纹，颈下部饰一周戳印圆点纹的附加堆纹，腹部饰细绳纹。耳面两侧饰戳印圆点纹，中间为戳印圆点组成的三角形。口径9.5、腹径13、底径5.9、高15.6厘米（图五六，5；彩版五三，1）。

标本M18：9，夹细砂陶，灰黑色与橘红色夹杂。侈口，方唇，短束颈，颈部内侧下凹，鼓肩，圆腹，平底。口和腹上部间有对称双耳。通体饰细绳纹。口径8.8、腹径12.4、底径5.2、高13.2厘米（图五六，6；彩版五三，2）。

折肩罐　2件。

标本M18：3，泥质橙黄陶。侈口，尖唇，短曲领，折肩，圆弧腹，平底。口和肩部之间有双耳。腹中部饰竖篮纹。口径11.8、腹径29、底径11.5、高28.6厘米（图五六，10；彩版五三，3）。

标本M18：6，泥质橙黄陶。侈口，圆唇，短束颈，折肩，腹部加深，斜弧腹，平底。口内外用深红色颜料涂抹。口径11.3、腹径15.5、底径8.3、高15.8厘米（图五六，7；彩版

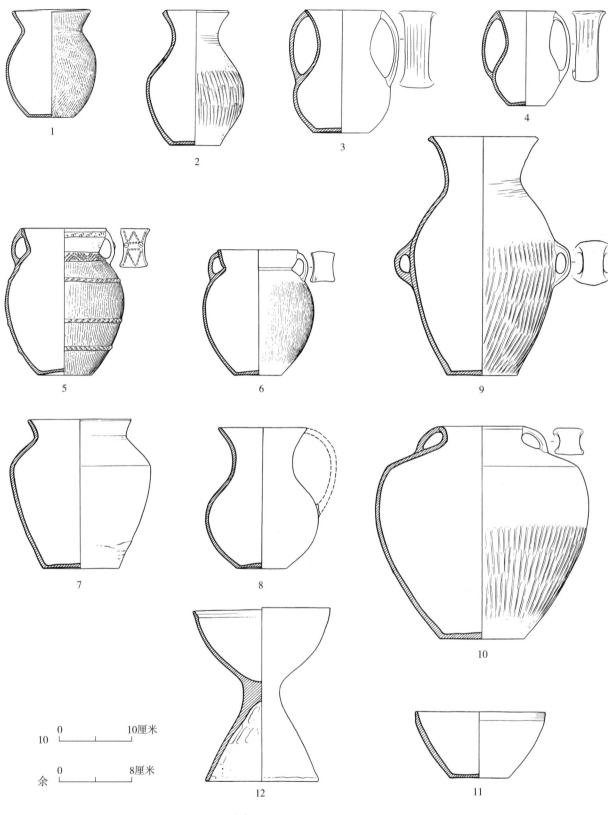

图五六　M18 出土器物

1.夹砂绳纹侈口罐（M18:8）　2.高领罐（M18:2）　3、4.双大耳罐（M18:4、M18:12）　5、6.薄胎细绳纹罐（M18:7、M18:9）　7、10.折肩罐（M18:6、M18:3）　8.单大耳罐（M18:10）　9.喇叭口篮纹高领罐（M18:11）　11.钵（M18:5）　12.豆（M18:1）

五三，4）。

单大耳罐　1件。

标本M18：10，耳残缺。泥质橙黄陶。侈口，圆唇，束颈较高，圆腹，平底微内凹。口和腹上部间有桥形单大耳。口径9.9、腹径12.4、底径5.4、高14.8厘米（图五六，8；彩版五四，1）。

双大耳罐　2件。

标本M18：4，泥质橙黄陶。喇叭口，高束颈，束颈加长，圆鼓腹，平底。口和腹上部间有桥形双大耳。口径8.5、腹径10.2、底径6、高13厘米（图五六，3；彩版五四，2）。

标本M18：12，泥质橙黄陶。喇叭口，高束颈，束颈加长，圆鼓腹，平底。口和腹上部间有桥形双大耳。口径6.3、腹径7.1、底径3.9、高9.9厘米（图五六，4；彩版五四，3）。

钵　1件。

标本M18：5，泥质橙黄陶。敞口，圆唇，斜弧腹，平底。口径14、底径6.4、高7.4厘米（图五六，11；彩版五四，4）。

豆　1件。

标本M18：1，泥质橙黄陶。敞口，圆唇，斜弧腹，圜底的钵形豆，豆柄为喇叭状。口径15.2、底径12.4、高18.4厘米（图五六，12；彩版五四，5）。

M34

该墓开口层位未记录，墓口距地表深0.3米，墓底距地表深0.5米。位于A区中部偏西处，跨AT7和AT8，东邻M33，西邻M27，北邻M26（图版八，2）。

长方形竖穴土坑墓。墓向266°。墓圹长2.12、宽0.7、深0.2米。无葬具。填土未记录。

单人仰身直肢葬。人骨保存较好，头骨和躯干骨不在同一个水平面上，躯干骨距地表深0.65、

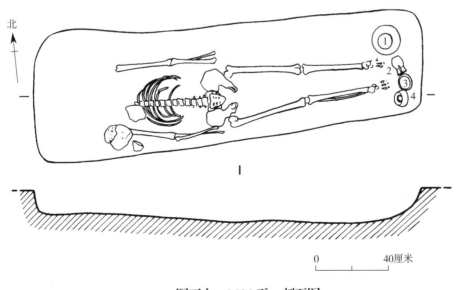

图五七　M34平、剖面图

1.高领罐　2.双大耳罐　3、4.夹砂绳纹侈口罐

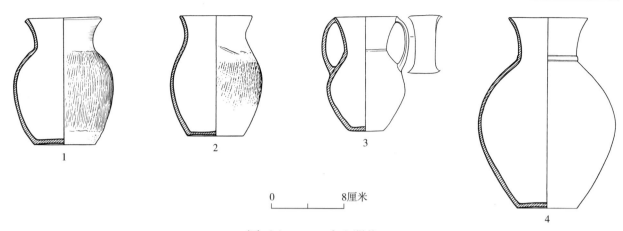

图五八　M34 出土器物

1、2.夹砂绳纹侈口罐（M34：3、M34：4）　3.双大耳罐（M34：2）　4.高领罐（M34：1）

头骨距地表深 0.3 米，头骨和躯干骨高差 0.35 米。发掘者鉴定墓主为 55～60 岁的男性。头骨在平剖面图上无表现。未记录人骨采集情况，现存遗骨中未见该墓编号的人骨（图五七）。

随葬器物计 4 件，均为陶器（彩版五五，1）。集中放置在墓主的足旁。

夹砂绳纹侈口罐　2 件。

标本 M34：3，夹砂橙黄陶。侈口，斜方唇，曲颈较高，圆肩，弧腹，平底。腹饰竖绳纹。口径 8.2、腹径 10.8、底径 6.6、高 13.4 厘米（图五八，1；彩版五五，1）。

标本 M34：4，夹砂灰黑陶。侈口，圆唇，束颈稍短，圆腹，平底。腹饰竖绳纹。口径 8.2、腹径 10.3、底径 6.2、高 12.8 厘米（图五八，2；彩版五五，1）。

高领罐　1 件。

标本 M34：1，泥质橘红陶。侈口，圆唇，曲领较高，圆腹，平底。颈部饰一周附加堆纹。口径 8.4、腹径 14.7、底径 6.5、高 20.2 厘米（图五八，4；彩版五五，1）。

双大耳罐　1 件。

标本 M34：2，泥质橙黄陶。侈口，圆唇，斜直领稍内曲，领较高，圆鼓腹，平底。口和腹上部间有桥形双大耳。口径 6.9、腹径 8.5、底径 3.9、高 12.1 厘米（图五八，3；彩版五五，1）。

M74

该墓资料仅有简单的发掘记录，无平、剖面图和遗迹照。

该墓开口层位未记录，墓口距地表深度 0.79 米，墓底距地表深 1.23 米。位于 A 区偏东北处，AT9 东壁下，北邻 M55，南邻 M75。

长方形竖穴土坑墓。墓向 255°。墓圹长 1.6、宽 0.55、深 0.44 米。无葬具。填土为花土，土质较疏松。

单人直肢葬。人骨保存较差，仅存残朽的头骨、左侧上肢骨、盆骨和下肢骨，其中头骨和随葬器物比其他人骨高出约 16 厘米。未记录人骨采集情况，现存遗骨中未见该墓编号的人骨。

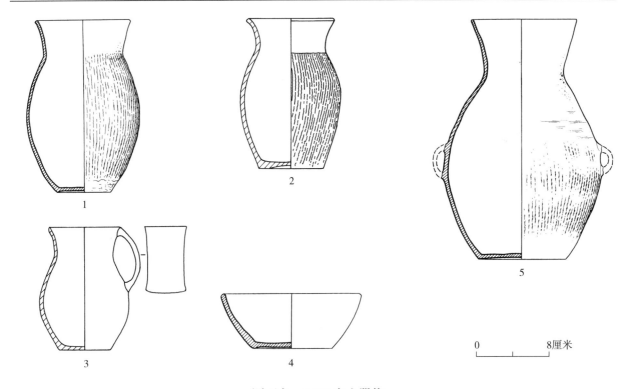

图五九　M74 出土器物

1、2.夹砂绳纹侈口罐（M74：2、M74：5）　3.单大耳罐（M74：3）　4.钵（M74：1）　5.喇叭口篮纹高领罐（M74：4）

随葬器物计 5 件，均为陶器（彩版五五，2）。集中放置在墓主足旁。

夹砂绳纹侈口罐　2 件。

标本 M74：2，夹砂灰黑陶。侈口，斜方唇，斜直领较高，稍内曲，圆弧腹，平底略内凹。腹饰竖绳纹。口径 10.4、腹径 12.2、底径 5.8、高 18.4 厘米（图五九，1；彩版五六，1）。

标本 M74：5，夹砂灰黑陶。侈口，斜方唇，曲颈较短，圆弧腹，平底稍内凹。腹饰竖绳纹。口径 9.4、腹径 11.3、底 6.8、高 16.1 厘米（图五九，2；彩版五六，2）。

喇叭口篮纹高领罐　1 件。

标本 M74：4，双耳残缺。泥质橘红陶。侈口，圆方唇，斜直领稍内曲，领较高，圆弧腹，平底略内凹。腹饰被抹的竖绳纹。口径 11.5、腹径 17.2、底径 9.6、高 25.5 厘米（图五九，5；彩版五六，3）。

单大耳罐　1 件。

标本 M74：3，泥质橙黄陶。器形不对称。侈口，圆唇，斜直领稍内曲，领较高，圆弧腹，平底。口和肩上部间有桥形单大耳。口径 8、腹径 9.6、底径 5.4、高 13.2 厘米（图五九，3；彩版五六，4）。

钵　1 件。

标本 M74：1，泥质橙黄陶。敞口，圆方唇，斜弧腹，平底略内凹。口径 15.2、底径 8.7、高 5.6

厘米（图五九，4；彩版五六，5）。

M99

该墓资料仅有简单的记录，无平、剖面图和遗迹照。

该墓开口层位未记录，墓口距地表深 0.62 米，墓底距地表深 0.9 米。位于 A 区南部，AT19 西北，西邻 M92。

长方形竖穴土坑墓。墓向 270°。墓圹长 1.34、宽 0.44、深 0.28 米。无葬具。填土为黄土，其间夹杂红烧土块。

仰身直肢葬。上半身人骨扰动严重，头骨置于左肩部，比躯干骨高出 15 厘米，胫骨堆在头骨上。年龄、性别未记录。人骨采集。

无随葬器物。仅墓主左侧腰部有白色碎石若干，现存器物中未见该墓编号的白色碎石。

3. 单人屈肢葬

1 座。

M22

该墓资料仅有简单的记录、平面图和遗迹照，无剖面图（图版八，3）。

该墓开口层位未记录，墓口距地表深 0.7 米，位于 A 区中部偏东南，AT2 西南角，西邻 M29。M22 被 M29 打破。

长方形竖穴土坑墓。墓向 345°。墓圹长 2.1、宽 0.58、深 1.7 米。无葬具。

仰身屈肢葬。人骨保存较完整，头骨仅存下颌骨。发掘者鉴定墓主为 35 ～ 40 岁的女性。人骨采集（图六〇）。

随葬器物计 7 件，均为陶器（彩版五七，1）。集中放置在墓主的左胫骨旁。墓主左侧有白色碎石若干，现存器物中未见该墓编号的白色碎石。

夹砂绳纹侈口罐　3 件。

标本 M22：1，夹砂陶，灰黑色与橘红色夹杂。侈口，斜方唇，短束颈，圆弧腹，腹部不对称，一侧为圆弧，一侧较扁平。腹饰竖绳纹。口径 10、腹径 12.6、底径 7.5、高 16.8 厘米（图六一，1；

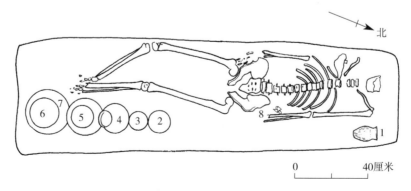

图六〇　M22 平面图

1、4、6.夹砂绳纹侈口罐　2.单大耳罐　3.双大耳罐　5.钵　7.喇叭口篮纹高领罐　8.碎石

彩版五七，2）。

标本 M22：4，夹砂陶，灰黑色与橘红色夹杂。侈口，圆唇，矮斜直领，圆弧腹，平底。腹饰竖绳纹。口径 9、腹径 11.4、底径 5.8、高 16 厘米（图六一，2；彩版五七，3）。

标本 M22：6，夹砂灰黑陶。圆唇，束颈，弧腹，平底。腹饰竖绳纹。口径 10.2、腹径 14、底径 7、高 18.2 厘米（图六一，3；彩版五八，1）。

喇叭口篮纹高领罐　1 件。

标本 M22：7，泥质橙黄陶。侈口，圆唇，斜直领稍高，圆弧腹，平底。腹饰竖篮纹。口径 13.8、腹径 18、底径 9、高 26.2 厘米（图六一，7；彩版五八，2）。

单大耳罐　1 件。

标本 M22：2，口、耳残缺。泥质陶，橙黄色与橘红色夹杂。圆腹，平底。腹径 10.2、底径 5.2、残高 10.2 厘米（图六一，4；彩版五八，3）。

双大耳罐　1 件。

标本 M22：3，耳残。泥质橙黄陶。侈口，圆唇，斜直领稍内曲，领较高，圆腹，平底。口和腹上部间桥形双大耳已残缺。口径 6、腹径 8.6、底径 3.3、高 11.4 厘米（图六一，5；彩版五八，4）。

钵　1 件。

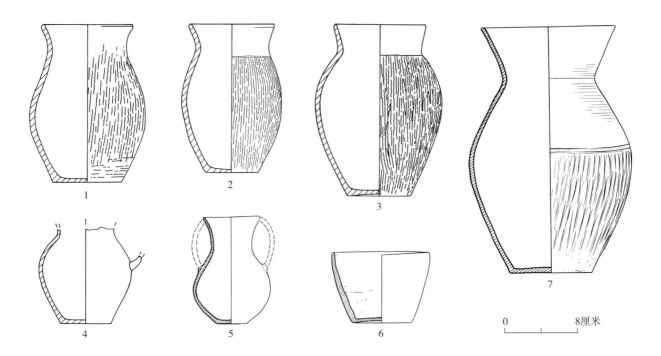

图六一　M22 出土器物

1～3.夹砂绳纹侈口罐（M22：1、M22：4、M22：6）　4.单大耳罐（M22：2）　5.双大耳罐（M22：3）　6.钵（M22：5）　7.喇叭口篮纹高领罐（M22：7）

标本 M22：5，泥质橙黄陶。器形较小。口微敛，圆唇，深直腹，斜直腹，平底。口径 10.6、腹径 10.8、底径 6.4、高 7.6 厘米（图六一，6；彩版五八，5）。

4. 单人侧身葬

计 4 座，分别为 M10、M15、M43、M83。

M10

该墓资料仅有简单的记录和平、剖面图，无遗迹照。

该墓开口于上层，墓口距地表深 0.55 米，墓底距地表深 0.85 米。位于 A 区中部偏南，AT2 西北角，东邻 M28，西邻 M32。

长方形竖穴土坑墓。墓向 0°。墓圹长 1.54、宽 0.54、深 0.3 米。无葬具，填土未记录。

单人侧身葬。人骨侧身蜷缩，有火烧痕迹，头向北，面向东，其中头骨、面部、右肩部被烧焦，右胫、腓骨被烧断。发掘者鉴定墓主为一成年女性。人骨已采集（图六二）。

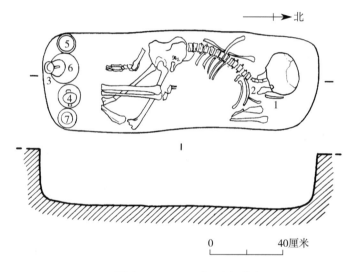

图六二　M10 平、剖面图

1.骨饰　2.骨匕　3、7.夹砂绳纹侈口罐　4.双大耳罐　5.钵　6.彩陶罐

随葬器物计 7 件，其中陶器 5 件、骨器 2 件（彩版五九，1）。陶器集中放置在墓主的足旁，骨器置于双手旁。

夹砂绳纹侈口罐　2 件。

标本 M10：3，夹砂陶，灰黑色与橘红色夹杂。侈口，圆唇，斜直领较短，弧腹，平底微内凹。腹饰竖绳纹。口径 7.7、腹径 10.6、底径 5.6、高 14.5 厘米（图六三，1；彩版五九，2）。

标本 M10：7，夹砂陶，灰黑色与橘红色夹杂。器形较小。侈口，圆唇，斜直领较短，弧腹，平底微内凹。腹饰竖绳纹。口径 6.4、腹径 9.2、底径 5.2、高 12.6 厘米（图六三，2；彩版五九，3）。

双大耳罐　1 件。

标本 M10：4，一耳残缺。泥质陶，橙黄色与橘红色夹杂。器形不规整。侈口，圆唇，斜

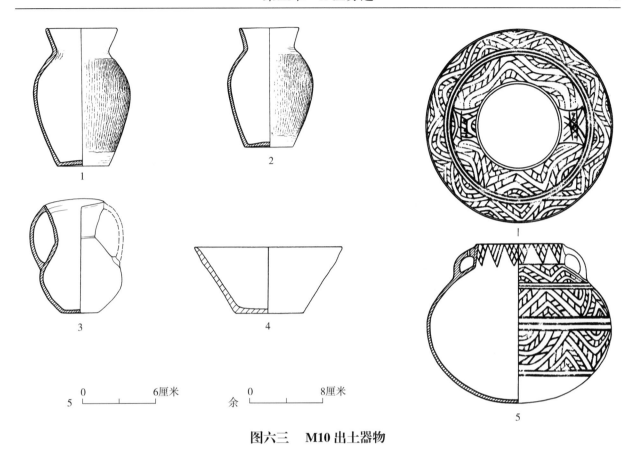

图六三　M10出土器物

1、2.夹砂绳纹侈口罐（M10：3、M10：7）　3.双大耳罐（M10：4）　4.钵（M10：5）　5.彩陶罐（M10：6）

直领稍内曲，领较高，圆鼓腹稍下垂，平底微内凹。口和肩之间有桥形双大耳。口径6.6、腹径9、底径4.1、高12.1厘米（图六三，3；彩版六〇，1）。

彩陶罐　1件。

标本M10：6，泥质橘红陶。器形矮胖，整体比例宽扁。敛口，尖唇，短斜直颈，球腹，圈底。口和肩之间有双耳。深褐色彩，口部施紫色陶衣，口内外侧颈部为连续倒三角网格纹；腹上部、中部和下部分别以三周和两周窄平行线分为三组，饰正三角纹和波浪纹，内填以斜线和网格。口径7.2、腹径15.1、高12.7厘米（图六三，5；彩版六〇，2）。

钵　1件。

标本M10：5，泥质橘红陶。敞口，圆唇，斜直腹稍内曲，平底。口径16.2、底径7.6、高6.6厘米（图六三，4；彩版五九，4）。

骨匕　1件。

标本M10：2，磨制。整体呈长舌状，微弯曲，柄端有一钻孔。长17.4、宽2、厚0.5、孔径0.4厘米（图六四，1；彩版五九，5）。

骨饰　1件。

标本M10：1，磨制。半环形，两端较尖，有穿孔。半径5.3、宽1.8、厚0.1、大孔径0.3、

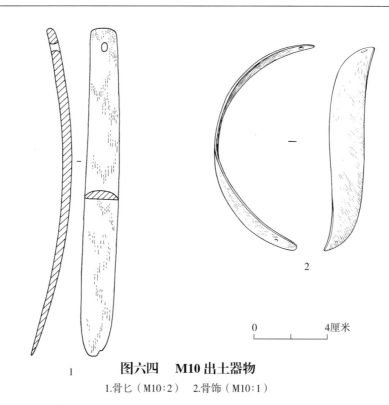

图六四　M10 出土器物

1.骨匕（M10∶2）　　2.骨饰（M10∶1）

小孔径 0.1 厘米（图六四，2；彩版五九，6）。

M15

该墓开口于上层，墓口距地表深 0.65 米，墓底距地表深 1.08 米。位于 A 区中部，AT6 西部，延伸至 AT7 内，东邻 M16。

长方形竖穴土坑墓。墓向 270°。墓圹长 1.55、宽 0.72、深 0.43 米。无葬具。填土为花土，土质较疏松。

侧身葬。人骨仅存椎骨和部分肢骨、肋骨，椎骨保存较完整，其余人骨不见。年龄、性别未记录。人骨未采集（图六五）。

随葬器物计 6 件，均为骨器，其中骨匕 1 件、骨锥 4 件、角器 1 件。骨锥出土于人骨附近，骨匕和角器的出土位置未标注。在椎骨旁随葬有部分马骨，现存遗骨中未见该墓编号的马骨。现存器物 4 件。

骨匕　1 件。

编号 M15∶5，现存器物中未见该编号的器物，可能混入编号错误或无编号器物内。

骨锥　4 件。形制基本相同。磨制，动物肢骨制成，前端为尖锥状，后端保留关节面。

标本 M15∶1，长 10、柄宽 1.6、柄厚 1.7 厘米（图六六，1）。

标本 M15∶2，长 12.4、柄宽 2.6、柄厚 1.7 厘米（图六六，2）。

标本 M15∶3，残长 10.6、柄宽 1.6、柄厚 0.9 厘米（图六六，3）。

标本 M15∶4，残长 5.8、柄宽 1.5、柄厚 0.5 厘米（图六六，4）。

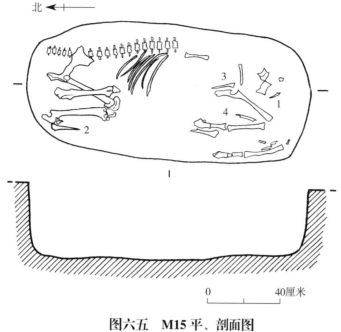

图六五　M15平、剖面图

1～4.骨锥

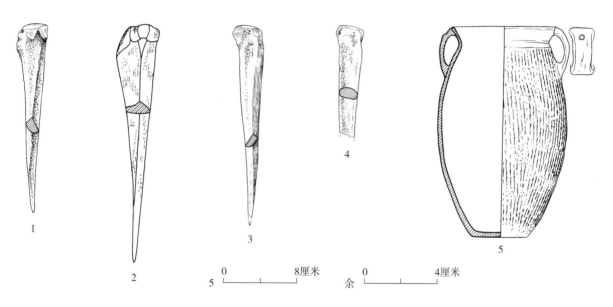

图六六　M15、M43出土器物

1～4.骨锥（M15：1、M15：2、M15：3、M15：4）　5.夹砂绳纹侈口双耳罐（M43：1）

角器　1件。

编号M15：6，现存器物中未见该编号的器物，可能混入编号错误或无编号器物内。

M43

该墓资料仅有简单的记录和遗迹照，无平、剖面图（图版八，4）。

该墓开口层位未记录，墓口距地表很浅，墓底距地表深0.42米。位于A区西部，T11中部，东邻 M51。

长方形竖穴土坑墓。墓向 0°。墓圹长 1.4、宽 0.5 米。无葬具。填土未记录。

侧身葬。人骨扰乱严重，仅存盆骨及下肢骨部分。发掘者鉴定墓主为 30 ～ 35 岁的男性。人骨未采集。

随葬器物仅 1 件，放置在墓主的足骨旁。

夹砂绳纹侈口双耳罐　1 件。

标本 M43：1，夹砂红褐陶。侈口，斜方唇，矮束颈，弧腹较深，平底。口和肩之间有双耳。耳面上部各饰一圆形泥饼，腹饰竖绳纹。口径 11.6、腹径 14.5、底径 6、高 22.6 厘米（图六六，5）。

M83

该墓开口层位未记录，墓口距地表深 1 米，墓底距地表深 1.5 米。位于 A 区北部，AT14 北隔梁下，东邻 M79。

长方形竖穴土坑墓。墓向 270°。墓圹长 1.8、宽 0.56、深 0.36 米。无葬具。填土为黄色花土。

单人侧身屈肢葬。人骨从照片上看左腿为直肢，右腿为屈肢。人骨保存较完整，但腐朽严重，头骨残缺，盆骨、趾骨已朽。肘关节有病变，椎骨有增生。发掘者鉴定墓主为 40 ～ 45 岁的女性。人骨未采集（图六七）。

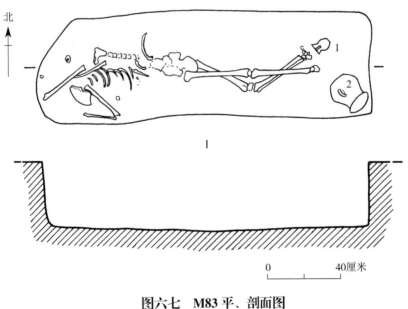

图六七　M83 平、剖面图

1.单大耳罐　2.喇叭口篮纹高领罐

随葬器物计 2 件，均为陶器（彩版六一，1）。集中放置在墓主的足部右侧。

喇叭口篮纹高领罐　1 件。

标本 M83：2，泥质橙黄陶。喇叭口，窄斜折沿，方唇，斜直领较高，圆弧腹，近底部稍内曲，

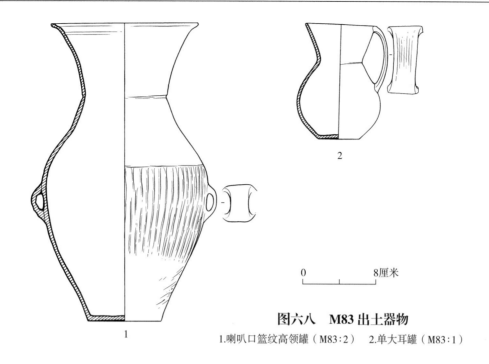

图六八 M83 出土器物
1.喇叭口篮纹高领罐（M83:2） 2.单大耳罐（M83:1）

平底。腹中部有双耳。口沿内侧有两周旋纹，颈部饰一周旋纹，腹下部饰竖篮纹。口径 15.9、腹径 18、底径 7.9、高 31.5 厘米（图六八，1；彩版六一，1）。

单大耳罐　1 件。

标本 M83:1，泥质橙黄陶。侈口，圆唇，斜直领较高，圆腹稍下垂，平底。口和腹之间有桥形单大耳。耳面饰竖刻划纹。口径 7.5、腹径 9、底径 4.4、高 12.2 厘米（图六八，2；彩版六一，1）。

5. 单人俯身葬

计 2 座，分别为 M4、M33。

M4

该墓资料有简单的记录和平面图，无剖面图和遗迹照。

该墓开口于上层，墓口距地表深 0.72 米，墓底距地表深 1.12 米。位于 A 区东南部，AT1 南部，东邻 M3，西邻 M108。

长方形竖穴土坑墓。墓向 250°。墓圹长 1.85、宽 0.68、深 0.4 米。无葬具，填土为灰黄土，土质较疏松。

俯身直肢葬。人骨保存较完整，仅头骨腐朽。发掘者鉴定墓主为成年男性。未记录人骨采集情况，现存遗骨中未见该墓编号的人骨（图六九）。

随葬器物计 10 件，其中 9 件陶器，1 件骨器（彩版六一，2）。集中放置在墓主的足旁。随葬器物最下层有一残破的陶鬲，内盛有兽骨，但该鬲在平面图上未标注，现存器物中未见该墓标号的残陶鬲。

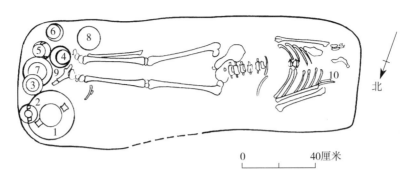

图六九　M4 平面图

1.瓮　2、3.双大耳罐　4、6.夹砂绳纹侈口罐　5.单大耳罐　7.高领罐　8.豆　9.薄胎细绳纹罐　10.骨匕

夹砂绳纹侈口罐　2 件。

标本 M4：4，夹砂陶，灰黑色与橘红色夹杂。侈口，斜圆唇，束颈稍短，弧腹较瘦，平底微内凹。腹饰竖绳纹。口径 11.3、腹径 14.2、底径 7、高 18.5 厘米（图七〇，1；彩版六二，1）。

标本 M4：6，夹砂陶，灰黑色与橘红色夹杂。侈口，斜方唇，束颈较短，圆弧腹，平底。腹饰竖绳纹。口径 8.7、腹径 11.3、底径 6、高 15.3 厘米（图七〇，2；彩版六二，2）。

高领罐　1 件。

标本 M4：7，泥质橘红陶。侈口，圆唇，曲颈，圆弧腹，平底。颈部饰三周旋纹。口径 8.5、腹径 11.8、底径 5.5、高 17 厘米（图七〇，3；彩版六二，3）。

薄胎细绳纹罐　1 件。

标本 M4：9，夹细砂陶，灰黑色与橙黄色夹杂。侈口，方唇，短束颈，颈部内侧下凹，圆弧腹，平底。口和肩部间有双耳。颈部饰两周点状戳印纹，腹上部饰泥饼，耳面上下各饰两周点状戳印纹，中间饰戳印点状交叉斜线纹。口径 9、腹径 13、底径 6、高 16.5 厘米（图七〇，4；彩版六二，4）。

单大耳罐　1 件。

标本 M4：5，泥质橙黄陶。器形不规整且较小。侈口，圆唇，斜直领较高，圆腹，平底。口和腹上部间有桥形单大耳。口径 6.6、腹径 6.8、底径 3.3、高 11 厘米（图七〇，5；彩版六二，5）。

双大耳罐　2 件。

标本 M4：2，泥质橙黄陶。侈口，口一侧有流，圆唇，斜直领较高，圆鼓腹下垂，平底。口和腹上部间有桥形双大耳。口径 7.1 ～ 7.6、腹径 10、底径 3.8、高 12.2 厘米（图七〇，8；彩版六三，1）。

标本 M4：3，泥质陶，橙黄色与橘红色夹杂。侈口，圆唇，斜直领稍内曲，领较高，折腹，平底。口和腹上部间有桥形双大耳。口径 7.6、腹径 8.4、底径 3.6、高 12.6 厘米（图七〇，7；彩版六三，2）。

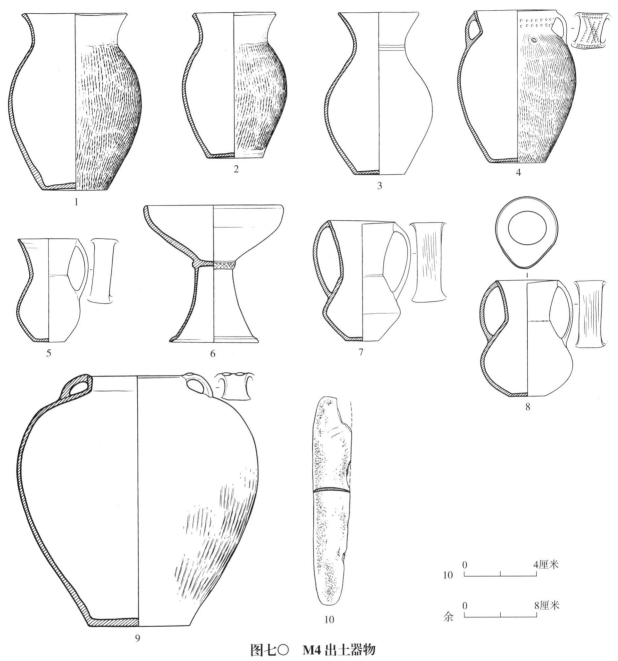

图七〇　M4 出土器物

1、2.夹砂绳纹侈口罐（M4:4、M4:6）　3.高领罐（M4:7）　4.薄胎细绳纹罐（M4:9）　5.单大耳罐（M4:5）　6.豆（M4:8）　7、8.双大耳罐（M4:3、M4:2）　9.瓮（M4:1）　10.骨匕（M4:10）

瓮　1件。

标本 M4:1，泥质橙黄陶。直口，方唇，短颈，圆肩，弧腹，近底处内曲，平底。口和肩部之间有双耳。双耳顶端饰有堆塑泥饼，腹下部饰竖篮纹，局部被抹。口径10.8、腹径26.3、底径11、高26.8厘米（图七〇，9；彩版六三，3）。

豆　1件。

标本 M4:8，泥质橘红陶。豆盘为直口，圆唇，斜弧腹，平底，钵形，豆柄为喇叭状，口部外撇，有小平台。豆盘与豆柄连接处饰一周附加堆纹，上有刻划的网格纹。口径 14.4、底径 9.6、高 14.6 厘米（图七〇，6；彩版六三，4）。

骨匕　1 件。

标本 M4：10，残。磨制。匕身呈舌状。残长 11、宽 2.1、厚 0.15 厘米（图七〇，10）。

M33

该墓开口层位未记录，距地表深度为 0.52 米（根据记录无法判断此深度是墓口还是墓底距地表深度）。位于 A 区中部，T7 南部，西邻 M34（图版九，1）。

长方形竖穴土坑墓。墓向 0°。墓圹长 1.62、宽 0.5、深 0.14 米。无葬具。填土为花土，土质较疏松。

俯身屈肢葬。人骨被扰乱，头骨、手骨、足骨已朽。发掘者鉴定墓主为 20～25 岁的女性。未记录人骨采集情况，现存遗骨中未见该墓编号的人骨（图七一）。

无随葬品。

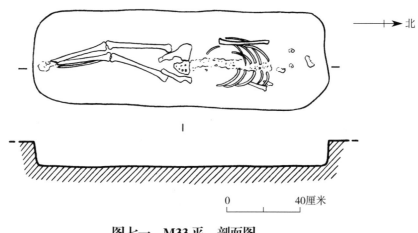

图七一　M33 平、剖面图

6. 葬式不明的单人葬

葬式不明确的墓葬指人骨残缺不全、二次扰乱等原因造成的人骨凌乱或缺失而无法判断葬式的墓葬。计 38 座，分别为 M2、M3、M6、M9、M19、M27、M30、M31、M32、M41、M46、M47、M49、M53、M54、M58、M64、M67、M68、M69、M71、M73、M78、M81、M84、M85、M86、M87、M88、M91、M93、M96、M100、M101、M102、M103、M106、M109。

M2

该墓资料仅有简单的记录，无平、剖面图和遗迹照。

该墓开口于上层，墓口距地表深度未记录，位于 A 区东部，AT1 东部。

墓室结构和墓向不明。墓深 0.72 米。

人骨仅存残头骨。发掘者鉴定墓主为儿童。无葬具。填土未记录。人骨未采集。

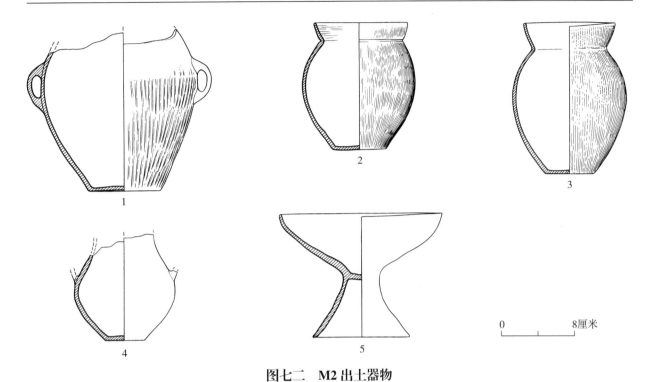

图七二　M2 出土器物

1.喇叭口篮纹高领罐（M2:2）　2、3.薄胎细绳纹罐（M2:3、M2:4）　4.双大耳罐（M2:1）　5.豆（M2:5）

随葬器物计 5 件，均为陶器（彩版六四，1）。摆放位置未记录。

喇叭口篮纹高领罐　1 件。

标本 M2：2，口及颈部残缺。泥质橙黄陶。圆弧腹，平底。腹中部有双耳。腹饰竖篮纹。腹径 17、底径 7.7、残高 17 厘米（图七二，1；彩版六四，1）。

薄胎细绳纹罐　2 件。

标本 M2：3，夹细砂橘红陶。器形矮胖。侈口，方唇，矮束颈，口内侧颈腹之间有折棱，圆弧腹，平底。通体饰竖细绳纹。口径 10、腹径 12.1、底径 5.7、高 13.4 厘米（图七二，2；彩版六四，2）。

标本 M2：4，夹细砂陶，灰黑色与橘红色夹杂。侈口，方唇，口内侧颈腹之间有折棱，矮束颈，圆弧腹，平底。通体饰竖细绳纹。口径 9.8、腹径 12.5、底径 5.3、高 16 厘米（图七二，3；彩版六四，3）。

双大耳罐　1 件。

标本 M2：1，口及双耳残缺。泥质橙黄陶。圆鼓腹，平底。口及腹上部间桥形双大耳已残。腹径 11、底径 4.2、残高 11.3 厘米（图七二，4；彩版六四，1）。

豆　1 件。

标本 M2：5，泥质橙黄陶。豆盘为敞口，圆唇，斜弧腹，平底，钵形，豆柄呈喇叭形。口径 17.6、底径 10.4、高 13.2 厘米（图七二，5；彩版六四，4）。

M3

该墓资料仅有简单的记录，无平、剖面图和遗迹照。

该墓开口于上层，墓底距地表深度为 0.7 米。位于 A 区东部，AT1 东南角。

墓圹结构不明。人骨残朽严重。无葬具。填土为花土，土质较疏松。发掘者鉴定墓主为儿童。人骨未采集。

无随葬品。

M6

该墓资料仅有简单的记录，无平、剖面图和遗迹照。

该墓开口于上层，墓底距地表深度为 0.57 米。位于 A 区中部偏西南，AT3 西南角。

墓向不明。无墓圹，无葬具。填土未记录。

人骨面朝下，仅存少量残骨堆放在一起，墓主的年龄、性别未记录。未记录人骨采集情况，现存遗骨中未见该墓编号的人骨。

无随葬品。

M9

该墓资料仅有简单的记录，无平、剖面图和遗迹照。

该墓开口层位未记录，墓口距地表深度很浅，底距地表深 0.3 米。位于 A 区中部，AT3 北隔梁下，南邻 M32 和 M5。

墓圹为椭圆形坑。无葬具。

人骨仅存 1 具头骨，无下颌骨。发掘者鉴定墓主为 55～60 岁的男性。未记录人骨采集情况，现存遗骨中未见该墓编号的人骨。

无随葬品。

M19

该墓资料仅有简单的记录和平、剖面图，无遗迹照。

该墓开口层位未记录，墓口距地表深 0.3 米，墓底距地表深 0.45 米。位于 A 区西南部，AT4 东部，东邻 M21，西邻 M17。

长方形竖穴土坑墓。墓向 0°。墓圹长 1.7、宽 0.65、深 0.15 米。无葬具。填土为花土，土质较疏松。

人骨仅存胫骨、腓骨和部分上肢骨。未记录人骨采集情况，现存遗骨中未见该墓编号的人骨（图七三）。

随葬器物计 5 件，均为陶器（彩版六五，1）。置于墓主的足下部。

夹砂绳纹侈口罐　2 件。

标本 M19：2，夹砂陶，灰黑色与橙黄色夹杂。直口，方唇，矮束颈，圆腹下垂，平底。颈部堆塑一周泥条，泥条上戳印斜线，腹饰竖绳纹。口径 10、腹径 12.3、底径 6.5、高 15.4 厘米（图七四，1；彩版六六，1）。

标本M19∶3，颈上部和底部残缺。夹砂橘红陶。圆弧腹。腹上部饰四周旋纹，其下饰竖绳纹。腹径11.9、残高14.8厘米（图七四，2；彩版六六，2）。

折肩罐　1件。

标本M19∶5，泥质橙黄陶。侈口，斜方唇，短颈，折肩，弧腹，底微内凹。口径11.5、

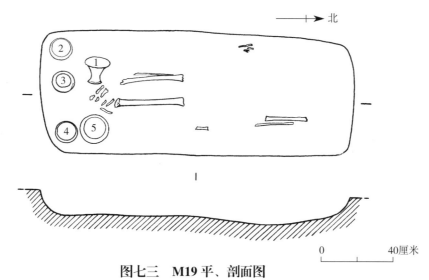

图七三　M19平、剖面图

1.豆　2、3.夹砂绳纹侈口罐　4.单大耳带流瓶　5.折肩罐

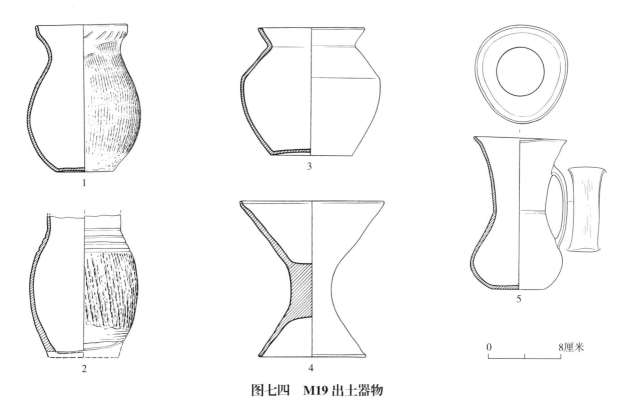

图七四　M19出土器物

1、2.夹砂绳纹侈口罐（M19∶2、M19∶3）　3.折肩罐（M19∶5）　4.豆（M19∶1）　5.单大耳带流瓶（M19∶4）

腹径 15、底径 8.7、高 13.7 厘米（图七四，3；彩版六六，3）。

单大耳带流瓶　1件。

标本 M19:4，泥质橙黄陶。侈口，圆唇，口一侧有流，高曲颈，颈部很长，圆腹下垂，平底。颈中部和腹上部间有桥形单大耳。耳部饰细线纹。口径 10.2～10.4、腹径 10.1、底径 5.8、高 16 厘米（图七四，5；彩版六五，2）。

豆　1件。

标本 M19:1，泥质橙黄陶。豆盘为敞口，斜方唇，斜直腹，钵形，豆柄呈喇叭口状。口径 15.6、底径 11.6、高 16.4 厘米（图七四，4；彩版六五，3）。

M27

该墓资料仅有简单的记录，无平、剖面图和遗迹照。

该墓开口层位未记录，墓口距地表很浅，墓底距地表深 0.35 米。位于 A 区中部偏西，AT8 中部偏东，东邻 M34，西邻 M30。

墓向不明。墓圹形制、尺寸未记录。无葬具。填土为花土，土质疏松。

人骨保存较差，仅存股骨、腓骨、趾骨。发掘者鉴定墓主为 30～35 岁的女性。未记录人骨采集情况，现存遗骨中未见该墓编号的人骨。

随葬器物计 5 件，均为陶器（彩版六七，1）。集中放置在墓主的左腿骨旁。

夹砂绳纹侈口罐　1件。

标本 M27:1，夹砂灰黑陶。侈口，斜方唇，短束颈，器形呈圆弧腹，平底。腹饰竖绳纹。

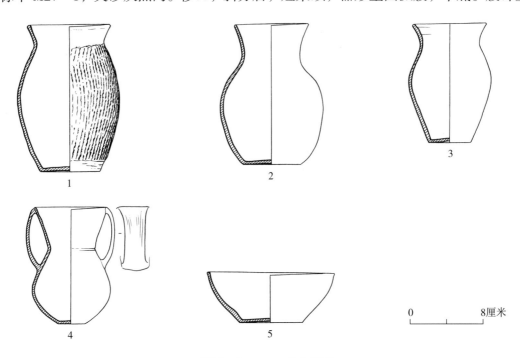

图七五　M27 出土器物

1.夹砂绳纹侈口罐（M27:1）　2、3.高领罐（M27:5、M27:3）　4.双大耳罐（M27:2）　5.钵（M27:4）

口径 8.9、腹径 11.1、底径 6.6、高 15.6 厘米（图七五，1；彩版六七，2）。

高领罐 2 件。

标本 M27∶3，夹砂红褐陶。侈口，圆唇，短束颈，弧腹较瘦，平底。口内侧有两道模糊的旋纹。口径 8、腹径 9.1、底径 4.3、高 12.7 厘米（图七五，3；彩版六六，4）。

标本 M27∶5，泥质橙黄陶。侈口，圆唇，斜直领较高，圆弧腹，平底。口径 8、腹径 11.2、底径 6.4、高 14.8 厘米（图七五，2；彩版六六，5）。

双大耳罐 1 件。

标本 M27∶2，泥质橙黄陶。侈口，圆唇，斜直领较高，圆鼓腹微下垂，平底。口和腹上部间有桥形双大耳。口径 8、腹径 8.6、底径 3、高 12.3 厘米（图七五，4；彩版六七，3）。

钵 1 件。

标本 M27∶4，泥质橙黄陶。敞口，圆唇，斜弧腹，平底。口径 13.8、底径 6.9、高 5.5 厘米（图七五，5；彩版六六，6）。

M30

该墓资料仅有简单的记录，无平、剖面图和遗迹照。

该墓开口层位未记录，墓口距地表非常浅，墓底距地表深度为 0.32 米。位于 A 区中部偏西，AT8 西南部，东邻 M27，北邻 M31。

无墓圹。墓向不明。无葬具。

人骨被扰乱且已朽，仅存右侧上、下肢骨，残头骨、下颌骨和少量肋骨。

发掘者鉴定墓主为 40～45 岁的男性。人骨未采集。

无随葬品。

M31

该墓资料仅有简单的记录，无平、剖面图和遗迹照。

该墓开口层位未记录，墓口距地表深度很浅，墓底距地表深度为 0.29 米。位于 A 区中部偏西，靠近 AT8 西壁，南邻 M30。

墓葬结构和墓向不明。无葬具。

仅存头骨，在头骨西北侧有两块大砾石。现存遗骨中未见该墓编号的人骨。

无随葬品。

M32

该墓资料仅有简单的记录、遗迹照和平面图，无剖面图（图版九，2）。

该墓开口层位及墓口距地表深度未记录，位于 A 区中部，AT3 东北，西邻 M5。

不规则长方形竖穴土坑墓。墓向 0°。墓圹长 2.6、宽 1.15 米。无葬具。填土未记录。

人骨缺失、扰乱很严重，葬式不明。发掘者鉴定墓主为 17～20 岁女性。未记录人骨采集情况，现存遗骨中未见该墓编号的人骨（图七六）。

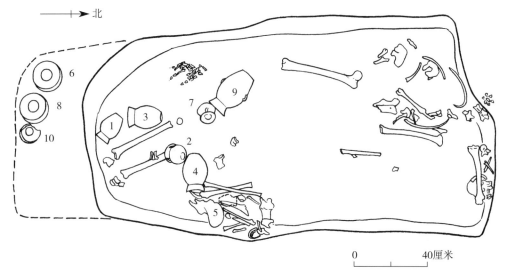

图七六　M32 平面图

1、3、4、10.夹砂绳纹侈口罐　2、7.双大耳罐　5.单大耳罐　6、8、9.喇叭口篮纹高领罐

随葬器物计 10 件，均为陶器（彩版六八，1）。集中放置在墓主足旁。遗物中发现有白色碎石 14 块，但记录中并未提及出土有白色碎石，应为混入器。

夹砂绳纹侈口罐　4 件。

标本 M32：1，夹砂陶，灰黑色与橘红色夹杂。侈口，斜方唇，短束颈，鼓弧腹，平底。腹饰竖绳纹。器形较小。口径 9、腹径 10.7、底径 5.5、高 14.7 厘米（图七七，3；彩版六九，1）。

标本 M32：3，夹砂橘红陶，陶色不均。侈口，圆唇，短束颈，圆弧腹，平底。颈部堆塑泥饼，腹饰交错绳纹。口径 10.8、腹径 13.1、底径 6.6、高 18.4 厘米（图七七，1；彩版六九，2）。

标本 M32：4，夹砂陶，灰黑色与橙黄色夹杂。侈口，斜方唇，束颈较短，圆弧腹，平底。口外侧饰九道旋纹，腹饰竖绳纹。口径 10.8、腹径 13.1、底径 5.7、高 19 厘米（图七七，2）。

标本 M32：10，夹砂陶，灰黑色与橘红色夹杂。侈口，方唇，矮束颈，颈部内侧微下凹，圆腹，平底微内凹。颈部饰两周附加堆纹，腹饰竖绳纹。口径 8.6、腹径 9.4、底径 4.5、高 12.8 厘米（图七七，4；彩版六九，3）。

喇叭口篮纹高领罐　3 件。

标本 M32：6，泥质橙黄陶。喇叭口，圆唇，束颈较高，圆弧腹，平底微内凹。腹中部有对称双耳。颈部有两道浅凹槽，口外侧涂紫红色陶衣，腹部饰竖篮纹。口径 14、腹径 15.3、底径 7.4、高 26.2 厘米（图七七，5；彩版六八，2）。

标本 M32：8，泥质橙黄陶。喇叭口，斜方唇，曲领较高，溜肩微折，圆弧腹，平底。腹中部有对称双耳。口内侧有两道浅凹槽，颈部饰一周旋纹，口外侧涂紫红色陶衣，腹中部饰竖

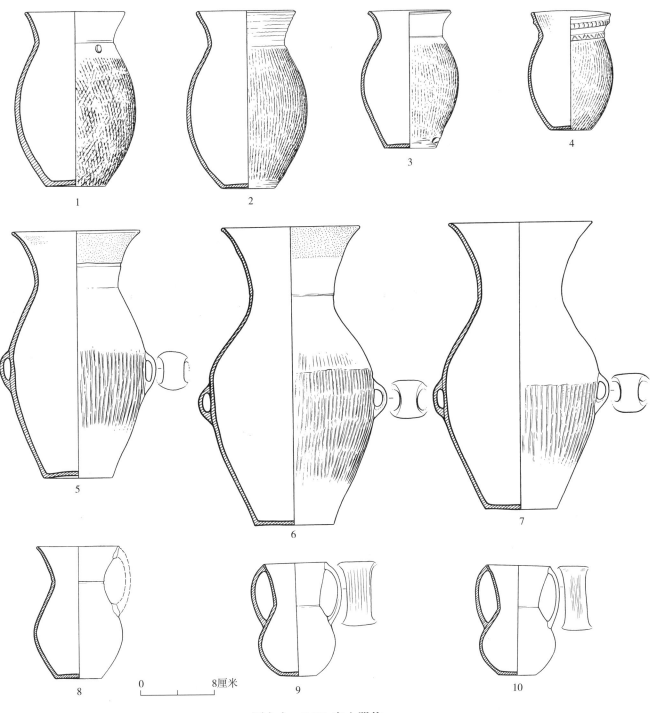

图七七　M32出土器物

1～4.夹砂绳纹侈口罐（M32：3、M32：4、M32：1、M32：10）　5～7.喇叭口篮纹高领罐（M32：6、M32：8、M32：9）　8.单大耳罐（M32：5）　9、10.双大耳罐（M32：2、M32：7）

篮纹。口径15.2、腹径18、底径8.6、高31.6厘米（图七七，6；彩版六八，3）。

标本M32：9，泥质橙黄陶。喇叭口，圆唇，曲领较高，溜肩微折，圆弧腹，平底。腹中部有对称双耳。腹中部饰竖篮纹。口径15.6、腹径17.3、底径7.9、高30.6厘米（图七七，7）。

单大耳罐　1件。

标本 M32：5，单大耳已残缺。泥质橙黄陶。侈口，圆唇，斜直领稍内曲，领较高，圆腹，平底。口和腹上部间有桥形单大耳。口径 8.8、腹径 9.8、底径 5、高 14 厘米（图七七，8；彩版六九，4）。

双大耳罐　2件。

标本 M32：2，泥质橙黄陶。侈口，圆唇，斜直领稍内曲，领较高，圆腹稍下垂，平底。口和腹上部间有桥形双大耳。口径 6.9、腹径 8.4、底径 3.9、高 12 厘米（图七七，9；彩版六九，5）。

标本 M32：7，泥质橙黄陶。侈口，圆唇，斜直领稍内曲，圆腹稍下垂，平底。口和腹上部间有桥形双大耳。口径 7、腹径 8.5、底径 4、高 11.7 厘米（图七七，10；彩版六九，6）。

M41

该墓资料仅有简单的记录和遗迹照，无平、剖面图（图版九，3）。

该墓开口层位、墓口距地表深度均未记录，墓底距地表深 1.6 米。位于 A 区东南部，AT1 北隔梁下，南邻 M13，北邻 M52。

墓葬结构、墓向未记录。无葬具。

仅存少量残朽人骨。发掘者鉴定墓主为一儿童。人骨未采集。

随葬品仅有铜镜形饰 1 件，出土位置未记录。

铜镜形饰　1件。

标本 M41：1，圆形，正面微凸，背部中央有桥形纽。直径 6、厚 0.25 厘米（图七八；彩版七〇，1）。

M46

该墓资料仅有简单的记录和遗迹照，无平、剖面图（图版九，4）。

该墓开口层位未记录，墓口距地表很浅，墓底距地表深 0.53 米。位于 A 区中部，AT10 中部，东邻 M59，南邻 M42。

长方形竖穴土坑墓。墓向 270°。尺寸等情况未记录，无葬具，填土为花土，较疏松。

人骨未采集。

无随葬品。

M47

该墓资料仅有简单的记录和遗迹照，无平、剖面图（图版一〇，1）。

该墓开口层位、墓口距地表深度未记录，墓底距地表深 0.7 米。位于 A 区中部，AT10 东南角。

M47 打破 M42。

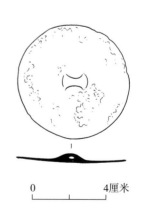

0　　　　　4厘米

图七八　M41 出土器物

铜镜形饰（M41：1）

墓葬结构和墓向等信息未记录。无葬具。填土未记录。

人骨仅存股骨、肱骨和盆骨，散乱堆放。未记录人骨采集情况，现存遗骨中未见该墓编号的人骨。

无随葬品。

M49

该墓资料仅有简单的记录和遗迹照，无平、剖面图（图版一〇，2）。

该墓开口层位未记录，墓口距地表很浅，位于 A 区西北部，AT13 南部，东邻 M54。

从遗迹照上分辨出墓圹为长方形竖穴土坑形制。墓向356°。墓圹长 1.5、宽 0.6、深 0.37 米。无葬具。填土为花土，土质较疏松。

人骨保存较完整，未见部分椎骨、盆骨和右侧下肢骨。发掘者鉴定墓主为 55 岁左右的男性。未记录人骨采集情况，现存遗骨中未见该墓编号的人骨。在左侧锁骨处另有一女性下颌骨。

随葬器物仅 1 件骨器，出土位置未记录。

骨匕　1 件。

标本 M49：1，磨制。匕身呈舌形，器身稍弯曲，柄部呈梯形，有两孔。长 16.8、宽 2.5、厚 0.2、孔径 0.5 厘米（图七九）。

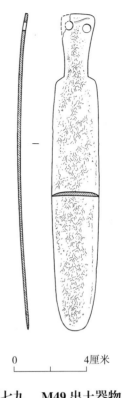

0　　　　4厘米

图七九　　M49 出土器物

骨匕（M49：1）

M53

该墓资料仅有简单的记录和遗迹照，无平、剖面图（图版一〇，3）。

该墓开口层位未记录，墓口距地表深度很浅，墓底距地表深 0.53 米。位于 A 区偏西北处，AT13 东部，西北邻 M48。

长方形竖穴土坑墓。墓向180°。墓圹长 1.3、宽 0.4 米，深度不明。无葬具。填土为花土，较疏松。

人骨仅存头骨、盆骨和四肢骨。头向西。发掘者鉴定墓主是 12 岁左右儿童。人骨未采集。

无随葬品。

M54

该墓资料仅有简单的记录和遗迹照，无平、剖面图（图版一〇，4）。

该墓开口层位未记录，墓口距地表深 0.4 米，墓底距地表深 0.6 米。位于 A 区西北角，AT13 南部，西邻 M49。

长方形竖穴土坑墓。墓向0°。墓圹长 1.85、宽 0.75、深 0.2 米。无葬具。填土未记录。

人骨扰乱严重，仅存部分上肢骨、肋骨和胸椎骨。年龄、性别未记录。未记录人骨采集情

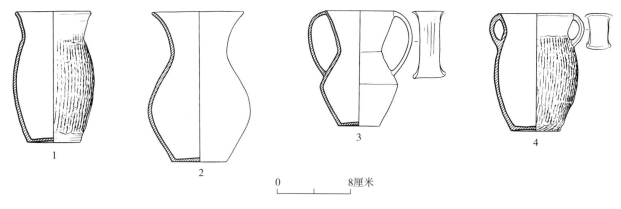

0   8厘米

图八〇　M54 出土器物

1.夹砂绳纹侈口罐（M54：1）　2.高领罐（M54：3）　3.双大耳罐（M54：2）　4.夹砂绳纹侈口双耳罐（M54：4）

况，现存遗骨中未见该墓编号的人骨。

随葬器物计 4 件，均为陶器（彩版七〇，3）。集中放置在墓主足下。该墓现存器物中发现 1 件骨器，编号 M54：5-1，记录中未见，应为混入器，详细描述见后文编号错误的器物。

夹砂绳纹侈口罐　1 件。

标本 M54：1，夹砂灰黑陶。侈口，斜方唇，短直领稍内曲，弧腹，平底稍内凹。腹饰竖绳纹。口径 8、腹径 8.4、底径 5.7、高 13.5 厘米（图八〇，1；彩版七〇，3）。

高领罐　1 件。

标本 M54：3，泥质橙黄陶。侈口，圆唇，曲颈较高，圆弧腹，平底。口径 10.2、腹径 11.4、底径 6、高 16.2 厘米（图八〇，2；彩版七〇，3）。

双大耳罐　1 件。

标本 M54：2，泥质陶，橙黄色与橘红色夹杂。侈口，圆唇，斜直领较高，折腹，平底。口和腹上部间有桥形双大耳。口径 7.5、腹径 8.5、底径 4.4、高 12.1 厘米（图八〇，3；彩版七〇，2）。

夹砂绳纹侈口双耳罐　1 件。

标本 M54：4，夹砂灰黑陶。侈口，折沿，斜方唇，矮束颈，弧腹，平底。腹饰竖绳纹。口径 8.3、腹径 9.1、底径 5.2、高 12.5 厘米（图八〇，4；彩版七〇，3）。

M58

该墓资料仅有简单的记录、平面图和遗迹照，无剖面图（图版一一，1）。

该墓开口层位未记录，墓口距地表深 0.9 米，墓底距地表深 1.21 米。位于 A 区偏东北处，AT12 西北部，东邻 M110，西邻 M76，北邻 M82。

M58 北部打破 M82。

无墓圹。墓向不明。深 0.31 米。墓葬结构不明，无葬具。填土为花土。

人骨保存较差，仅存胫骨、腓骨。未记录人骨采集情况，现存遗骨中未见该墓编号的人骨。

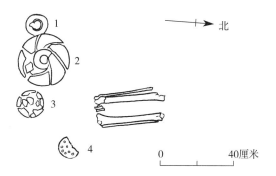

北

0 ——— 40厘米

图八一　M58 平面图

1.薄胎细绳纹罐　2.瓮　3.蛇纹罐　4.残甑底

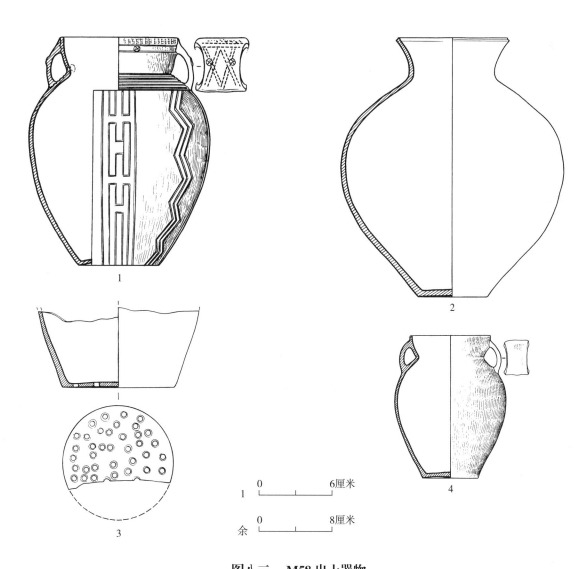

1 0 ——— 6厘米

余 0 ——— 8厘米

图八二　M58 出土器物

1.蛇纹罐（M58∶3）　2.瓮（M58∶2）　3.残甑底（M58∶4）　4.薄胎细绳纹罐（M58∶1）

性别、年龄未记录（图八一）。

随葬器物计 4 件，均为陶器（彩版七一，1）。集中放置在墓主足前方。

薄胎细绳纹罐　1 件。

标本 M58：1，夹细砂橘红陶。侈口，方唇，矮束颈，颈部内侧下凹，圆弧腹，近底处微内曲，平底。通体饰细绳纹。口径 8.9、腹径 12.2、底径 6.1、高 15.1 厘米（图八二，4；彩版七一，2）。

蛇纹罐　1 件。

标本 M58：3，残，已修复。夹细砂陶，灰黑色与橙黄夹杂。侈口，方唇，矮束颈，颈部内侧下凹，圆弧腹，近底处弧收，平底。口外侧饰戳印短斜线纹，其下饰两道弦纹，颈部以下饰七周弦纹，腹部装饰由两组折线和"H"形细堆纹组成。耳面饰由戳印点状纹组成的竖交叉纹及乳丁纹。口径 9.6、腹径 14.8、底径 6.2、高 18.2 厘米（图八二，1；彩版七一，3）。

瓮　1 件。

标本 M58：2，泥质橙黄陶。侈口，斜方唇，短束颈，圆鼓腹，近底处内曲，平底。口径 12.4、腹径 24.5、底径 7.8、高 27.5 厘米（图八二，2）。

甑　1 件。

标本 M58：4，残存甑底部。泥质橙黄陶。平底，底部有排列不规则的圆形穿孔。底径 12.2、残高 8.5 厘米（图八二，3）。

M64

该墓资料仅有简单的记录和平面图，无剖面图和遗迹照。

该墓开口层位、墓口距地表深度未记录，墓底距地表深 1.16 米。位于 A 区中间较偏东处，AT5 西壁下，南邻 M37。

M64 叠压在 M65 之上。

墓葬结构和墓向未记录。无葬具。填土未记录。

人骨仅存残朽的头骨和肢骨，堆放在一起。头骨上压有大石块，周围有若干小石块。发掘者鉴定墓主为 40 ～ 45 岁的男性（图八三）。现存遗骨中未见该墓编号的人骨。

无随葬品。

M67

该墓资料仅有简单的记录和遗迹照，无平、剖面图（图版一一，2）。

该墓开口层位、墓口深度未记录。位于 A 区西北部，AT14 的西部，西南邻 M68。

墓葬结构和墓向未记录。无葬具。填土未记录。

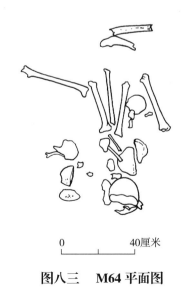

0　　　　　　　40厘米

图八三　M64 平面图

人骨仅存盆骨、椎骨和部分下肢骨，堆放在一起。性别、年龄未记录。人骨采集情况未记录，现存遗骨中未见该墓编号的人骨。

无随葬品。

M68

该墓资料仅有简单的记录，无平、剖面图和遗迹照。

该墓开口层位未记录，墓口距地表深度非常浅。位于A区西北，AT13东隔梁下，东北邻M67，北邻M53。

长方形竖穴土坑墓。墓向不明。无葬具。填土为花土，土质疏松。

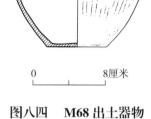

0   8厘米

图八四　M68出土器物

钵（M68∶1）

人骨仅存部分下肢骨。未采集，性别、年龄未记录。

随葬器物仅1件陶器，出土位置未记录。

钵　1件。

标本M68∶1，泥质橘红陶。敞口，圆唇，斜弧腹，平底。腹饰模糊竖篮纹。口径13.4、底径6.5、高5.8厘米（图八四）。

M69

该墓资料仅有简单的记录，无平、剖面图和遗迹照。

该墓开口层位未记录，墓口距地表深0.95米，墓底距墓口深1.35米。位于A区偏东北处，AT12西南部，西邻M60。

M69南侧被M61打破。

长方形竖穴土坑墓。墓向0°。墓圹长1.3、宽0.6、深0.4米。无葬具。填土为黄色花土，土质较疏松。

人骨仅存盆骨及下肢骨，右胫骨弯曲，右腓骨下端折断。发掘者鉴定墓主为40～45岁的男性。未记录人骨采集情况，现存遗骨中未见该墓编号的人骨。

随葬器物计7件，均为陶器（彩版七二，1）。出土位置未记录。

夹砂绳纹侈口罐　2件。

标本M69∶1，夹砂橙黄陶。侈口，圆唇，短束颈，弧腹，平底。腹饰竖绳纹。口径9.1、腹径12.6、底径7、高17.1厘米（图八五，1；彩版七三，1）。

标本M69∶6，夹砂陶，灰黑色与橙黄色夹杂。器形不规整。侈口，斜方唇，束颈稍高，弧腹，平底。腹饰竖绳纹。口径9、腹径10.3、底径6.1、高15.2厘米（图八五，2；彩版七三，2）。

高领罐　2件。

标本M69∶4，泥质橙黄陶。器形不对称。侈口，圆唇，束颈较高，圆弧腹，腹下部斜收，平底。腹饰模糊篮纹。口径7.2、腹径13、底径6、高17.8厘米（图八五，3；彩版七三，3）。

标本M69∶5，夹砂灰黑陶。侈口，圆唇，束颈较高，弧腹，平底。腹饰竖绳纹。口径5.7、

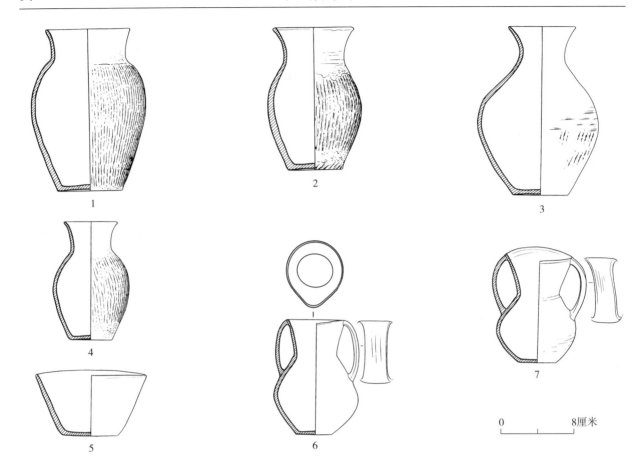

图八五　M69 出土器物

1、2.夹砂绳纹侈口罐（M69：1、M69：6）　3、4.高领罐（M69：4、M69：5）　5.钵（M69：3）　6、7.双大耳罐（M69：7、M69：2）

腹径 8.3、底径 4.6、高 12.6 厘米（图八五，4；彩版七三，4）。

双大耳罐　2 件。

标本 M69：2，泥质橙黄陶。器形不规整。侈口，圆唇，斜直领较高，圆鼓腹，平底。口和腹上部间有桥形双大耳。口径 7.4、腹径 8.6、底径 4.2、高 12.3 厘米（图八五，7；彩版七二，2）。

标本 M69：7，泥质橙黄陶。器形不规整。侈口，口一侧有流，圆唇，斜直领较高，圆鼓腹微下垂，平底。口和腹上部间有桥形双大耳。口径 6.5 ～ 7.2、腹径 9.4、底径 3.9、高 12.2 厘米（图八五，6；彩版七二，3）。

钵　1 件。

标本 M69：3，泥质橙黄陶。敞口，圆唇，斜直腹，平底。口径 12、底径 5.9、高 7 厘米（图八五，5；彩版七三，5）。

M71

该墓资料仅有简单的记录和遗迹照，无平、剖面图（图版一一，3）。

该墓开口层位及墓口深度未记录，位于 A 区东部，AT5 西南部，东南邻 M52。

M71 打破 M70。

墓圹呈不规则圆形。墓向和墓葬大小不明。无葬具。填土未记录。

人骨仅存头骨、盆骨和极少碎骨，堆放在一起。发掘者鉴定墓主为 35 ～ 40 岁的男性。人骨采集情况未记录，现存遗骨中未见该墓编号的人骨。

随葬品仅见几片陶片，摆放位置未记录。

M73

该墓资料仅有简单的记录和遗迹照，无平、剖面图（图版一一，4）。

该墓开口层位及墓口距地表深度未记录，墓底距地表深 0.69 米。位于 A 区北部，AT15 南部，南邻 M72，西北邻 M81。

M72 打破 M73。

不规则长方形土坑墓。墓向 309°。墓圹长 1、宽 0.5 米。无葬具。填土为花土，土质较疏松。

人骨残朽严重，仅存头骨和部分肢骨，面向下。发掘者鉴定墓主为 30 ～ 35 岁的男性。人骨未采集。

无随葬品。

M78

该墓资料仅有简单的记录，无平、剖面图和遗迹照。

该墓开口层位及墓口距地表深未记录，位于 A 区偏北部，AT14 东南角，紧贴东隔梁，东邻 M77，西北邻 M66，北邻 M79。

长方形竖穴土坑墓。墓向 0°。墓圹尺寸不明。无葬具。填土为花土，土质疏松。

人骨腐朽严重，仅存盆骨、股骨及部分趾骨。未记录人骨采集情况，现存遗骨中未见该墓编号的人骨。

无随葬品。

M81

该墓资料仅有简单的记录，无平、剖面图和遗迹照。

该墓开口层位、墓口距地表深度未记录，墓底距地表深 1 米。位于 A 区北部，AT15 西南部，东邻 M112，西邻 M77。

墓葬结构和墓向未记录。无葬具。填土未记录。

人骨仅存残朽的头骨和部分股骨、桡骨，堆放在一起。发掘者鉴定墓主为女性，年龄未记录。未记录人骨采集情况，现存遗骨中未见该墓编号的人骨。

无随葬品。

M84

该墓资料仅有简单的记录，无平、剖面图和遗迹照。

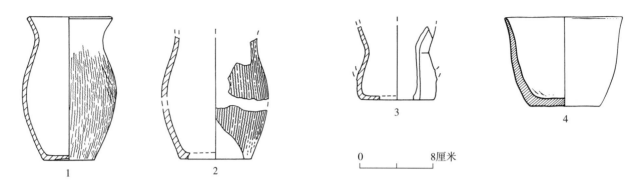

图八六　M85 出土器物

1、2.夹砂绳纹侈口罐（M85：2、M85：4）　3.双大耳罐（M85：3）　4.钵（M85：1）

该墓开口层位、墓口距地表深度不明。位于 A 区西北部，AT14 西南角，西邻 M51。M84 打破 AT11H1。

墓葬结构和墓向不明。无葬具。填土未记录。

人骨仅存一块头骨。未记录人骨采集情况，现存遗骨中未见该墓编号的人骨。

随葬品仅几片灰陶片和 5 块白色碎石，现存器物中未见该墓编号的陶片和白色碎石。

M85

该墓资料仅有简单的记录，无平、剖面图和遗迹照。

该墓开口层位未记录，墓口距地表深 0.7 米，墓底距地表深 0.86 米。位于 A 区东南部，AT17 东南，东邻 M109，西邻 M102。

墓向未记录，深 0.16 米。无葬具。填土为黄土，在填土中发现双大耳罐和夹砂绳纹侈口罐残片。

人骨仅存头骨及颈椎骨一块。头向北，面向西。年龄、性别未记录。未记录人骨采集情况，现存遗骨中未见该墓编号的人骨。

随葬器物计 4 件，均为陶器（彩版七四，1）。出土位置未记录。

夹砂绳纹侈口罐　2 件。

标本 M85：2，夹砂灰黑陶。侈口，斜方唇，短束颈，弧腹，平底。腹饰竖绳纹。口径 9.2、腹径 10.2、底径 5.2、高 15.4 厘米（图八六，1；彩版七四，1）。

标本 M85：4，残缺。夹砂灰黑陶。弧腹，平底。饰竖绳纹（图八六，2）。

双大耳罐　1 件。

标本 M85：3，器身大部残缺。泥质橙黄陶。斜弧腹较浅，平底（图八六，3）。

钵　1 件。

标本 M85：1，泥质橙黄陶。敞口，圆唇，斜弧腹，腹上部稍内曲，平底。口外侧用红色颜料涂抹。口径 12.6、底径 7.6、高 9.4 厘米（图八六，4；彩版七四，1）。

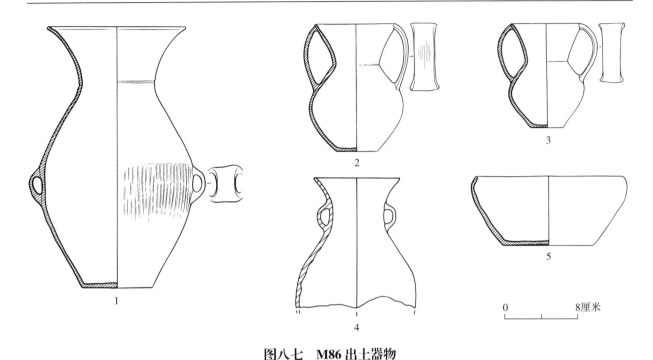

图八七　M86 出土器物

1.喇叭口篮纹高领罐（M86：1）　2、3.双大耳罐（M86：2、M86：3）　4.喇叭口颈耳罐（M86：4）　5.钵（M86：5）

M86

该墓资料仅有简单的记录，无平、剖面图和遗迹照。

该墓开口层位未记录，墓口距地表深 0.7 米，墓底距地表深 0.95 米。位于 A 区偏南部，AT18 东北，西邻 M87，南邻 M104。

长方形竖穴土坑墓。墓向 350°。墓圹长 1.9、宽 0.54、深 0.25 米。无葬具。填土内含红烧土块、半山类型彩陶片和齐家文化陶片。

人骨仅存盆骨及下肢骨。未记录人骨采集情况，现存遗骨中未见该墓编号的人骨。

随葬器物计 5 件，均为陶器，集中放置在墓主的足旁（彩版七四，2）。

喇叭口篮纹高领罐　1 件。

标本 M86：1，泥质陶，橙黄色与橘红色夹杂。喇叭口，圆唇，束颈较高，圆弧腹，平底。腹中部有对称桥形双耳。口内侧和颈部各饰一道旋纹，腹中部饰竖篮纹。口径 15.3、腹径 16.8、底径 7.7、高 27.6 厘米（图八七，1；彩版七五，1）。

双大耳罐　2 件。

标本 M86：2，泥质橙黄陶。侈口，圆唇，斜直领较高，圆鼓腹，平底。口和腹上部间有桥形双大耳。口内侧有一周旋纹。口径 8.7、腹径 10.2、底径 4.5、高 13.5 厘米（图八七，2；彩版七五，2）。

标本 M86：3，泥质橙黄陶。侈口，圆唇，斜直领较高，圆鼓腹，腹下部微内曲，平底。口和腹上部间有桥形双大耳。口内侧饰一周旋纹。口径 7.7、腹径 8.3、底径 3.5、高 11 厘米（图八七，3；彩版七五，3）。

喇叭口颈耳罐　1件。

标本 M86：4，腹以下部分残缺。泥质橙黄陶。侈口，圆唇，束颈较高。口径 9.5、残高13.4 厘米（图八七，4；彩版七五，4）。

钵　1件。

标本 M86：5，泥质陶，橙黄色与橘红色夹杂。敛口，圆唇，斜弧腹，平底。口径 15.8、腹径 17.2、底径 9.7、高 7.2 厘米（图八七，5；彩版七五，5）。

M87

该墓资料仅有简单的记录，无平、剖面图和遗迹照。

该墓开口层位、墓口距地表深度未记录。位于 A 区南部，AT18 的西北部，东邻 M86，西邻 M88。

墓葬结构和墓向未记录。无葬具。填土未记录。

人骨仅存部分下肢骨，未采集。

无随葬品。

M88

该墓资料仅有简单的记录，无平、剖面图和遗迹照。

该墓开口层位、墓口距地表深度未记录。位于 A 区南，AT18 西北角，部分压于西壁下，东邻 M87。

墓葬结构和墓向未记录。无葬具。填土未记录。

人骨仅存残朽盆骨和极少的残骨，未采集。

随葬器物计 2 件，均为陶器（彩版七六，1）。出土位置未记录。

夹砂绳纹侈口罐　1件。

标本 M88：1，夹砂灰黑陶。侈口，圆唇，短束颈，圆腹，近底处斜收，底内凹。腹饰竖绳纹。口径 10.8、腹径 13.1、底径 9、高 17.5 厘米（图八八，1；彩版七六，1）。

双大耳罐　1件。

标本 M88：2，泥质橙黄陶。侈口，圆唇，斜直领较高，圆鼓腹，平底。口和腹上部间有桥形双大耳。口径 7.2、腹径 7.6、底径 3.5、高 11.8 厘米（图八八，2；彩版七六，1）。

M91

该墓资料仅有简单的记录和遗迹照，无平、剖面图（图版一二，1）。

该墓开口层位、墓口距地表深度未记录。位于 A 区南部，AT19 东北角。

墓葬结构和墓向未记录。无葬具。填土未记录。

人骨仅存半个头骨，未采集。

随葬器物计 1 件，出土位置未记录。

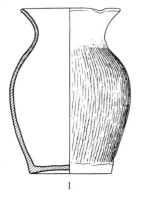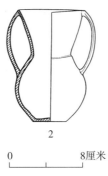

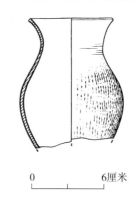

图八八　M88 出土器物
1.夹砂绳纹侈口罐（M88：1）　2.双大耳罐（M88：2）

图八九　M91 出土器物
夹砂绳纹侈口罐（M91：1）

夹砂绳纹侈口罐　1件。

标本 M91：1，底部残缺。夹砂灰黑陶。侈口，斜方唇，束颈，圆弧腹。腹饰竖绳纹。口径 7.1、腹径 8.6、残高 10.5 厘米（图八九）。

M93

该墓资料仅有简单的记录和草图，无平、剖面图和遗迹照。

该墓开口层位未记录，墓口距地表深 0.6 米，墓底距墓口深 1.15 米。位于 A 区东南部，AT16 东南角。

墓向不明。墓葬结构和形制均未记录，深 0.55 米。无葬具。

人骨仅存上半身且腐朽严重，儿童。人骨未采集。

无随葬品。

M96

该墓开口层位未记录，墓口距地表深 1.24 米，墓底距地表深 1.54 米。位于 A 区东南部，AT16 东南角，东邻 M93（图版一二，2）。

长方形竖穴土坑墓。墓向 350°。墓圹长 1.7、宽 0.5、深 0.3 米。无葬具。填土为花土，土质较疏松。

人骨仅存下肢骨局部。性别、年龄未记录。人骨采集（图九〇）。

随葬器物计 7 件，均为陶器（彩版七六，2）。集中放置在墓主的足旁。

夹砂绳纹侈口罐　1件。

标本 M96：2，夹砂灰黑陶。侈口，斜方唇，短束颈，弧腹，平底。腹饰竖绳纹。口径 7.4、腹径 8.9、底径 5、高 11.6 厘米（图九一，1；彩版七七，1）。

喇叭口篮纹高领罐　1件。

标本 M96：1，泥质橙黄陶。喇叭口，圆唇，束颈，溜肩微折，弧腹，平底。腹中部有桥形双耳。肩部饰细篮纹，腹饰竖篮纹。口径 12.6、腹径 17.5、底径 9.1、高 28.7 厘米（图九一，3；彩版

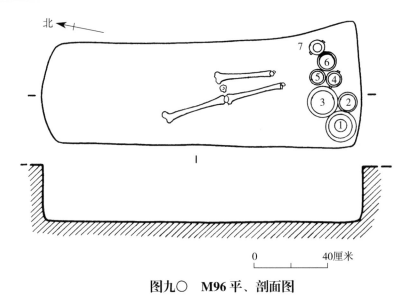

图九〇　M96平、剖面图

1.喇叭口篮纹高领罐　2.夹砂绳纹侈口罐　3.豆　4、7.双大耳罐　5.夹砂绳纹侈口单耳罐　6.双錾双流罐

七七，2）。

双大耳罐　2件。

标本M96：4，泥质橙黄陶。侈口，圆唇，斜直领较高，圆弧腹，近底处微内曲，平底。口和腹上部间有桥形双大耳。口径8、腹径8.2、底径4.4、高12.4厘米（图九一，4；彩版七六，3）。

标本M96：7，泥质橙黄陶。侈口，圆唇，斜直领微内曲，领较高，圆弧腹，平底。口和腹上部间有桥形双大耳。口径6.6、腹径8、底径3.2、高11.6厘米（图九一，5；彩版七六，4）。

夹砂绳纹侈口单耳罐　1件。

标本M96：5，夹砂陶，灰黑色与橘红色夹杂。侈口，圆唇，短束颈，弧腹，平底微内凹。口和腹上部间有桥形单耳。腹饰竖绳纹。口径6.8、腹径8.2、底径4.8、高10厘米（图九一，2；彩版七七，3）。

双錾双流罐　1件。

标本M96：6，泥质橙黄陶。敛口，口部有对称双流，方唇，圆腹，平底微内凹。腹中部有折角形双錾。口径7.5、腹径10.9、底径6、高8.3厘米（图九一，6；彩版七七，4）。

豆　1件。

标本M96：3，泥质灰黑陶。敞口，斜方唇，斜弧腹，盘底微鼓，豆柄呈喇叭口状。口径14.2、底径11.8、高10.2厘米（图九一，7；彩版七七，5）。

M100

该墓资料仅有简单的记录和遗迹照，无平、剖面图（图版一二，3）。

该墓开口层位、墓口距地表深度未记录。位于A区南部，AT19东北角。

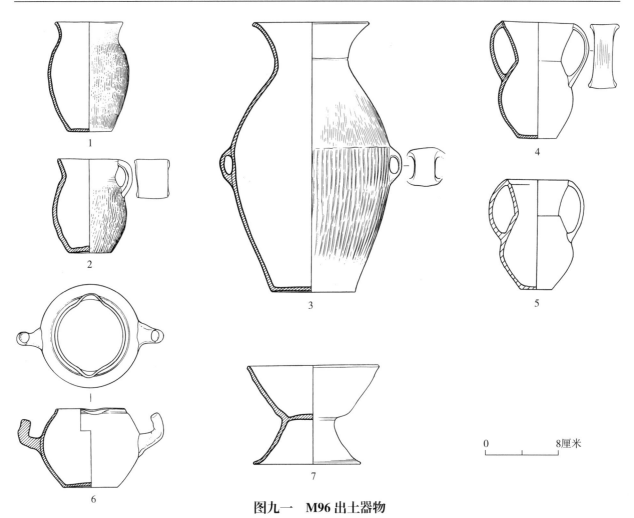

图九一　M96 出土器物

1.夹砂绳纹侈口罐（M96：2）　2.夹砂绳纹侈口单耳罐（M96：5）　3.喇叭口篮纹高领罐（M96：1）　4、5.双大耳罐（M96：4、M96：7）　6.双鋬双流罐（M96：6）　7.豆（M96：3）

墓葬结构和墓向未记录。无葬具。填土未记录。

人骨扰乱严重，仅存部分肋骨和上肢骨。人骨采集。

随葬器物计 3 件，均为陶器（彩版七八，1）。放置在墓主足前方。

夹砂绳纹侈口罐　2 件。

标本 M100：1，夹砂陶，灰黑色与橘红色夹杂。侈口，斜方唇，短束颈，弧腹，平底。腹饰竖绳纹。口径 10.2、腹径 11、底径 6.6、高 15 厘米（图九二，1；彩版七八，1）。

标本 M100：2，夹砂陶，灰黑色与橘红色夹杂。侈口，斜方唇，短束颈，弧腹，腹下部稍内收，平底微内凹。腹饰竖绳纹。口径 6.4、腹径 7.4、底径 5.1、高 9.9 厘米（图九二，2；彩版七八，1）。

钵　1 件。

标本 M100：3，泥质橙黄陶。敛口，圆唇，弧腹，平底。腹饰模糊竖绳纹。口径 12.4、腹径 13、底径 8.2、高 7.3 厘米（图九二，3；彩版七八，1）。

图九二　M100 出土器物

1、2.夹砂绳纹侈口罐（M100：1、M100：2）　　3.钵（M100：3）

M101

该墓资料有简单的记录、平面图和遗迹照，无剖面图。

该墓开口层位未记录，墓口距地表深1米，墓底距地表深1.2米。位于A区南部，AT17南部，东邻M102，西邻M98（图版一二，4）。

长方形竖穴土坑墓。墓向0°。墓圹长1.4、宽0.4～0.53、深0.2米。无葬具。填土为黄土，其间夹杂有少量的红烧土块。

人骨仅存盆骨及下肢骨部分。性别未记录。未记录人骨采集情况，现存遗骨中未见该墓编号的人骨（图九三）。

随葬器物计5件，其中陶器4件，骨器1件（彩版七八，2）。陶器集中放置在墓主的足前方，骨针位置未标注。

夹砂绳纹侈口罐　2件。

标本M101：2，夹砂陶，灰黑色与橘红色夹杂。侈口，斜方唇，短束颈，弧腹，平底微内凹。腹饰竖绳纹。口径8.5、腹径10、底径5.4、高13厘米（图九四，1；彩版七八，2）。

标本M101：3，夹砂陶，灰黑色与橘红色夹杂。侈口，圆唇，短束颈，圆弧腹，近底稍内曲，平底。腹饰竖绳纹。口径7.1、腹径8.8、底径5.8、高11.3厘米（图九四，2；彩版七八，2）。

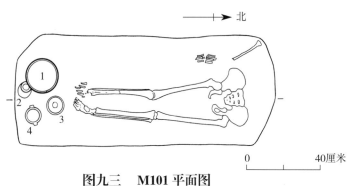

图九三　M101 平面图

1.豆　2、3.夹砂绳纹侈口罐　4.双大耳罐

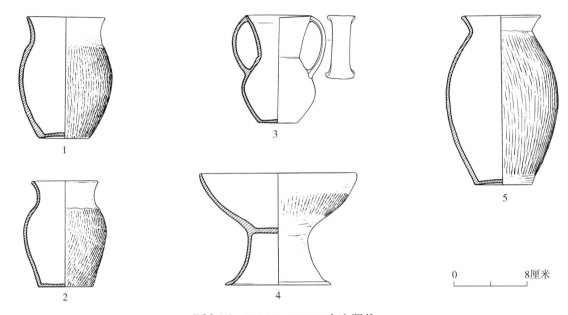

图九四　M101、M102 出土器物

1、2、5.夹砂绳纹侈口罐（M101∶2、M101∶3、M102∶1）　3.双大耳罐（M101∶4）　4.豆（M101∶1）

双大耳罐　1 件。

标本 M101∶4，泥质橙黄陶。侈口，圆唇，斜直领较高，圆鼓腹，平底。口和腹上部间有桥形双大耳。口径 7.2、腹径 7.9、底径 4、高 11.5 厘米（图九四，3；彩版七八，2）。

豆　1 件。

标本 M101∶1，泥质橙黄陶。豆盘为敞口，圆唇，斜弧腹，平底，钵形，豆柄为喇叭口形。豆盘腹部饰模糊竖绳纹。口径 16.8、底径 11.6、高 12 厘米（图九四，4；彩版七八，2）。

骨针　1 枚。

标本 M101∶5，残长 1.5、直径 0.1 ～ 0.15 厘米。

M102

该墓资料仅有简单的记录和遗迹照，无平、剖面图（图版一三，1）。

该墓开口层位未记录，墓口距地表深 0.9 米，墓底距地表深 1.1 米。位于 A 区南部，AT17 南部，东邻 M85，西邻 M101。

长方形竖穴土坑墓。墓向 0°。墓圹长 1.3、宽 0.4、深 0.2 米。无葬具。填土为黄土，其间夹杂有少量的红烧土块。

人骨仅存盆骨及下肢骨部分。性别未记录。未记录人骨采集情况，现存遗骨中未见该墓编号的人骨。

随葬器物仅 1 件陶器，出土位置未记录。

夹砂绳纹侈口罐　1 件。

标本 M102∶1，夹砂橙黄陶。侈口，斜方唇，短束颈，弧腹，平底。腹饰竖绳纹。口径 8.6、腹径 12.3、底径 6.2、高 18.1 厘米（图九四，5）。

M103

该墓资料仅有简单的记录，无平、剖面图和遗迹照。

该墓开口层位未记录，墓口距地表深 1 米，墓底距地表深 1.25 米。位于 A 区偏南部，AT18 南部，延伸至 AT19 的北隔梁下，东邻 M104，西邻 M90。

长方形竖穴土坑墓。墓向 340°。墓圹长 1.84、宽 0.5～0.8、深 0.25 米。无葬具。填土为黄色花土，其间夹杂有少量的红烧土块。

人骨较零乱，头骨位于墓圹尾端角落处，无下肢骨，右上肢骨上压一块大石头。发掘者鉴定墓主为女性。人骨采集。

无随葬品。

M106

该墓资料仅有简单的记录和遗迹照，无平、剖面图（图版一三，2）。

该墓开口层位、墓口距地表深度不明。位于 A 区东南部，AT18 东隔梁下。

墓葬结构和墓向不明。无葬具。填土为黄土。

人骨仅存残朽的头骨和极少的肋骨。人骨未采集。

无随葬品。

M109

该墓资料仅有简单的记录，无平、剖面图和遗迹照。

该墓开口层位未记录，墓口距地表深度约 0.6 米，墓底距地表深 0.87 米。位于 A 区东南部，AT17 东隔梁下，东邻 M95，西邻 M85。

长方形竖穴土坑墓。墓向 0° 墓圹长 1.5、宽 0.6、深 0.27 米。无葬具。填土为黄土。

人骨残缺，仅存残头骨、下颌骨、胫骨、盆骨和部分肋骨。年龄、性别未记录。人骨采集。

无随葬品。

7. 合葬墓

合葬墓均为二次合葬，骨骼多残缺不全，葬式多样，可以分清的葬式有仰身直肢和屈肢。计 22 座，分别为 M11、M12、M16、M25、M28、M35、M36、M37、M40、M42、M44、M50、M56、M57、M59、M63、M65、M76、M77、M79、M110、M112。

M11

该墓资料仅有简单的记录和平、剖面图，无遗迹照。

该墓开口层位未记录，墓口距地表深 0.42 米，墓底距地表深 0.9 米。位于 A 区中部偏西，AT3 的西北，东邻 M5，西邻 M21。

长方形竖穴土坑墓。墓向 358°。墓圹长 2.46、宽 0.96、深 0.48 米。无葬具。填土未记录。

双人合葬。墓主由西向东依次编号为 R1、R2 号。人骨采集。R1：侧身直肢。人骨保存较

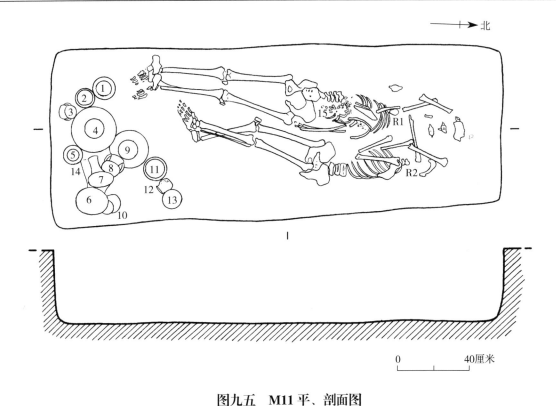

图九五　M11 平、剖面图

1、10.高领罐　2、5、11、12、14.夹砂绳纹侈口罐　3.双大耳罐　4.瓮　6.喇叭口篮纹高领罐　7.豆　8.三大耳罐　9.折肩罐　13.单大耳带流瓶　15.碎石

完整，无头骨，下颌骨被移动过，腰椎有明显骨质增生，墓主左侧腰部有一块儿童的残头骨。发掘者鉴定墓主为 45 岁左右的男性。R2：侧身屈肢。人骨保存较完整，面向 R1，无头骨，下颌骨被移动过。发掘者鉴定 R2 墓主为 45 岁左右的女性。人骨已采集（图九五）。

随葬器物计 14 件，均为陶器（彩版七九，1）。位于 R1、R2 足旁。另有 158 块白色碎石置于 R1 墓主左侧腰部。

夹砂绳纹侈口罐　5 件。

标本 M11：2，夹砂灰黑陶。侈口，圆唇，短斜直领，束颈，圆腹，平底。腹饰竖绳纹。口径 9.4、腹径 11.8、底径 6.3、高 14.3 厘米（图九六，1；彩版八〇，1）。

标本 M11：5，夹砂灰黑陶。侈口，斜方唇，束颈，领稍高，圆腹，腹最大径靠上，腹下部斜收，平底。腹饰竖绳纹。口径 7.7、腹径 10.6、底径 6.3、高 14.4 厘米（图九六，2；彩版八〇，2）。

标本 M11：11，夹砂灰黑陶。器形不规整。侈口，斜方唇，短束颈，圆弧腹，平底。腹饰竖绳纹。口径 10.5、腹径 13、底径 6.9、高 18.6 厘米（图九六，3；彩版八〇，3）。

标本 M11：12，夹砂橙黄陶。侈口，斜方唇，短束颈，圆弧腹，平底。腹饰竖绳纹。口径 7.5、腹径 9.6、底径 5.6、高 12.6 厘米（图九六，4；彩版八〇，4）。

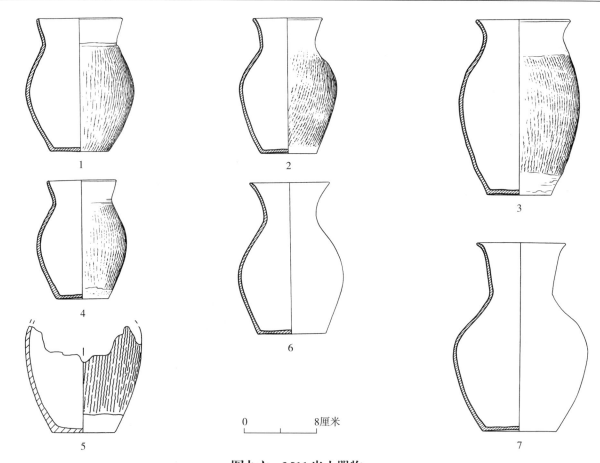

图九六　M11 出土器物

1~5.夹砂绳纹侈口罐（M11：2、M11：5、M11：11、M11：12、M11：14）　6、7.高领罐（M11：10、M11：1）

标本 M11：14，残存底部，夹砂红褐陶。弧腹，平底，腹饰竖绳纹。底径 6.8、残高 11.2 厘米（图九六，5）。

高领罐　2 件。

标本 M11：1，泥质橘红陶。侈口，圆唇，斜直领，圆腹，腹下部斜收，平底。口径 9.4、腹径 14.7、底径 8、高 20 厘米（图九六，7；彩版八〇，5）。

标本 M11：10，泥质橙黄陶。侈口，圆唇，曲领较高，圆腹，腹下部斜收，平底。口径 8.6、腹径 11.4、底径 7.4、高 16 厘米（图九六，6；彩版八〇，6）。

喇叭口篮纹高领罐　1 件。

标本 M11：6，泥质橘红陶。喇叭口，窄斜沿，圆唇，高曲领，圆弧腹微折，平底。腹中部有对称双耳。口内侧有两道浅旋纹，颈部饰一周旋纹，腹中部饰竖篮纹。口径 16、腹径 16.1、底径 8.5、高 30.5 厘米（图九七，1；彩版七九，2）。

折肩罐　1 件。

标本 M11：9，泥质橙黄陶。侈口，尖圆唇，短束颈，折肩，斜直腹，平底。颈部饰一周戳印圆圈纹，肩部饰由两组戳印小圆圈组成的方格纹。口径 15.4、腹径 21.2、底径 9.5、高

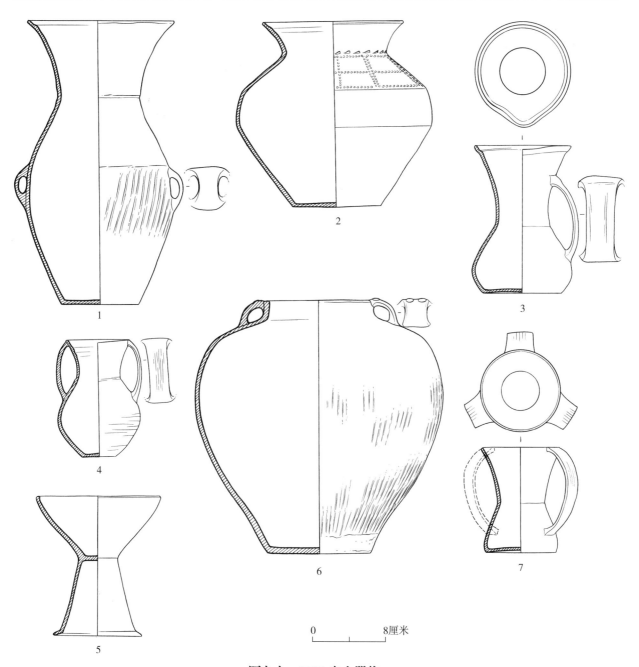

0　　　　　　8厘米

图九七　M11 出土器物

1.喇叭口篮纹高领罐（M11:6）　2.折肩罐（M11:9）　3.单大耳带流瓶（M11:13）　4.双大耳罐（M11:3）　5.豆（M11:7）　6.瓮（M11:4）　7.三大耳罐（M11:8）

19.8 厘米（图九七，2；彩版八一，1）。

　　单大耳带流瓶　1 件。

　　标本 M11:13，泥质陶，橙黄色与橘红色夹杂。侈口，窄斜折沿，圆唇，口一侧有流，高曲领，扁腹，平底。颈中部和腹上部间有桥形单大耳。口径 10.6～11.2、腹径 11、底径 8.5、高 15.4 厘米（图九七，3）。

双大耳罐 1 件。

标本 M11：3，泥质橘红陶。侈口，圆唇，高斜直领稍内曲，圆腹，平底。口和腹上部间有桥形双大耳。口径 6.7、腹径 8.9、底径 3.7、高 12.5 厘米（图九七，4；彩版八一，2）。

三大耳罐 1 件。

标本 M11：8，泥质橘红陶。器形瘦高。侈口，圆唇，高斜直领稍内曲，扁腹，大平底，底微内凹。口和腹上部间有对称桥形三大耳。口径 8.6、底径 7.7、高 11.1 厘米（图九七，7；彩版八一，3）。

瓮 1 件。

标本 M11：4，泥质橘红陶。直口，方唇，圆肩，弧腹，近底处内曲，平底。口和肩上部对称双小耳。腹下部饰模糊竖篮纹，双耳顶端饰泥饼两个。口径 12.1、腹径 26.5、底径 11.3、高 27 厘米（图九七，6；彩版七九，3）。

豆 1 件。

标本 M11：7，泥质橙黄陶。豆盘为敞口，圆唇，斜弧平底，钵形，豆柄为喇叭状，底部外撇。口径 13.2、底径 9.6、高 15 厘米（图九七，5；彩版八一，4）。

M12

该墓资料仅有简单的记录和平、剖面图，无遗迹照。

该墓开口于下层，墓口距地表深度不明，墓底距地表深 1.6 米。位于 A 区东南部，AT1 的中部，西邻 M1。

M12 被 M13 打破。

长方形竖穴土坑墓。墓葬北壁上有凹入的小龛。墓向 280°。墓圹长 1.9、宽 1.44、深 1.1 米。无葬具。墓内为花土，土质较疏松。

三人合葬墓。R1：骨架保存较完整，仰身直肢，面向北，头向西，头骨上方偏左处有一圆形穿孔，正前方摆放着一块大石块，左侧股骨上压有大块红烧土。发掘者鉴定 R1 为 30 ～ 35 岁的男性。R2：人骨保存较完整，仰身直肢，面向北，头向西，R2 头骨前方还摆放一块残缺的头盖骨和一石块，左胫骨、腓骨缺失。发掘者鉴定 R2 为 35 ～ 40 岁的男性。R3：人骨散乱的堆放在 R2 左侧盆骨旁边，人骨残缺不全。发掘者鉴定 R3 是一名儿童，应是后期迁入此墓中。未记录人骨采集情况，现存遗骨中未见该墓编号的人骨（图九八）。

随葬器物计 6 件，其中陶器 3 件、骨器 3 件（彩版八二，1、2）。集中放置在 R1 的足部。

夹砂绳纹侈口罐 1 件。

标本 M12：8，夹砂陶，灰黑色与橘红色夹杂。侈口，圆唇，斜直领稍内曲，领稍高，圆弧腹，腹下部斜收，平底。腹饰竖绳纹。口径 9.6、腹径 11、底径 7.8、高 16.4 厘米（图九九，2；彩版八二，1）。

喇叭口篮纹高领罐 1 件。

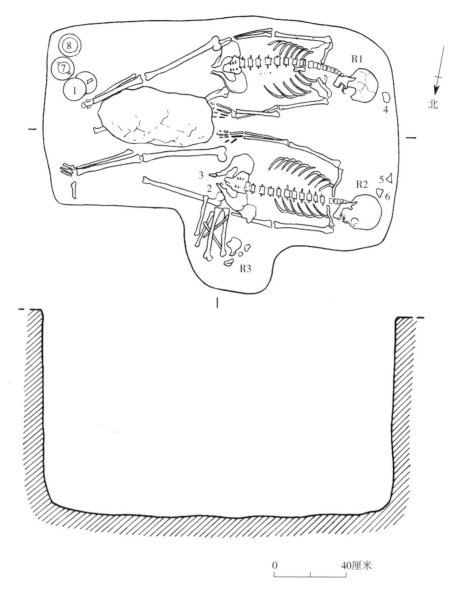

图九八　M12平、剖面图

1.喇叭口篮纹高领罐　2.骨匕　3.骨镞　4、5.石块　6.骨片　7.双大耳罐　8.夹砂绳纹侈口罐

标本M12：1，泥质橘红陶。喇叭口，圆唇，曲颈较高，圆弧腹，平底。腹中部有对称双耳。腹下部局部饰竖篮纹。口径10.4、腹径15、底径7.2、高24.8厘米（图九九，1；彩版八二，1）。

双大耳罐　1件。

标本M12：7，泥质橙黄陶。侈口，圆唇，斜直领稍内曲，领较高，圆腹，平底。口和腹上部间有桥形双大耳。口径7.2、腹径8.4、底径3.8、高11.7厘米（图九九，3；彩版八二，1）。

骨匕　1件。

标本M12：2，刃首残，器身扁平，通体磨光，柄身分界明显，柄呈长方形，有穿孔。残长9.4、宽1.3、厚0.17、孔径0.3厘米（图九九，4）。

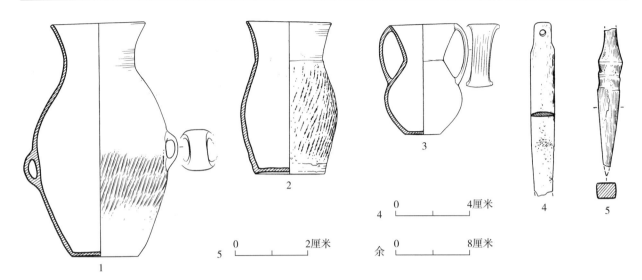

图九九 M12 出土器物

1.喇叭口篮纹高领罐（M12：1） 2.夹砂绳纹侈口罐（M12：8） 3.双大耳罐（M12：7） 4.骨匕（M12：2） 5.骨镞（M12：3）

骨镞 1 件。

标本 M12：3，磨制。柱状挺，镞身为四棱锥状，镞尖残缺。残长 3.6、宽 0.6、厚 0.5 厘米（图九九，5；彩版八二，2）。

骨片 1 片。

标本 M12：6，现存器物中未见该器物，可能混入 M42 骨片中。

M16

该墓开口层位未记录，墓口距地表深 0.7 米，位于 A 区中部，AT6 中部，东邻 M24，西邻 M15。

竖穴土坑墓，墓圹呈梯形。墓向 5°。墓圹长 1.76、宽 0.83、深 0.35 米。无葬具。墓内填土为花土，土质较疏松。

双人合葬墓，均为仰身直肢葬。R1：人骨保存较差，无头骨，仅存椎骨、部分肋骨、左侧盆骨和下肢骨。发掘者鉴定墓主为 35 ~ 40 岁的男性。R2：人骨保存较差，无头骨，仅存部分椎骨、盆骨和下肢骨。发掘者鉴定墓主为 10 岁左右的儿童。未记录人骨采集情况，现存遗骨中未见该墓编号的人骨（图一〇〇）。

随葬器物计 9 件，均为陶器（彩版八二，3）。集中放置在墓主足旁。另记录在人骨旁有几块细石器，现存器物中未见该墓编号的细石器。

夹砂绳纹侈口罐 5 件。

标本 M16：2，口沿残缺。夹砂陶，灰黑色与橘红色夹杂。束颈，圆腹，平底。腹饰竖绳纹。腹径 11.6、底径 7、残高 11.6 厘米（图一〇一，1；彩版八三，1）。

标本 M16：3，夹砂灰黑陶。器形不规整。侈口，圆唇，束颈稍高，弧腹，体显瘦长，平底。

腹饰竖绳纹。口径 7.9、腹径 7.8、底径 5.2、高 13 厘米（图一〇一，2；彩版八三，2）。

标本 M16：5，夹砂灰黑陶。侈口，斜方唇，斜直领稍内曲，圆弧腹，腹下部斜收，平底微内凹。腹饰竖绳纹，近底处饰斜绳纹。口径 10.2、腹径 13.1、底径 7、高 19.2 厘米（图一〇一，3；彩版八三，3）。

标本 M16：6，夹砂橙黄陶。侈口，斜方唇，束颈，圆弧腹，平底。腹饰竖绳纹。口径 10.7、腹径 13.6、底径 7.9、高 19.1 厘米（图一〇一，4；彩版八三，4）。

标本 M16：7，夹砂灰黑陶。侈口，圆唇，束颈较高，圆弧腹，腹下部斜收，平底。腹饰竖绳纹，近底处饰斜绳纹。口径 8.9、腹径 10.3、底径 6、高 15.2 厘米（图一〇一，5；彩版八三，5）。

喇叭口篮纹高领罐　1 件。

标本 M16：4，泥质橙黄陶。喇叭口，圆唇，曲颈较高，圆弧腹微折，平底。口内侧涂红色陶衣，颈部饰一周弦纹，腹中部饰竖篮纹。口径 14.4、腹径 16.4、底径 8.4、高 30 厘米（图一〇一，7；彩版八四，1）。

双大耳罐　1 件。

标本 M16：8，泥质橙黄陶。侈口，圆唇，斜直领稍内曲，领较高，圆鼓腹，平底。口和腹上部间有桥形双大耳。口径 6.7、腹径 8.4、底径 3.1、高 12.1 厘米（图一〇一，6；彩版八四，2）。

钵　2 件。

标本 M16：1，泥质橘红陶。敞口，方唇，斜直腹稍内曲，平底。腹饰竖篮纹。口径

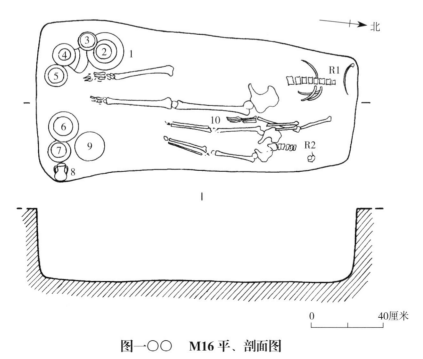

图一〇〇　M16 平、剖面图

1、9.钵　2、3、5～7.夹砂绳纹侈口罐　4.喇叭口篮纹高领罐　8.双大耳罐　10.细石器

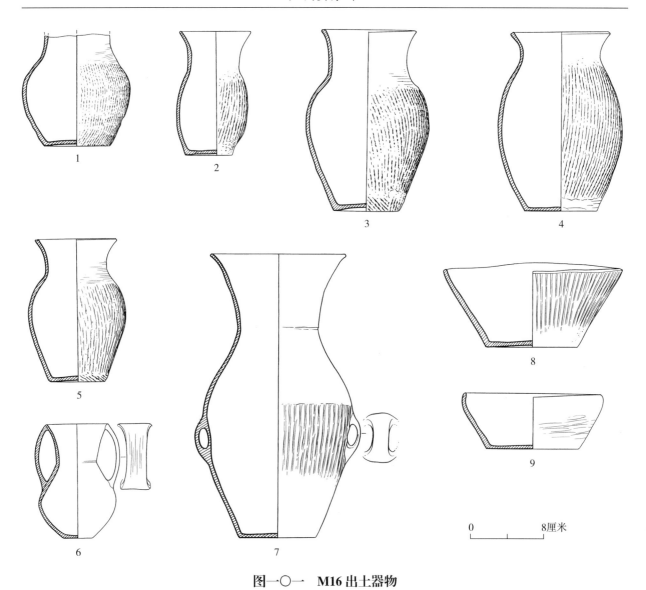

图一〇一　M16 出土器物

1～5.夹砂绳纹侈口罐（M16：2、M16：3、M16：5、M16：6、M16：7）　6.双大耳罐（M16：8）　7.喇叭口篮纹高领罐（M16：4）
8、9.钵（M16：1、M16：9）

19.5、底径 10、高 9 厘米（图一〇一，8；彩版八四，3）。

标本 M16：9，泥质橙黄陶。敛口，圆唇，斜弧腹，平底。腹局部有刮抹痕迹。口径
14.4、腹径 15.4、底径 10、高 5.4 厘米（图一〇一，9；彩版八四，4）。

M25

该墓资料仅有简单的记录和遗迹照，无平、剖面图（图版一三，3）。

该墓开口层位和墓口距地表深度未记录。位于 A 区西南部，AT4 的西北角，东邻 M17。

长方形竖穴土坑墓。墓向 0°。墓圹长 2.18、宽 0.8 米。无葬具。填土未记录。

双人合葬。R1：仰身直肢葬。人骨保存基本完整，无头骨，发掘者鉴定 R1 为 30 岁左右的男性。

R2：侧身屈肢葬。人骨保存较完整，头骨残朽且被移动过。侧身面向 R1 号人骨，下肢微屈，

发掘者鉴定 R2 为 8 岁左右的儿童。人骨采集。

随葬器物计 15 件，均为陶器（彩版八五，1）。集中放置在墓主足旁。另据记录：该墓随葬有一堆小石块，具体位置未标注。现存器物中有该墓编号的白色碎石 178 块。

夹砂绳纹侈口罐　4 件。

标本 M25：1，口沿残缺。夹砂红褐陶。束颈，弧腹较瘦，平底。颈腹饰竖绳纹。腹径 22.5、底径 6.4、高 13.3 厘米（图一〇二，1；彩版八五，2）。

标本 M25：2，夹砂灰黑陶。侈口，锯齿花边口沿，矮束颈，圆腹，平底。腹饰竖绳纹，有五道不规整的斜向刻划纹。口径 8.1、腹径 11.2、底径 6、高 14 厘米（图一〇二，2；彩版八五，4）。

标本 M25：3，夹砂灰黑陶。侈口，圆唇，曲领稍高，圆弧腹，平底。腹饰竖绳纹。口径 8.6、腹径 10.6、底径 5.3、高 14.7 厘米（图一〇二，3；彩版八五，3）。

标本 M25：4，夹砂灰黑陶。侈口，圆唇，斜直领稍内曲，领稍高，圆弧腹，平底。腹饰竖绳纹。口径 7、腹径 9.1、底径 5、高 11.3 厘米（图一〇二，4；彩版八五，5）。

高领罐　1 件。

标本 M25：5，夹砂橙黄陶。侈口，圆唇，高曲领，圆弧腹，平底。腹饰粗绳纹。口径 7.8、腹径 10.6、底径 6.1、高 15.2 厘米（图一〇二，5；彩版八六，1）。

喇叭口篮纹高领罐　1 件。

标本 M25：12，泥质橘红陶。大喇叭口，圆唇，高束领，圆弧腹，平底。腹中部有对称双耳。口内侧有一道旋纹，腹饰竖篮纹。口径 12.7、腹径 14.7、底径 6.3、高 26.3 厘米（图一〇二，6；彩版八六，2）。

双大耳罐　5 件。

标本 M25：7，泥质橙黄陶。侈口，圆唇，斜直领稍内曲，领较高，折腹，平底。口和腹上部间有桥形双大耳。口径 8 ～ 8.5、腹径 10.7、底径 4.9、高 13.8 厘米（图一〇二，7；彩版八七，1）。

标本 M25：8，泥质橙黄陶。侈口，圆唇，斜直领稍内曲，领较高圆鼓腹微折下垂，平底。口和腹上部间有桥形双大耳。口径 6.5、腹径 8.2、底径 3.8、高 12.4 厘米（图一〇二，8；彩版八七，2）。

标本 M25：9，泥质橙黄陶。侈口，圆唇，斜直领稍内曲，领较高，圆鼓腹，平底。口和肩上部间有桥形双大耳。口内侧有三道旋纹。口径 7.6、腹径 8.4、底径 3.2、高 11.9 厘米（图一〇二，9；彩版八七，3）。

标本 M25：10，泥质橙黄陶。侈口，圆唇，斜直领稍内曲，领较高，圆鼓腹，平底。口和腹上部间有桥形双大耳。口内侧有两道旋纹。口径 6、腹径 7.3、底径 3.3、高 10.5 厘米（图一〇二，10；彩版八七，4）。

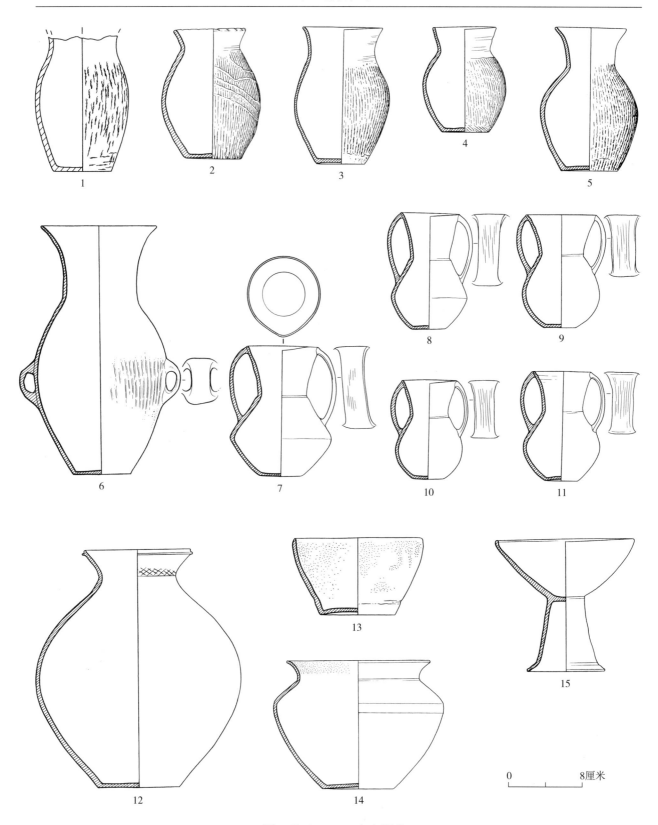

图一〇二　M25 出土器物

1～4.夹砂绳纹侈口罐（M25:1、M25:2、M25:3、M25:4）　5.高领罐（M25:5）　6.喇叭口篮纹高领罐（M25:12）　7～11.双大耳罐（M25:7、M25:8、M25:9、M25:10、M25:11）　12.瓮（M25:15）　13.钵（M25:14）　14.折肩盆（M25:6）　15.豆（M25:13）

标本M25：11，泥质橙黄陶。侈口，圆唇，斜直领稍内曲，领较高，圆鼓腹稍下垂，平底。口和腹上部间有桥形双大耳。口内侧有两道旋纹。口径6.3、腹径8.2、底径3.7、高11.6厘米（图一〇二，11；彩版八七，5）。

瓮 1件。

标本M25：15，泥质橙黄陶。侈口，斜方唇，短束领，圆鼓腹，平底。颈部饰刻划网格纹。口径11.6、腹径22.5、底径8.8、高25.1厘米（图一〇二，12；彩版八六，3）。

折肩盆 1件。

标本M25：6，泥质陶，橙黄色与橘红色夹杂。侈口，尖唇，短束颈，肩微折，弧腹，底微内凹。口内外用紫红色颜料涂抹。口径15.7、腹径18.4、底径7.6、高13.7厘米（图一〇二，14；彩版八六，4）。

钵 1件。

标本M25：14，泥质橙黄陶。圆唇，口微敛，斜弧腹，腹下部内曲，底内凹。内外壁用红褐色颜料涂抹。口径13.6、底径8.2、高8.2厘米（图一〇二，13；彩版八六，5）。

豆 1件。

标本M25：13，泥质橙黄陶。豆盘为口微敛，圆唇，斜弧腹，小平底，钵形，豆柄呈喇叭状。口径14.7、底径8.4、高14厘米（图一〇二，15）。

M28

该墓开口层位未记录，墓口距地表深0.85米，墓底距地表深1.15米。位于A区中部，AT2北部，延伸至AT6内，东南邻M36，西南邻M10（图版一三，4）。

M28叠压在M7之下。

长方形竖穴土坑墓。墓向270°。口大底小。墓圹长2.32、宽1.5、深0.3米。无葬具。填土为花土，土质疏松。

四人合葬，头向西。人骨由北向南编号为R1～R4。R1：侧身屈肢。人骨保存较差，扰乱严重，无头骨，存下颌骨，盆骨及以下肢骨保存较完整。发掘者鉴定墓主为40岁左右的女性。R2：仰身直肢葬。无头骨，存下颌骨，不见肋骨，其他骨骼保存较完整。发掘者鉴定墓主为45岁左右的男性。R3：侧身屈肢葬。人骨保存较完整，无头骨，存下颌骨，其余骨骼保存较好，椎骨压于R2号人骨之下，双手压于R4号人骨下。发掘者鉴定R3号人骨为10岁左右的儿童。R4：仰身直肢，人骨保存较完整，但无头骨。发掘者鉴定R4号人骨为40岁左右的男性。未记录人骨采集情况，现存遗骨中未见该墓编号的人骨（图一〇三）。

随葬器物计23件[1]，其中陶器19件、石器1件、绿松石珠3粒（彩版八八，1）。陶器集

---

[1] 初次整理M28的出土遗物时发现有38件，经核对发掘记录和标签日期确认有15件器物应是M36的随葬器物，已将其归入M36，分辨依据详见附录一。现存器物中发现有该墓编号的白色碎石74块，但该墓的记录中未记出土白色碎石，应为混入器。

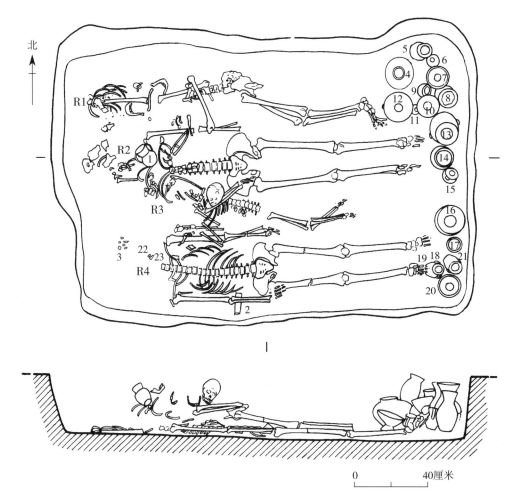

图一○三 M28 平、剖面图

1、11、15、19、21.双大耳罐 2.石斧 3、22、23.绿松石珠 4.瓮 5、6、8、9、14、17、18.夹砂绳纹侈口罐 7.高领罐 10.钵 12.豆 13、16、20.喇叭口篮纹高领罐

中放置在墓主足前方，石斧放置在 R4 号人骨的右肘下，绿松石珠集中放置在 R4 头骨处。

夹砂绳纹侈口罐 7 件。

标本 M28：5，夹砂灰黑陶。侈口，斜方唇，曲颈稍高，弧腹，平底。腹饰竖绳纹。口径 9.5、腹径 10.5、底径 5.8、高 14.8 厘米（图一○四，1）。

标本 M28：6，夹砂灰黑陶。侈口，斜方唇，曲领较高，圆弧腹，平底。腹饰竖绳纹。口径 7.9、腹径 9.1、底径 5.5、高 11.1 厘米（图一○四，2）。

标本 M28：8，夹砂红褐陶。侈口，斜方唇，曲领较高，圆弧腹，平底。腹饰竖绳纹。口径 9.8、腹径 11.9、底径 6.2、高 16.9 厘米（图一○四，3；彩版八八，2）。

标本 M28：9，夹砂红褐陶。侈口，斜方唇，曲领稍高，圆弧腹，平底。腹饰竖粗绳纹。口径 7.2、腹径 8.4、底径 5.5、高 11.8 厘米（图一○四，4；彩版八八，3）。

标本 M28：14，夹砂灰黑陶。侈口，斜方唇，斜直领微内曲，领稍高，圆弧腹，平底。腹饰竖绳纹。口径9、腹径12.6、底径6.8、高17.1厘米（图一〇四，5；彩版八八，4）。

标本M28：17，夹砂灰黑陶。侈口，口沿一侧有流，圆唇，曲颈，圆弧腹，平底。腹饰竖绳纹。口径7.9、腹径10.1、底径6、高13.4厘米（图一〇四，6）。

标本M28：18，夹砂红褐陶。侈口，斜方唇，束颈，圆弧腹，平底。腹饰竖绳纹。口径8.1、腹径10.3、底径5.3、高14.5厘米（图一〇四，7）。

高领罐　1件。

标本M28：7，泥质橙黄陶。侈口，口沿内侧微内凹，圆唇，高曲领，圆弧腹，平底。口径9.6、腹径12.1、底径6.1、高20.1厘米（图一〇四，8；彩版八八，5）。

喇叭口篮纹高领罐　3件。

标本M28：13，泥质橙黄陶。喇叭口，窄斜折沿，圆唇，高曲领，弧腹，平底。腹中部有对称双耳。颈部饰一道旋纹，腹局部饰竖篮纹。口径14.2、腹径16.8、底径8.4、高28.2厘米（图一〇四，9；彩版八九，1）。

标本M28：16，泥质橙黄陶。喇叭口，圆唇，高曲领，弧腹，平底。腹中部有对称双耳。腹部饰竖篮纹。口径14.7、腹径15.6、底径8、高28.8厘米（图一〇四，10；彩版八九，2）。

标本M28：20，泥质橙黄陶。喇叭口，窄斜折沿，圆唇，高束颈，弧腹，平底。腹中部有对称双耳。颈部有一道旋纹，腹局部有竖篮纹。口径12.2、腹径13.6、底径7.3、高25.2厘米（图一〇四，11）。

双大耳罐　5件。

标本M28：1，双耳残缺。泥质橙黄陶。侈口，圆唇，斜直领稍内曲，领较高，圆鼓腹，平底。口内侧有一道旋纹。口径8.2、腹径9.2、底径4.7、高12.9厘米（图一〇五，1；彩版九〇，3）。

标本M28：11，泥质陶，橙黄色与橘红色夹杂。侈口，圆唇，斜直领稍内曲，领较高，折腹，平底。口和腹上部间有桥形双大耳。口径7.1、腹径8、底径3.7、高11.7厘米（图一〇五，2；彩版八九，3）。

标本M28：15，泥质橙黄陶。侈口，圆唇，斜直领稍内曲，领较高，圆鼓腹微下垂，平底。口和腹上部间有桥形双大耳。口径6.1、腹径9、底径3.7、高12.6厘米（图一〇五，3；彩版九〇，2）。

标本M28：19，泥质橘红陶。侈口，圆唇，斜直领稍内曲，领较高，圆鼓腹稍下垂，平底。口和腹上部间有桥形双大耳。口径6、腹径8、底径3.2、高11.6厘米（图一〇五，4；彩版九〇，1）。

标本M28：21，泥质橙黄陶。侈口，圆唇，曲颈稍短，圆腹，平底。口和腹上部间有桥形双大耳。口径7、腹径7.5、底径3.7、高11.6厘米（图一〇五，5；彩版八九，4）。

瓮　1件。

标本M28：4，泥质橘红陶。双耳残缺。侈口，圆唇，短曲领，圆肩，弧腹，近底处微内曲，

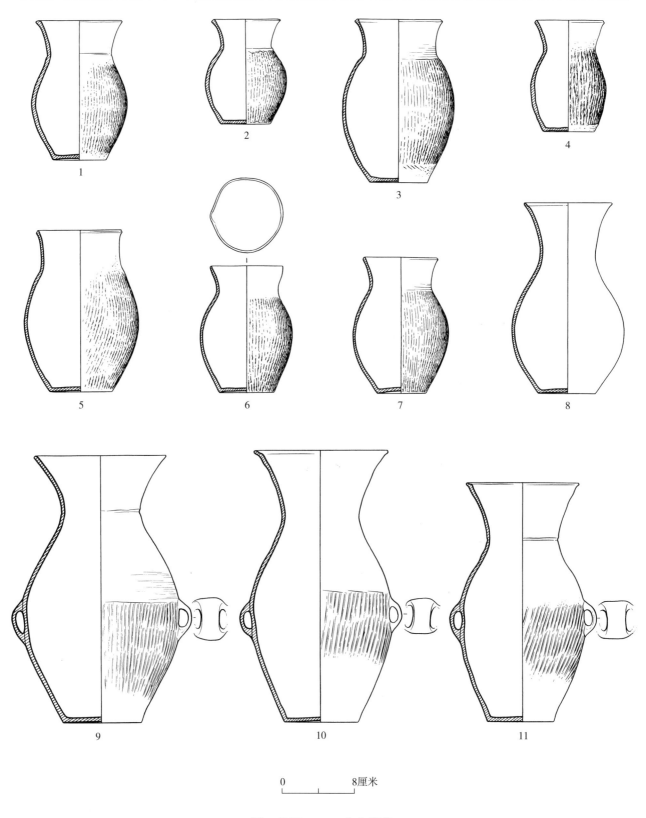

0   8厘米

图一〇四 M28 出土器物

1～7.夹砂绳纹侈口罐（M28：5、M28：6、M28：8、M28：9、M28：14、M28：17、M28：18） 8.高领罐（M28：7） 9～11.喇叭口篮纹高领罐（M28：13、M28：16、M28：20）

底微内凹。口内侧有一道旋纹。口径 11、腹径 23.6、底径 11.8、高 18.2 厘米（图一〇五，7；彩版九〇，4）。

钵　1件。

标本 M28：10，泥质橙黄陶。口微敛，圆唇，斜弧腹，底内凹。口内侧用红色颜料涂抹成条带状。口径 13、底径 7、高 8.2 厘米（图一〇五，8）。

豆　1件。

标本 M28：12，泥质橙黄陶。豆盘为圆唇，斜弧腹，平底，钵形，豆柄呈喇叭状，底部平折。口径 14.2、底径 9.4、高 13 厘米（图一〇五，6）。

石斧　1件。

标本 M28：2，磨制。长方形，直刃，偏锋。刃部和顶部有敲砸留下的痕迹。长 6.6、宽 2.2、厚 1.6 厘米（图一〇五，9）。

绿松石珠　3件。长圆柱状，中有圆形钻孔。

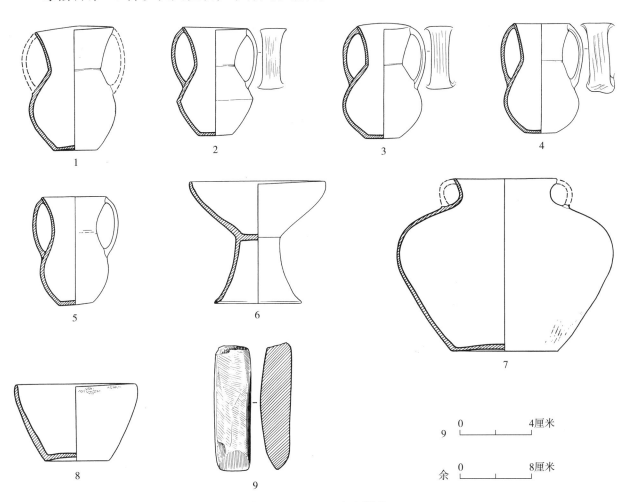

图一〇五　M28 出土器物

1~5.双大耳罐（M28：1、M28：11、M28：15、M28：19、M28：21）　6.豆（M28：12）　7.瓮（M28：4）　8.钵（M28：10）　9.石斧（M28：2）

标本 M28：3，长 0.35、直径 0.25、壁厚 0.08 厘米。

标本 M28：22，长 0.9、直径 0.35、壁厚 0.1 厘米。

标本 M28：23，长 0.8、直径 0.45、壁厚 0.08 厘米。

M35

该墓资料仅有简单的记录和遗迹照，无平、剖面图（图版一四，1）。

该墓开口于上层，墓口距地表深度很浅，墓底距地表深 0.35 米。位于 A 区西北部，AT10 的西南角，东邻 M42，西邻 M51。

椭圆形土坑墓。墓向未记录。无葬具。填土为花土，土质疏松。

四人合葬墓。墓葬分上、下二层，共埋葬 4 个个体，上层为 3 具头骨及部分肱骨和股骨，头骨中 1 具完整，另 2 具仅存残半。在下层埋有 1 具仰身葬的个体，人骨仅存上半身，无头骨、盆骨。

发掘者鉴定：R1 为 25～30 岁的男性；R2 为 25～30 岁的男性；R3 为 5～10 岁的儿童；R4 年龄性别未记录。未记录人骨采集情况，现存遗骨中未见该墓编号的人骨。

无随葬器物，但在仰身葬人骨左侧腰部有白色碎石 30 块。现存器物中未见该墓编号的白色碎石。

M36

该墓开口层位未记录，墓口距地表深度 0.85 米，墓底距地表深 1.45 米。位于 A 区中部偏南，AT2 的东隔梁下，延伸至 AT1 内，东邻 M1，西邻 M23（图版一四，2）。

墓口近梯形竖穴土坑墓。墓向 0°。墓圹长 2.14、宽 0.98、深 0.6 米。无葬具，填土未记录。

三人合葬。墓主由东向西依次编号为 R1～R3 号。R1：侧身屈肢。人骨保存基本完整，但头骨被移动过，头向北，面向西。R1 人骨侧身将手臂搭在 R2 人骨胸前，发掘者鉴定 R1 号墓主为成年女性，年龄未记录。R2：仰身直肢。人骨保存基本完整，头骨残朽且被移动过，头向北，面向不明确。发掘者鉴定 R2 号墓主为成年男性，年龄未记录。R3：葬式不明确。人骨保存极差，仅存头骨，且头骨被放置在 R2 头骨前方偏西北的位置，头向北，面朝下。发掘者鉴定 R3 为成年男性，年龄未记录。另有简单补充记录：该墓还有二具人骨，三具头骨。人骨采集（图一〇六）。

随葬器物计 15 件，其中陶器 14 件、骨器 1 件（彩版九一，1）。集中放置在墓主足前方。另有白色碎石若干置于 R2 墓主左侧腰部。

夹砂绳纹侈口罐　4 件。

标本 M36：3，夹砂陶，灰黑色与橘红色夹杂。侈口，斜方唇，矮斜直领稍内曲，圆弧腹，平底。腹饰竖绳纹，近底处饰细斜绳纹。口径 8.1、腹径 9.9、底径 6.1、高 12.9 厘米（图一〇七，1；彩版九一，4）。

标本 M36：5，夹砂灰黑陶。侈口，圆唇，曲颈稍高，弧腹，底内凹。腹饰竖绳纹。口径 7.1、

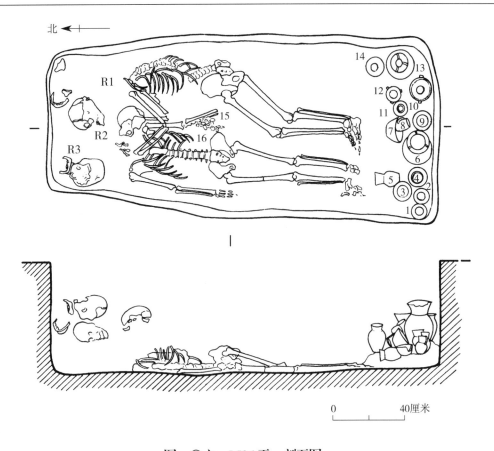

图一〇六　M36 平、剖面图

1、2、8.双大耳罐　3、5、9、14.夹砂绳纹侈口罐　4、7.钵　6、10.喇叭口篮纹高领罐　11、13.高领罐　12.三大耳罐　15.骨器　16.碎石

腹径 7.9、底径 4.1、高 11.9 厘米（图一〇七，2；彩版九一，3）。

标本 M36：9，夹砂陶，灰黑色与橘红色夹杂。侈口，圆唇，斜直领稍内曲，领稍高，圆弧腹，平底。腹饰竖绳纹。口径 9.3、腹径 11.8、底径 6.1、高 16.4 厘米（图一〇七，3；彩版九一，2）。

标本 M36：14，夹砂灰黑陶。厚壁。侈口，圆唇，短斜直领，束颈，橄榄球状鼓腹，平底。腹饰竖绳纹。口径 10.2、腹径 13、底径 6.3、高 15.6 厘米（图一〇七，4；彩版九一，5）。

高领罐　2件。

标本 M36：11，泥质橙黄陶。侈口，圆唇，曲颈较高，圆弧腹，腹下部稍内曲，平底。口外侧有压印的锯齿纹，颈部堆塑对称的两个小泥饼。口径 6.6、腹径 9.4、底径 5.5、高 13.1 厘米（图一〇七，5；彩版九二，1）。

标本 M36：13，泥质橙黄陶。侈口，圆唇，高斜直领稍内曲，圆腹，平底。颈下部有一周旋纹。口径 9、腹径 14、底径 6.2、高 18.8 厘米（图一〇七，6；彩版九二，2）。

喇叭口篮纹高领罐　2件。

标本 M36：6，泥质橙黄陶。侈口，圆唇，高斜直领稍内曲，圆弧腹，平底。口内侧有一周旋纹。

图一〇七　M36 出土器物

1~4.夹砂绳纹侈口罐（M36:3、M36:5、M36:9、M36:14）　　5、6.高领罐（M36:11、M36:13）　　7~9.双大耳罐（M36:8、M36:1、M36:2）　　10、11.喇叭口篮纹高领罐（M36:6、M36:10）

口径 16.2、腹径 18.3、底径 9.7、高 31 厘米（图一〇七，10；彩版九二，3）。

　　标本 M36:10，泥质橙黄陶。喇叭口，斜方唇，高斜直领稍内曲，圆弧腹，平底。腹中部有对称双耳。颈下部饰一周旋纹，腹中部饰篮纹。口径 12.4、腹径 14、底径 7.2、高 25.2 厘米（图一〇七，11）。

双大耳罐　3件。

标本 M36：1，泥质橘红陶。侈口，圆唇，高斜直领稍内曲，圆腹，平底。口和腹上部间有桥形双大耳。口径 5.8、腹径 6.3、底径 3.2、高 10 厘米（图一〇七，8；彩版九二，4）。

标本 M36：2，泥质橙黄陶。侈口，圆唇，高斜直领稍内曲，圆腹微下垂，平底。口和腹上部间有桥形双大耳。口内外侧及腹部有用深红色颜料绘制的花纹，已漫漶不清。口径 6.6、腹径 8.2、底径 4、高 11.8 厘米（图一〇七，9）。

标本 M36：8，泥质橙黄陶。侈口，口一侧有流，圆唇，高斜直领稍内曲，圆鼓腹，平底。口和腹上部间有桥形双大耳。口径 6.7～7.6、腹径 11.3、底径 4.6、高 13.4 厘米（图一〇七，7；彩版九二，5）。

三大耳罐　1件。

标本 M36：12，泥质橙黄陶。器形矮胖。侈口，圆唇，高斜直领微内曲，扁腹微折，大平底。口和腹上部间有对称桥形三大耳。口径 9.5、腹径 9.2、底径 8.6、高 9.7 厘米（图一〇八，1；彩版九二，6）。

钵　2件。

标本 M36：4，泥质橘红陶。敞口，圆唇。斜直腹，平底，近底处有刮削痕。口径 12、底径 6.6、高 6.6 厘米（图一〇八，2）。

标本 M36：7，泥质橘红陶。敞口，圆唇，斜直腹，平底。口径 10.4、底径 5.4、高 6.5 厘米（图一〇八，3）。

骨器　1件。

标本 M36：15。残。磨制。器身扁平弯曲，一端有两孔。残长 6.6、宽 1.9、厚 0.5、孔径 0.24 厘米（图一〇八，4）。

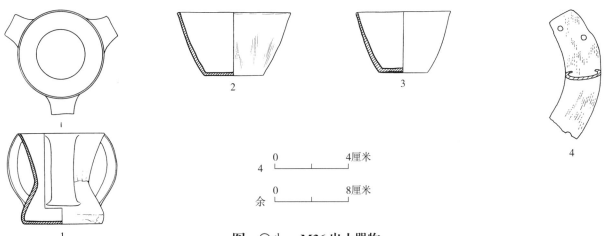

图一〇八　M36 出土器物

1.三大耳罐（M36：12）　2、3.钵（M36：4、M36：7）　4.骨器（M36：15）

M37

该墓资料有简单的记录、平面图和遗迹照，无剖面图。

该墓开口层位未记录，墓口距地表深度约 0.58 米，墓底距地表深 0.79 米。位于 A 区东南部，AT5 西南角，延伸至 AT1 内，东南邻 M12，南邻 M36（图版一四，3）。

长方形竖穴土坑墓。墓向 0°。口大底小。墓圹长 2.18、宽 1、深 0.21 米。无葬具。填土为花土，土质较疏松。

双人合葬墓，均为仰身直肢葬。R1：无头骨、胫骨和腓骨，头向南，性别、年龄未记录。R2：无头骨、部分肱骨和肋骨，头向北，性别、年龄未记录。未记录人骨采集情况，现存遗骨中未见该墓编号的人骨（图一〇九）。

随葬器物计 9 件，其中陶器 5 件、骨器 2 件、牙饰 1 件、骨片 1 件（彩版九三，1）。陶器集中放置在 R1 足旁，骨器和牙饰位于 R1 躯干上，骨片位于 R2 的左手处。现存器物 6 件。

高领罐　1 件。

标本 M37∶4，泥质橙黄陶。器形瘦高。侈口，圆唇，曲颈较高，圆弧腹，平底。口径 12.7、腹径 14.6、底径 7.1、高 22.8 厘米（图一一〇，1；彩版九三，2）。

双大耳罐　2 件。

标本 M37∶2，泥质橘红陶。侈口，圆唇，斜直领稍内曲，领较高，圆腹微下垂，平底。口和腹上部间有桥形双大耳。口内侧有一道旋纹。口径 6.8、腹径 9.4、底径 3.7、高 12.6 厘米（图一一〇，2；彩版九四，1）。

标本 M37∶5，泥质橙黄陶。侈口，圆唇，斜直领稍内曲，领较高，圆腹稍下垂，平底。口和腹上部间有桥形双大耳。口内侧有一道旋纹。口径 6.8、腹径 9.6、底径 3.7、高 12 厘米（图一一〇，3；彩版九四，2）。

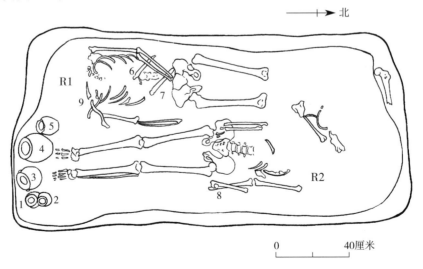

图一〇九　M37 平面图

1.蛇纹罐　2、5.双大耳罐　3.夹砂绳纹侈口双耳罐　4.高领罐　6、7.骨匕　8.骨片　9.牙饰

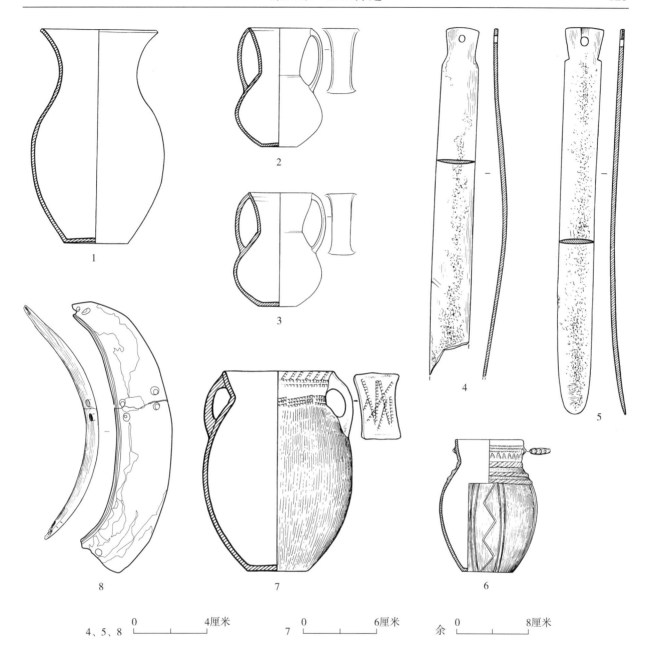

图一一〇　M37、M40 出土器物

1.高领罐（M37：4）　2、3.双大耳罐（M37：2、M37：5）　4、5.骨匕（M37：6、M37：7）　6.蛇纹罐（M37：1）　7.薄胎细绳纹罐（M40：1）　8.牙饰（M37：9）

夹砂绳纹侈口双耳罐　1件。

编号 M37：3，现存器物中未见该编号的器物，可能混入编号错误或无编号的器物内。

蛇纹罐　1件。

标本 M37：1，夹细砂陶，灰黑色与橘红色夹杂。薄胎。器形矮小。侈口，方唇，束颈，颈部内侧微下凹，圆腹，平底。颈部有鸡冠状双錾，颈上部和腹上部各饰细绳索状附加堆纹三周，腹饰细绳纹和折线及竖条状细附加堆纹。口径 7.6、腹径 10.8、底径 5.6、高 14 厘米（图一一〇，6；彩版九三，3）。

骨匕　2件。

标本 M37：6，前端残，磨制，匕身呈条状，器身弯曲，柄部呈梯形，中部有一孔。残长18.3、宽2.1、厚0.13、孔径0.4厘米（图一一〇，4；彩版九四，3）。

标本 M37：7，磨制，器身微弯曲，匕身微长舌形，柄部呈梯形，中有一孔。长20.3、宽2、厚0.18、孔径0.5厘米（图一一〇，5；彩版九四，4）。

骨片　1件。

编号 M37：8，现存器物中未见该编号的骨片，可能混入 M42 的骨片内。

牙饰　1件。

标本 M37：9，残断为两截，已修复。野猪獠牙磨制而成。器身弯曲，两端有穿孔。残长14.5、宽2.5、厚0.4、孔径0.3厘米（图一一〇，8；彩版九四，5）。

M40

该墓资料仅有简单的记录和遗迹照，无平、剖面图（图版一五，1）。

该墓开口层位未记录，墓口距地表深1.2米，墓底距地表深1.5米（根据 M39、M40 的遗迹照分析得出：两座墓开口于同一层位）。位于 A 区东部，AT5 东北部，东邻 M62，西邻M39。

长方形竖穴土坑墓。墓向0°。墓圹长1.05、宽0.45、深0.3米。无葬具。

双人合葬。人骨被扰乱，缺失严重，发掘者鉴定人骨为2个个体。R1：人骨保存极差，仅存下颌骨、右髋骨、股骨和肱骨。发掘者鉴定 R1 为60岁左右的男性。R2：人骨保存极差，仅存左侧盆骨。发掘者鉴定 R2 为女性，年龄未记录。人骨未采集。

随葬器物有陶器3件，出土位置未记录[1]。现存2件器物。

残陶罐　1件。

标本 M40：3，仅存少量夹砂红陶片。

薄胎细绳纹罐　1件。

标本 M40：1，夹细砂陶，灰黑色与橙黄色夹杂。器形较小。侈口，圆唇，矮束领，口内侧领部微下凹，圆弧腹，平底。颈部自上而下分别饰由戳印点状纹组成的短斜线纹、两周戳印点状纹、三周戳印点状纹，腹饰细绳纹，双耳饰由戳印点状纹组成的交叉纹。口径9、腹径12.2、底径4.8、高15.8厘米（图一一〇，7；彩版九五，1）。

双大耳罐　1件。

编号 M40：2，现存器物中未见该编号的器物，可能混入编号错误或无编号器物内。

M42

---

[1]　在整理过程中发现有该墓编号的白色碎石二包。一包17块，标签是1975年6月17日书写；另一包37块，标签是1975年6月22日书写，但该墓的发掘记录日期是6月18日。此两包白色碎石均应为混入。

该墓资料有记录、平面图和遗迹照，无剖面图。

该墓开口层位未记录，墓口距地表深 0.66 米，墓底距地表深 1.35 米。位于 A 区中部，横跨 AT6、AT7、AT10、AT9 四个探方，东邻 M63（图版一五，2）。

M42 被 AT10H2、M47 打破，但没有触及骨骼。

近圆角正方形竖穴土坑墓。墓向 0°。墓圹长 3.3、宽 3.12、深 0.69 米。无葬具。填土为花土，土质较疏松。

能辨识的骨骼个体有 13 个。墓主由西向东依次编号为 R1 ～ R13。

R1：屈肢葬。人骨保存较差，缺失头骨、上半身躯干和盆骨，仅存下肢骨，头向北。发掘者鉴定 R1 为 15 岁左右的男性。

R2：侧身屈肢葬。人骨保存较完整，头向北，面向东，右臂弯曲于面部环抱 R3 的头部，足部被 AT10H2 扰乱。发掘者鉴定 R2 为 20 岁左右的女性。

R3：侧身屈肢葬。人骨保存完整，但腐朽严重，头向北，面向 R2。发掘者鉴定 R3 为婴儿。从 R2 与 R3 的埋葬状态分析，二者应为母子。

R4：屈肢葬。人骨保存较差，缺失头骨、上身躯干骨和盆骨，仅存下肢骨。发掘者鉴定 R4 为 15 岁左右的女性。

R5：侧身屈肢葬。人骨保存基本完整。头向北，面向东，蜷缩于 R4 和 R6 号人骨的足部中间，左胸处有小石块。发掘者鉴定 R5 为 30 岁左右的女性。

R6：侧身屈肢葬。人骨保存较差，缺失头骨、上半身躯干和盆骨，仅存胫骨、腓骨和足骨。发掘者鉴定 R6 为 20 岁左右的男性。

R7：侧身屈肢葬。人骨保存较完整，头骨已朽成若干碎片，头向北，面向东，双手抱头，似蹲跪状蜷缩于 R5 胸部和 R6 足骨下方。颈部有 1 件牙饰和 2 颗绿松石珠。发掘者鉴定 R7 为 7 岁左右的儿童。

R8：仰身直肢葬，左足骨压着 R9 的左足骨。位于 M42 的正中央。人骨保存较差，缺失头骨、上半身和盆骨，仅存指骨和下肢骨。骨骼上多处有红色颜料，足部的地面上亦有红色颜料，颜料的范围为东西长约 15、南北宽约 8 厘米。在右侧腰部散落着 130 块白色碎石（彩版九五，2），在碎石下发现若干绿松石片和骨片，平面形状呈北宽南窄的圆环状，可能为护臂。骨片和绿松石片的排列方式为：两端各有一排长方形骨片，中间为绿松石片，绿松石片和骨片大小相当，其背面都粘有黑色物质，应为粘合剂。发掘者鉴定 R8 为 40 岁左右的男性。

R9：侧身屈肢葬。人骨保存较差，头向北，缺失头骨、上身躯干骨和盆骨，仅存下肢骨和足骨。发掘者鉴定 R9 为 40 岁左右的女性。

R10：侧身屈肢葬。人骨保存较差，缺失头骨、上身躯干和盆骨，仅存下肢骨和足骨部分，其足部压于 R11 人骨身下。发掘者鉴定 R10 为 20 岁左右的女性。

R11：葬式不明。人骨保存极差，仅存一根胫骨和腓骨，其余人骨均不见。发掘者鉴定

R11 的年龄为 16 岁左右，性别不明。

R12：侧身屈肢葬。人骨保存基本完整，头骨已朽，头向东北，面向西北，膝盖骨压于 R10 号人骨的足骨下。发掘者鉴定 R12 为 10 岁左右的儿童。

R13：扰乱严重，人骨摆放零乱，葬式、头向无法判断。位于墓的东北角。发掘者鉴定 R13 为 20 岁左右的女性（图一一一）。

另有记录：在墓坑的北侧偏东处有大量的骨片，大概位置应为 R8 号人骨的头骨处，背面有黑色附着物。残存骨片呈椭圆形排列，层层堆积，残存 6 层高，每层由 85～100 片骨片组成，其直径与人颅骨的直径相当，推断应为帽子。该墓填土中出土鬲足和蚌壳、平面图未标注具体位置。

随葬器物计 10 件（组），其中残陶器 3 件、牙饰 2 件、蚌壳 1 件、绿松石珠 2 颗、长方形绿松石片和长方形骨片若干，现存器物 6 件（组）。另有白色碎石 130 块（彩版九五，2）。

陶器底部残件 1 件。

编号 M42：6，现存器物中未见该编号的器物，可能混入陶片内。

残陶片 1 件

编号 M42：8，现存器物中未见该编号的器物，可能混入陶片内。

鬲足 1 件。

标本 M42：9，夹砂橙黄陶。袋足。饰绳纹。残高 6.4 厘米（图一一二，1）。

绿松石片

标本 M42：1，约 660 片。大部分为长方形薄片状，少数呈不规则的薄片状。最长边 2.9、最宽边 0.8、最厚 0.01 厘米，也有残破的小薄片若干。多数绿松石片的一面光洁，另一面粘有黑色物质，应为树胶之类物质（彩版九五，3）。

长方形骨片饰

标本 M42：2，约 607 片，出土位置分为两处。长方形薄片状，长度约 0.7～1.2、宽 0.3～0.6、厚约 0.15 厘米。背面有黑色物质（彩版九五，4）。

牙饰 2 件。

标本 M42：4，出土位置未标注。残。野猪獠牙磨制而成，有两孔。长 12.9、宽 2、厚 0.7、大孔径 0.4、小孔径 0.3 厘米（图一一二，2）。

标本 M42：5，残。野猪獠牙磨制而成，有一孔。长 11.2、宽 1.7、厚 0.7、孔径 0.4 厘米（图一一二，3）。

蚌壳 1 枚。

标本 M42：7，已朽烂。出土位置未标注。

绿松石珠 2 颗。

编号 M42：10，现存器物中未见该编号的器物。

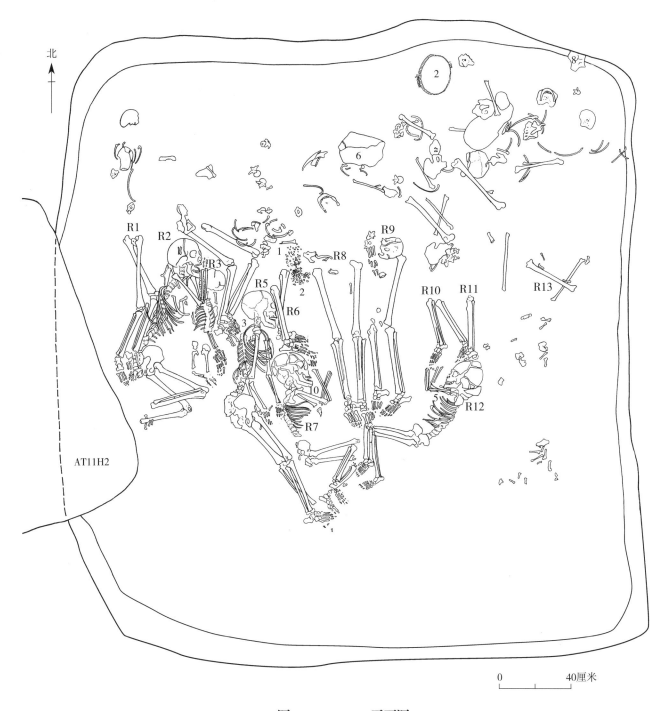

图一一一　M42 平面图

1.绿松石片　2.长方形骨片饰　3.碎石　5.牙饰　6.陶器底部残件　8.残陶片　10.绿松石珠

M44

该墓资料仅有简单的记录和遗迹照，无平、剖面图（图版一五，3）。

该墓开口层位未记录，墓口距地表深 0.34 米，墓底距地表深 0.45 米。位于 A 区西北部，AT11 的西南角，东南邻 M56。

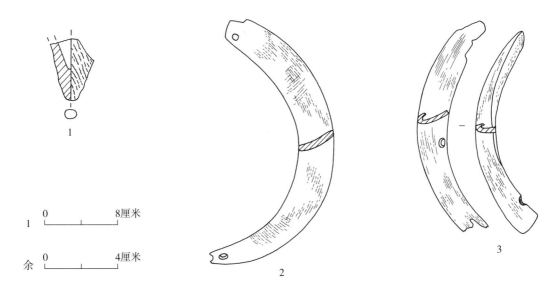

图一一二　M42 出土器物
1.残陶足（M42：9）　　2、3.牙饰（M42：4、M42：5）

长方形竖穴土坑墓。墓向 268°。墓圹长 2.1、宽 1.07、深 0.11 米。无葬具。

双人合葬。墓主由北向南依次编号为 R1、R2。R1：侧肢葬，人骨保存极差，缺失头骨，躯干扰乱严重，下肢骨保存较完整，两腿骨之间有少量绿松石片，发掘者鉴定 R1 为 35 岁左右的女性。R2：直肢葬，人骨保存极差，缺失头骨，其余人骨扰乱严重，下肢骨保存较完整。发掘者鉴定 R2 为 35 岁左右的男性。未记录人骨采集情况，现存遗骨中未见该墓编号的人骨。

随葬器物计陶器 8 件（彩版九六，1）及绿松石片 8 片。集中放置在墓主的足前方。

夹砂绳纹侈口罐　2 件。

标本 M44：7，夹砂橘红陶。侈口，斜方唇，曲领稍高，圆弧腹，平底。颈部有两道旋纹，口部涂抹有少量深红色颜料，腹饰竖绳纹。口径 10、腹径 12.8、底径 6.6、高 18 厘米（图一一三，1；彩版九七，1）。

标本 M44：8，夹砂灰黑陶。侈口，斜方唇，短束颈，弧腹，平底。口部涂抹有少量深红色颜料，腹饰竖绳纹。口径 8.9、腹径 9.7、底径 6.4、高 13.7 厘米（图一一三，2；彩版九七，2）。

高领罐　2 件。

标本 M44：5，夹细砂橘红陶。侈口，圆唇，曲颈较高，圆腹，腹下部斜收，平底。口内侧有一道旋纹，腹饰竖绳纹。口径 6.6、腹径 7.2、底径 7、高 14 厘米（图一一三，3；彩版九七，3）。

标本 M44：2，泥质橘红陶。侈口，圆唇，高斜直领稍内曲，圆腹，平底。口部涂抹有少量深红色颜料。口径 9.6、腹径 12.7、底径 6.4、高 18 厘米（图一一三，4；彩版九七，4）。

喇叭口篮纹高领罐　1 件。

标本 M44：1，泥质橘红陶。喇叭口，窄平沿，圆唇，高斜直领，圆弧腹微折，平底。腹中部有对称双耳。口内侧和颈部各有一道旋纹，腹中部饰竖篮纹。口径 15.2、腹径 17.6、底径 8.5、高 32.1 厘米（图一一三，5；彩版九六，2）。

双大耳罐　2 件。

标本 M44：4，泥质橙黄陶。侈口，圆唇，高斜直领稍内曲，圆腹稍下垂，平底。口和肩上部间有桥形双大耳。口径 6.7、腹径 8.6、底径 4.1、高 11.6 厘米（图一一三，6；彩版九七，5）。

标本 M44：6，泥质橙黄陶。侈口，圆唇，高斜直领稍内曲，圆腹，平底。口和腹上部间有桥形双大耳。口径 7.3、腹径 8.6、底径 4、高 12 厘米（图一一三，7；彩版九七，6）。

三大耳罐　1 件。

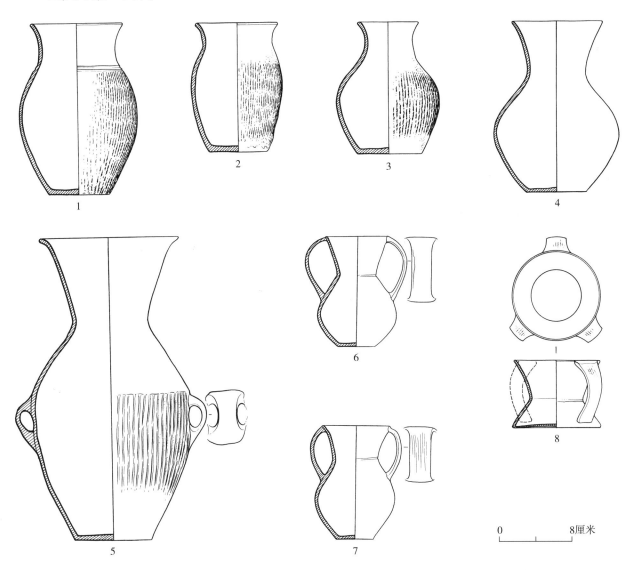

0　　　　　　8厘米

图一一三　M44 出土器物

1、2.夹砂绳纹侈口罐（M44：7、M44：8）　3、4.高领罐（M44：5、M44：2）　5.喇叭口篮纹高领罐（M44：1）　6、7.双大耳罐（M44：4、M44：6）　8.三大耳罐（M44：3）

标本 M44：3，泥质陶，橙黄陶与橘红色夹杂。器形矮胖。侈口，圆唇，高斜直领，斜直腹扁平，大平底。口和腹上部间有对称桥形三大耳。耳上部饰竖向细刻划纹。口径 9.6、底径 9.6、高 7.2 厘米（图一一三，8；彩版九六，3）。

绿松石片　8 片。

标本 M44：9，均为长宽不等的长方形薄片，最长边 2.8、最宽边 0.8、最厚 0.01 厘米，也有残破的小薄片若干。多数绿松石片的一面光洁，另一面粘有黑色物质，应为树胶之类物质。

M50

该墓开口层位未记录，墓口距地表非常浅，墓底距地表深 0.45 米。位于 A 区西北部，AT13 的西北角，东邻 M48（图版一五，4）。

近方形竖穴土坑墓，口大底小。墓向 270°。墓圹长 2、宽 1.4、深 0.22 米。无葬具。填土为花土，土质较疏松。

四人合葬墓。均为仰身直肢葬，头向西。人骨由南向北依次编号为 R1～R4 号。R1：无头骨，仅存下颌骨，发掘者鉴定 R1 为 15 岁左右的儿童。R2：无头骨，仅存下颌骨，肋骨较乱，发掘者鉴定 R2 为 10 岁左右的儿童。R3：无头骨，仅存下颌骨，发掘者鉴定 R3 为 11 岁左右的儿童。R4：无头骨，仅存下颌骨，上半身扰乱，发掘者鉴定 R4 为 10 岁左右的儿童。另有记录：其中三个下颌骨高出人骨架 0.15 米。未记录人骨采集情况，现存遗骨中未发现该墓编号的人骨（图一一四）。

随葬器物计 10 件，其中陶器 8 件、铜器 1 件、骨器 1 件（彩版九八，1）。放置于 4 具人骨的足前方。现存器物 7 件。

夹砂绳纹侈口罐　4 件。

标本 M50：1，夹砂灰黑陶。侈口，斜方唇，束颈，圆弧腹，平底微内凹。腹饰竖绳纹。口径 7.2、腹径 8、底径 4.9、高 9.6 厘米（图一一五，1；彩版九八，2）。

编号 M50：2，现存器物中未见该编号的器物，可能混入编号错误或无编号器物内。

标本 M50：4，夹砂灰黑陶。侈口，斜方唇，圆弧腹，腹下部斜收，平底微内凹。腹饰竖绳纹。口径 9、腹径 9.5、底径 6、高 12.7 厘米（图一一五，2；彩版九八，3）。

标本 M50：8，夹砂灰黑陶。侈口，斜方唇，束颈，圆弧腹，腹下部斜收，平底。腹饰竖绳纹。口径 9.4、腹径 11.2、底径 6.9、高 15.2 厘米（图一一五，3；彩版九八，4）。

双大耳罐　3 件。

标本 M50：3，泥质橙黄陶。侈口，圆唇，斜直领稍内曲，领较高，圆腹，平底。口和腹上部间有桥形双大耳。耳面有浅刻划纹。口径 8、腹径 8.6、底径 3.9、高 11.7 厘米（图一一五，4；彩版九九，1）。

标本 M50：5，泥质橙黄陶。侈口，圆唇，高斜直领稍内曲，领较高，圆腹，平底。口和腹上部间有桥形双大耳。耳面饰浅刻划纹。口径 6.8、腹径 7.8、底径 3.7、高 10.6 厘米（图

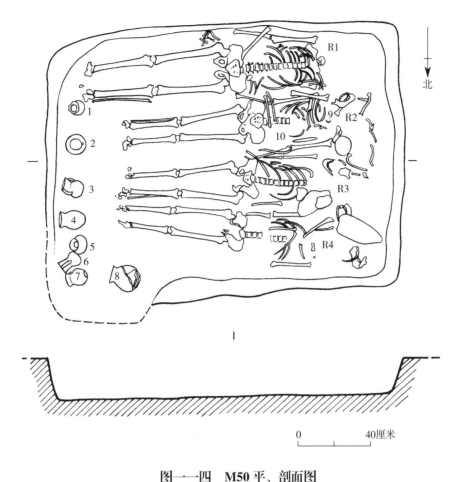

图一一四　M50 平、剖面图

1、2、4、8.夹砂绳纹侈口罐　3、5、6.双大耳罐　7.夹砂绳纹侈口单耳罐　9.骨匕　10.铜环

一一五，6；彩版九九，2）。

标本 M50：6，泥质橙黄陶。侈口，口一侧有流，圆唇，曲颈较高，圆鼓腹稍下垂，平底。口和腹上部间有桥形双大耳。口径 6.4 ～ 7.3、腹径 8.2、底径 4、高 11.8 厘米（图一一五，7；彩版九九，3）。

夹砂绳纹侈口单耳罐　1 件。

标本 M50：7，夹砂陶，灰黑色与橙黄色夹杂。侈口，斜方唇，曲颈较短，圆腹，平底。口和腹上部间有单耳。腹饰竖绳纹，耳面装饰泥饼。口径 8.1、腹径 8.8、底径 4、高 11 厘米（图一一五，8；彩版九九，4）。

骨匕　1 件。

标本 M50：9，磨制。匕身为长舌形，柄部呈梯形，中部有一孔。长 14.5、宽 1.9、厚 0.13、孔径 0.5 厘米（图一一五，9；彩版九八，5）。

铜环　1 件。

标本 M50：10，残存半边，环身扁平。环外直径 2、环内直径 1、厚 0.08 厘米（图一一五，5）。

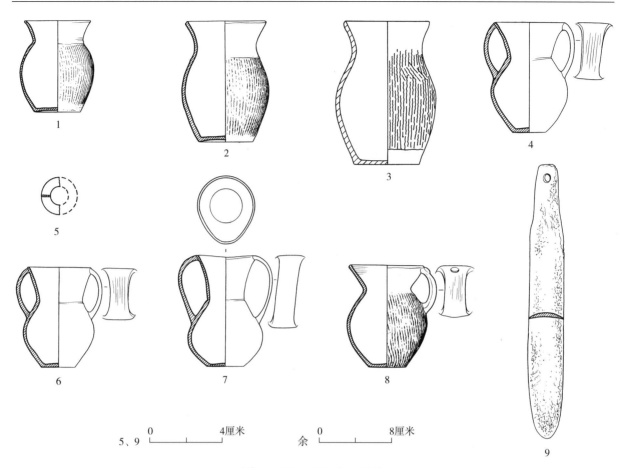

5、9   0 ____ 4厘米

余   0 ____ 8厘米

图一一五 M50 出土器物

1～3.夹砂绳纹侈口罐（M50：1、M50：4、M50：8） 4、6、7.双大耳罐（M50：3、M50：5、M50：6） 5.铜环（M50：10） 8.夹砂绳纹侈口单耳罐（M50：7） 9.骨匕（M50：9）

M56

该墓资料仅有简单的记录和遗迹照，无平、剖面图。

该墓墓口距地表深度很浅，墓底距地表深 0.43 米。位于 A 区东北部，跨 AT11 的东南角和 AT8 的东北角，西邻 M44（图版一六，1）。

长方形竖穴土坑墓。墓向 266°。墓圹长 1.8、宽 0.95 米。无葬具。墓坑内填土为花土，土质疏松。

双人合葬墓，均为仰身直肢葬，头向西。R1：人骨残朽严重，无头骨和胫骨、腓骨，有下颌骨，发掘者鉴定 R1 为 20～25 岁的女性。R2：头部仅存下颌骨，其余骨骼基本完整，发掘者鉴定 R2 为 35～40 岁的男性。未记录人骨采集情况，现存遗骨中未见该墓编号的人骨。

无随葬品。

M57

该墓资料仅有简单的记录和遗迹照，无平、剖面图（图版一六，2）。

该墓开口层位及墓口距地表深度未记录，位于 A 区西北部，AT11 的西北部，南邻 M45。

不规则形墓圹。墓向270°。墓圹尺寸不明，无葬具。填土未记录。

三人合葬。三具人骨均破坏严重，仅存下肢骨，人骨之间间距较大。其中1具人骨为中年男性；另2具人骨为10岁左右的儿童。人骨未采集。

无随葬品。

M59

该墓资料仅有记录、平面图和遗迹照，无剖面图（图版一六，3）。

该墓开口层位及墓口距地表深度未记录，墓底距地表深0.8米。位于A区东北部，AT9的西北角，东邻M72，北邻M77。

梯形竖穴土坑墓。墓向4°。墓圹长1.9、宽0.9米。无葬具，填土未记录。

双人合葬。墓主由西向东依次编号为R1、R2。R1：直肢葬。人骨保存极差，仅存盆骨及下肢骨部分。发掘者鉴定R1号墓主为成年男性，年龄未记录。R2：屈肢葬。人骨保存极差，仅存少量肋骨、盆骨及下肢骨。发掘者鉴定R2为成年女性，年龄未记录。未记录人骨采集情况，现存遗骨中未见该墓编号的人骨（图一一六）。

随葬品计2件陶器（彩版一〇〇，1），另有1片红陶片。集中放置在R1足前方。

高领罐　1件。

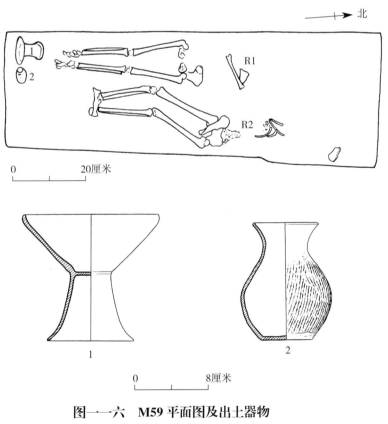

图一一六　M59平面图及出土器物

1.豆　2.高领罐

标本M59：2，夹细砂橘红陶。侈口，斜方唇，曲领较高，圆弧腹，平底。腹饰竖绳纹。口径7.2、腹径10、底径5.7、高12.4厘米（图一一六，2；彩版一〇〇，1）。

豆　1件。

标本M59：1，泥质橙黄陶。豆盘为直口，圆唇，斜直腹，平底，钵形，豆柄呈喇叭状，柄较细。口径14.6、底径9.4、高13.2厘米（图一一六，1；彩版一〇〇，1）。

M63

该墓资料仅有简单的记录、平面图和遗迹照，无剖面图（图版一六，4）。

该墓开口层位及墓口距地表深度未记录，墓底距地表深1.05米。位于A区东北部，AT9的南部，东邻M75，西邻M42。

圆角长方形竖穴土坑墓。墓向1°。墓扩长2.32、宽1.22米。无葬具。填土未记录。

四人合葬墓，共有四具头骨和两具躯干骨。墓主由西向东依次为R1～R4。R1：仰身屈肢。人骨保存较完整，无下颌骨，头向北，面向东。发掘者鉴定R1为60岁左右的男性。R2：仅存头骨，无下颌骨，面向东。发掘者鉴定R2为55岁左右的男性。R3：仅存半具头骨，面朝下。发掘者鉴定R3为30岁左右女性。R4：侧身屈肢。人骨保存基本完整。头向北，面向南，下颌骨被压于头骨下。发掘者鉴定R4为50岁左右的女性。未记录人骨采集情况，现存遗骨中未见有该墓编号的人骨（图一一七）。

随葬器物计6件，均为陶器（彩版一〇〇，2）。1件置于R1右踝骨处，其余5件集中放置在R2足前方约25厘米处。另有242块白色碎石置于R1号人骨左侧腰部。

夹砂绳纹侈口罐　2件。

标本M63：1，夹砂陶，灰黑色与橙黄色夹杂。侈口，圆唇，短束颈，弧腹，平底。腹饰

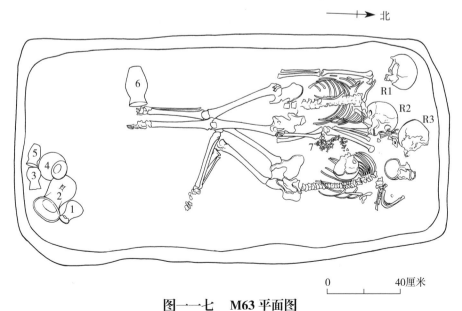

图一一七　M63平面图

1、2.夹砂绳纹侈口罐　3.双大耳罐　4、6.高领罐　5.喇叭口篮纹高领罐　7.碎石

交错绳纹。口径 11.2、腹径 13.2、底径 7.2、高 19.3 厘米（图一一八，1；彩版一〇一，1）。

标本 M63：2，夹砂陶，灰黑色与橘红色夹杂。侈口，圆唇，斜直领稍内曲，领较高，圆弧腹，平底。腹饰竖绳纹。口径 6.6、腹径 9、底径 4.8、高 12 厘米（图一一八，2；彩版一〇一，2）。

高领罐　2 件。

标本 M63：4，夹细砂橘红陶。器形较小。侈口，尖圆唇，斜直领稍内曲，领较高，圆腹微下垂，平底微内凹。腹饰竖绳纹。口径 8.1、腹径 12、底径 5.7、高 16.1 厘米（图一一八，3；彩版一〇一，3）。

标本 M63：6，泥质红褐陶。侈口，圆唇，斜直领稍内曲，领较高，圆腹微下垂，平底。口径 9、腹径 12、底径 5.6、高 16.2 厘米（图一一八，4；彩版一〇一，4）。

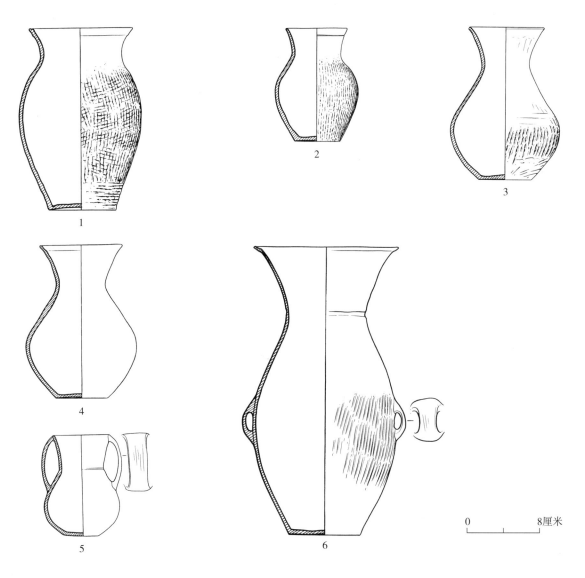

0   8厘米

图一一八　M63 出土器物

1、2.夹砂绳纹侈口罐（M63：1、M63：2）　3、4.高领罐（M63：4、M63：6）　5.双大耳罐（M63：3）　6.喇叭口篮纹高领罐（M63：5）

喇叭口篮纹高领罐　1件。

标本 M63：5，泥质橘红陶。喇叭口，窄平沿，圆唇，高斜直领，圆弧腹，平底。腹中部有对称双耳。唇部和口内侧各有一道旋纹，腹饰竖篮纹。口径 15.9、腹径 15.7、底径 7.8、高 30.8 厘米（图一一八，6；彩版一〇一，5）。

双大耳罐　1件。

标本 M63：3，泥质橙黄陶。侈口，圆唇，高斜直领，圆腹稍下垂，平底。口和腹上部间有桥形双大耳。口径 6.2、腹径 8.2、底径 3.8、高 10.8 厘米（图一一八，5；彩版一〇一，6）。

M65

该墓开口层位未记录，墓口距地表深 1.2 米，墓底距地表深 1.77 米。位于 A 区东部，AT5 的西北部，东邻 M39（图版一七，1）。

M65 叠压在 M64 之下。

长方形竖穴土坑墓。墓向 8°。墓圹长 1.94、宽 0.8、深 0.57 米。无葬具，填土未记录。

双人合葬，墓主由东向西依次编号为 R1～R2。R1：仰身直肢。人骨保存较完整，无头骨，有下颌骨，右胸处放置骨匕 1件，肩部放置圆形石器 1件。发掘者鉴定 R1 为 25 岁左右的女性。R2：侧身直肢。人骨保存基本完整，紧靠在 R1 左臂内，胸部放置骨管 1件和骨匕 1件。发掘者鉴定 R2 为 10 岁左右的儿童。未记录人骨采集情况，现存遗骨中未见有该墓编号的人骨（图一一九）。在编号为 M65：8 的喇叭口篮纹高领罐内放置一截手指骨。

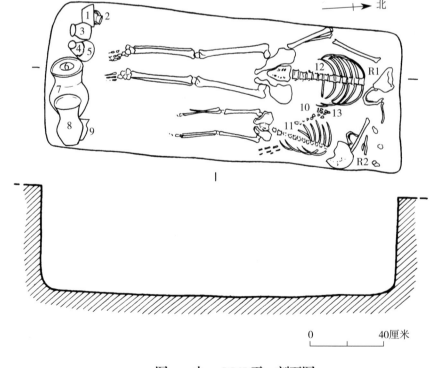

图一一九　M65 平、剖面图

1.钵　2.双大耳罐　3、4.高领罐　5.瓮　6、9.夹砂绳纹侈口罐　7、8.喇叭口篮纹高领罐　10.骨管　11、12.骨匕　13.碎石随葬器物计 12 件，其中陶器 9 件、骨器 3 件（彩版一〇二，1）。其中陶器放置在二者的足旁，骨器出土于 R1 和 R2 墓主胸部。另有 112 块白色碎石置于 R1 墓主左侧腰部。

夹砂绳纹侈口罐　2 件。

标本 M65∶6，放置于 M65∶7 之上。夹砂陶，灰黑色与橘红色夹杂。侈口，圆唇，曲颈稍高，弧腹，平底微内凹。腹饰竖绳纹。口径 8、腹径 9.8、底径 5.1、高 14.8 厘米（图一二〇，1；彩版一〇二，2）。

标本 M65∶9，夹砂陶，灰黑色与橘红色夹杂。侈口，斜方唇，束颈较矮，圆弧腹，平底微内凹。腹饰竖绳纹。口径 8.6、腹径 9.6、底径 4.7、高 13.1 厘米（图一二〇，2；彩版一〇二，3）。

高领罐　2 件。

标本 M65∶3，泥质橙黄陶。侈口，圆唇，曲颈较高，圆腹，平底微内凹。口径 9.3、腹径 15.4、底径 6、高 20.3 厘米（图一二〇，4；彩版一〇二，4）。

标本 M65∶4，夹细砂红褐陶。侈口，圆唇，斜直领稍内曲，领较高，圆弧腹，腹下部斜收，平底微内凹。腹饰竖绳纹。口径 7.7、腹径 11.8、底径 6.5、高 16.8 厘米（图一二〇，3；彩版一〇二，5）。

喇叭口篮纹高领罐　2 件。

标本 M65∶7，泥质橙黄陶。喇叭口，窄平沿，圆唇，高斜直领稍内曲，圆弧腹，平底微内凹。腹中部有对称双耳。口内侧有两道旋纹，口内侧涂红色颜料，颈部饰一周旋纹，腹中部饰竖篮纹。口径 16.5、腹径 17.1、底径 8.2、高 32.9 厘米（图一二〇，9；彩版一〇三，1）。

标本 M65∶8，泥质橙黄陶。喇叭口，窄平沿，圆唇，高斜直领，圆弧腹微折，平底微内凹。腹中部有对称双耳。口内侧用红色颜料涂抹，饰两道旋纹，颈部有一道旋纹，腹中部饰竖篮纹。罐内放置一截手指骨。口径 16.4、腹径 16.9、底径 8.8、高 32.8 厘米（图一二〇，10；彩版一〇三，2）。

双大耳罐　1 件。

标本 M65∶2，泥质橙黄陶。侈口，圆唇，高斜直领，圆腹，平底。口和腹上部间有桥形双大耳。口径 6.7、腹径 8.7、底径 4.1、高 11.7 厘米（图一二〇，11；彩版一〇三，3）。

瓮　1 件。

标本 M65∶5，泥质橙黄陶。侈口，口呈锯齿花边状，束颈较短，圆腹，平底微内凹。口内外涂红色颜料。口径 13.5、腹径 16.2、底径 6.9、高 19.2 厘米（图一二〇，12；彩版一〇三，4）。

钵　1 件。

标本 M65∶1，泥质橘红陶。敞口，圆唇，斜直腹，平底。口部用红色颜料涂抹。口径 12.6、底径 8、高 7.2 厘米（图一二〇，5；彩版一〇三，5）。

骨匕　2 件。

标本 M65∶11，残。器身一面内凹，另一面鼓突，顶端有一孔。残长 5.5、残宽 1、厚 0.13、

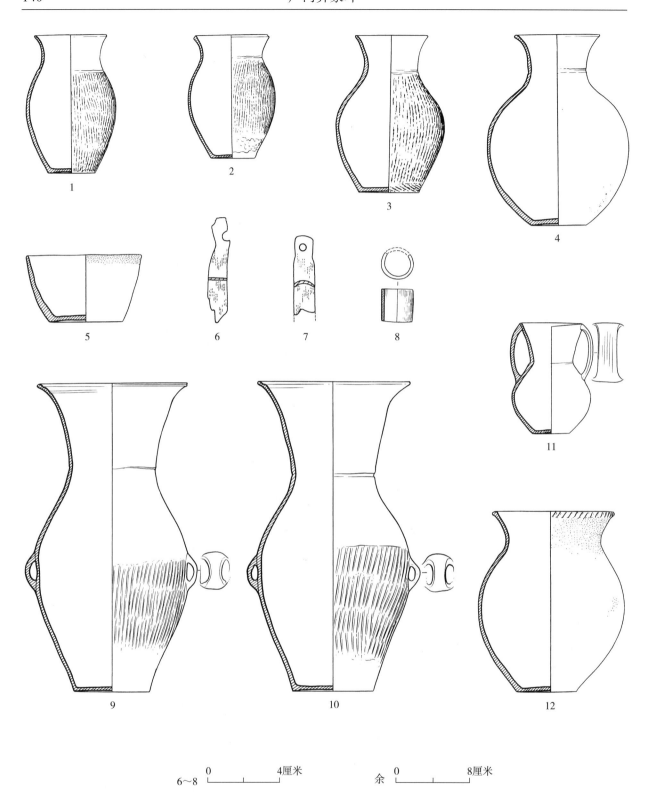

6~8 0 ____ 4厘米

余 0 ____ 8厘米

图一二〇 M65 出土器物

1、2.夹砂绳纹侈口罐（M65:6、M65:9） 3、4.高领罐（M65:4、M65:3） 5.钵（M65:1） 6、7.骨匕（M65:11、M65:12） 8.骨管（M65:10） 9、10.喇叭口篮纹高领罐（M65:7、M65:8） 11.双大耳罐（M65:2） 12.瓮（M65:5）

孔径 0.5 厘米（图一二〇，6）。

标本 M65：12，残。器身一面内凹，另一面鼓突，顶端有一孔。残长 4.3、宽 1.2、厚 0.1、孔径 0.3 厘米（图一二〇，7）。

骨管　1 件。

标本 M65：10，残。磨制。白色，圆管状。长 1.6、直径 1.5、厚 0.2 厘米（图一二〇，8）。

M76

该墓开口层位未记录，墓口距地表深 0.9 米，墓底距地表深 1.73 米。位于 A 区东北部，AT12 的西北角，东邻 M58，西邻 M55（图版一七，3）。

长方形竖穴土坑墓。墓向 0°。墓圹长 2.1、宽 0.7、深 0.83 米。无葬具。填土为黄色花土，土质较疏松。

双人合葬。R1：仰身直肢葬。人骨保存较完整，头骨高出躯干骨 14 厘米，头向北，面向南。发掘者鉴定 R1 为 60 岁左右的男性。R2：仅存头骨，面向东，放置在一陶钵中，颅骨局部骨渣散落在陶钵旁。发掘者鉴定 R2 为男性。未记录人骨采集情况，整理过程中未见该墓编号的人骨（图一二一）。

随葬器物计 7 件，均为陶器（彩版一〇四，1）。放置在 R1 人骨的下肢骨两侧。另有一堆碎石置于 R1 墓主左侧腰部和左手处。

夹砂绳纹侈口罐　1 件。

标本 M76：6，夹砂灰黑陶。盘口，方唇，束颈稍高，圆弧腹，腹下部斜收，平底微内凹。腹饰竖绳纹。口径 8.8、腹径 11.5、底径 4.8、高 16 厘米（图一二二，1；彩版一〇四，2）。

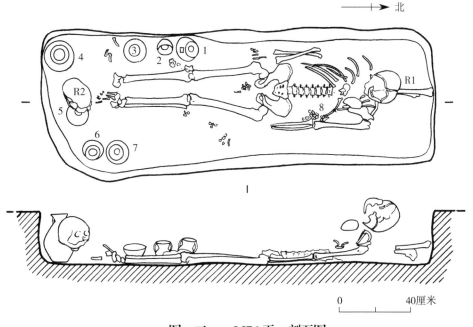

图一二一　M76 平、剖面图

1、2.双大耳罐　3、5.钵　4.喇叭口颈耳罐　6.夹砂绳纹侈口罐　7.单大耳罐　8.碎石

单大耳罐　1件。

标本 M76：7，泥质橙黄陶。侈口，圆唇，斜直领稍内曲，领较高，圆鼓腹，平底。口和腹上部间有桥形单大耳。口径7.3、腹径10.4、底径4.1、高13.2厘米（图一二二，2；彩版一〇五，1）。

双大耳罐　2件。

标本 M76：1，泥质橙黄陶。侈口，圆唇，斜直领较高，折腹，平底微内凹。口和腹上部间有桥形双大耳。腹局部饰竖向刻划细线纹。口径8.2、腹径10.8、底径3.7、高11.7厘米（图一二二，3；彩版一〇五，2）。

标本 M76：2，泥质橙黄陶。侈口，圆唇，斜直领稍内曲，领较高，圆腹，平底。口和腹上部间有桥形双大耳。口径6.5、腹径8.2、底径3.9、高12.1厘米（图一二二，4；彩版一〇五，3）。

喇叭口颈耳罐　1件。

标本 M76：4，泥质橘红陶。侈口，圆唇，束颈较高，圆腹微下垂，腹下部斜收，平底。颈部有对称双耳。口内侧有一道旋纹。口径9.4、腹径15.5、底径7.5、高22厘米（图一二二，5；

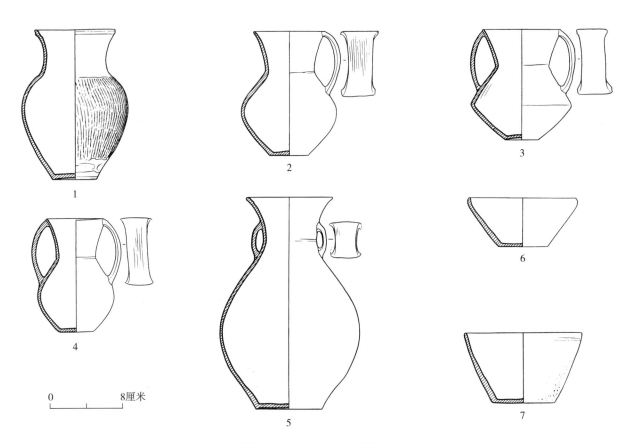

0　　　　　　8厘米

图一二二　M76 出土器物

1.夹砂绳纹侈口罐（M76：6）　2.单大耳罐（M76：7）　3、4.双大耳罐（M76：1、M76：2）　5.喇叭口颈耳罐（M76：4）　6、7.钵（M76：3、M76：5）

彩版一〇五，4）。

钵　2 件。

标本 M76：3，泥质橙黄陶。敛口，圆唇，斜弧腹，平底。口径 11.4、底径 5、高 5.1 厘米（图一二二，6；彩版一〇四，3）。

标本 M76：5，夹粗砂橘红陶。敞口，圆唇，斜直腹，平底。口径 12.4、底径 6.8、高 7.6 厘米（图一二二，7；彩版一〇四，4）。

M77

该墓资料仅有简单的记录、平面图和遗迹照，无剖面图（图版一七，4）。

该墓开口层位未记录，墓口距地表深 0.78 米，墓底距地表深 0.98 米。位于 A 区东北部，AT15 的西南角，东邻 M81，西邻 M78。

长方形竖穴土坑墓。墓向 353°。墓圹长 2.1、宽 0.68、深 0.2 米。无葬具，填土未记录。

双人合葬。R1：仰身直肢葬。人骨保存较差，头骨高出躯干骨 20 厘米，头向北。头骨仅存顶骨的上半部分，无左侧的上肢骨和股骨。发掘者鉴定 R1 号墓主为 55 ～ 60 岁的男性。R2：人骨仅存下颌骨、骶骨和髋骨，随意摆放在 R1 人骨的左侧胸部。发掘者鉴定 R2 墓主为 20 ～ 25 岁的女性。未记录人骨采集情况，现存遗骨中未见该墓编号的人骨（图一二三）。

随葬器物计 8 件，均为陶器（彩版一〇六，1）。集中放置在 R1 号的足骨前方。记录有白色碎石随葬，但现存器物中未见该墓编号的白色碎石。

夹砂绳纹侈口罐　2 件。

标本 M77：2，夹砂灰黑陶。侈口，斜方唇，束颈，弧腹，平底。腹饰竖绳纹，近底处饰斜细绳纹。口径 8.5、腹径 10、底径 5.8、高 15.2 厘米（图一二四，1；彩版一〇六，2）。

标本 M77：3，口沿残缺。夹砂灰黑陶。束颈，圆弧腹，平底。腹饰竖绳纹，近底处饰斜细绳纹。腹径 8.7、底径 4.4、残高 10 厘米（图一二四，2；彩版一〇六，3）。

高领罐　2 件。

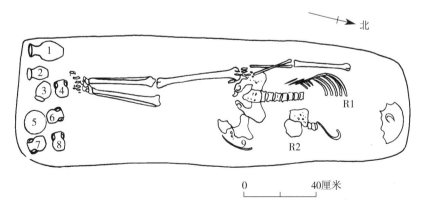

0　　　　40厘米

图一二三　M77 平面图

1、6.高领罐　2、3.夹砂绳纹侈口罐　4、7、8.双大耳罐　5.豆　9.碎石

标本 M77：1，泥质橙黄陶。侈口，圆唇，束颈较高，圆弧腹，腹下部斜收，平底稍内凹。口内侧有两道旋纹，腹上部饰四周细线纹，腹下部饰模糊绳纹。口径 8.8、腹径 12、底径 7.6、高 17.6 厘米（图一二四，3；彩版一〇六，4）。

标本 M77：6，夹细砂橙黄陶。器形较小。侈口，圆唇，斜直领稍内曲，领较高，圆弧腹微折，腹下部斜收，平底微内凹。腹上部有八道凹槽，腹下部饰竖绳纹。口径 6.7、腹径 9、底径 5.4、高 14.2 厘米（图一二四，4；彩版一〇六，5）。

双大耳罐　3 件。

标本 M77：4，泥质橘红陶。侈口，圆唇，斜直领稍内曲，圆腹微下垂，平底。口和腹上部间有桥形双大耳。口径 6.6、腹径 8.5、底径 3.7、高 10.9 厘米（图一二四，5；彩版一〇七，1）。

标本 M77：7，泥质橙黄陶。侈口，口一侧有流，圆唇，斜直领较高，鼓腹，平底。口和腹上部间有桥形双大耳。口内侧有三道旋纹。口径 7.2～8、腹径 12.8、底径 5、高 14.6 厘米（图一二四，6；彩版一〇七，2）。

标本 M77：8，泥质橙黄陶。侈口，圆唇，斜直领微内曲，圆腹微下垂，平底。口和腹上

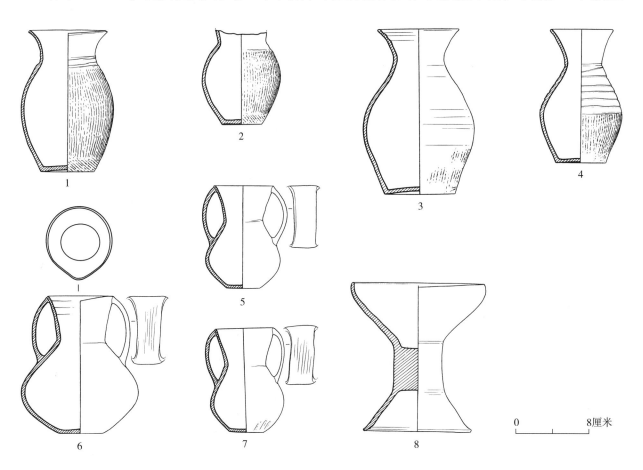

0　　　　8厘米

图一二四　M77 出土器物

1、2.夹砂绳纹侈口罐（M77：2、M77：3）　3、4.高领罐（M77：1、M77：6）　5～7.双大耳罐（M77：4、M77：7、M77：8）8.豆（M77：5）

部间有桥形双大耳。沿面饰竖刻划纹。口径 6.4、腹径 8.2、底径 3.9、高 7.2 厘米（图一二四，7；彩版一○七，3）。

豆　1件。

标本 M77：5，泥质橘红陶。钵形豆盘，豆盘口微敛，尖圆唇，斜弧腹，平底，豆柄为喇叭形。口径 14、底径 11.6、高 15.8 厘米（图一二四，8；彩版一○七，4）。

M79

该墓资料仅有记录、平面图和遗迹照，无剖面图（图版一八，1）。

该墓开口层位及墓口距地表深度未记录，位于 A 区北部，AT14 的东北角，并延伸至 AT15，东邻 M80，西邻 M83。

平面近方形，竖穴土坑墓。墓向 335°。墓圹长 2、宽 1.46 米。无葬具。填土未记录。

双人合葬。人骨由西向东编号为 R1、R2。R1：屈肢。人骨保存较差，不见头骨、上身躯干和盆骨，仅存下肢骨和足骨，双腿屈肢向东。发掘者鉴定 R1 应为 30 岁左右的女性。R2：直肢。人骨保存较差，不见头骨、上身躯干骨和盆骨，仅存下肢骨和足骨，头骨高出躯干 10 厘米。发掘者鉴定 R2 为 60 岁左右男性。人骨未采集（图一二五）。

随葬器物计 13 件，均为陶器（彩版一○八，1）。集中放置在墓主的足前方。另外，从墓葬平剖面图和遗迹照上可看出，在距离 R2 腰部不远处还有若干白色碎石。但现存器物中未见该墓编号白色碎石。现存器物 11 件。

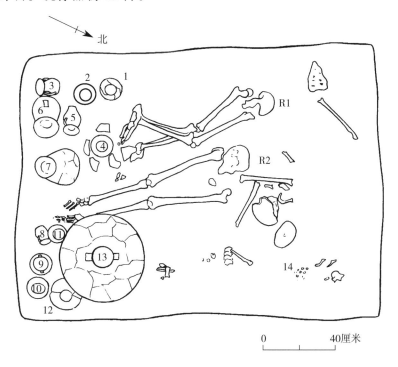

图一二五　M79 平面图

1.三大耳罐　2、3、12.双大耳罐　4.豆　5.夹砂绳纹侈口双耳罐　6、7.喇叭口篮纹高领罐　8.夹砂绳纹侈口罐　9.蛇纹罐　10、11.高领罐　13.折肩罐　14.碎石

夹砂绳纹侈口罐　1件。

标本 M79：8，夹砂灰黑陶。侈口，斜方唇，短束颈，弧腹，平底。腹饰竖绳纹。口径 8.6、腹径 9.3、底径 5.2、高 14 厘米（图一二六，1；彩版一〇八，2）。

高领罐　2件。

标本 M79：10，泥质橙黄陶。器形较小。侈口，窄斜折沿，圆唇，束颈较高，圆弧腹，平底。口径 8.5、腹径 12、底径 5.7、高 17.7 厘米（图一二六，3；彩版一〇八，3）。

标本 M79：11，泥质橙黄陶。侈口，圆唇，斜直领稍内曲，领较高，圆弧腹稍下垂，平底微内凹。腹上部饰十周旋纹，腹下部局部饰篮纹。口径 6.9、腹径 9.3、底径 5.2、高 13.9 厘米（图一二六，2；彩版一〇八，4）。

喇叭口篮纹高领罐　2件。

标本 M79：6，泥质橙黄陶。喇叭口，窄斜折沿，圆唇，高斜直领稍内曲，圆弧腹稍瘦，平底微内凹。腹中部有对称双耳。口内侧和颈下部各有一道旋纹，腹中下部饰竖篮纹。口径 12.4、腹径 13.3、底径 7.2、高 24.9 厘米（图一二六，6；彩版一〇九，1）。

标本 M79：7，泥质橘红陶。喇叭口，窄斜折沿，圆唇，高斜直领稍内曲，圆弧腹，平底。口内侧有两道旋纹，颈部饰一周旋弦，腹中下部饰竖篮纹。口径 15.1、腹径 18.2、底径 8.2、高 30.1 厘米（图一二六，5；彩版一〇九，2）。

折肩罐　1件。

标本 M79：13，泥质橘红陶。直口，方唇，短束颈，折肩，圆腹，腹下部内曲，平底。腹下部饰竖篮纹，耳上端堆塑泥饼三个。口径 12.2、腹径 32、底径 14、高 27.6 厘米（图一二六，11；彩版一一〇，1）。

双大耳罐　3件。

编号 M79：2[1]，现存器物中未见该编号的器物，可能混入无编号或编号错误的陶器内。

标本 M79：3，泥质橙黄陶。喇叭口，圆唇，高斜直领稍内曲，圆腹，平底。口和腹上部间有桥形双大耳。口内侧饰三道旋纹，颈部有一道旋纹，口径 6.5、腹径 7.8、底径 3、高 11.6 厘米（图一二六，4；彩版一〇九，3）。

标本 M79：12，泥质橙黄陶。侈口，圆唇，口一侧有流，斜直领较高，扁圆腹，平底。口和腹上部间有桥形双大耳。口径 7.6～8、腹径 12.2、底径 5、高 14.3 厘米（图一二六，7；彩版一〇九，4）。

三大耳罐　1件。

编号 M79：1，现存器物中未见该编号的器物，可能混入编号错误或无编号器物内。

夹砂绳纹侈口双耳罐　1件。

[1] 原始编号对应的此件器物名为红陶鬲，但通过该墓遗迹照可清楚地看到该编号的器物为双大耳罐。

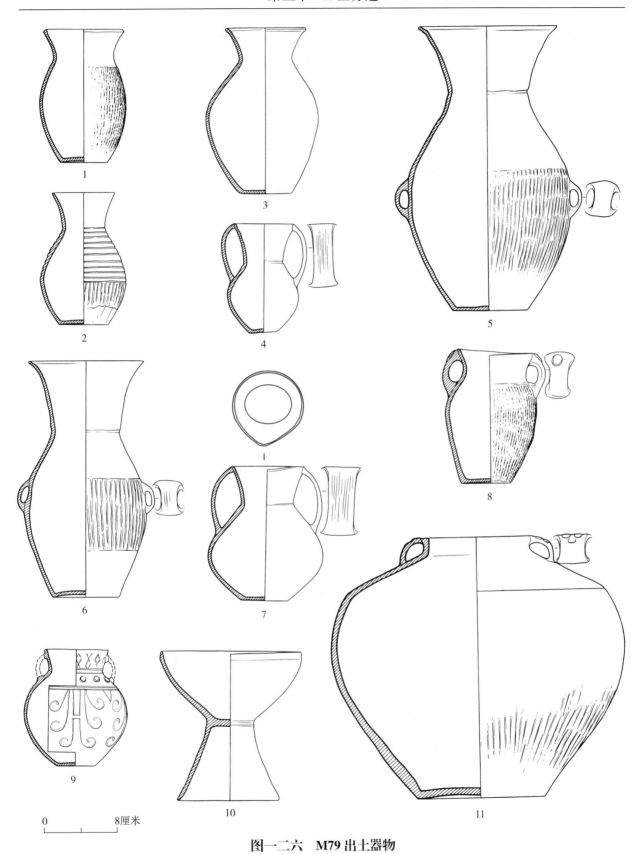

0 _____ 8厘米

图一二六　M79 出土器物

1.夹砂绳纹侈口罐（M79:8）　2、3.高领罐（M79:11、M79:10）　4、7.双大耳罐（M79:3、M79:12）　5、6.喇叭口篮纹高领罐（M79:7、M79:6）　8.夹砂绳纹侈口双耳罐（M79:5）　9.蛇纹罐（M79:9）　10.豆（M79:4）　11.折肩罐（M79:13）

标本 M79：5，夹砂灰黑陶。侈口，圆唇，短束颈，弧腹，平底。口和腹上部间有对称双小耳。腹饰竖绳纹，双耳上端饰泥饼。口径 8.6、腹径 10.5、底径 5.8、高 14.2 厘米（图一二六，8；彩版一〇八，5）。

蛇纹罐　1 件。

标本 M79：9，双耳残缺。夹细砂灰黑陶。侈口，方唇，束颈，领较矮，圆腹，平底。口和腹上部间有对称小双耳。颈部饰细泥条堆塑的菱形纹，颈下部和腹上部各饰两周细泥条，中间为圆形泥饼，腹饰细泥条堆塑的卷曲胡须状纹样。口径 6.8、腹径 11.2、底径 4、高 12.3 厘米（图一二六，9；彩版一一〇，2）。

豆　1 件。

标本 M79：4，泥质橘红陶。豆盘为敞口，圆唇，斜弧腹，平底，钵形，豆柄呈喇叭状，下部外撇。口径 15.2、底径 10.8、高 15.9 厘米（图一二六，10；彩版一〇九，5）。

M110

该墓资料仅有记录、平面图和遗迹照，无剖面图（图版一九，1）。

该墓开口层位未记录，墓口距地表深 1.3 米，墓底距地表深 1.8 米。位于 A 区东北部，AT12 的东北部，探方的东北是断崖，西邻 M58。

墓口为不规则的四边形，墓圹的东北角被断崖破坏。墓向 270°。墓圹长 3.2、宽 2.68、深 0.5 米。无葬具。填土未记录。

八人合葬，人骨由南向北依次编号为 R1～R8。R1：侧身屈肢。人骨保存较差，不见头骨、上肢骨和盆骨，仅存部分肋骨、下肢骨和趾骨，年龄、性别未记录。R2：仰身直肢。人骨保存较差，不见头骨、尺骨、桡骨和手指骨，仅存肋骨、盆骨和下肢骨。发掘者鉴定 R2 为成年男性，年龄未记录。R3：侧身屈肢。人骨保存较完整，不见头骨、上肢骨，仅存部分肋骨和下肢骨。发掘者鉴定 R3 为成年女性，年龄未记录。R4：直肢。人骨保存较差，仅存头骨、极少椎骨和下肢骨。年龄、性别未记录。R5：侧身屈肢。人骨保存较完整，无头骨。年龄、性别未记录。R6：仰身直肢。人骨保存较完整，无头骨。发掘者鉴定 R6 为成年男性，年龄未记录。R7：仰身直肢。人骨保存较完整，无头骨和右上肢骨。发掘者鉴定 R7 为成年男性，年龄未记录。R8：仰身直肢。人骨保存较完整，无头骨、肋骨和左侧肱骨。性别、年龄未记录。人骨采集（图一二七）。

随葬器物计 23 件，其中陶器 21 件、骨器 1 件、石器 1 件。

骨锥位于 R6 左臂处，石斧位于 R7 左臂处，其余陶器均集中放置在 R1 至 R5 的足前方。根据器物摆放位置可分为两组，其中编号为 1～9 号的陶器为一组，集中放置在 R1 和 R2 足前方，编号为 10～23 号的器物为一组，大部分集中放置在 R3、R4 和 R5 足骨前方。据记录，R6、R7 和 R8 足骨前方应还有一组随葬器物，但因沟崖塌方，墓葬的东北角被破坏，故这组器物已遗失。

第一组随葬品：陶器9件。

夹砂绳纹侈口罐　4件。

标本M110：2，夹砂灰黑陶。侈口，斜方唇，短束颈，颈部内侧饰旋纹，圆弧腹，平底。腹饰竖绳纹。口径10.8、腹径13.4、底径6.6、高18厘米（图一二八，1；彩版一一一，1）。

标本M110：3，夹砂陶，灰黑色与橘红色夹杂。侈口，圆唇，曲颈较高，圆弧腹，平底。腹饰竖绳纹。口径8.8、腹径10.8、底径6.6、高15.3厘米（图一二八，2；彩版一一一，2）。

标本M110：4，夹砂陶，灰黑色与橘红色夹杂。侈口，圆唇，曲颈稍高，圆弧腹较瘦，平底。腹饰竖绳纹。口径8.7、腹径10.2、底径5.8、高15.8厘米（图一二八，3；彩版一一一，3）。

标本M110：7，夹砂陶，灰黑色与橙黄色夹杂。侈口，斜方唇，曲颈较高，圆弧腹，平底。

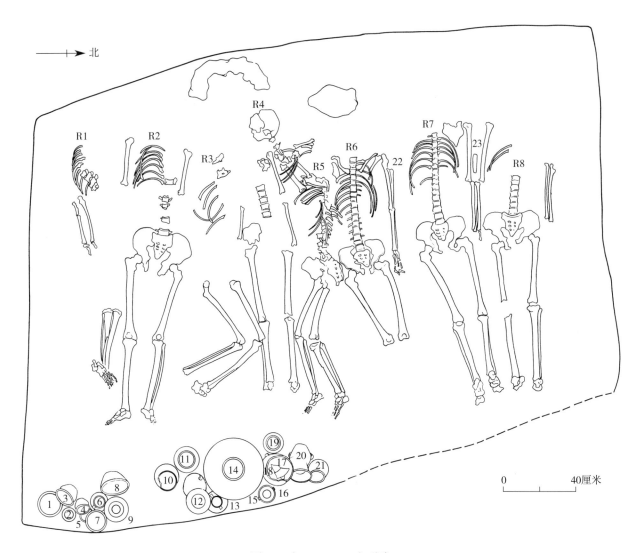

图一二七　M110平面图

第一组：1、8.钵　2~4、7.夹砂绳纹侈口罐　5、6.双大耳罐　9.高领罐
第二组：10、19、21.夹砂绳纹侈口罐　11.高领罐　12、18、20.喇叭口篮纹高领罐　13、15、16.双大耳罐　14.折肩罐　17.钵　22.骨锥　23.石斧

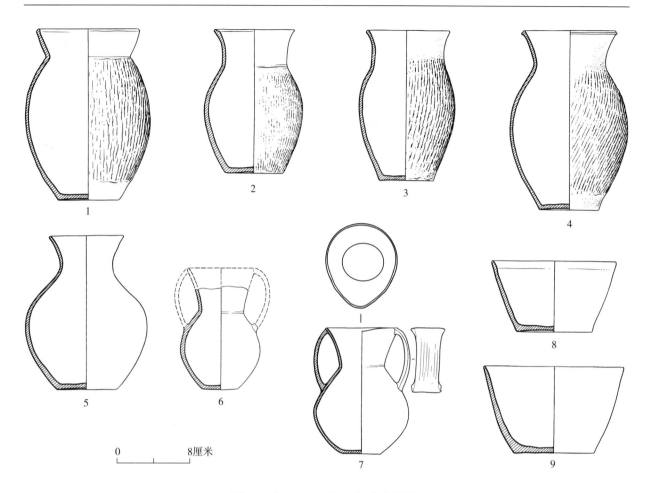

0   8厘米

图一二八 M110 第一组出土器物

1～4.夹砂绳纹侈口罐（M110:2、M110:3、M110:4、M110:7） 5.高领罐（M110:9） 6、7.双大耳罐（M110:5、M110:6）
8、9.钵（M110:1、M110:8）

唇中部有一周旋纹，腹饰竖绳纹。口径 10.5、腹径 12.8、底径 6.3、高 19.1 厘米（图一二八，4；彩版一一一，4）

高领罐 1 件。

标本 M110:9，泥质橙黄陶。侈口，圆唇，束颈较高，圆腹，腹下部斜收，平底。口径 8、腹径 13.2、底径 6.6、高 16.4 厘米（图一二八，5；彩版一一一，5）。

双大耳罐 2 件。

标本 M110:5，口沿及双耳残缺。泥质橘红陶。高斜直领稍内曲，圆腹，平底。口和腹上部间有桥形双大耳。腹径 8.8、底径 4、残高 11.2 厘米（图一二八，6；彩版一一二，1）。

标本 M110:6，泥质橙黄陶。侈口，口一侧有流，圆唇，高斜直领稍内曲，圆腹稍下垂，平底。口和腹上部间有桥形双大耳。口径 7.5～9、腹径 10.3、底径 4.3、高 13.5 厘米（图一二八，7；彩版一一二，2）。

钵　2件。

标本 M110：1，泥质橙黄陶。敞口，圆唇，斜直腹，腹下部微内曲，平底稍内凹。口沿内侧有一道旋纹。口径 13.6、底径 8.4、高 7.2 厘米（图一二八，8；彩版一一二，3）。

标本 M110：8，泥质橙黄陶。敞口，圆唇，斜直腹，平底。口外侧残留有红色颜料痕迹。口径 15.2、底径 8.8、高 9.4 厘米（图一二八，9；彩版一一二，4）。

第二组随葬品：陶器 12 件，石器 1 件，骨器 1 件。

夹砂绳纹侈口罐　3件。

标本 M110：10，夹砂灰黑陶。侈口，斜方唇，曲颈稍高，弧腹，平底。腹饰竖绳纹。口径 10.4、腹径 13、底径 8.4、高 19.6 厘米（图一二九，1；彩版一一二，5）。

标本 M110：19，夹砂陶，灰黑色与橘红色夹杂。侈口，斜方唇，曲颈稍高，弧腹，平底。腹饰竖绳纹。口径 8.9、腹径 11.4、底径 6.5、高 16.1 厘米（图一二九，2；彩版一一二，6）。

标本 M110：21，夹砂灰黑陶。器形不规整。侈口，斜方唇，束颈，鼓腹，弧肩，平底。腹饰竖绳纹。口径 11.6、腹径 13.6、底径 6.9、高 20 厘米（图一二九，3；彩版一一三，1）。

高领罐　1件。

标本 M110：11，泥质橘红陶。侈口，圆唇，曲颈较高，圆腹，平底。颈下部饰一周旋纹。口径 10.6、腹径 16.3、底径 7.6、高 23.2 厘米（图一二九，4；彩版一一三，2）。

喇叭口篮纹高领罐　3件。

标本 M110：12，泥质橙黄陶。喇叭口，圆唇，高斜直领稍内曲，圆弧腹微折，平底。腹中部有对称双耳。颈下部有一周旋纹，腹中部饰竖篮纹。口径 14.9、腹径 15.2、底径 8.2、高 27.7 厘米（图一三〇，1；彩版一一三，3）。

标本 M110：18，泥质橙黄陶。喇叭口，窄斜沿，圆唇，高斜直领稍内曲，圆弧腹微折，平底。腹中部有对称双耳。颈下部有一周旋纹，腹中部饰竖篮纹。口径 13.5、腹径 18、底径 8.8、高 30.8 厘米（图一三〇，2；彩版一一三，4）。

标本 M110：20，泥质橙黄陶。喇叭口，圆唇，曲颈较高，圆弧腹微折，平底。颈下部有一周旋纹，腹下部饰竖篮纹。口径 14.4、腹径 14.6、底径 6.8、高 27.6 厘米（图一三〇，4；彩版一一四，1）。

折肩罐　1件。

标本 M110：14，泥质橙黄陶。直口，斜方唇，短束颈，圆折肩，圆腹，近底处内曲，平底。口和肩上部间有对称双小耳。腹下部局部饰竖篮纹，耳饰圆形泥饼。口径 11.5、腹径 30.3、底径 15.8、高 27.5 厘米（图一三〇，3）。

双大耳罐　3件。

标本 M110：13，泥质橙黄陶。侈口，圆唇，高斜直领稍内曲，圆腹，平底。口和腹上部间有桥形双大耳。口径6.3、腹径8、底径3.8、高11.5厘米（图一二九，5；彩版一一四，2）。

标本M110：15，泥质橘红陶。侈口，圆唇，高斜直领稍内曲，鼓腹微下垂，平底。口和腹上部间有桥形双大耳。口径6.5、腹径8.8、底径4.2、高12厘米（图一二九，6；彩版一一四，3）。

标本M110：16，泥质橙黄陶。侈口，圆唇，高斜直领稍内曲，鼓腹微下垂，平底。口和腹上部间有桥形双大耳。口径6.8、腹径8.6、底径4、高12.3厘米（图一二九，7；彩版一一四，4）。

钵　1件。

标本M110：17，泥质橘红陶。敞口，圆唇，斜弧腹，平底。口径15.6、底径7.2、高8.4厘米（图一二九，8；彩版一一四，5）。

石斧　1件。

标本M110：23，长方形四棱体平顶，直刃，偏锋，通体磨制光滑，制作精美，仅有细微

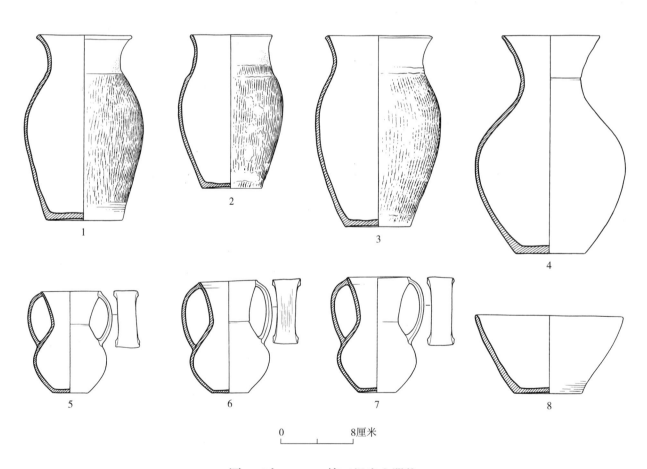

0　　　　　8厘米

图一二九　M110第二组出土器物

1～3.夹砂绳纹侈口罐（M110：10、M110：19、M110：21）　4.高领罐（M110：11）　5～7.双大耳罐（M110：13、M110：15、M110：16）　8.钵（M110：17）

的敲打痕迹。长 11.3、宽 3.3、厚 2.4 厘米（图一三〇，5）。

　　骨锥　1 件。

　　标本 M110：22，动物肢骨剖开磨制而成，柄端保留关节面。长 17.5、柄宽 3.2、柄厚 0.8 厘米
（图一三〇，6；彩版一一四，6）。

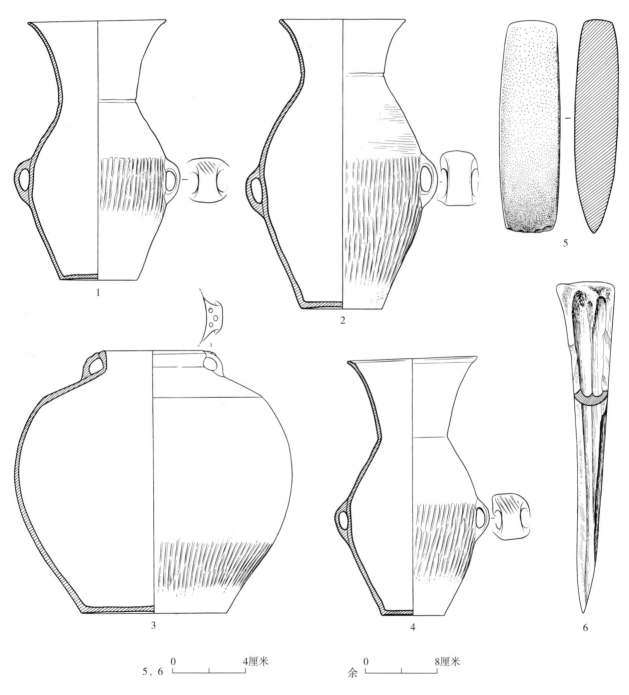

图一三〇　**M110 第二组出土器物**

1、2、4.喇叭口篮纹高领罐（M110：12、M110：18、M110：20）　3.折肩罐（M110：14）　5.石斧（M110：23）　6.骨锥（M110：22）

M112

该墓资料有简单的记录、平面图和遗迹照，无剖面图。

该墓开口层位及墓口距地表深度未记载，墓底距地表深 1.53 米。位于 A 区东北部，AT15 东北部，东、北隔梁下（图版一八，3）。

近方形竖穴土坑墓。墓向 0°。墓圹长 2.43、宽 2.05 米。无葬具，填土未记录。

四人合葬。人骨扰乱严重。发掘记录和平面图上均未标注这四具人骨的具体编号，发掘记录中的描述内容为：人骨为 4 个个体。R1：侧身屈肢葬，头向北，面向 R2，年龄、性别未记录。R2：仰身直肢葬，头向北，男性，年龄未记录。R3：侧身屈肢葬，女性，年龄未记录。R4：侧身屈肢葬，儿童，年龄未记录。在南侧人骨之间发现有近代瓷片，说明该墓被近代活动扰乱。人骨未采集（图一三一）。

随葬器物计 4 件，其中陶器 3 件、贝壳 1 件（已残朽）。陶器集中放置在人骨足前方的东南角，距人骨较远。根据遗迹照和平面图可以看到一人骨腰间有贝壳和白色碎石若干。现存器

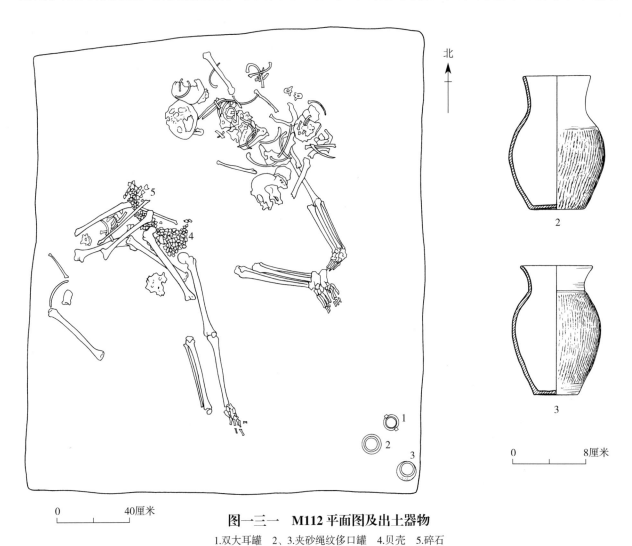

图一三一　M112 平面图及出土器物

1.双大耳罐　2、3.夹砂绳纹侈口罐　4.贝壳　5.碎石

物中未见该墓编号的白色碎石。现存器物 3 件。

夹砂绳纹侈口罐　2 件。

标本 M112：2，夹砂灰黑陶。侈口，圆唇，曲颈较高，鼓圆腹，平底。腹上部饰四周旋纹，腹饰竖绳纹。口径 7.3、腹径 10.4、底径 5.9、高 14.3 厘米（图一三一，2；彩版一一五，1）。

标本 M112：3，夹砂灰黑陶。侈口，斜方唇，束颈较短，圆弧腹，平底。颈部饰竖绳纹。口径 7.9、腹径 9.6、底径 4.8、高 13.8 厘米（图一三一，3；彩版一一五，2）。

双大耳罐　1 件。

编号 M112：1，现存器物中未见该编号的器物，可能混入编号错误或无编号器物内。

贝壳　1 件。

标本 M112：4，残朽成碎渣。

（三）葬式不明的合葬墓

计 14 座，占 A 区墓葬总数的 12.5%。该类墓葬的墓圹多不规则或无墓圹。骨骼凌乱，有的葬于灰坑中，绝大多数无随葬品，极少数有少量随葬品。分别为 M7、M8、M13、M14、M17、M26、M38、M39、M45、M52、M70、M72、M80、M82。

M7

该墓资料仅有简单的记录和平、剖面图，无遗迹照。

该墓层位未记录，墓口距地表深 0.5 米，坑底距地表深 0.7 米。位于 A 区中部，AT6 西南部。M7 叠压在 M28 之上。

圆角长方形竖穴土坑墓。墓向 300°。墓圹长 1.46、宽 0.68、深 0.2 米。

六人合葬。仅存六具残缺的人头骨，且压于大石块下。

R1 头骨被石头砸成两半，面向西南，无下颌骨。R2 头骨压于石头下，头朝下，无下颌骨。R3 头骨压于石头下，面朝下，无下颌骨，头骨下有一残骨匕。R4 头骨分成两部分，一部分位于 R3 头骨旁，一部分在 R3 头骨的北部，无下颌骨。R5 头骨被砸成两半，有一半头骨下压有一根股骨，头骨上压有两块石头。R6 头骨顶骨朝上，面部残缺。人骨采集（图一三二）。

随葬器物仅有 1 件骨器，为骨匕，位于 R3 头骨下约 5 厘米深处。

骨匕　1 件。标本 M7：1。磨制。器身扁平，残存匕身为长方形，柄为长方形，中间有孔。残长 14.6、宽 2.3、厚 0.2、孔径 0.4～0.9 厘米（图一三二，1）。

M8

该墓资料仅有简单的记录和平、剖面图，无遗迹照。

该墓开口于上层，墓口距地表深 1.05 米，底距地表深 1.55 米。位于 A 区东南部，AT1 的东南部，北邻 M2。

墓圹为不规则椭圆形土坑。坑径 0.68～0.8、深 0.5 米。

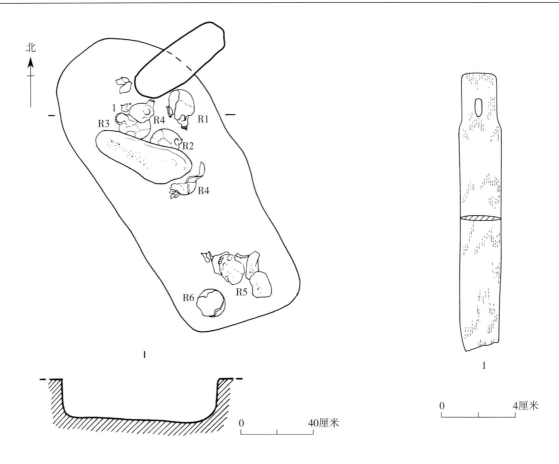

图一三二　M7 平、剖面图及出土器物

1.骨匕

埋葬两人，人骨被压在两块大石头下。R1：仅存头骨，顶部有外伤，被压在 R2 头骨下方。发掘者鉴定 R1 为 50 岁左右的男性。R2：仅存头骨和一根股骨。发掘者鉴定 R2 为 35 岁左右的男性。坑内仅有 4 片齐家文化的红陶片，现存器物中未见该墓编号的陶片（图一三三）。

M13

该墓资料仅有简单的记录，无平、剖面图和遗迹照。

该墓开口层位和墓口距地表深度未记录，墓底距地表深 1.35 米。位于 A 区东南部，AT1 东北部，北邻 M41。

M13 打破 M12。

长方形竖穴土坑墓。墓向 0°。尺寸未记录。无葬具。填土未记录。

发掘者鉴定此墓为男女合葬墓。骨骼散乱。未记录人骨采集情况，现存遗骨中未见该墓编号的人骨。

无随葬品。

M14

该墓资料仅有简单的记录，无平、剖面图和遗迹照。

该墓开口于上层。位于A区东南部，AT2中部，北邻M23，西邻M29，位于A区东南部，AT2中部，北邻M23，西邻M29。

长方形竖穴土坑墓。墓向6°。墓圹口小底大，长1.65、宽0.76米，无葬具。

双人合葬。人骨分上、下两层埋葬。上层为R1，仅存头骨，发掘者鉴定R1为35岁左右的女性。下层为R2，仅存下颌骨。未记录人骨采集情况，现存遗骨中未见该墓编号的人骨。

随葬品仅有白色碎石24块。该墓还出土有细石器，但具体位置未记录，现存器物中未见该墓编号的细石器。

M17

该墓资料仅有简单的记录，无平、剖面图和遗迹照。

该墓开口层位未记录，墓口距地表深0.65米，墓底距地表深1.2米。位于A区西南部，AT4中部偏北，东邻M19，西邻M25。

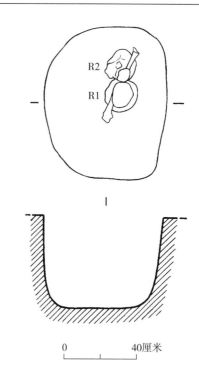

图一三三　M8平、剖面图

长方形竖穴土坑墓。墓向0°。墓圹长1.6、宽0.5、深0.55米。无葬具。

双人合葬墓。R1：仅存头骨，下颌骨。发掘者鉴定R1为35岁左右男性。R2：仅存头骨，发掘者鉴定R2为30岁左右男性。墓坑中还有一些散乱的人骨。未记录人骨采集情况，现存遗骨中未见该墓编号的人骨。

无随葬品。

M26

该墓资料仅有简单的记录，无平、剖面图和遗迹照。

该墓开口层位未记录，人骨距地表深0.45米，位于A区西部，AT7西北部，东邻M42。

墓圹形制、尺寸、方向及填土等情况未记录。无葬具。

人骨散乱，仅存股骨、腓骨、趾骨。

随葬器物计3件，均为陶器。

夹砂绳纹侈口罐　2件。

标本M26：1，夹砂灰黑陶。侈口，斜方唇，短束颈，圆腹，腹下部斜收，平底微内凹。腹饰竖绳纹。口径7.1、腹径10.2、底径6.3、高11厘米（图一三四，1；彩版一一五，3）。

标本M26：2，口沿残缺。夹砂灰黑陶。圆弧腹，平底微内凹。腹饰竖绳纹。腹径11.8、底径6.7、高14.5厘米（图一三四，3；彩版一一五，4）。

双大耳罐　1件。

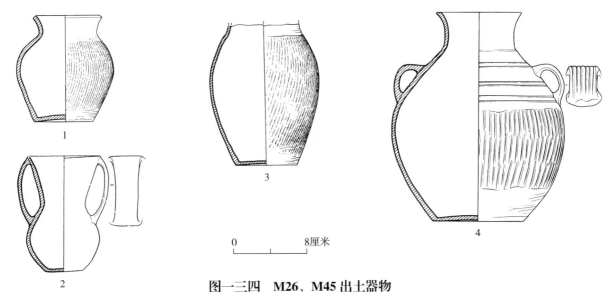

0   8厘米

图一三四　M26、M45 出土器物

1、3.夹砂绳纹侈口罐（M26：1、M26：2）　2.双大耳罐（M26：3）　4.肩耳罐（M45：1）

标本 M26：3，泥质橙黄陶。侈口，圆唇，高斜直领，圆腹，平底。口和腹上部间有桥形双大耳。口径 7.4、腹径 8.7、底径 3.2、高 11.7 厘米（图一三四，2；彩版一一五，5）。

M38

该墓资料仅有简单的记录，无平、剖面图和遗迹照。

该墓开口层位及墓口距地表深度未记录，位于 A 区东部，AT5 西北部，西邻 M24。

墓圹形制、尺寸、方向及葬具等情况未记录。

双人合葬。仅记录了 R1 为 40 岁左右的女性；R2 为 35 岁左右的男性。头骨上压有一块大砾石。

无随葬品。

M39

该墓资料仅有简单的记录和遗迹照，无平、剖面图（图版一五，1）。

该墓开口层位及墓口距地表深度未记录，墓底距地表深 1.2 米。位于 A 区东部，AT5 北部，东邻 M40，西邻 M65。

不规则长方形竖穴土坑墓。墓向 5°。墓圹长 1.48、宽 0.78 米。无葬具。

双人合葬。人骨散乱堆放在一起。发掘者鉴定人骨为 2 个个体。R1 为男性，年龄未记录。R2 为成年人。未记录人骨采集情况，现存遗骨中未见该墓编号的人骨。

无随葬品。

M45

该墓资料仅有简单的记录和遗迹照，无平、剖面图。

该墓开口于上层，人骨距地表深 0.7～0.3 米，位于 A 区西部，AT11 的西壁下，北邻

M57，西南邻 M44（图版二〇，1）。

墓圹形制、尺寸、方向及葬具等情况未记录。

墓底距墓口深 0.4 米。无葬具。

三人合葬。人骨散乱堆放在一起。发掘者鉴定人骨为 3 个个体。R1：仅存头骨及右肱骨，为 35 岁左右男性。R2：仅存头骨和盆骨，为 35 岁左右的女性。R3：仅存头骨和右肱骨，为 40 岁左右的男性。

填土中出土残陶器 1 件。

肩耳罐　1 件。

标本 M45：1，残缺，已修复。泥质灰黑陶。侈口，圆唇，束颈较短，溜肩，圆腹，平底。肩部有对称双小耳。肩饰四周旋纹，腹上部饰竖篮纹。口径 9.1、腹径 18.6、底径 9.5、高 22.2 厘米（图一三四，4；彩版一一五，6）。

M52

该墓资料仅有简单的记录，无平、剖面图和遗迹照。

该墓开口层位、墓圹及深度等相关数据未记录，墓底距地表深 1.55 米。位于 A 区东部，AT5 南部。

M52 西侧打破 M70。

无葬具。

三人合葬。仅存 3 块髋骨和肱骨 5 根。发掘者鉴定人骨为 3 个个体，二女一男，年龄未记录，仅说明是壮年至中年。未记录人骨采集情况，现存遗骨中未见该墓编号的人骨。

无随葬品。

M70

该墓资料仅有简单的记录、平面图和遗迹照，无剖面图（图版一八，2）。

开口层位及墓口距地表深度未记录，位于 A 区东部，AT5 南部。

M70 被 M52 和 M71 打破。

椭圆形墓坑。墓向不明。长径 1.01、短径 0.82 米。填土为花土，土质较疏松。

据发掘者鉴定：人骨为 2 个个体，但平面图未对人骨进行编号标注。R1：骨骼堆放在一起，R1 为 8 岁左右的儿童。R2：仅存一髋骨，R2 为 35 岁左右的男性。未记录人骨采集情况，现存遗骨中未见该墓编号的人骨（图一三五，1）。

无随葬品。

M72

该墓资料仅有简单的记录和遗迹照，无平、剖面图。

该墓开口层位未记录，位于 A 区东北部，AT9 北部，压于 AT9 的北隔梁下（图版一七，2）。

M72 打破 M73。

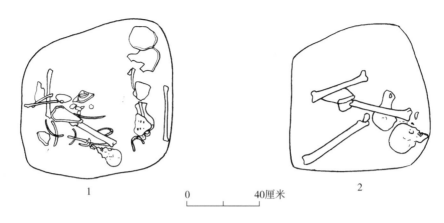

0   40厘米

图一三五　M70、M80 平面图

1.M70　2.M80

长方形竖穴土坑墓。墓向 355°。尺寸未记录。无葬具，填土未记录。人骨堆放在一起。根据发掘者鉴定：人骨为 4 个个体，依次编号为 R1 ～ R4。R1 为 55 岁左右的男性；R2 为 10 岁左右的儿童；R3 为 45 岁左右的女性。另记录有 1 具人骨为侧身屈肢葬，但未说明是哪具人骨。另有记录 R4 头骨内有 2 片骨片。未记录人骨采集情况，现存遗骨中未见该墓编号的人骨。

无随葬品。

M80

该墓资料仅有简单的记录、平面图，无剖面图和遗迹照。

该墓开口层位及墓口距地表深度未记录，坑底距地表深 1.05 米。位于 A 区东北部，AT15 西北部，东邻 M112，西邻 M79。

墓圹为椭圆形土坑。长径 0.9、短径 0.75 米。无葬具。

人骨缺失严重，保存极差，发掘者鉴定人骨为 2 个个体，但平面图未对人骨进行编号标注。R1：仅存盆骨半个、股骨 2 根和胫骨 1 根，为 40 岁左右的男性。R2：仅存头骨和半个盆骨，为 30 岁左右女性。未记录人骨采集情况，现存遗骨中未见该墓编号的人骨（图一三五，2）。

无随葬品。

M82

该墓资料仅有简单的记录和平面图，无剖面图和遗迹照。

该墓开口层位未记录，据发掘记录：距地表深 1 米，但不清楚是墓口还是墓底距地表的深度。位于 A 区东北部，AT12 西北角，东邻 M110，西邻 M76。

M82 南壁被 M58 打破。

墓葬的形制结构和方向未记录。无葬具。填土未记录。

双人合葬。人骨残缺严重，保存极差。发掘者鉴定为 2 个个体。仅存 1 具头骨、2 具下颌骨、部分下肢骨和盆骨等。其中一具人骨为 55 岁左右男性，另一具人骨为 25 岁左右的女性。坑内有 3 块大石头。未记录人骨采集情况，现存遗骨中未见该墓编号的人骨（图一三六）。

随葬器物仅 1 件残夹砂绳纹侈口罐，编号 M82 : 1。现存器物中未见该编号的器物，可能混入编号错误或无编号器物内。

二　房址

共发现房址 3 处。其中两座原始记录编号为 AT14F1 和 AT13F2。由于这两座房址的记录过于简略，故下文的描述除了根据其现有原始记录外，还从郭德勇手稿《甘肃广河县齐家坪遗址发掘报告》中整理相互佐证而成。还有一座房址记录仅在 M92 的发掘记录中有简单记录，未编号，本文以 AT19F0 编号描述。

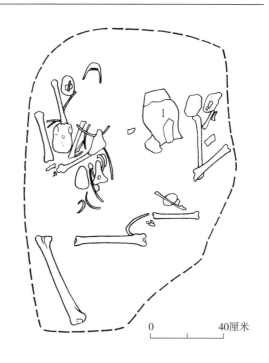

图一三六　M82 平面图
1.残夹砂绳纹侈口罐

AT19F0

该址资料仅有简单的记录，无平、剖面图和遗迹照。

该址开口层位及开口距地表深度未记录。A 区总平面草图上未标注 AT19F0，根据 M92 记录该房址应位于 A 区南面，AT19 西南角。

AT19F0 被 M92 打破。

平面呈长方形。长 4 米。地面抹草拌泥，房址西南角有圆形灶一处，直径 0.73、深 0.25 米，前端两侧各有一烟囱。

出土遗物计 3 件，均为石器。

刮削器　3 件。

AT19F0 : 1，打制。长径 9.5、短径 7.7、厚 2.5 厘米（图一三七，1）。

AT19F0 : 2，打制。长径 11.3、短径 10.2、厚 3.6 厘米（图一三七，2）。

AT19F0 : 3，打制。长径 15、短径 13.8、厚 7.4 厘米（图一三七，3）。

AT14F1

该址资料有记录、平面图和遗迹照，无剖面图。

A 区总平面示意草图上没有标明 AT14F1 的具体位置，经过对 AT14F1 记录与报告的梳理与佐证，确认了 AT14F1 的大致位置在发掘区的北部偏西处，西南距 M42 约 2 米，与 AT11H1 相邻。

长方形半地穴式。方向不明。长 2.88、宽 2.15、深 0.3、开口距地表深 0.77 米。坑底散落着大小相似的鹅卵石，卵石呈黑白色，其间散见人骨和兽骨。发掘者鉴定人骨个体不少于 3 个。南侧有完整的两具人头骨（图一三八；图版一九，2、3）。

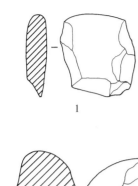

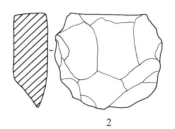

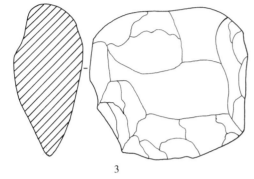

0 ＿＿ ⌐ ＿＿ 8厘米

图一三七　AT19F0 出土器物

1～3.刮削器（AT19F0：1、AT19F0：2、AT19F0：3）

AT14F1 四周有墓葬围绕，墓葬开口均高出该房址开口约 0.3 米，计 3 座，分别为 M83、M53 和 M66。北端为 M83，墓主为 40～45 的女性，侧身屈肢葬，头朝西，面向该房址，有随葬器物 2 件。其东侧为 M53，墓主为 12 岁左右的儿童，仰身直肢葬，头朝西，无随葬品。AT14F1 的东北为 M66，其墓主为 20～25 岁的男性，仰身直肢葬，人骨保存完整，头向北，面朝东，有随葬器物 9 件。

坑内出土器物计 3 件，陶器 2 件、铜器 1 件。陶器散落在坑内，铜斧位于东北角一堆人骨中。

夹砂绳纹侈口罐　1 件。

标本 AT14F1：4，口沿残缺。夹砂灰黑陶。圆弧腹，平底。腹饰竖绳纹。腹径 12.3、底径 5.9、残高 11.2 厘米（图一三九，1）。

双大耳罐　1 件。

标本 AT14F1：5，口沿残缺。泥质橙黄陶。圆鼓腹，平底。腹径 8、底径 3.9、残高 8.1 厘米（图一三九，2）。

铜斧　1 件。

标本 AT14F1：6，长方形，竖銎，銎口有箍，口下部有对称环形双耳，直刃，中锋。銎内残留有木屑。銎口下饰折线三角纹。长 15、宽 4、厚 3.5 厘米（图一三九，3；彩版一一六，1）。

AT13F2

该址资料仅有简单的记录，无平、剖面图和遗迹照。

A 区总平面示意草图上没有标明 AT13F2 的具体位置，经过对 AT13F2 记录与报告的梳理与佐证，确认了 AT13F2 的大致位置位于 AT13 和 AT14 之间，AT14F1 的西北方向。

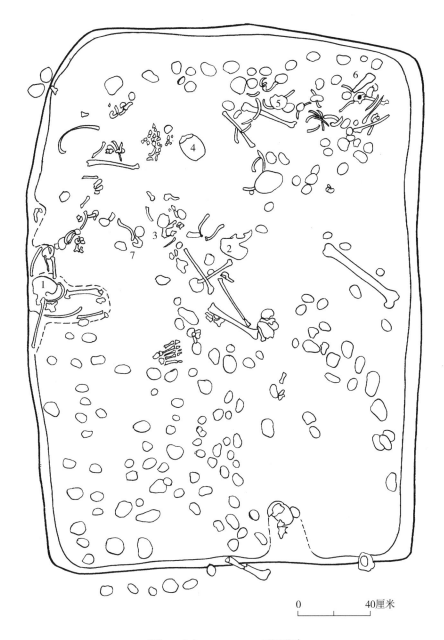

0 ____ 40厘米

图一三八　AT14F1 平面图

1.男性盆骨　2.女性盆骨　3.儿童下颌骨　4.夹砂绳纹侈口罐　5.双大耳罐　6.铜斧　7.下颌骨

　　该址开口层位不明，坑口距地表深 0.6 米，椭圆形半地穴式，周边有一周石盘状器排列成椭圆形石圆圈，其西侧不封闭，中部偏东以盘状器排列出方形，自西向东又以盘状器排列出两条斜线。东西长 2、南北宽 1.8 米，深度不明。AT13F2 所用石料，均为经加工的齐家文化中常见的有刃盘状器，其间夹杂有大量陶片及羊、牛、猪、马、狗等动物骨骼。陶片可辨器形有鬲、钵和罐等。现存器物中未见该址编号的陶器。

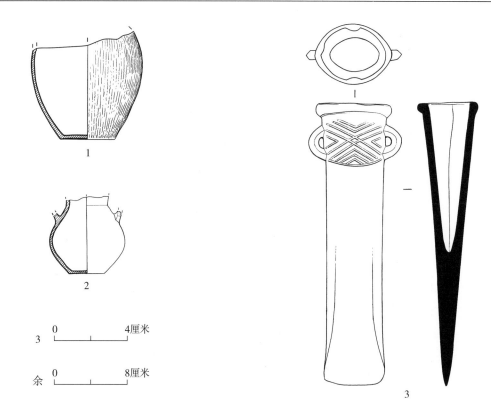

图一三九　AT14F1 出土器物

1.夹砂绳纹侈口罐（AT14F1：4）　2.双大耳罐（AT14F1：5）　3.铜斧（AT14F1：6）

三　灰坑

A 区发现灰坑计 2 座。

AT11H1

该坑开口层位未记录，坑口距地表深 0.6 米。位于 AT10 和 AT11 北部，部分压在 AT13、AT14 南壁下。

AT11H1 分别被 M51 和 M84 打破。

圆形袋状坑，口小底大。口径 2.2、底径 2.54、深 1.2 米。坑内填土分上下二层：第一层为灰褐色土，包含有齐家文化陶片，距坑口 0.58 米处有 1 具完整的狗骨架，在狗骨的颈部、胸部压有数块石头；第二层为黑灰色土，包含有木炭，坑底部距坑口 1.2 米亦有 1 具较完整的狗骨架、猪下颌骨和羊下颌骨（图一四〇；图版二〇，2）。

包含物有夹砂灰陶片、泥质红陶片和彩陶片，骨器、猪下颌骨、羊下颌骨和狗骨。可辨器形者有罐、钵、鬲。现存器物中未见该址编号的陶片。

夹砂绳纹侈口罐　1 件。

标本 AT11H1：7，口、颈、腹部均有残缺。夹砂红褐陶。圆腹，平底。腹饰竖绳纹。底径

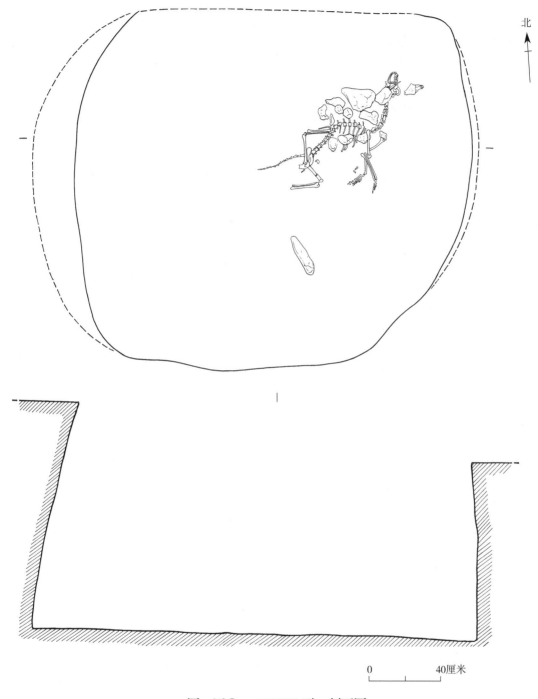

0　　　　　　40厘米

图一四〇　AT11H1 平、剖面图

5、残高 5.4 厘米（图一四一，1）。

彩陶罐　1 件。

标本 AT11H1：5，仅存口沿局部，颈部以下残缺。泥质橙黄陶，红褐色彩绘。侈口，圆唇，曲领较高，口径之间有双耳，已残。口外侧饰一周宽带纹，颈部饰宽窄相间的竖条纹，口内侧饰两周窄带纹。口径 9.6、残高 4.8 厘米（图一四一，2）。

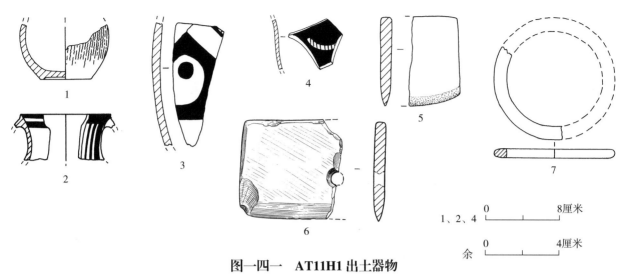

图一四一　AT11H1 出土器物

1.夹砂绳纹侈口罐（AT11H1：7）　2.彩陶罐（AT11H1：5）　3、4.彩陶片（AT11H1：4、AT11H1：6）　5、6.石刀（AT11H1：2、AT11H1：3）　7.石环（AT11H1：1）

彩陶片　2片。

标本 AT11H1：4，残片。泥质砖红陶，饰黑色彩绘。纹样为弧边三角圆点纹。残长6.5、残宽2.6、厚0.4厘米（图一四一，3）。

标本 AT11H1：6，残片。泥质砖红陶，饰黑色彩绘。残长6、残宽5.2、厚0.6厘米（图一四一，4）。

石刀　2件。

标本 AT11H1：2，大部分残缺。磨制。长方形，直刃，偏锋。残长2.8、宽4.7、厚0.6厘米（图一四一，5）。

标本 AT11H1：3，残半。磨制。长方形，直刃，偏锋，有钻孔。残长5.5、宽5.2、厚0.6、钻孔直径0.7厘米（图一四一，6）。

石环　1件。

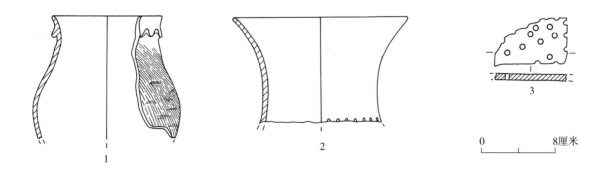

图一四二　AT10H2 出土器物

1.夹砂绳纹侈口罐（AT10H2：2）　2.喇叭口篮纹高领罐（AT10H2：3）　3.残甑底（AT10H2：1）

标本 AT11H1：1，大部分残缺。磨制。截面近圆形。内径 5.2、外径 6.5、厚 0.5 厘米（图一四一，7；彩版一一六，2）。

AT10H2

该址资料仅有简单的记录，无平、剖面图和遗迹照，可参考 A 区总平面示意图。

该灰坑开口层位未记录，坑口距地表深 0.6 米，位于 AT7 和 AT10 内。

从 A 区总平面示意图上看 AT10H2 打破 M42。

长方形坑。长 1.6、宽 1.4、深 0.6 米。填土为黑灰色土。

填土中包含有夹砂红陶片、泥质红陶片、夹砂灰陶片和釉陶片等，可辨器形者有甑、喇叭口篮纹高领罐和夹砂绳纹侈口罐等。现存器物有 3 件残陶器。发掘者判断此坑为近代扰土坑。

夹砂绳纹侈口罐　1 件。

标本 AT10H2：2，口、腹、底部均残缺。夹砂红褐陶。侈口，圆唇，矮领稍内曲，圆腹。颈部饰一周波浪形附加堆纹，腹饰斜绳纹。口径 11.8、残高 13.1 厘米（图一四二，1）。

喇叭口篮纹高领罐　1 件。

标本 AT10H2：3，残存口沿。泥质橘红陶。侈口，圆唇，高曲领。口径 19、残高 11 厘米（图一四二，2）。

甑　1 件。

标本 AT10H2：1，残缺，仅存底局部。泥质橘红陶。平底，有分布不规整的圆形箅孔 8 个。残长 9.6、残宽 4.8 厘米（图一四二，3）。

四　陶窑

AT17Y1

该址资料仅有简单的记录，无平、剖面图和遗迹照。

A 区总平面示意草图上没有标明 AT17Y1 的具体位置，经过对 AT17Y1 记录描述进行梳理，仅确认了 AT17Y1 位于 AT17 北部，应该被 M111 打破，具体位置不详，大致位置可参考 A 区总平面示意图。

该址开口层位、距地表深未记录。椭圆形，开口长径 2、短径 0.8 米，距地表深 1 米。仅记录"中间有几个红烧土块，似为火眼，但因仅存 1/4，无法弄清其情况"；"内圈半径 0.8、外圈半径 1 米"；"烧土呈青蓝色，近砖，坚硬"；"被齐家墓葬破坏"。据 M111 发掘记录，该墓填土内有窑的烧土，晚于窑。

第四章　B区分述

第一节　发掘区概述

B区无总记录，仅有单个探方的简单记录和B区总平面草图。该区地貌及地层堆积情况无相关记录，以下描述均来源于郭德勇手稿《甘肃广河县齐家坪遗址发掘报告》：1975年10月～11月，甘肃省博物馆文物工作队对齐家坪遗址进行了第二次发掘，本次发掘区被命名为B区。该区与村舍相邻，为一处孤立的小平台，面积不大，地貌较平整。本区主要为聚落遗迹，也有少数的墓葬，共发掘探方3个，每个探方的面积各不相同（图一四三）。发掘总面积约200平方米。主要遗迹有墓葬5座、房址2座、红烧土墙基5处、硬土路面1条、灰坑15个、卵石堆1处[1]，另外当地人在配合农田水利建设工程时发现了一座墓葬，考古队也对其进行了清理，编号为M118（此墓不在发掘区范围内）。

（1）BT1

该探方仅有简单的记录，无平、剖面图和遗迹照，平面图可参考B区总平面图。

长方形探方，南北长约11、东西宽约9米。位于BT2西侧，其北侧为乡村公路，西部为断崖，南靠农田，故未扩方，仅在其东侧开探方BT2。

该探方地层堆积共分三层，下面以东壁为例进行介绍（图一四四）。

第①层：耕土层。厚约0.24～0.58米。黄褐色花土，含大量植物根系。该层包含齐家文化陶片、现代瓦片和近代瓷片。

第②层：文化层。厚约0.08～1.05米。褐色土，土质较硬。该层包含物丰富，有大量齐家文化陶片和大片红烧土堆积。

该层发现灰坑计9个（BT1H1～BT1H9）、房址1座（BT1F1）、红烧土墙基5处（其中三处墙基属于BT1F1）、灶址2处（其中一座属于BT1F1，另一座灶址破坏严重，归属不明确）。

距地表深约0.75米处，在探方BT1东南角平放一石块，在东隔梁下靠南部有一层灰黑色土层，内夹杂大量碎石；在灰黑色土层的南部发现一条红烧土墙基，厚约0.47米，西南至东北

---

[1] 据郭德勇手稿《甘肃广河县齐家坪遗址发掘报告》，但未找到相关发掘记录。

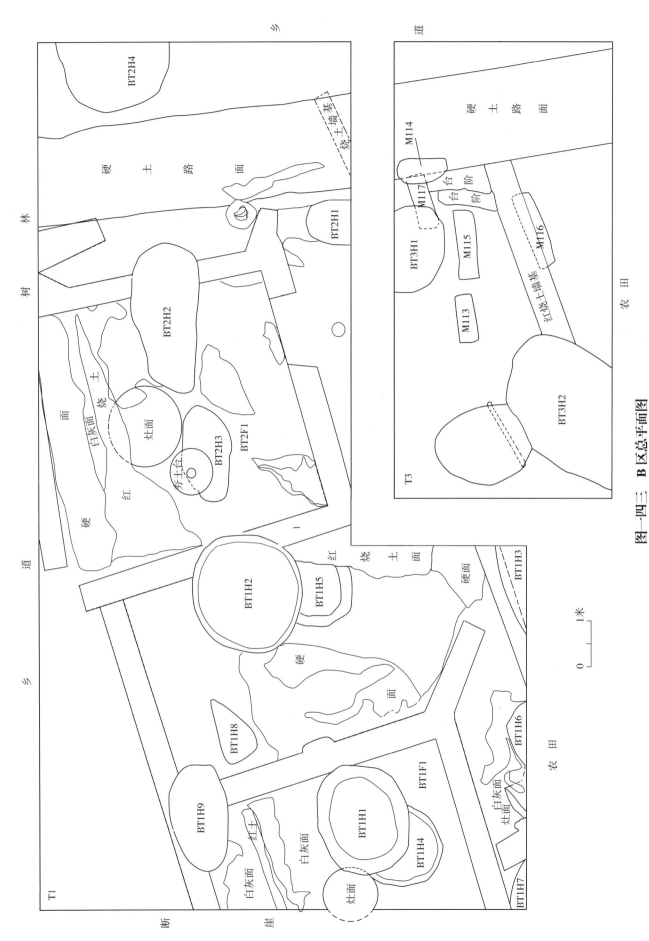

图一四三 B区总平面图

（B区平面草图绘制繁杂凌乱，有很多没有说明和记录的线条。本图是笔者合结合B区三个探方记录上有明确记录的遗迹和B区探方平面草图所绘制，仅绘制出有明确记录的遗迹单位，未绘制探方记录方中未说明的线条。以下B区遗迹单位的平面图均可参考此图，无单个遗迹图）

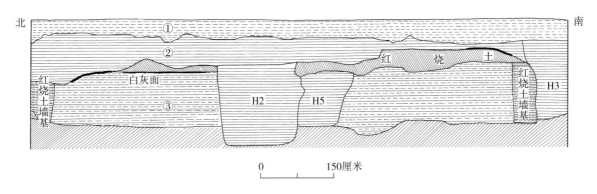

图一四四　BT1 东壁地层图

走向，被 BT1H3 打破，墙基内含有大量红烧土硬块和木炭，并夹杂有少量的白灰面残块。

第③层：垫土层，厚约 0.75～1.2 米。花土。此层包含少许齐家文化陶片。

第③层下为黄色生土层。

据记录：T1 第②、③地层内除出土了大量齐家文化陶片外，还出土了残石斧 2 件、残骨纺轮 1 件、完整石斧 1 件。现存器物中未见有该址明确编号的陶片，仅有 1 件石斧。其他出土器可能混入无编号或编号错误的器物。

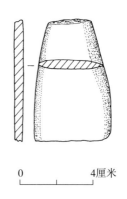

图一四五　BT1 出土器物

石斧（BT1∶1）

标本 BT1∶1，残。器身扁薄。两侧有刃。残长 6.4、宽 4.4、厚 0.5 厘米（图一四五）。

（2）BT2

该探方仅有简单的记录，无平、剖面图和遗迹照，平面图可参考 B 区总平面图。

长方形探方，东西长约 10、南北约宽 7 米。位于 BT1 东侧，BT3 北侧，其北侧有树木，东侧有公路，未扩方。

该探方地层堆积共分三层。

第①层：耕土层。厚 0.22～0.52 米。黄褐色花土，含大量植物根系。该层包含齐家文化陶片和近代瓷片。

第②层：文化层。厚 0.3～1.24 米。灰褐色土，夹杂有红烧土块。该层包含物丰富，有大量齐家文化陶片和少量兽骨。陶片以泥质红陶片为主，夹砂粗陶片次之。兽骨有猪、羊、牛和狗骨。

该层发现灰坑计 4 个（BT2H1～BT2H4）、房址 1 座（BT2F1）、硬土路面 1 条、夯土台 1 处。夯土台为圆形，位于探方西壁下，距地表深 0.55 米，直径 1.08 米，高度不明。夯土台正中间有一个直径 0.2 米的柱洞，深 0.14 米。硬土路面位于探方东侧，南北走向，贯穿 BT2，路面距地表深 0.94 米，宽约 2 米 [1]。

第③层：垫土层。厚 0.4 ～ 0.92 米。褐色土，含少许齐家文化陶片和兽骨（羊、猪和牛骨）。上部有一座灶址，直径 1.7 米，位于 BT2F1 西壁下。

第③层下为黄色生土层。

据记录：BT2 第②、③地层内除出土了大量的齐家文化陶片外，还出土了石斧 2 件、石刀 1 件、陶丸 2 件、骨铲 2 件、骨纺轮 1 件。现存遗物中未见该址编号的陶片，仅有 11 件器物。

器盖　1 件。

标本 BT2：8，残缺。泥质橘红陶。覆钵形，斜弧壁，圈足状提手。直径 4.4、高 2.2、提手高 1.5 厘米（图一四六，2）。

陶球　1 件。

标本 BT2：5，泥质橘红陶。直径 4.5 ～ 4.8 厘米（图一四六，1）。

石刀　3 件。

标本 BT2：4，长方形薄片状，弧刃，偏锋。长 11、宽 6、厚 0.9 厘米（图一四六，3）。

标本 BT2：9，梯形薄片状，周边有刃，偏锋。长 7.5、宽 6.4、厚 1 厘米（图一四六，5）。

标本 BT2：10，扁平椭圆状，弧刃，偏锋。长 10.8、宽 6.7、厚 0.9 厘米（图一四六，4；彩版一一六，3）。

石斧　2 件。

标本 BT2：1，磨制。四棱状，平面呈梯形，器身较长且厚重，顶部有敲砸形成的台面，刃缘形态呈斜弧状弧刃，中锋。长 17.5、宽 7.2、厚 4.4 厘米（图一四六，7）。

标本 BT2：2，扁薄四棱状，平面呈长梯形，弧刃，偏锋，刃部磨制光滑。长 14.4、宽 5.4、厚 2.6 厘米（图一四六，8）。

砺石　1 件。

标本 BT2：11，平面呈不规则圆形，两面有磨制形成的凹坑。直径 8、厚 1.8 厘米（图一四六，6；彩版一一六，4）。

骨匕　1 件。

标本 BT2：7，残缺。以牛下颌骨制成。弧刃，中锋。残长 10、宽 4.2、厚 0.3 ～ 0.5 厘米（图一四六，11）。

骨铲　1 件。

标本 BT2：6，残缺。以牛肩胛骨制成。弧刃，中锋。残长 9.3、宽 5.3、厚 0.3 ～ 1.2 厘米（图一四六，9）。

骨纺轮　1 件。

标本 BT2：3，平面呈不规则圆形，器身扁薄，中部有一穿孔。直径 5.8、厚 0.2 ～ 0.7、钻

[1]　据郭德勇手稿《甘肃广河县齐家坪遗址发掘报告》，但未找到相关发掘记录。

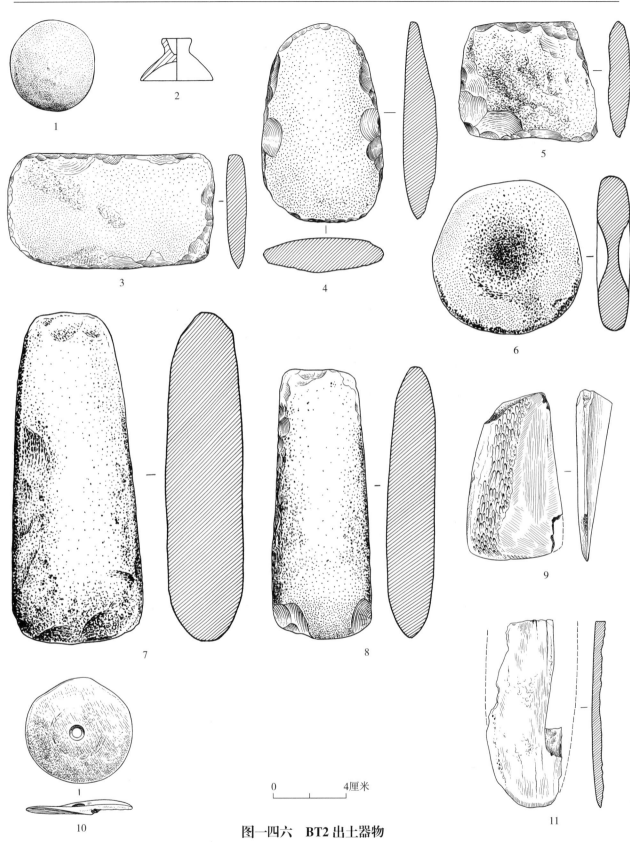

0　　　　4厘米

图一四六　BT2 出土器物

1.陶球（BT2：5）　2.器盖（BT2：8）　3～5.石刀（BT2：4、BT2：10、BT2：9）　6.砺石（BT2：11）　7、8.石斧（BT2：1、BT2：2）
9.骨铲（BT2：6）　10.骨纺轮（BT2：3）　11.骨匕（BT2：7）

孔直径 0.5 厘米（图一四六，10）。

（3）BT3

该探方仅有简单的记录，无平、剖面图和遗迹照，平面图可参考 B 区总平面图。

长方形探方，东西长约 10、南北宽约 5 米。位于 BT1 东侧，BT2 南侧，其东侧为乡村道路，南面紧挨田地。

该探方地层堆积共三层。

第①层：耕土层。厚 0.03 ~ 0.6 米。黄褐色土，含大量植物根系。夹杂有齐家文化陶片和现代瓷片。

第②层：文化层。厚 0.25 ~ 1.45 米。灰褐色土，夹杂有红烧土块和大量被烧烤的兽骨。该层还出土了 1 件马家窑文化半山类型彩陶片。在 BT3 中部偏西处有一堆鹅卵石，在其附近有残缺的狗骨 1 具和齐家文化陶器。灰坑 BT3H1、BT3H2 在此层露头。有 3 座儿童墓葬（M113、M114、M115）埋在此层。在 BT3 东部有一条南北走向的硬土大路，应与 BT2 内硬土路面为同一条，硬面下为厚约 0.1 米的红烧土。中部有一条西南至东北走向的红烧土墙基。另有记录"两个灰坑在此层露头，其他几个灰坑因无包含物，且很浅，故未进行编号"。

第③层：垫土层。无地层等相关记录。仅记录了"在探方中部发现 2 座墓葬 M116、M117"。

第③层下为黄色生土层。

据记录：BT3 出土器物均出自第②层，除出土了大量齐家文化陶片外，还出土了夹砂绳纹侈口罐 2 件、甑 1 件、陶丸 3 件、鬲足 1 件、器盖 2 件、单耳罐 1 件，石斧 3 件、石刀 4 件、石锛 1 件，骨匕 2 件、骨铲 3 件、卜骨 2 件，计有 25 件。现存器物中未见该址明确编号的陶片，仅有简单标注 BT3 字样的器物 35 件，但这些器物类型有的和发掘记录中的器物类型不符，下文仅根据现有器物进行描述，无法区分探方出土器物和 BT3 内遗迹出土混入探方器物。

夹砂绳纹侈口罐　2 件。

标本 BT3：2，夹砂灰色陶。侈口，口呈花边状，圆唇，斜直领稍内曲，领较高，圆弧腹，平底微内凹。颈部饰一周圆形泥饼，腹饰竖绳纹。口径 8.4、腹径 8.8、底径 4.8、高 12.4 厘米（图一四七，1）。

标本 BT3：32，仅存残口沿。夹砂橙黄陶。侈口，斜方唇，束颈。饰绳纹。残高 7.4 厘米（图一四七，2）。

喇叭口篮纹高领罐　1 件。

标本 BT3：33，残存底部。泥质橘红陶。弧腹，平底。腹饰竖篮纹。底径 7.6、残高 12.8 厘米（图一四七，5）。

单大耳罐　2 件。

标本 BT3：1，耳残缺。泥质橙黄陶。侈口，圆唇，短颈微内曲，弧腹，平底。口和腹上部间有单大耳。口径 8、腹径 9、底径 5、高 12 厘米（图一四七，3）。

标本 BT3：15，泥质橙黄陶。器形不规整。侈口，圆唇，高斜直领稍内曲，圆腹，平底。口和腹上部间有桥形单大耳。口径 8.4、腹径 11、底径 3.6、高 16 厘米（图一四七，4）。

双大耳罐　3 件。

标本 BT3：31，泥质橘红陶。侈口，圆唇，高曲领，圆腹稍下垂，平底。口和腹上部间有桥形双大耳。口径 6.7、腹径 8.6、底径 3.9、高 11 厘米（图一四七，6）。

标本 BT3：34，残存腹底部。泥质橙黄陶。折腹，平底。腹径 11.3、底径 4.6、残高 9.4 厘米（图一四七，7）。

标本 BT3：35，残存口腹部。泥质橘红陶。侈口，圆唇，高斜直领，圆腹。口径 9.6、腹径 10、残高 9.6 厘米（图一四七，8）。

鬲足　2 件。

标本 BT3：13，残。夹砂灰陶。圆锥状足跟。饰绳纹。残高 7.7 厘米（图一四八，2）。

标本 BT3：26，残。夹砂红褐陶。圆锥状足跟。饰绳纹。残高 8.4 厘米（图一四八，3）。

甑　1 件。

标本 BT3：4，残存底局部。泥质橙黄陶。甑底部中间有一长方形算孔。残长 12、厚 1.6 厘米（图一四八，1）。

器盖　3 件。

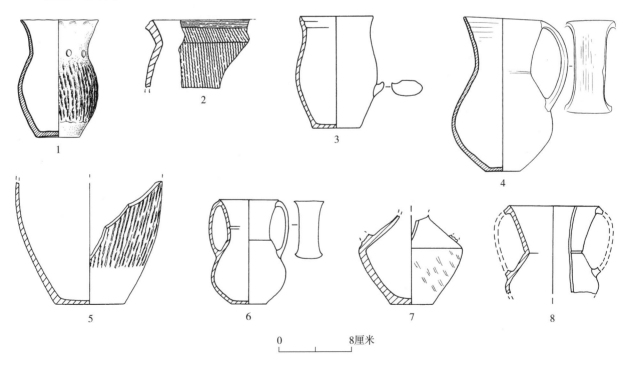

0　　　　　　8厘米

图一四七　BT3 出土陶器

1、2.夹砂绳纹侈口罐（BT3：2、BT3：32）　3、4.单大耳罐（BT3：1、BT3：15）　5.喇叭口篮纹高领罐（BT3：33）　6～8.双大耳罐（BT3：31、BT3：34、BT3：35）

标本 BT3：14，残存提手。泥质橘红陶。提手呈环花边口状。残高 4.6、提手直径 8.8、提手高 2.4 厘米（图一四八，6；彩版一一六，5）。

标本 BT3：21，残存提手。泥质橘红陶。圆柱状提手。残高 4.4、提手高 3 厘米（图一四八，4）。

标本 BT3：23，残存提手。泥质橘红陶。圆柱状提手。提手残高 3、提手直径 3.2 厘米（图一四八，5）。

陶球　2 件。

标本 BT3：22，泥质橘红陶。直径 3.5 厘米（图一四八，7）。

标本 BT3：28，泥质橘红陶。直径 4.5 ～ 5 厘米（图一四八，8）。

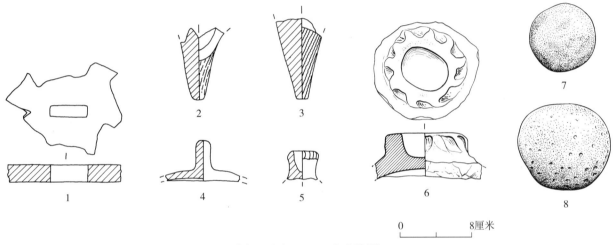

0　　　　8厘米

图一四八　BT3 出土陶器

1.甗（BT3：4）　 2、3.鬲足（BT3：13、BT3：26）　 4～6.器盖（BT3：21、BT3：23、BT3：14）　 7、8.陶球（BT3：22、BT3：28）

石刀　4 件。

标本 BT3：3，以石片加工而成。梯形，两侧有缺口，弧刃，中锋。长 8.8、宽 5.4、厚 0.7 厘米（图一四九，1）。

标本 BT3：9，以石片加工而成。圆角长方形，两侧有缺口，弧刃，中锋。长 8.2、宽 5、厚 1 厘米（图一四九，2）。

标本 BT3：24，形制与标本 BT3：3 相同。长 8.8、宽 4.8、厚 1 厘米（图一四九，3；彩版一一七，1）。

标本 BT3：25，以石片加工而成。圆角长方形，弧刃，偏锋。长 7.4、宽 5.1、厚 1.2 厘米（图一四九，4）。

石斧　2 件。

标本 BT3：11，顶部残缺。亚腰形，残顶部平面呈椭圆状，刃缘呈弧状，直刃，偏锋。长 9.8、宽 8.4、厚 3.5 厘米（图一四九，5）。

标本 BT3：16，残。磨制。弧刃。残长 9.4、宽 4.4、厚 3 厘米（图一四九，7）。

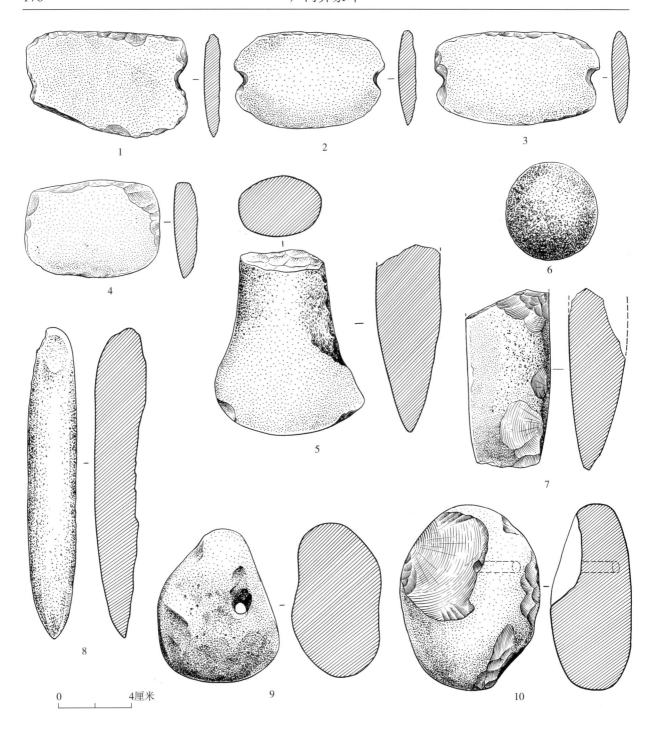

图一四九　BT3 出土石器

1~4.石刀（BT3∶3、BT3∶9、BT3∶24、BT3∶25）　5、7.石斧（BT3∶11、BT3∶16）　6.石球（BT3∶10）　8.石凿（BT3∶5）　9、10.钻
孔石器（BT3∶20、BT3∶29）

石凿　1件。

标本 BT3∶5，磨制。近圆锥状。长 16.4、厚 2.7 厘米（图一四九，8；彩版一一七，2）。

钻孔石器　2件。

标本 BT3：20，圆角三角形，器身中部穿孔。孔径 1.6 厘米，长径 8、短径 7.2、厚 4.8 厘米（图一四九，9；彩版一一七，3）。

标本 BT3：29，椭圆形，一侧保留打击台面，另一侧保留打制痕迹，器身中部穿孔未透。孔径 0.7 厘米，长径 9.8、短径 7.6、厚 4.3 厘米（图一四九，10；彩版一一七，4）。

石球　1 件。

标本 BT3：10，直径 5.2 厘米（图一四九，6；彩版一一七，5）。

骨匕　4 件。

标本 BT3：6，残存舌状匕首部。残长 5.4、宽 1.2 厘米（图一五〇，2）。

标本 BT3：7，残存匕首部，圆角长条形，截面呈半环形。残长 8.1、宽 2.5 厘米（图一五

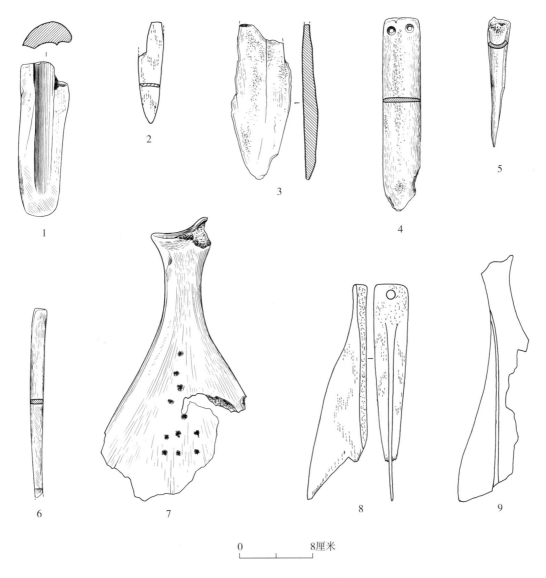

0　　　　　8厘米

图一五〇　BT3 出土骨器

1~4.骨匕（BT3：7、BT3：6、BT3：8、BT3：12）　5.骨锥（BT3：30）　6.骨器（BT3：17）　7.卜骨（BT3：18）　8、9.羊肩胛骨（BT3：19、BT3：27）

〇，1）。

标本 BT3：8，残存舌状匕首部。残长 8.2、宽 3 厘米（图一五〇，3）。

标本 BT3：12，残。长条形器身，柄端有两穿孔，通体砥磨光滑。残长 10.2、宽 2、厚 0.25、孔径 0.4 厘米（图一五〇，4）。

骨锥　1 件。

标本 BT3：30，残。以动物肢骨磨制而成。残长 6.7、残宽 1.4、残厚 0.3 厘米（图一五〇，5）。

骨器　1 件。

标本 BT3：17，残。细长扁圆状。残长 10、宽 0.8、厚 0.2 厘米（图一五〇，6）。

卜骨　1 件。

标本 BT3：18，残。羊右侧肩胛骨，有十一个圆形灼痕。残长 15.2、宽 7.7、厚 0.2～1.7 厘米（图一五〇，7）。

羊肩胛骨　2 件。

标本 BT3：19，残。羊肩胛骨，仅存关节部位，有钻孔。残长 11.4 厘米（图一五〇，8）。

标本 BT3：27，残长 13.2 厘米（图一五〇，9）。

（4）B 区地层出土器物

计 5 件，均为陶器。这些器物上仅简单标注 BT② 字样。

夹砂绳纹侈口罐　3 件。

标本 BT②：2，残存口沿。夹砂橙黄陶。侈口，斜方唇，束颈。饰绳纹。残高 7.4 厘米（图一五一，1）。

标本 BT②：3，残存口沿。夹砂橙黄陶。侈口，斜方唇，斜直领稍内曲，领较矮。口内侧颈部饰旋纹五周，颈中部饰一周索状附加堆纹，腹饰竖绳纹。器表有烟炱痕。口径 11.9、残高 6.4

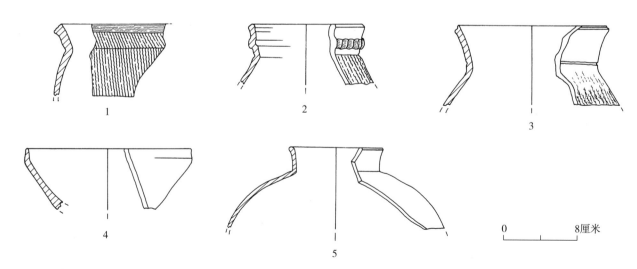

图一五一　B 区地层出土器物

1～3.夹砂绳纹侈口罐（BT②：2、BT②：3、BT②：5）　4.豆（BT②：1）　5.瓮（BT②：4）

厘米（图一五一，2）。

标本 BT ②：5，残存口沿。夹砂橙黄陶。侈口，斜方唇，短斜直领稍内曲。颈下部有一周旋纹，腹饰竖绳纹。器表有灰黑色烟炱痕。口径 16.2、残高 8.4 厘米（图一五一，3）。

瓮　1件。

标本 BT ②：4，残存口沿。泥质橙黄陶。直口微侈，圆唇，短直领，圆肩。口径 9.8、残高 8.8 厘米（图一五一，5）。

豆　1件。

标本 BT ②：1，残存豆盘局部。泥质橙黄陶。豆盘微直口，下部微折，斜弧腹钵形。口径 18.2、残高 7 厘米（图一五一，4）。

第二节　遗迹和遗物 [1]

一　墓葬

计6座。均为单人葬，其中5座为仰身直肢葬，1座仅能判断为直肢葬。5座墓葬（M113～ M117）位于 BT3 内，另有一座墓葬为村民在夯打地基时发现，编号 M118，未在发掘区内。

M113

该墓仅有简单的记录，无平、剖面图和遗迹照。

该墓开口于①层下，墓口距地表深 0.8 米。位于 BT3 北部，东邻 M115。

长方形竖穴土坑墓。墓向 264°。墓圹长 1、宽 0.4、深 0.2 米。无葬具。填土为灰土，土质较疏松。

二次扰乱葬，单人葬。人骨残缺，仅存残朽的头骨、胫骨、腓骨和少量的肋骨。发掘者判定葬式为直肢葬，墓主应为儿童。人骨未采集。

随葬器物计 2 件，均为陶器（彩版一一八，1）。集中置于墓主的足骨旁。

夹砂绳纹侈口罐　1件。

标本 M113：2，夹砂灰黑陶。侈口，斜方唇，短束颈，溜肩，弧腹，平底，有低矮的假圈足。腹饰竖绳纹。口径 6.6、腹径 8.6、底径 5、高 11 厘米（图一五二，1；彩版一一八，1）。

双大耳罐　1件。

标本 M113：1，泥质橙黄陶，陶色不均。侈口，圆唇，斜直领较高，微内曲，弧腹较深，平底稍内凹。口和腹上部间有桥形双大耳。口径 7.5、腹径 7.8、底径 3.9、高 11.6 厘米（图一五二，2；彩版一一八，1）。

---

[1]　B区大部分遗迹的原始资料中缺失平、剖面图，平面图可参照B区总平面图。

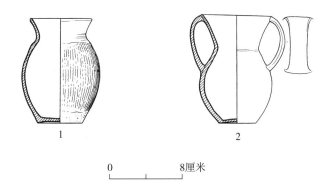

图一五二　M113 出土器物
1.夹砂绳纹侈口罐（M113:2）　2.双大耳罐（M113:1）

M114

该墓仅有简单的记录，无平、剖面图和遗迹照。

该墓开口于①层下，墓口距地表深 0.6 米，墓底距地表深 2.1 米。位于 BT3 偏北，紧挨北隔梁。

M114 东面打破硬土路面，南面打破台阶，西面打破 M117。

长方形竖穴土坑墓（总平面草图上为不规整圆角长方形墓坑）。墓向 353°。墓圹长 1.1、宽 0.5、深 1.5 米。无葬具。填土为灰色土，土质较疏松。

一次葬，单人仰身直肢葬。人骨保存较完整，缺右侧肋骨，头向北，面向南。发掘者判定墓主为儿童。人骨未采集。

随葬器物计 2 件，均为陶器，已残破。集中置于墓主足骨旁。

夹砂绳纹侈口罐　1 件。

标本 M114:1，残存下腹部。夹砂灰陶。平底。腹饰竖绳纹。底径 7.4、残高 7 厘米（图一五三，1）。

双大耳罐　1 件。

标本 M114:2，口沿残缺。泥质橙黄陶。鼓腹，最大腹径居中，平底。口和腹上部间有桥形双大耳。腹径 8.6、底径 3.7、残高 9.3 厘米（图一五三，2）。

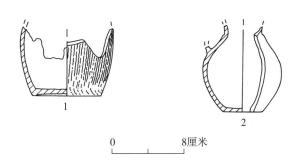

图一五三　M114 出土器物
1.夹砂绳纹侈口罐（M114:1）　2.双大耳罐（M114:2）

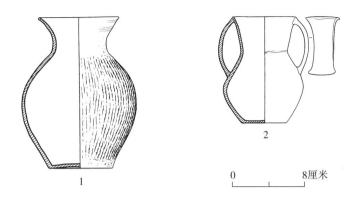

图一五四 M115 出土器物

1.夹砂绳纹侈口罐（M115:2） 2.双大耳罐（M115:1）

M115

该墓仅有简单的记录和遗迹照，无平、剖面图。

该墓开口于①层下，墓口距地表深 0.85 米，墓底距地表深 1 米。位于 BT3 中部偏北，西邻 M113，北邻 M117，东临台阶（图版二〇，3）。

长方形竖穴土坑墓。墓向 265°。墓圹长 1.52、宽 0.45、深 0.15 米。无葬具。填土为灰褐色土，中间夹杂有少量红烧土块，土质较疏松。

二次扰乱葬，单人仰身直肢葬。人骨仅存右半部分，左侧骨骼缺失。发掘者判定墓主为男性，骨骼较小，或为儿童。人骨未采集。

随葬器物计 2 件，均为陶器，集中置于足骨旁。

夹砂绳纹侈口罐 1 件。

标本 M115:2，夹砂红褐陶。侈口，圆唇，曲颈稍高，圆腹，平底微内凹。腹部饰竖绳纹。口径 8.6、腹径 12.4、底径 7、高 16 厘米（图一五四，1）。

双大耳罐 1 件。

标本 M115:1，泥质橙黄陶。侈口，圆唇，斜直领较高，微内曲，圆鼓腹，平底。口和腹上部间有桥形双大耳。口径 7、腹径 8.8、底径 4.8、高 11.2 厘米（图一五四，2）。

M116

该墓仅有简单的记录，无平、剖面图和遗迹照。

该墓开口于②层下，距地表深 1.05 米，位于 BT3 中部偏南。

M116 叠压在 BT3 内归属不明的红烧土墙基下。

长方形竖穴土坑墓。墓向 248°。墓圹长 1.7、宽 0.46、深 0.15 米。填土为灰黑色土。

二次扰乱葬，单人仰身直肢葬。人骨上半身扰乱严重，下半身保存较完整。头向西南，面向北。无葬具。发掘者判定墓主为成年男性。人骨未采集。

随葬器物计 2 件，泥质红陶罐 1 件和夹砂绳纹侈口罐 1 件，出土位置未记录。现存器物中未见有该址明确编号的器物，可能混入无编号或编号错误的器物。

M117

该墓仅有简单的记录和遗迹照，无平、剖面图。该墓开口于②层下，墓口距地表深 0.9 米，位于 BT3 北部（图版二〇，4）。

M117 东端被 M114 打破，西端被 BT3H1 打破。

长方形竖穴土坑墓。墓向 255°。墓圹长 1.3、宽 0.56、深 0.9～1.4 米。无葬具。填土为灰黄色土，土质较疏松。

一次葬，单人仰身直肢葬。头向西南，面向南。人骨保存较完整，人骨的下半身高出上半身约 0.5 米。墓底呈斜坡状。性别、年龄未鉴定。人骨未采集。

无随葬品。

M118

该墓仅有简单的记录，无平、剖面图和遗迹照。

该墓墓口距地表深约 0.4 米，此墓位于发掘 B 区的西南方向，当地群众夯打地基时发现，不在发掘区范围内，故具体位置未注明。

长方形竖穴土坑墓。墓向 350°。墓圹长、宽未记录，墓底距地表深 0.6 米。无葬具。填土未记录。

二次扰乱葬，单人仰身直肢葬。人骨保存完整，头骨比躯干高出 0.2 米。发掘者判定墓主为成年男性。人骨未采集。

随葬器物计 10 件，其中陶器 8 件，石器 1 件，骨器 1 件（彩版一一八，2）。陶器集中置于足骨旁，骨匕和石器位于右侧盆骨上，骨匕置于石器之下。现存器物 9 件。

夹砂绳纹侈口罐　4 件。

标本 M118：5，夹砂红褐陶。侈口，尖唇，口下部有折棱，束颈，溜肩，圆腹，最大腹径偏上，底部稍内凹，似假圈足。腹饰竖绳纹。口径 8.5、腹径 12.4、底径 6.8、高 17 厘米（图一五五，1；彩版一一九，1）。

标本 M118：6，夹砂橙黄陶。器形不规整。侈口，尖圆唇，矮束颈，溜肩，弧腹，最大腹径靠上，底部微内凹，似假圈足。腹饰竖绳纹。口径 8、腹径 11.2、底径 6.8、高 15.5 厘米（图一五五，2；彩版一一九，2）。

标本 M118：8，夹砂灰黑陶，器身陶色不均。侈口，尖圆唇，矮束颈，溜肩，弧腹，最大腹径靠上，平底。腹饰竖绳纹。口径 8.2、腹径 10.2、底径 6.4、高 13.1 厘米（图一五五，3；彩版一一九，3）。

标本 M118：9，夹砂红褐陶，器身陶色不均。花边口沿，束颈，溜肩，弧腹，平底。腹饰竖绳纹。口径 10.6、腹径 11.6、底径 6.2、高 15 厘米（图一五五，4；彩版一一九，4）。

高领罐　1 件。

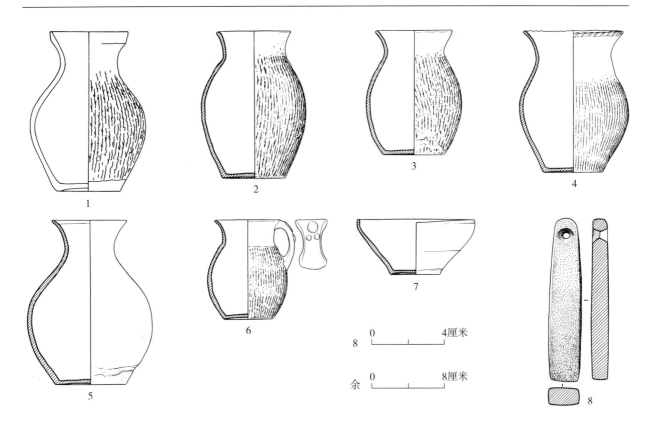

图一五五　M118 出土器物

1~4.夹砂绳纹侈口罐（M118：5、M118：6、M118：8、M118：9）　5.高领罐（M118：7）　6.夹砂绳纹侈口单耳罐（M118：4）　7.钵（M118：10）　8.研磨石（M118：1）

标本 M118：7，泥质橙黄陶。喇叭口，圆唇，束颈，溜肩，鼓腹，平底微内凹，似假圈足。口径 8、腹径 13.5、底径 7.8、高 17.5 厘米（图一五五，5；彩版一一九，5）。

双大耳罐　1件。

编号 M118：3，现存器物中未见该编号的器物，可能混入无编号或编号错误的器物。

夹砂绳纹侈口单耳罐　1件。

标本 M118：4，夹砂灰黑陶，器身陶色不均。侈口，圆唇，束颈，溜肩，弧腹，平底微内凹，似假圈足。腹饰竖绳纹，耳顶部饰有三个捏塑的泥饼。口径 7.3、腹径 8.6、底径 5.4、高 10.6 厘米（图一五五，6；彩版一一九，6）。

钵　1件。

标本 M118：10，泥质橙黄陶。敛口，圆唇，弧腹内曲，腹较深，平底微内凹，似假圈足。口径 12.6、底径 5.4、高 5.6 厘米（图一五五，7；彩版一二○，1）。

研磨石　1件。

标本 M118：1，近长方体，顶端有孔。打磨光滑精致。长 8.6、宽 1.6、厚 0.7、孔径 0.26～0.34 厘米（图一五五，8；彩版一二○，2）。

骨匕　1件。

编号 M118：2，现存器物中未见该编号的器物，可能混入编号错误或者无编号的器物内。

二　房址

BT1F1

该址资料仅有发掘记录，无平、剖面图和遗迹照，可参考 B 区总平面图。

开口于①层下，居住面距地表深 0.87 米。位于 BT1 西部。

BT1F1 被 BT1H1、BT1H4 和 BT1H9 打破。

探方 BT1 西面是断崖，该房址西面墙体残缺，其居住面、灶、门道、墙基和墙体均有不同程度破损。

居住面平面呈长方形，南北长 5.7、东西残宽 3.8 米。中央有圆形灶，未见柱洞和房顶设施。居住面自下而上修造有 5 层：第一层在生土层上铺厚约 0.24～0.42 米的褐色垫土层，第二层在褐色垫土层上铺厚约 0.32 米的黄色垫土层，第三层在黄色垫土层上部用火烧烤后形成厚约 2 厘米的红烧土层，第四层在红烧土层上抹厚约 2 厘米的草拌泥层，最上层是在草拌泥层上涂抹厚约 1 厘米的白灰层，此层是房屋的居住面。因被 BT1H1 和 BT1H4 打破，居住面破坏较严重，白灰面仅存极少部分。

灶为圆形，位于房屋中央偏南，直径 1.14 米。根据堆积情况，推断灶的修筑过程应为：首先在居住面铺设完草拌泥层后，选好灶的位置，挖出比灶径宽 0.36 米的圆坑；再在挖好的坑内填入厚约 10 厘米的黄土，并夯实，与居住面持平，与居住面同步涂抹白灰层面；最后，在白灰面层上画出直径约 1.2 米的灶址，即完成。灶经过多次使用，灶坑内填土坚硬，呈红褐色烧土状，红烧土层下未见草拌泥层。灶上有树枝，树枝上压着红烧土块。发掘者推断这些树枝和红烧土块可能为屋顶倒塌后的堆积。

门道为长方形，位于东面墙体外侧。据记录：东面墙体外侧有宽约 0.7 米，进深约 0.2 米的凸出长方形状，可能为门道。

墙基为围绕居住四面挖出的深沟状基槽。深 1.2～1.3、宽约 0.6 米。

墙体围绕居住四面修建，高出地面。残存高度 0.25、厚约 0.45 米。其修筑过程是在墙基槽内填满夹杂着红烧土块、木炭和白灰的黄土，夯筑而成，再在墙体内外侧涂抹一层厚约 2 厘米的草拌泥层，最后在草拌泥层上涂抹厚约 0.4 厘米的白灰层[1]。北面墙体外侧有斜坡夯筑层，残存高度约 0.4 米，有 3 层，每层厚 0.13 米，夯筑层硬度从下往上依次递减。东面和南面墙体外侧也残存少量相同修造方式的夯土层，但东侧墙体外侧夯土层面为平面状，无斜坡。东墙和南墙夹角处有一条向外伸出长 2、宽 0.58、深 1.2～1.3 米的长条形深沟，发掘者推测这可能是另一座房子的墙基，也可能是 BT1F1 的套间。

---

[1]　记录未说明白灰层涂抹在内壁还是外壁。

房址内墙角的白灰层面向上翻卷，压在居住面的白灰层面之上，据此推断居住面的白灰层涂抹的时间应早于墙体白灰面涂抹的时间。

无出土器物。

BT2F1

该址无单个发掘记录，平、剖面图和遗迹照，可参考 B 区总平面图。

关于该址记录仅在 BT2 的探方记录中有简单描述。开口于①层下。位于 BT2 西部，延伸至 BT1 的东部。

BT2F1 被灰坑 BT2H2、BT2H3 打破。

仅残存居住面、灶址和墙基基槽的局部、未见柱洞和房顶设施。

居住面为白灰地面，残存平面呈长方形。南北长 6、东西宽 5.9 米，深度未记录。白灰面仅存北部一小部分，其上散落着少量红烧土块和木炭屑。

灶为圆形，位于 BT2F1 中央。直径 1.75 米。灶址堆积自下而上可分 3 层：第一层是厚约 0.4 米的黄土层，经夯实；第二层为厚 0.2 米的红胶泥层；第三层为厚 0.3 厘米的白灰层。

墙基基槽残存东、南、西三面局部。宽 0.5 ～ 0.6、深 1 ～ 1.2 米。槽内填有红烧土，并夯实。

该址被后期遗迹破坏严重，未见门道遗存。

据记录该址有 1 件纺轮和 1 件石刀出土，现存器物中未见该址明确编号的器物，可能混入无编号或编号错误的器物。

三　灰坑

BT1H1

该址资料仅有简单的发掘记录，无平、剖面图和遗迹照，可参考 B 区总平面图。

据记录：该址开口于①层下，坑口距地表深度未记录。位于 BT1 西部。

BT1H1 打破 BT1H4 和 BT1F1。

椭圆形坑，口大底小。口径 2 ～ 2.4、底径 1.6 ～ 1.9、深 1.75 米。

出土器物有石球 1 件、石刀 3 件、残器盖 2 件，可辨器形者有泥质红陶罐、夹砂绳纹侈口罐、泥质灰陶罐。现存器物中未见该址编号的陶片，仅有 1 件残骨器，但记录中未提及骨器，且该器标签为后期整理时用铅笔标记，故该骨器可能为混入器。该址出土器物可能混入无编号或编号错误的器物。

BT1H2

该址资料仅有简单的发掘记录，无平、剖面图和遗迹照，可参考 B 区总平面图。

该址开口于①层下，坑口距地表深 0.97 米。位于 BT1 东部。

BT1H2 打破 BT1H5 和 BT2F1 墙基。

近圆形坑，口大底小，底稍呈圜底状。口径 2.57、深 1.75 米。

出土器物有石刀 2 件、石球和若干陶片。可辨器形者有夹砂红陶罐和泥质红陶罐。现存器物仅有 4 件，陶器 1 件、石器 2 件、骨器 1 件。

器盖　1 件。

标本 BT1H2：3，残缺，仅存半面。泥质橘红陶。手制。圆形，圆柱形提手。直径 7.6、高 3.2、提手高 1.95 厘米（图一五六，1；彩版一二○，3）。

石刀　1 件。

标本 BT1H2：4，圆角长方形，单面打制成薄片状，两侧各有一凹槽，直刃，中锋。长 7.6、宽 5、厚 0.8 厘米（图一五六，2）。

石球　1 件。

标本 BT1H2：2，完整。直径 4.1～4.3 厘米（图一五六，3）。

骨纺轮　1 件。

标本 BT1H2：1，不规则圆形，单面打磨光滑，中间有钻孔。直径 3.9、厚 3.8、孔径 0.58 厘米（图一五六，4）。

BT1H3

该址资料仅有简单的发掘记录，无平、剖面图和遗迹照，可参考 B 区总平面图。

该址开口于①层下，坑口距地表深 0.44 米。位于 BT1 东南角，大部分压在东隔梁和探方南壁下。

BT1H3 打破 BT1 内归属不明的红烧土墙基。

圆形坑。口径、底径不明，深 1.46 米。

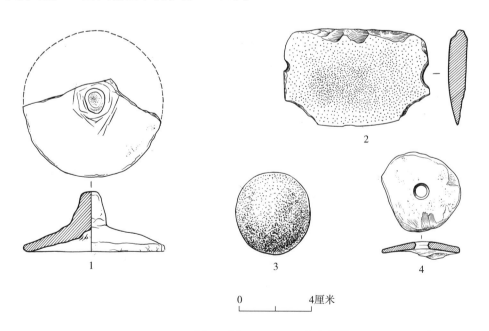

0　　　　　4厘米

图一五六　BT1H2 出土器物

1.器盖（BT1H2：3）　2.石刀（BT1H2：4）　3.石球（BT1H2：2）　4.骨纺轮（BT1H2：1）

现存器物中有该址明确编号的计3件，陶器1件、石器2件。

陶球 1件。

标本BT1H3：3，泥质灰陶。直径2.8厘米（图一五七，2）。

石刀 1件。

标本BT1H3：1，单面打制。圆角长方形，薄片状，弧背内曲，两侧各有一凹槽，直刃，中锋。长9.7、宽5.1、厚1.3厘米（图一五七，1；彩版一二〇，4）。

石刮削器 1件。

标本BT1H3：2，扁梯形，直刃，偏锋，单面打制成薄片状。长8.2、宽7.4、厚1.2厘米（图一五七，3）。

BT1H4

该址资料仅有简单的发掘记录，无平、剖面图和遗迹照，可参考B区总平面图。

该址开口于①层下，坑口距地表深度未记录。位于BT1西部。

BT1H4被BT1H1打破，打破BT1F1。

圆形坑，口大底小。口径1.75、底径1.37、深0.9米。

出土器物中可辨器形者有泥质红陶罐、泥质红陶钵和夹砂红陶罐。现存器物仅有2件：陶钵1件、器盖1件。

钵 1件。

标本BT1H4：1，泥质橘红陶。敛口，圆唇，斜直腹，近底处微内曲，平底。腹部残存深红色连续圆圈彩绘。口径14.8、底径8.6、高7.2厘米（图一五八，1）。

器盖 1件。

BT1H4：2，提手顶部残缺。泥质橘红陶。手制。圆形，圆柱形提手。直径7.6、残高3.7厘米（图一五八，2）。

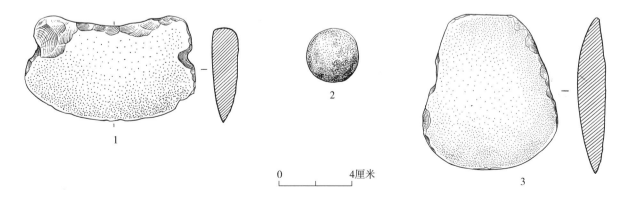

0   4厘米

图一五七 BT1H3出土器物

1.石刀（BT1H3：1） 2.陶球（BT1H3：3） 3.石刮削器（BT1H3：2）

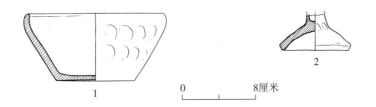

图一五八　BT1H4 出土器物
1.钵（BT1H4：1）　2.器盖（BT1H4：2）

BT1H5

该址资料仅有简单的发掘记录，无平、剖面图和遗迹照，可参考 B 区总平面图。

该址开口于①层下，坑口距地表深 0.92 米。位于 BT1 东部。

BT1H5 被 BT1H2 打破，被红烧土打破。

圆形坑，口大底小。口径 1.42、底径 1.14、深 1.18 米。

出土器物有残骨锥，陶器可辨器形者有泥质红陶罐和夹砂红陶罐。现存器物仅有 2 件石器。

石刀　2 件。

标本 BT1H5：1，残缺。直刃，偏锋，中部钻孔。残长 3.7、宽 4.8、厚 0.4 厘米（图一五九，1）。

标本 BT1H5：2，磨制。直刃，偏锋，中部有孔。长 8.2、宽 4.3、厚 0.8 厘米（图一五九，2；彩版一二〇，5）。

BT1H6

该址资料仅有简单的发掘记录，无平、剖面图和遗迹照，可参考 B 区总平面图。

该址开口于①层下，坑口距地表深 0.8 米。位于 BT1 南部，大部分压在 T1 南壁下未发掘。

已清理部分口径 1.5、宽 0.5、深 1.04 米。

出土器物中可辨器形者有泥质红陶罐和夹砂红陶罐。现存器物中未见该址编号器物。

BT1H7

该址资料仅有简单的发掘记录，无平、剖面图和遗迹照，可参考 B 区总平面图。

该址开口于①层下，坑口距地表深 0.84 米。位于 BT1 西南角，大部分压在 BT1 西、南壁下未发掘。

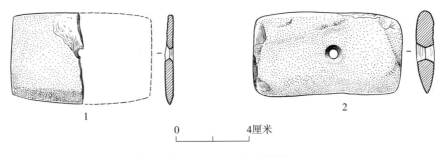

图一五九　BT1H5 出土器物
1、2.石刀（BT1H5：1、BT1H5：2）

已清理部分口宽 1、底宽 0.9、深 0.9 米。

出土器物中可辨器形者有泥质红陶罐和夹砂红陶罐。现存器物仅有 2 件，陶器 1 件、石器 1 件。

器盖 1 件。

标本 BT1H7∶1，残缺。泥质橘红陶。圆形，桥形纽。直径 8、残高 6.8 厘米（图一六〇，1）。

石刀 1 件。

标本 BT1H7∶2。残缺。器身扁平，两侧有刃，正锋。残长 6.1、宽 4.2、厚 0.5 厘米（图一六〇，2）。

BT1H8

该址资料仅有简单的发掘记录，无平、剖面图和遗迹照，可参考 B 区总平面图。

该址开口于①层下，坑口距地表深 0.96 米。位于 BT1 中部，西邻 T1F1 东墙。

三角形坑。边长 0.72 ～ 1.54、深 0.88 米。

出土器物中可辨器形者有泥质红陶罐和夹砂绳纹侈口罐，还有石刀 1 件、残骨铲 1 件、骨匕 1 件。现存器物中未见该址编号的器物。

BT1H9

该址资料仅有简单的发掘记录，无平、剖面图和遗迹照，可参考 B 区总平面图。

该址开口于①层下，坑口距地表深 0.83 米。位于 BT1 中部偏西。

BT1H9 打破 BT1F1。

不规整椭圆形坑。长径 2.4、短径 1.26、深 1.06 米。

出土遗物有石刀 1 件，陶片可辨器形者有泥质红陶罐和夹砂绳纹侈口罐。现存器物中未见该址编号的器物。

BT2H1

该址资料仅有简单的发掘记录，无平、剖面图和遗迹照，可参考 B 区总平面图。

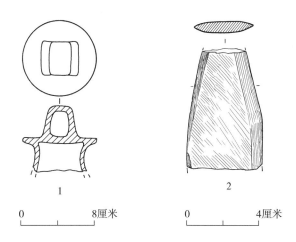

0   8厘米   0   4厘米

图一六〇 BT1H7 出土器物

1.器盖（BT1H7∶1） 2.石刀（BT1H7∶2）

该址开口层位未记录，口距地表深 0.87 米。位于 BT2 南壁偏东，部分压于 BT3 北隔梁下未发掘。

椭圆形坑。口径不明，深 1.2 米。

出土少量齐家文化陶片。现存器物中未见该址编号的陶片。

BT2H2

该址资料仅有简单的发掘记录，无平、剖面图和遗迹照，可参考 B 区总平面图。

该址开口层位未记录，坑口距地表深 1 米。位于 BT2 中部。

BT2H2 打破 BT2F1。

椭圆形坑。长径 3.3、短径 1.35、深 1.25 米。坑内填土为深灰色花土。

出土少量的齐家文化陶片。记录中未明确记述有出土器。现存器物中仅见 2 件陶器。

夹砂绳纹侈口罐　1 件。

标本 BT2H2：2，残存口沿。夹砂橘红陶。侈口，尖唇，折沿，束颈，鼓腹。腹饰竖绳纹。口径 9.4、残高 9.6 厘米（图一六一，1）。

钵　1 件。

标本 BT2H2：1，泥质橘红陶。侈口，方唇，斜直腹，腹上部内曲，近底处呈折腹，平底。口径 14、底径 8.2、高 5.4 厘米（图一六一，2）。

BT2H3

该址资料仅有简单的发掘记录，无平、剖面图和遗迹照，可参考 B 区总平面图。

该址开口层位未记录，坑口距地表深 1.25 米。位于 BT2 西部。

BT2H3 打破 BT2F1。

椭圆形坑。长径 2、短径 1.1、深 0.75 米。

出土器物有骨锥 2 件、残器盖 1 件，还有少量陶片和兽骨。现存器物中未见该址编号的陶器和兽骨，仅有 2 件骨器。

骨锥　2 件。

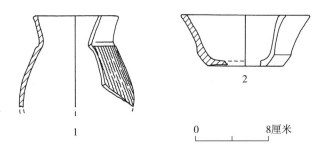

图一六一　BT2H2 出土器物

1.夹砂绳纹侈口罐（BT2H2：2）　2.钵（BT2H2：1）

标本 BT2H3：1，磨制。柄部留有原关节部，截面为圆形，锥身和锥尖磨制光滑。长 12.3、柄宽 1.5 厘米（图一六二，1）。

标本 BT2H3：2，磨制。锥身截面为半环形。长 12.2、柄宽 1.8 厘米（图一六二，2）。

BT2H4

该址资料仅有简单的发掘记录，无平、剖面图和遗迹照，可参考 B 区总平面图。

该址开口层位未记载，坑口距地表深 1.14 米。位于 BT2 东部，压于东壁下，因有树木未扩方。填土为深灰色。

平面形状和尺寸未记录，深 1.1 米。

出土器物有陶片、兽骨和卜骨 2 件，陶片以细泥橙黄陶为主，其次是夹砂粗陶，有牛骨和羊骨。现存器物中未见该址明确编号的陶片和兽骨，仅有 4 件器物，陶器 2 件、骨器 2 件。

夹砂绳纹侈口罐　2 件。

标本 BT2H4：3，残存口沿。夹砂灰黑陶。敞口，方唇。饰绳纹。残高 6、厚 1 厘米（图一六三，1）。

标本 BT2H4：4，残存口沿。夹砂灰黑陶。侈口，圆唇。腹饰竖绳纹。口径 10.4、残高 7.6、厚 0.6 厘米（图一六三，2）。

卜骨　2 件。

标本 BT2H4：1，完整。羊右侧肩胛骨，有圆形灼痕九处。长 15.2、最宽处 9.5、厚 0.2～1.8 厘米（图一六三，3）。

标本 BT2H4：2，完整。羊左侧肩胛骨，有圆形灼痕七处。长 15.8、宽 9、厚 0.2～1.8 厘米（图一六三，4；彩版一二〇，6）。

BT3H1

该址资料仅有简单的发掘记录，无平、剖面图和遗迹照，可参考 B 区总平面图。

该址开口层位及深度未记录。位于 BT3 中部偏北处，压在北隔梁下。

BT3H1 打破 M117。

因水漫入导致坑壁塌落，现呈尖底。口径约 1.5 米。坑内填土为深灰色花土，夹杂有大量烧过的木炭屑。

出土器物除陶片和兽骨外，另有骨锥 2 件、海贝 1 件、石刀 1 件。现存器物中未见该址明确编号的陶片和兽骨，仅有 1 件陶器。

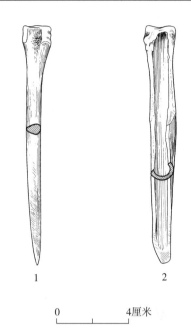

0 ⊢——⊢——⊣ 4厘米

图一六二　BT2H3 出土器物

1、2.骨锥（BT2H3：1、BT2H3：2）

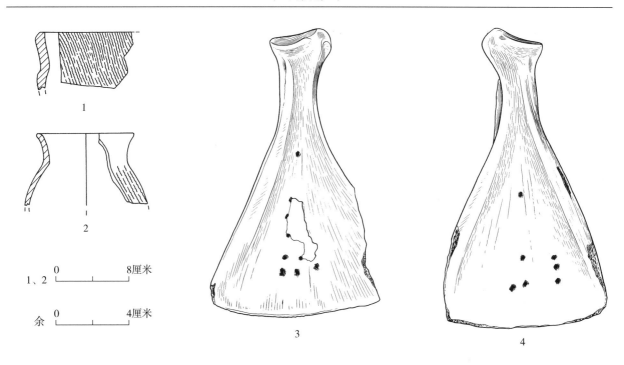

1、2 ├─────┼─────┤ 8厘米
0

余 ├─────┼─────┤ 4厘米
0

图一六三　BT2H4 出土器物

1、2.夹砂绳纹侈口罐（BT2H4：3、BT2H4：4）　3、4.卜骨（BT2H4：1、BT2H4：2）

钵　1件。

标本 BT3H1：1，残存口沿。泥质橙黄陶。敛口，圆唇，弧腹。腹上部一侧有一兽首形鋬。口径 12.4、残高 6 厘米（图一六四）。

BT3H2

该址有平、剖面图和记录，无遗迹照。

该址开口于①层下，位于 BT3 西南角，部分压于 BT3 南壁下。

BT3H2 打破 BT3 内归属不明的红烧土墙基。

带浅斜坡门道的袋状窖穴。平面呈"吕"字形，平面长约 4.5、宽约 2.4 米。横剖面为西北高的浅坑门道与东南深的窖穴组成，浅坑门道位于窖穴的西北面，一端呈斜坡状，深 0.55 米。窖穴位于浅坑门道的东南面，深约 2.5 米。二者之间设有木质门槛，在门槛东西两端有立柱插入土中。在窖穴上部残留有火烧过的木构件痕迹，如"爪"形，推断此窖穴有木质顶棚建筑。

坑内壁残留厚约 5 厘米的泥浆层，泥浆层脱落处露出坑壁，壁上可见清晰的工具挖掘痕迹。根据痕迹推测挖掘器应为三齿木耒。齿宽约 0.1 米，齿间距 0.3～0.4 米，挖入进深约 0.23 米（图一六五）。

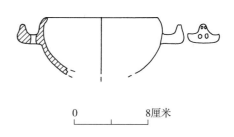

├─────┼─────┤ 8厘米
0

图一六四　BT3H1 出土器物

钵（BT3H1：1）

出土少量的陶片。记录中未明确记述有出土器。现存器物中未见有该址编号的陶片，仅有7件器物，5件陶器、2件石器。

双耳罐　1件。

标本BT3H2：1，残存口沿。泥质橙黄陶。口沿外壁饰绳纹。侈口，方唇，束颈。口下部至肩部有对称桥形双耳。双耳亦饰绳纹。口径13.8、残高6.4厘米（图一六六，1）。

鬲足　1件。

标本BT3H2：6，残缺。泥质橙黄陶。锥状足跟。饰绳纹。残高6.8厘米（图一六六，4）。

斝足　1件。

标本BT3H2：5，残缺。泥质橙黄陶。柱状足跟，较高。残高8.8厘米（图一六六，5）。

钵　1件。

标本BT3H2：3，残缺底部。泥质橘红陶。敛口，方唇，弧腹。口沿有上翘的对称双耳。

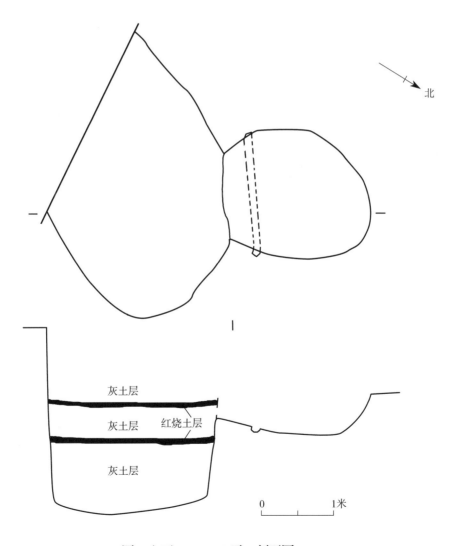

图一六五　BT3H2 平、剖面图

口径 15.9、残高 6.4 厘米（图一六六，2）。

器盖　1件。

标本 BT3H2：2，残缺。泥质橙黄陶。圆形，圆柱形提手。直径 11.7、高 6.5 厘米（图一六六，3）。

石刀　1件。

标本 BT3H2：7，打制而成。亚腰形，一侧有刃，两端有缺口。长 7.6、宽 4.7、厚 1 厘米（图一六六，6）。

石斧　1件。

标本 BT3H2：4，厚长方体，中锋。刃部残缺。长 12.3、刃宽 3.5、厚 2.8 厘米（图一六六，7）。

四　红烧土墙基

归属不明的红烧土墙基 1 处。

该址资料仅有简单的发掘记录，无平、剖面图和遗迹照，可参考 B 区总平面图。

该墙基开口于①层下，位于 BT3 中部。

该红烧土墙基被 BT3H2 打破，叠压在 M116 之上。

东西走向，且分别与 BT1F1 和 BT2F1 的南、北墙体走向一致，仅残存部分墙基，残长 4.4、

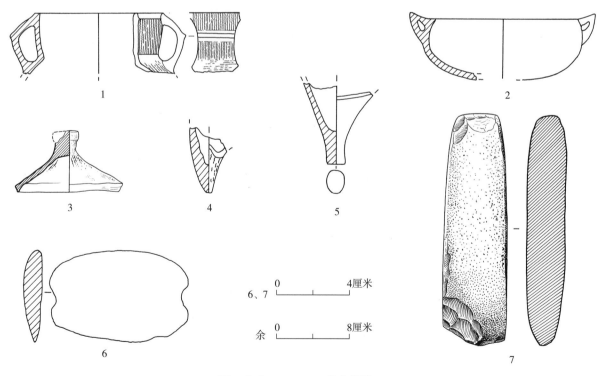

图一六六　BT3H2 出土器物

1.双耳罐（BT3H2：1）　2.钵（BT3H2：3）　3.器盖（BT3H2：2）　4.鬲足（BT3H2：6）　5.斝足（BT3H2：5）　6.石刀（BT3H2：7）　7.石斧（BT3H2：4）

宽 0.66 米，深度未记录。

无出土器物。

五　硬土路面

该址资料仅有简单的发掘记录，无平、剖面图和遗迹照，可参考 B 区总平面图。

该址开口于①层下，跨 BT3 和 BT2，位于 A 区东部。

该硬土路面被 M114 打破，分别打破 BT2、BT3 内归属不明的红烧土墙基。

西北至东南走向。路面距地表深 0.94、残长 13.1、宽约 2 米。硬土路面下为一层厚约 0.1 米的红烧土层。

无出土器物。

第五章　器物综述

第一节　编号明确的器物

根据发掘记录有原始编号的出土器物计674件（组），其中可识别器类的基本完整器计621件、不可识别器类等标本18件、白色碎石35组。现存出土器物计671件，其中编号明确器物（含陶片碎石等标本）636件、无编号器物计22件、编号错误器物13件。有原始编号的器物31件组在整理过程中未见实物，可能混入无编号或编号错误的器物中（含11组白色碎石）。主要有陶器、石器、骨器、牙器和铜器等，另有少量石料、骨料和蚌壳。其中陶器是大宗，其他材质的器物数量较少。本章节仅对出土单位明确的器物进行粗略的型式分析。现存器物中有35件无编号或编号错误的器物，同时有部分墓葬存在器物缺失的问题，因无法确定这些无编号或编号错误器物的归属单位，对其进行型式分析的意义不大，故下文另列章节仅对其进行描述。

一　陶器

（一）陶器概述

齐家坪遗址现有明确编号的陶器计510件，可分为泥质、夹砂和夹细砂三大类。其中泥质陶计324件，占陶器总数的63.5%；夹砂陶计166件，占陶器总数的32.6%；夹细砂陶20件，占陶器总数的3.9%。

泥质陶主要呈橘红色和橙黄色，夹砂陶主要呈红褐色、灰黑色等多种颜色，还有部分陶器的颜色不均匀，颜色斑驳夹杂。以橙黄色陶最多，计244件，占陶器总数的47.8%。橘红色陶次之，计94件，占陶器总数的18.4%。灰黑色计79件，占陶器总数的15.5%。红褐色计33件，占陶器总数的6.5%。陶色斑驳夹杂者计60件，占陶器总数的11.8%。

陶器以素面为大宗，计239件，占陶器总数的46.9%。竖绳纹次之，计172件，占陶器总数的33.7%。其次为竖篮纹，计68件，占陶器总数的13.3%。细绳纹仅在薄胎器上出现，计9件，占陶器总数的1.8%。刻划纹、戳印纹、蛇纹、交错绳纹计17件，占陶器总数的3.3%。另有少量陶器除了主体纹饰外，还有交错绳纹、附加堆纹、堆塑泥饼、旋纹、蛇纹、戳印纹、锥刺纹、刻划等附加纹饰，这些纹饰多与绳纹和篮纹共同组合使用，计34件，占陶器总数的6.7%。彩陶数量极少，计5件，占陶器总数的1%。彩陶图案母题主要为折线纹、三角纹、几何纹和平行线纹。另有少量陶器在口内侧和器表涂有红彩。绳纹则多饰于夹砂质地各种罐类及三足器上。篮纹主要饰于泥质陶的喇叭口高领罐类的腹部。交错绳纹则饰于夹砂侈口罐的腹部。堆塑泥饼多饰于耳部。旋纹与弦纹多饰于颈部，戳印纹多饰于瓮、折肩罐类肩部。

陶器均为手制，器形不甚规整。以泥条盘筑法为主，小件器物或简单的器盖等为直接捏塑而成，在部分器物的内壁还留有泥条盘筑和手指抹平的痕迹。器耳、底与三足器的足部是先制作器物主体后安装器耳、器底和三足。

陶器的器类较丰富，绝大多数为平底器，有极少量的三足器。器形主要为夹砂绳纹侈口罐、高领罐、喇叭口篮纹高领罐、薄胎细绳纹罐、折肩罐、单大耳罐、双大耳罐、三大耳罐、夹砂绳纹侈口单耳罐、夹砂绳纹侈口双耳罐、喇叭口颈耳罐、肩耳罐、双錾双流罐、彩陶罐、蛇纹罐、鬲、盉、甑、瓮、折肩盆、钵、豆、斝、盘、单耳杯，还出有器盖、陶球、纺轮。以夹砂绳纹侈口罐、双大耳罐、高领罐、喇叭口篮纹高领罐和钵为常见器形，其他器形数量少，鬲和斝仅有五个残足，未见完整器（表一）。

（二）陶器组合

陶器的组合复杂多样，以夹砂绳纹侈口罐、双大耳罐、喇叭口篮纹高领罐、高领罐的组合最为常见。陶器组合详述如下。

夹砂绳纹侈口罐、双大耳罐；

夹砂绳纹侈口罐、双大耳罐 + 喇叭口篮纹高领罐 /（高领罐、单大耳罐）/ 三大耳罐；

夹砂绳纹侈口罐、双大耳罐、喇叭口篮纹高领罐、高领罐 + 钵 / 瓮 / 豆 / 折肩罐 /（折肩罐、单大耳罐）；

夹砂绳纹侈口罐、双大耳罐、喇叭口篮纹高领罐、高领罐、豆 + 折肩罐 / 单耳罐 /（瓮、蛇纹罐、夹砂绳纹侈口单耳罐）/（单大耳罐、瓮、三大耳罐）/（折肩罐、单大耳罐）/ 瓮 / 薄胎细绳纹罐 / 单耳杯 / 瓮、蛇纹罐、夹砂绳纹侈口双耳罐；

夹砂绳纹侈口罐、双大耳罐、喇叭口篮纹高领罐、钵；

夹砂绳纹侈口罐、双大耳罐、喇叭口篮纹高领罐、钵 + 单大耳罐 /（豆、瓮）/（豆、折肩盆、瓮）；

夹砂绳纹侈口罐、双大耳罐、高领罐 + 钵 / 豆；

夹砂绳纹侈口罐、双大耳罐、高领罐、钵 + 单大耳罐 /（折肩罐、喇叭口颈耳罐、彩陶罐）；

夹砂绳纹侈口罐、双大耳罐、喇叭口篮纹高领罐 + 单大耳罐 /（豆、单大耳罐）/（夹砂绳纹侈口单耳罐、双錾双流罐）；

表一　陶器陶质陶色纹饰统计表

器类	陶质			陶色			
	泥质	夹砂	夹细砂	橙黄	橘红	灰黑	红褐
夹砂绳纹侈口罐		140		15	4	66	20
高领罐	30	14	7	28	12	3	7
喇叭口篮纹高领罐	54			37	15		
薄胎细绳纹罐			9	2			2
折肩罐	9			7	1		
单大耳罐	17			15	1		
双大耳罐	102			80	16	1	
三大耳罐	3			1	1		
夹砂绳纹侈口单耳罐		3				1	
夹砂绳纹侈口双耳罐		5				2	2
喇叭口颈耳罐	5			3	2		
肩耳罐	1					1	
双錾双流罐	1			1			
彩陶罐	4			3	1		
蛇纹罐			4			1	1
单大耳带流瓶	2			1			
鬲足		4		2		1	1
斝足	1			1			
甑	3			2		1	
瓮	10			7	3		
折肩盆	3			2			
钵	44			24	18		
豆	17			10	6	1	
盂	1			1			
盘	1			1			
单耳杯	1			1			
器盖	10			2	8		
陶球	4				3	1	
纺轮	1				1		
合计	324	166	20	244	94	79	33
百分比（%）	63.5	32.6	3.9	47.8	18.4	15.5	6.5

陶色			纹饰						
灰黑与橘红	橙黄与橘红	灰黑与橙黄	素面	竖绳纹	竖篮纹	细绳纹	彩绘	其他	附加纹饰
26	1	8		138				2	9
		1	22	19	7			3	5
	2		4	1	49				
3		2				9			5
	1		4		3			2	2
	1		17						
	5		102						
	1		2					1	
1		1	3						2
1			5						
			5						
					1				1
			1						
							4		
1		1						4	4
	1		2						
				4					
			1						
			3						
			5		3			1 1	2
	1		2					1	
	2		37	1	5		1		
			14	1				2	2
			1						
			1						
			1						
			10						2
			4						
			1						
32	15	13	239	172	68	9	5	17	34
6.3	2.9	2.6	46.9	33.7	13.3	1.8	1.0	3.3	6.7

夹砂绳纹侈口罐、双大耳罐、高领罐；

夹砂绳纹侈口罐、双大耳罐、高领罐 + 夹砂绳纹侈口双耳罐 /（豆、薄胎细绳纹罐，钵、单大耳罐、薄胎细绳纹罐、瓮）；

夹砂绳纹侈口罐、双大耳罐、夹砂绳纹侈口单耳罐；

夹砂绳纹侈口罐、双大耳罐 + 钵 / 彩陶罐；

夹砂绳纹侈口罐、双大耳罐、喇叭口颈耳罐、钵 + 盉 / 单大耳罐；

夹砂绳纹侈口罐、高领罐、钵、夹砂绳纹侈口单耳罐；

夹砂绳纹侈口罐、钵、瓮、喇叭口颈耳罐、单大耳罐；

夹砂绳纹侈口罐、钵；

夹砂绳纹侈口罐、豆、折肩盆、单大耳罐；

夹砂绳纹侈口罐、喇叭口篮纹高领罐、钵、单大耳罐；

双大耳罐、喇叭口篮纹高领罐、喇叭口颈耳罐、钵；

双大耳罐、高领罐、蛇纹罐；

双大耳罐、喇叭口篮纹高领罐、豆、薄胎细绳纹罐；

双大耳罐、喇叭口篮纹高领罐、高领罐、钵、折肩盆、夹砂绳纹侈口双耳罐；

高领罐、豆；

高领罐、喇叭口颈耳罐、钵、薄胎细绳纹罐、蛇纹罐；

喇叭口篮纹高领罐、单大耳罐；

薄胎细绳纹罐、蛇纹罐、瓮、甑。

（三）陶器型式

该遗址出土的陶器均为手工制品，同类器局部多有差异，标准化程度低。为了避免以口部、肩部或腹部细微的形态差异进行分型分式出现误差，本文以同类器形的明显差异作为分型分式的依据，比如同类器有耳和无耳，素面和纹饰，鼓腹和折腹等明显特征，结合叠压打破关系对陶器进行型式划分。

现存陶器有明确单位编号的计 510 件，可用于分型分式的基本完整陶器 434 件，残缺无法复原及部分未分型式的陶器 76 件。

夹砂绳纹侈口罐　据原始记录应出土 143 件，3 件可能混入无编号或编号有误的器物内。现存 140 件，其中可分型分式的 120 件，20 件残缺不可分型分式。均为夹砂陶。橙黄色者 15 件，灰黑色者 66 件，红褐色者 20 件，橘红色者 4 件，陶色斑驳者 35 件。竖绳纹者 138 件，交错绳纹者 2 件。另有附加纹饰者 9 件。侈口，鼓腹，平底。器表饰竖绳纹。依据口沿形态差异，分二型。

A 型　74 件。领部较高。依据器形由高瘦到矮胖的差异，分四式。

Ⅰ式 6件。器形较瘦高。包含标本M16：3、M28：9、M36：5、M55：3、M69：6、M94：2（图一六七，1）。

Ⅱ式 44件。器形较Ⅰ式宽扁。包含标本M1：1、M1：3、M4：4、M4：6、M5：2、M11：5、M12：8、M16：5、M16：7、M21：3、M23：9、M24：2、M24：6、M25：3、M28：5、M28：8、M28：14、M28：17、M28：18、M32：1、M32：3、M32：4、M36：9、M62：2、M62：3、M63：1、M65：6、M65：9、M66：1、M74：2、M74：5、M75：5、M77：2、M79：8、M92：2、M94：8、M108：7、M110：3（图一六七，2）、M110：7、M110：10、M110：21、M111：6、M111：7、M115：2。

Ⅲ式 17件。器形较Ⅱ式宽胖。包含标本M21：2、M23：5、M32：10、M36：3、M44：7、M50：4、M63：2、M66：3、M66：7、M75：1（图一六七，3）、M76：6、M88：1、M91：1、M97：3、M97：6、M112：2、AT15：2。

Ⅳ式 7件。器形较Ⅲ式矮胖。包含标本M25：4、M28：6、M34：3、M50：1（图一六七，4）、M118：5、M118：9、BT3：2。

B型 46件。领部较低矮。依据器形由高瘦到矮胖的差异，可分四式。

Ⅰ式 10件。器形较瘦高。包含标本M44：8、M54：1、M85：2、M95：4、M100：2、

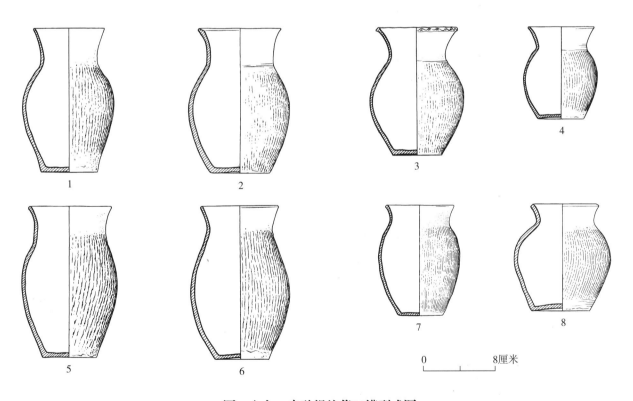

图一六七 夹砂绳纹侈口罐型式图

1.A型Ⅰ式（M94：2） 2.A型Ⅱ式（M110：3） 3.A型Ⅲ式（M75：1） 4.A型Ⅳ式（M50：1） 5.B型Ⅰ式（M110：4） 6.B型Ⅱ式（M60：4） 7.B型Ⅲ式（M96：2） 8.B型Ⅳ式（M26：1）

M105：5、M108：9、M110：2、M110：4（图一六七，5）、M110：19。

Ⅱ式　21件。器形较Ⅰ式宽扁。包含标本M10：3、M10：7、M11：11、M11：12、M16：6、M19：2、M22：1、M22：4、M22：6、M27：1、M50：8、M60：4（图一六七，6）、M60：5、M69：1、M100：1、M101：2、M101：3、M102：1、M107：5、M112：3、M113：2。

Ⅲ式　8件。器形较Ⅱ式宽胖。包含标本M25：2、M29：3、M34：4、M51：1、M89：5、M90：2、M96：2（图一六七，7）、M118：6。

Ⅳ式　7件。器形较Ⅲ式矮胖。包含标本M11：2、M18：8、M26：1（图一六七，8）、M36：14、M92：3、M104：1、M118：8。

器型不明　20件。均残缺，无法复原。包含标本BT2H2：2、BT2H4：3、BT2H4：4、BT3：32、BT②：2、BT②：3、BT②：5、AT10H2：2、AT11H1：7、AT14F1：4、M11：14、M16：2、M19：3、M20：4、M25：1、M26：2、M77：3、M85：4、M89：4、M114：1。

高领罐　51件，均可分型分式。泥质30件，夹砂14件，夹细砂7件。橙黄色者28件，橘红色者12件，红褐色者7件，灰黑色者3件，陶色斑驳者1件。素面22件，竖绳纹19件，竖篮纹7件，堆塑泥饼3件，附加堆塑纹饰5件。高束颈，依据纹饰差异，分二型。

A型　28件。素面。依据器形由高胖到矮瘦的差异，分四式。

Ⅰ式　2件。器形较高胖。包含标本M28：7（图一六八，1）、M37：4。

Ⅱ式　17件。器形较Ⅰ式宽扁。包含标本M4：7、M11：1（图一六八，2）、M11：10、M21：6、M23：4、M24：1、M27：3、M27：5、M36：11、M54：3、M63：6、M69：4、M75：4、M77：1、M79：10、M92：7、M94：3。

Ⅲ式　7件。器形较Ⅱ式宽胖。包含标本M24：4、M34：1、M36：13、M61：1、M65：3、M110：9（图一六八，3）、M110：11。

Ⅳ式　2件。器形较Ⅲ式矮胖。包含标本M44：2（图一六八，4）、M118：7。

B型　23件。腹部饰绳纹或篮纹。依据纹饰差异，分二亚型。

Ba型　17件。颈部无旋纹。依据器形由高胖到矮瘦的差异，分四式。

Ⅰ式　4件。器形较高胖。包含标本M20：5（图一六八，5）、M20：9、M69：5、M75：6。

Ⅱ式　4件。器形较Ⅰ式宽扁。包含标本M21：5（图一六八，6）、M29：2、M55：1、M92：5。

Ⅲ式　4件。器形较Ⅱ式宽胖。包含标本M18：2、M25：5（图一六八，7）、M62：6、M65：4。

Ⅳ式　5件。器形较Ⅲ式矮胖。包含标本M29：5、M44：5（图一六八，8）、M59：2、M60：3、M63：4。

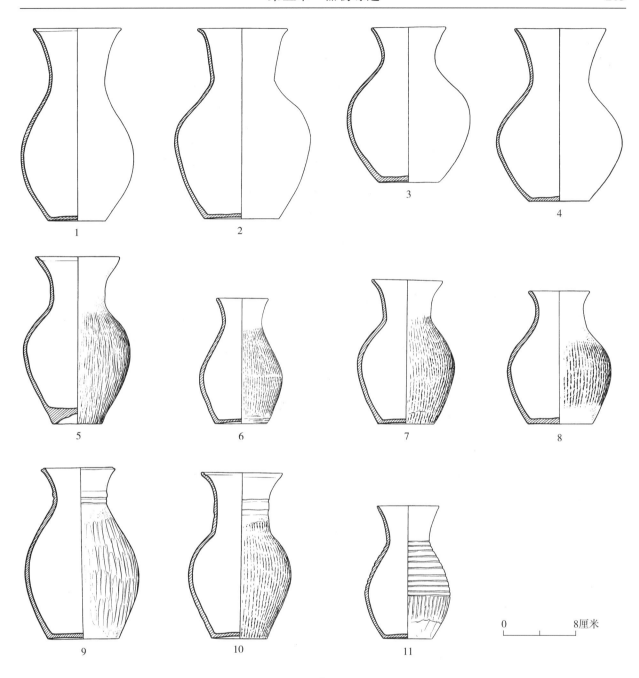

图一六八 高领罐型式图

1.A型Ⅰ式（M28:7） 2.A型Ⅱ式（M11:1） 3.A型Ⅲ式（M110:9） 4.A型Ⅳ式（M44:2） 5.Ba型Ⅰ式（M20:5） 6.Ba型Ⅱ式（M21:5） 7.Ba型Ⅲ式（M25:5） 8.Ba型Ⅳ式（M44:5） 9.Bb型Ⅰ式（M95:1） 10.Bb型Ⅱ式（M107:2） 11.Bb型Ⅲ式（M79:11）

Bb型 6件。颈部有旋纹。依据器形由高胖到矮瘦的差异，分三式。

Ⅰ式 1件。器形较高胖。标本M95:1（图一六八，9）。

Ⅱ式 2件。器形较Ⅰ式宽扁。包含标本M98:5、M107:2（图一六八，10）。

Ⅲ式 3件。器形较Ⅱ式矮胖。包含标本M77:6、M79:11（图一六八，11）、

M111：5。

喇叭口篮纹高领罐 54件，其中可分型分式的50件，另有4件残缺不可分型分式。其中M23：1、M36：6和M94：5为素面，M74：4饰竖绳纹，这4件器物的表面并未装饰篮纹，但器形和喇叭口篮纹高领罐相同，故纳入到喇叭口篮纹高领罐内进行分型分式。均为泥质陶。橙黄色者37件，橘红色者15件，陶色斑驳者2件。竖篮纹49件，素面4件，竖绳纹1件。内壁有明显的手指挤压凹痕，部分器物口沿出现了排列规律的弦纹。最大腹径以下部分有竖篮纹，少数器物篮纹延伸至底部。器表光滑，依据耳部形态的差异，分二型。

A型 8件。无耳。依据器形差异，分二式。

Ⅰ式 4件。大喇叭口，长曲颈，器形较高胖。包含标本M23：1、M36：6、M66：5（图一六九，1）、M107：4。

Ⅱ式 4件。曲颈变短，器形较瘦小。包含标本M5：5、M20：11（图一六九，2）、M22：7、M94：5。

B型 42件。有耳。依据器形差异，分二亚型。

Ba型 41件。大喇叭口。依据器形由高胖到瘦高的差异，分三式。

Ⅰ式 19件。器形较高胖。包含标本M11：6、M16：4、M20：3、M25：12（图一六九，3）、M28：16、M32：9、M36：10、M44：1、M60：8、M63：5、M65：7、M65：8、M79：6、M83：2、M89：2、M105：1、M107：6、M110：20、M111：4。

Ⅱ式 19件。器形较Ⅰ式宽扁。包含标本M23：8、M28：13、M28：20、M32：6、M32：8、M55：8、M60：6、M66：2、M74：4、M79：7、M86：1、M90：1、M92：1、M94：4、M95：2、M108：2、M108：3、M110：12（图一六九，4）、M110：18。

Ⅲ式 3件。器形较Ⅱ式矮胖。包含标本M18：11（图一六九，5）、M96：1、M98：1。

Bb型 1件。喇叭口较小。标本M12：1（图一六九，6）。

器型不明 4件。均残缺，不可复原。包含标本BT3：33、AT10H2：3、M2：2、M29：4。

薄胎细绳纹罐 9件，均可分型分式。陶质均夹细砂。红褐色者2件，橘红色者2件，陶色斑驳者5件。均饰竖细绳纹，另有附加戳印纹及附加堆纹的5件。根据器物耳部形态及纹饰差异，分二型。

A型 5件。有双耳。依据器形差异，分二式。

Ⅰ式 3件。整体器形瘦高。包含标本M4：9（图一七〇，1）、M40：1、M58：1。

Ⅱ式 2件。整体器形矮胖。包含标本M18：7（图一七〇，2）、M18：9。

B型 4件。无耳。依据器形差异，分二式。

Ⅰ式 1件。整体器形瘦高。标本M2：4（图一七〇，3）

Ⅱ式 3件。整体器形矮胖。包含标本M2：3、M5：3（图一七〇，4）、M61：4。

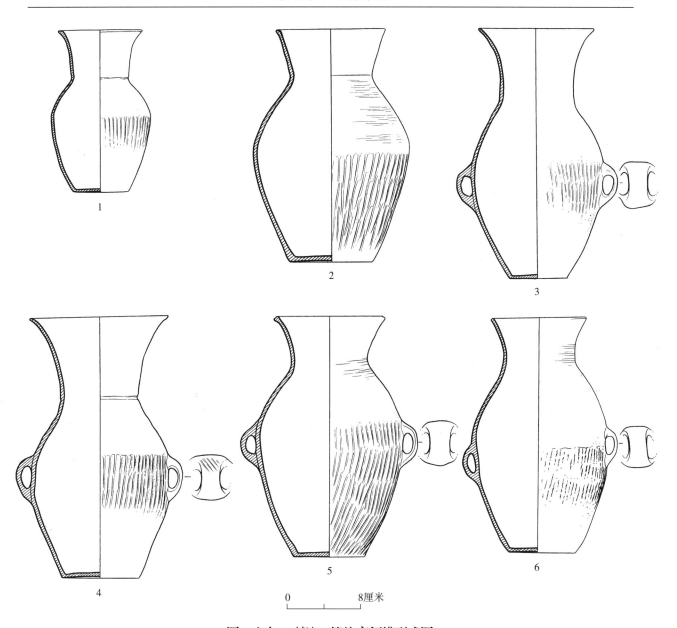

图一六九　喇叭口篮纹高领罐型式图

1.A型Ⅰ式（M66：5）　2.A型Ⅱ式（M20：11）　3.Ba型Ⅰ式（M25：12）　4.Ba型Ⅱ式（M110：12）　5.Ba型Ⅲ式（M18：11）　6.Bb型（M12：1）

折肩罐　9件，均可分型分式。均为泥质陶。橙黄色者7件，橘红色者1件，陶色斑驳者1件。素面4件，竖篮纹3件，戳印纹2件。另有2件饰附加堆塑泥饼。短侈口，束颈，依据器形差异，分二型。

A型　3件。双耳，折肩。包含标本M18：3、M79：13、M110：14（图一七一，1）。

B型　6件。无耳。依据器形差异，分二亚型。

Ba型　3件。折腹。包含标本M18：6、M19：5（图一七一，2）、M107：8。

Bb型　3件。折肩折腹。包含标本M11：9（图一七一，3）、M55：7、M60：9。

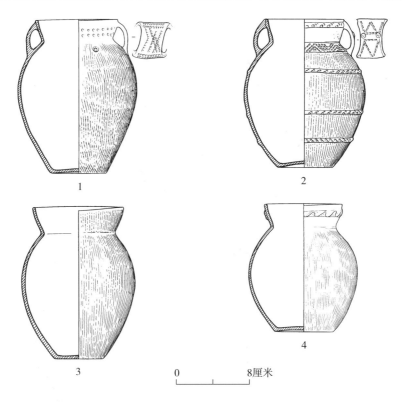

图一七〇　薄胎细绳纹罐型式图
1.A型Ⅰ式（M4:9）　2.A型Ⅱ式（M18:7）　3.B型Ⅰ式（M2:4）　4.B型Ⅱ式（M5:3）

　　单大耳罐　17件，其中可分型分式的15件，另有2件残缺不可分型分式。均为泥质陶。橙黄色者15件，橘红色者1件，陶色斑驳者1件。均为素面。依据领部和腹部形态差异，分三型。

　　A型　12件。领部较高，鼓腹。依据器形差异，分三式。

　　Ⅰ式　4件。器形较瘦高。包含标本 M4:5、M32:5（图一七二，1）、M97:5、BT3:15。

　　Ⅱ式　5件。器形较Ⅰ式宽扁。包含标本 AT8:1、M18:10、M23:6（图一七二，2）、M55:2、M83:1。

　　Ⅲ式　3件。器形较Ⅱ式宽胖。包含标本 M62:5、M76:7、M105:2（图一七二，3）。

　　B型　2件。领部较矮，鼓腹。包含标本 M74:3、M108:6（图一七二，4）。

　　C型　1件。折肩折腹。标本 M5:6（图一七二，5）。

　　器型不明　2件。均残缺，不可复原。包含标本 BT3:1、M22:2。

　　双大耳罐　据原始记录应出土107件，5件可能混入无编号或编号有误的器物内。现存计102件，其中可分型分式的98件，4件残缺不可分型分式。均为素面泥质陶。橙黄色者80件，橘红色者16件，灰黑色者1件，陶色斑驳者5件。手制，口颈内壁有明显的手指挤压凹痕，部分器物口沿出现了排列规律的弦纹，应为慢轮修整留下的痕迹。多数器表耳部及近底处有细

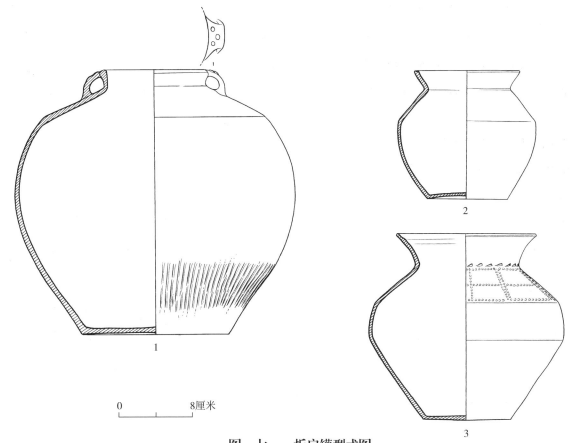

图一七一 折肩罐型式图

1.A型（M110:14） 2.Ba型（M19:5） 3.Bb型（M11:9）

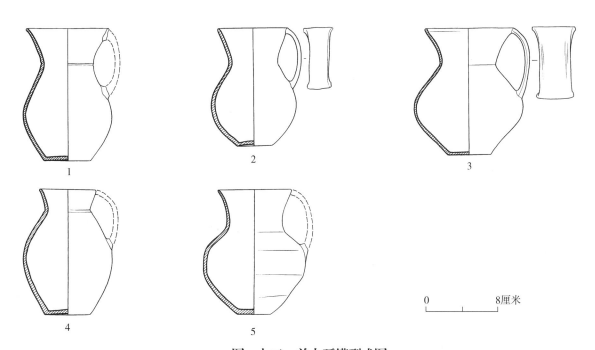

图一七二 单大耳罐型式图

1.A型Ⅰ式（M32:5） 2.A型Ⅱ式（M23:6） 3.A型Ⅲ式（M105:2） 4.B型（M108:6） 5.C型（M5:6）

微的毛刷修整痕迹。依据腹部形态差异，分二型。

A 型　6件。折腹。依据器形由高瘦到矮胖的差异，分三式。

Ⅰ式　2件。器形较高瘦。包含标本 M4：3、M25：8（图一七三，1）。

Ⅱ式　3件。器形较 A Ⅰ式宽扁。包含标本 M25：7（图一七三，2）、M28：11、M54：2。

Ⅲ式　1件。器形较 A Ⅱ式矮胖。标本 M76：1（图一七三，3）。

B 型　92件。圆腹。依据器物领部差异，分两亚型。

Ba 型　91件。大高领。依据器形由高瘦到矮胖的差异，分三式。

Ⅰ式　26件。器形较高瘦。包含标本 M11：3、M12：7、M16：8、M22：3、M23：3、M23：7、M24：3、M25：9（图一七三，4）、M25：10、M25：11、M26：3、M28：21、

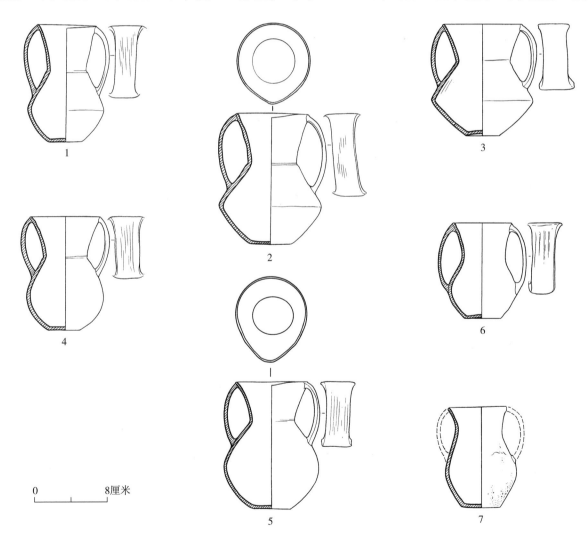

图一七三　双大耳罐型式图

1.A型Ⅰ式（M25：8）　2.A型Ⅱ式（M25：7）　3.A型Ⅲ式（M76：1）　4.Ba型Ⅰ式（M25：9）　5.Ba型Ⅱ式（M110：6）　6.Ba型Ⅲ式（M18：12）　7.Bb型（M98：7）

M34：2、M44：6、M50：3、M50：5、M76：2、M79：3、M88：2、M96：4、M96：7、M104：2、M105：4、M110：5、M113：1、BT3：31。

Ⅱ式　43件。器形较Ⅰ式宽扁。包含标本M1：6、M2：1、M4：2、M5：4、M27：2、M28：1、M28：15、M29：1、M29：7、M36：1、M36：2、M50：6、M51：2、M55：4、M55：9、M60：1、M60：7、M62：4、M63：3、M65：2、M66：6、M69：2、M69：7、M75：2、M75：3、M86：2、M86：3、M89：3、M94：6、M95：3、M98：3、M101：4、M105：3、M107：3、M107：9、M108：8、M110：6（图一七三，5）、M110：13、M110：15、M110：16、M111：2、M114：2、M115：1。

Ⅲ式　22件。器形较Ⅱ式矮胖。包含标本M10：4、M18：4、M18：12（图一七三，6）、M20：7、M20：8、M21：4、M28：19、M32：2、M32：7、M36：8、M37：5、M37：2、M44：4、M55：5、M77：4、M77：7、M77：8、M79：12、M90：3、M92：4、M108：1、M108：4。

Bb型　1件。领较矮。标本M98：7（图一七三，7）。

器型不明　4件。均残缺，无法复原。包含标本M85：3、AT14F1：5、BT3：34、BT3：35。

三大耳罐　3件，均可分型分式。均为泥质陶。橙黄色者1件，橘红色者1件，陶色斑驳者1件。素面2件，戳印纹1件。依据大小与形态差异，分二式。

Ⅰ式　1件。器形较瘦高。标本M11：8（图一七四，1）。

Ⅱ式　2件。器形较Ⅰ式矮胖。包含标本M36：12、M44：3（图一七四，2）。

夹砂绳纹侈口单耳罐　3件，均为完整器。均为夹砂陶。灰黑色者1件，陶色斑驳者2件。器表饰竖绳纹，其中2件耳部饰附加堆塑泥饼。包含标本M50：7（图一七五，1）、M96：5（图

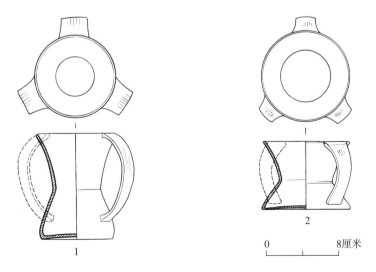

图一七四　三大耳罐型式图

1.Ⅰ式（M11：8）　2.Ⅱ式（M44：3）

0   8厘米

图一七五　夹砂绳纹侈口单耳罐

1.M50：7　2.M96：5　3.M118：4

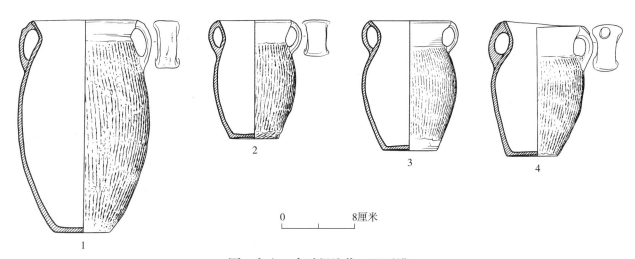

0   8厘米

图一七六　夹砂绳纹侈口双耳罐

1.M43：1　2.M54：4　3.M98：6　4. M79：5

一七五，2）、M118：4（图一七五，3）。

夹砂绳纹侈口双耳罐　现存计5件，完整器4件，残缺1件。据原始记录应出土6件，1件可能混入无编号或编号有误的器物内。均为夹砂陶。红褐色者2件，灰黑色者2件，陶色斑驳者1件。均饰竖绳纹，其中1件耳部饰附加堆塑圆形泥饼。包含标本M43：1（图一七六，1）、M54：4（图一七六，2）、M79：5（图一七六，4）、M98：6（图一七六，3）。

喇叭口颈耳罐　5件，其中完整器4件，另有1件仅残存口沿部分。均为泥质。橙黄色者3件，橘红色者2件。均为素面。包含标本M1：5、M61：3（图一七七，1）、M76：4（图一七七，2）、M86：4、M97：4（图一七七，3）。

肩耳罐　1件。残缺已修复。泥质，灰色。腹部饰竖篮纹，肩部饰旋纹。标本M45：1（图一七九）。

双錾双流罐　1件。泥质橙黄陶。标本M96：6（图一七八）。

彩陶罐　4件。其中可分型分式的3件，另有1件残缺不可分型分式。均为泥质陶。橙黄

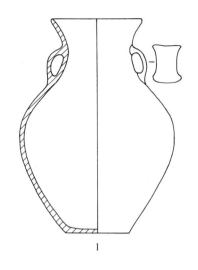
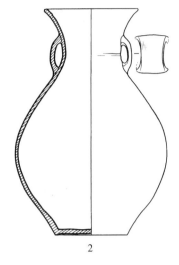
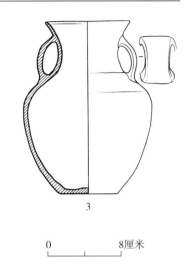

图一七七　喇叭口颈耳罐

1.M61:3　2.M76:4　3.M97:4

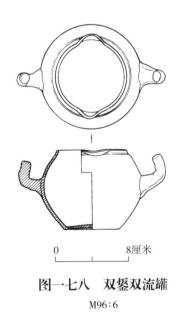

图一七八　双錾双流罐

M96:6

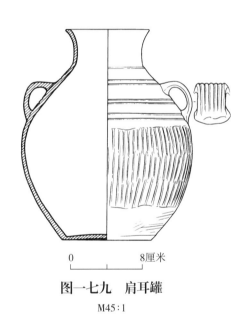

图一七九　肩耳罐

M45:1

色者3件，橘红色者1件。依据器形差异，分二型。

A型　1件。折腹，平底。标本M107:1（图一八〇，1）。

B型　2件。鼓腹，圜底。依据大小与形态差异，分二式。

Ⅰ式　1件。整体器形瘦高，器高大于腹径。标本M111:8（图一八〇，2）。

Ⅱ式　1件。整体器形矮胖，整体比例宽扁。标本M10:6（图一八〇，3）。

器型不明　1件。标本AT11H1:5。

蛇纹罐　4件，均可分型分式。均为夹细砂。红褐色者1件，灰黑色者1件，陶色斑驳者2件。依据器形差异，分二式。

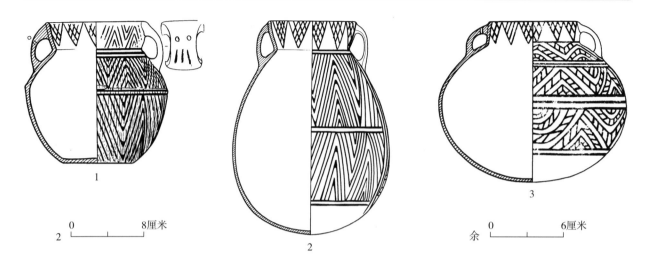

图一八〇　彩陶罐型式图
1.A型（M107：1）　2.B型Ⅰ式（M111：8）　3.B型Ⅱ式（M10：6）

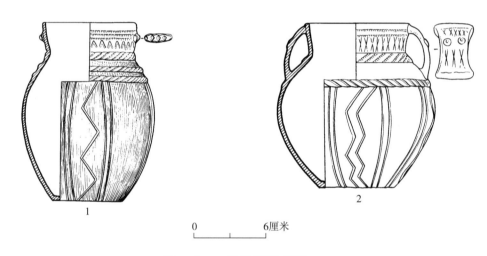

图一八一　蛇纹罐型式图
1.Ⅰ式（M37：1）　2.Ⅱ式（M61：5）

Ⅰ式　2件。整体器形瘦高。包含标本 M37：1（图一八一，1）、M58：3。

Ⅱ式　2件。整体器形矮胖。包含标本 M61：5（图一八一，2）、M79：9。

单大耳带流瓶　2件。口沿有流，长束颈似瓶，扁腹。素面，泥质。橙黄色1件，陶色斑驳者1件。包含标本 M11：13、M19：4。

鬲　4件鬲足，均残缺。均为夹砂陶。均饰绳纹。灰色1件，橙黄色2件，红褐色1件。包含标本 M42：9、BT3：26、BT3：13、BT3H2：6。

斝　1件斝足。素面，泥质，橙黄陶。柱状实足根较高。标本 BT3H2：5。

甑　3件。均残存底部。均为素面，泥质陶。橙黄色2件，橘红色1件。包含标本 M58：4、AT10H2：1、BT3：4。

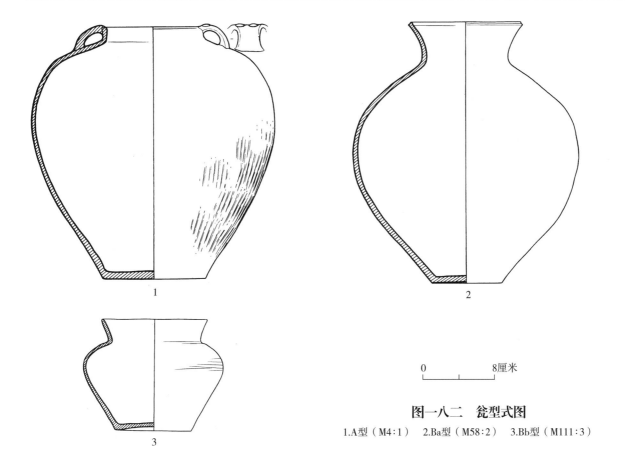

图一八二 瓮型式图

1.A型（M4：1）　2.Ba型（M58：2）　3.Bb型（M111：3）

瓮 10件，其中可分型分式的9件，另有1件残缺不可分型分式。均为泥质陶。橙黄色者7件，橘红色者3件。素面5件，竖篮纹3件，刻划纹1件，花边口沿1件。另有2件饰附加堆塑泥饼。依据器形差异，分二型。

A 型 3件。双耳。包含标本M4：1（图一八二，1）、M11：4、M28：4。

B 型 6件。无耳。依据器形差异，分二亚型。

Ba 型 5件。圆腹。包含标本M5：1、M25：15、M58：2（图一八二，2）、M65：5、M97：1。

Bb 型 1件。鼓肩。标本M111：3（图一八二，3）。

器型不明 1件。标本BT②：4。

折肩盆 3件，均可分型分式。均为泥质陶。橙黄色者2件，陶色斑驳者1件。素面2件，戳印纹1件。依据器形差异，分二型。

A 型 整体器形矮瘦。2件。包含标本M23：2（图一八三，1）、M98：2。

B 型 整体器形高胖。1件。标本M25：6（图一八三，2）。

钵 44件，均可分型分式，泥质陶。其中橙黄色者24件，橘红色者18件，陶色斑驳者2件。素面37件，竖篮纹5件，竖绳纹1件，红褐色彩绘1件。依据器形差异，分三型。

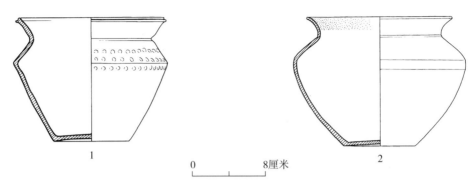

图一八三　折肩盆型式图

1.A型（M23:2）　2.B型（M25:6）

A 型　21件。浅腹。依据口部形态差异，分三式。

Ⅰ式　5件。侈口。包含标本 M10:5（图一八四，1）、M16:1、M55:6、M66:4、BT2H2:1。

Ⅱ式　5件。敞口。包含标本 M24:5、M27:4、M60:2、M68:1（图一八四，2）、M74:1。

Ⅲ式　11件。敛口。包含标本 M1:4（图一八四，3）、M16:9、M21:1、M29:6、M76:3、M86:5、M90:4、M92:6、M98:4、M118:10、BT1H4:1。

B 型　21件。深腹。依据口部形态差异，分三式。

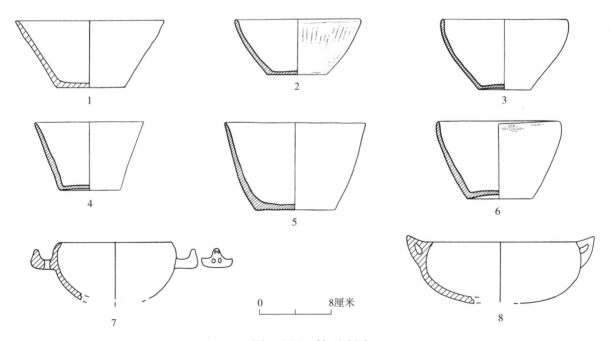

图一八四　钵型式图

1.A型Ⅰ式（M10:5）　2.A型Ⅱ式（M68:1）　3.A型Ⅲ式（M1:4）　4.B型Ⅰ式（M107:7）　5.B型Ⅱ式（M110:8）　6.B型Ⅲ式（M28:10）　7.C型Ⅰ式（BT3H1:1）　8.C型Ⅱ式（BT3H2:3）

Ⅰ式　5件。侈口。包含标本 M5：7、M36：7、M69：3、M107：7（图一八四，4）、M110：17。

Ⅱ式　10件。敞口。包含标本 M18：5、M20：2、M36：4、M61：2、M62：1、M65：1、M75：7、M76：5、M110：1、M110：8（图一八四，5）。

Ⅲ式　6件。口微敛。包含标本 M22：5、M25：14、M28：10（图一八四，6）、M85：1、M97：2、M100：3。

C型　2件。弧腹。底部残缺。依据器物形态差异，分二式。

Ⅰ式　1件。兽首形双錾。标本 BT3H1：1（图一八四，7）。

Ⅱ式　1件。对称双耳上翘。标本 BT3H2：3（图一八四，8）。

豆　17件，可分型分式的16件，残缺1件不可分型分式。均为泥质陶。其中橙黄色者10件，橘红色者6件，灰黑色者1件。素面14件，有附加堆纹、刻划网格纹的2件，竖绳纹1件。据豆盘形态差异，分二型。

A型　15件。钵形豆盘。依据豆盘口部形态差异，分二亚型。

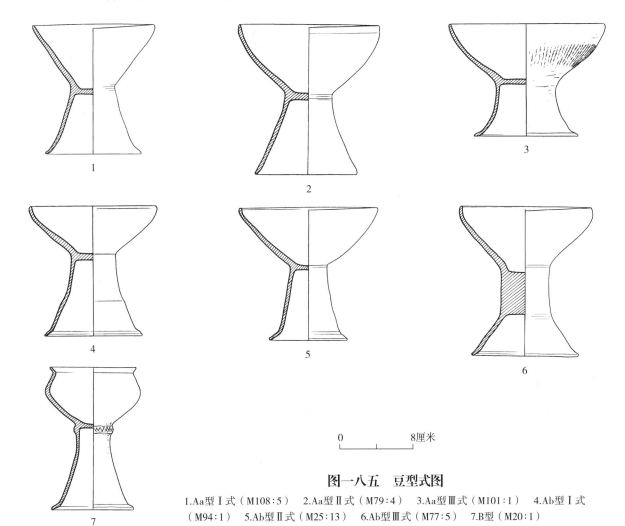

0　　　　　8厘米

图一八五　豆型式图

1.Aa型Ⅰ式（M108：5）　2.Aa型Ⅱ式（M79：4）　3.Aa型Ⅲ式（M101：1）　4.Ab型Ⅰ式（M94：1）　5.Ab型Ⅱ式（M25：13）　6.Ab型Ⅲ式（M77：5）　7.B型（M20：1）

Aa 型　7 件。盘口呈侈口。依据器形差异，分三式。

Ⅰ 式　3 件。器形较瘦高。包含标本 M19：1、M96：3、M108：5（图一八五，1）。

Ⅱ 式　3 件。器形较 Ⅰ 式宽扁。包含标本 M11：7、M18：1、M79：4（图一八五，2）。

Ⅲ 式　1 件。器形较 Ⅱ 式矮胖。标本 M101：1（图一八五，3）。

Ab 型　8 件。盘口呈直口或微敛。依据器形差异，可分三式。

Ⅰ 式　3 件。器形较瘦高。包含标本 M59：1、M94：1（图一八五，4）、M111：1。

Ⅱ 式　3 件。器形较 Ⅰ 式宽扁。包含标本 M2：5、M25：13（图一八五，5）、M28：12。

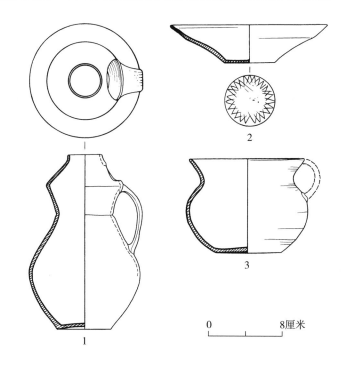

图一八六　其他完整器图

1.盉（M1：2）　2.盘（M89：1）　3.单耳杯（M94：7）

Ⅲ 式　2 件。器形较 Ⅱ 式矮胖。包含标本 M4：8、M77：5（图一八五，6）。

B 型　1 件。盆形豆盘。标本 M20：1（图一八五，7）。

器型不明　1 件。标本 BT②：1。

盉　1 件。泥质橙黄陶。标本 M1：2（图一八六，1）。

盘　1 件。泥质橙黄陶，有刻花纹。标本 M89：1（图一八六，2）。

单耳杯　1 件。耳残缺。泥质，橙黄陶。标本 M94：7（图一八六，3）。

器盖　10 件，其中完整器 1 件，残缺 9 件。均为素面泥质陶，另有 2 件有附加堆纹，橘红色陶。包含标本 AT18：1、AT18：2、BT2：8、BT3：14、BT3：21、BT3：23、BT1H2：3、BT1H4：2、BT1H7：1、BT3H2：2。

陶球　4 件，均为完整器。均为泥质，素面。橘红色 3 件，灰黑色 1 件。包含标本 BT2：5、BT3：22、BT3：28、BT1H3：3。

陶纺轮　1 件。泥质橘红陶。圆饼状，中间有一穿孔。标本 AT17：2。

二　石器

计 37 件，另有绿松石片 3 组、绿松石珠 3 颗。按用途可分为生产工具和装饰品两大类。生产工具主要有有刃类和无刃类，其中有刃类有刀、斧、锛、刮削器、凿，无刃类有钻孔器、砺石、研磨石、石球。装饰品有绿松石珠、绿松石片和石环。

1. 生产工具

石刀　15 件。均为扁平体，按器物形态，分四型。

A 型　6 件。单面打制成薄片状，两侧各有一凹槽，直刃，正锋。包含标本 BT1H2：4、BT1H3：1、BT3：3、BT3：9（图一八七，1）、BT3：24、BT3H2：7。

B 型　4 件。长方形，单面打制成薄片状，直刃，偏锋。包含标本 BT2：4（图一八七，2）、BT2：9、BT2：10、BT3：25。

C 型　4 件。带孔石刀，钻孔位于中心部位，一侧有直刃，偏锋。包含标本 AT11H1：2、AT11H1：3、BT1H5：1、BT1H5：2（图一八七，3）。

D 型　1 件。残缺。梯形薄体，两侧有刃，直刃，正锋，磨制光滑。标本 BT1H7：2（图一八七，4）。

石斧　10 件。按器物形态，分三型。

A 型　5 件。长梯形厚体，有四棱，器身较长且厚重，顶部二面有敲打形成的台面，刃缘形态呈斜弧状。包含标本 M61：7、AT9：1（图一八七，5）、BT2：1、BT2：2、BT3H2：4。

B 型　3 件。长方形四棱体，平顶，直刃，偏锋，通体磨制光滑，制作精美，仅有细微的敲打痕迹。包含标本 M28：2、M110：23（图一八七，6）、BT3：16。

C 型　2 件。宽刃。包含标本 BT1：1、BT3：11（图一八七，7）。

石凿　1 件。磨制。近长圆锥状。标本 BT3：5（图一八七，8）。

刮削器　4 件。按器物形态，分二型。

A 型　1 件。梯形扁平体，直刃，偏锋，一面打制成薄片状。标本 BT1H3：2（图一八八，1）。

B 型　3 件。椭圆扁平厚体，直刃，正锋。包含标本 AT19F0：1（图一八八，2）、AT19F0：2、AT19F0：3。

钻孔石器　2 件。按器物形态，分二型。

A 型　1 件。椭圆形厚体，器身中间带钻孔，磨制。标本 BT3：29（图一八八，3）。

B 型　1 件。心形厚体，器身中间带钻孔，其他部位未打磨。标本 BT3：20（图一八八，4）。

砺石　1 件。平面呈不规则圆形，两面有磨制形成的凹坑。标本 BT2：11（图一八八，6）。

研磨石　1 件。近长方体，打磨光滑精致，顶端有孔。标本 M118：1（图一八八，7）。

石球　2 件。包含标本 BT1H2：2、BT3：10（图一八八，5）。

2. 装饰品

7 组。其中绿松石片 3 组约 670 片，绿松石珠 3 件，石环 1 件。

绿松石片　3 组。包含标本 M42：1、M44：9、M90：5。

绿松石珠　3 颗。包含标本 M28：3、M28：22、M28：23。

石环　1 件。标本 AT11H1：1。

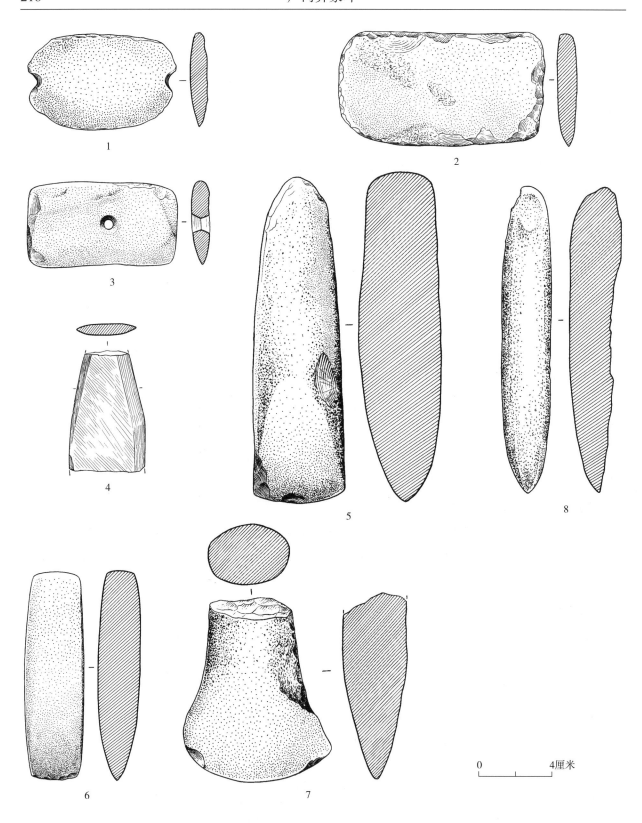

0 ____ 4厘米

图一八七　石器型式图

1.A型石刀（BT3：9）　　2.B型石刀（BT2：4）　　3.C型石刀（BT1H5：2）　　4.D型石刀（BT1H7：2）　5. A型石斧（AT9：1）　　6.B型石斧（M110：23）　　7. C型石斧（BT3：11）　　8.石凿（BT3：5）

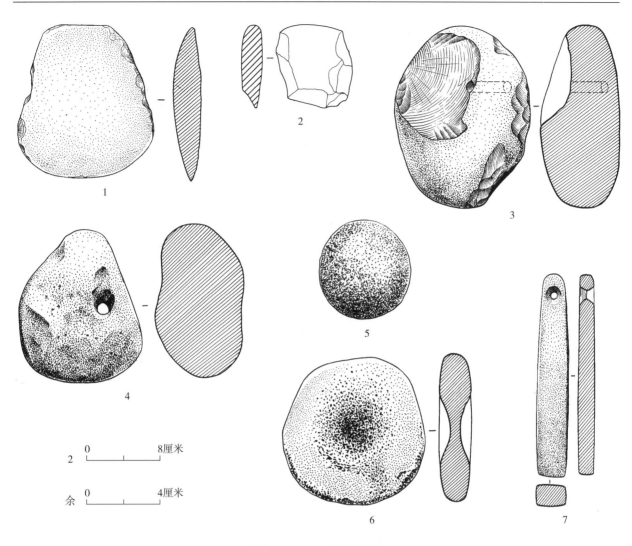

图一八八　石器型式图

1.A型刮削器（BT1H3：2）　2.B型刮削器（AT19F0：1）　3.A型钻孔器（BT3：29）　4. B型钻孔器（BT3：20）　5.石球（BT3：10）
6. 砺石（BT2：11）　7.研磨石（M118：1）

三　骨、牙器

计 52 件（组），其中骨器 48 件（组），牙饰 4 件。

（一）骨器

按用途可分为生活用具和生产工具、武器、装饰品、卜骨、残骨器。其中骨片最多，骨匕次之。

1. 生活用具和生产工具

38 件。按类型可分为骨锥、匕、针、纺轮四类。介绍如下。

骨锥　8 件。7 件为有关节部位骨锥，1 件无法判断。柄部留有原关节部位，以关节为柄，应为炮骨。分二型。

A 型 5 件。全骨干骨锥。柄部留有原关节部，截面为圆形，锥身和锥尖磨制光滑。包含标本 M15：1、M15：2、M15：3、M15：4、BT2H3：1（图一八九，1）。

B 型 3 件。半骨干骨锥。完整器 2 件，不可复原器 1 件。动物肢骨剖开磨制而成，柄端保留关节面。器身断面未修正，粗磨，斜磨成锥尖。包含标本 M110：22（图一八九，2）、BT2H3：2、BT3：30。

骨匕 据原始记录应出土 25 件，2 件可能混入无编号或编号有误的器物内。现存计 23 件，其中可分型分式的 19 件，4 件残缺不可分型分式。器身平薄，舌状匕首，表面砥磨光滑，制作精美。分二型。

A 型 5 件。无肩。根据钻孔，分三式。

Ⅰ式 2 件。无钻孔，扁平，双面磨光。包含标本 M4：10、M75：8（图一八九，3）。

Ⅱ式 2 件。单孔。顶端有一钻孔。包含标本 M10：2（图一八九，4）、M66：10。

Ⅲ式 1 件。双孔。顶端有二钻孔。包含标本 BT3：12（图一八九，5）。

B 型 14 件。皆有肩。根据钻孔，分二式。

Ⅰ式 13 件。单孔，顶端有一钻孔。包含标本 M5：8、M7：1、M12：2、M23：11、M24：8、M29：9、M37：6、M37：7、M50：9、M61：6（图一八九，6）、M62：7、M65：11、M65：12。

Ⅱ式 1 件。双孔。标本 M49：1（图一八九，7）。

型式不明 4 件。皆残。包含标本 BT2：7、BT3：6、BT3：7、BT3：8。

骨针 5 件。皆残缺。皆细磨。残存部分呈长圆柱状。包含标本 M1：8、M1：9、M20：12、M75：10（图一八九，8）、M101：5。

纺轮 2 件。呈不规则圆形，有一钻孔，器身呈扁平状。包含标本 BT2：3（图一八九，9）、BT1H2：1。

2. 武器

镞 1 件。磨制，柱状铤，镞身为四棱锥状。标本 M12：3（图一八九，10）。

3. 装饰品

3 件（组）。骨片 1 组、骨管 1 件、骨饰 1 件。

骨片 1 组。607 片。长方形薄片状，背面有黑色粘合物。标本 M42：2。

骨管 1 件。磨制，白色，圆管状。标本 M65：10。

骨饰 1 件。标本 M10：1。

4. 卜骨

3 件。均为羊肩胛骨。包含标本 BT2H4：1、BT2H4：2、BT3：18（图一八九，11）。

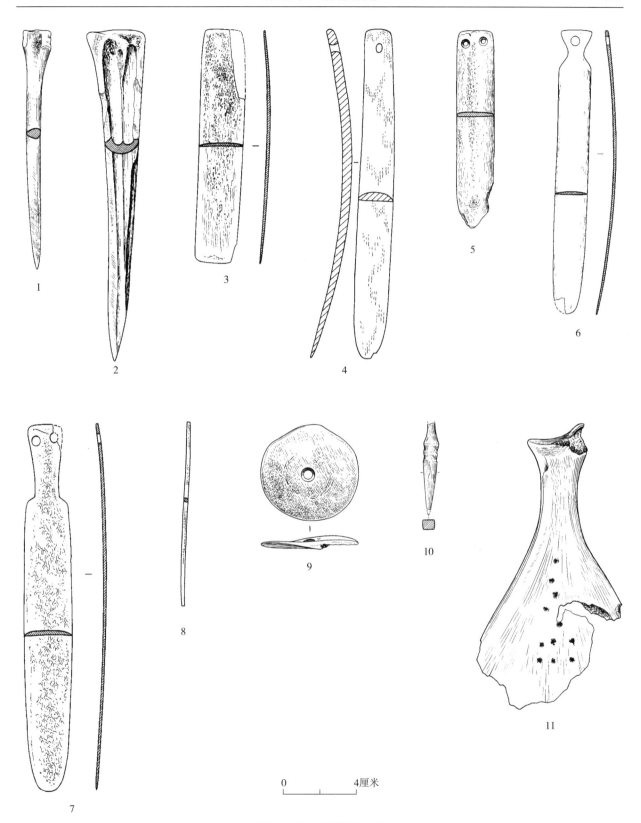

0　　　　4厘米

图一八九　骨器型式图

1.A型锥（BT2H3：1）　2.B型锥（M110：22）　3.A型Ⅰ式匕（M75：8）　4.A型Ⅱ式匕（M10：2）　5.A型Ⅲ式匕（BT3：12）　6.B型Ⅰ式匕（M61：6）　7.B型Ⅱ式匕（M49：1）　8.骨针（M75：10）　9.纺轮（BT2：3）　10.镞（M12：3）　11.卜骨（BT3：18）

5. 残骨器

3 件。均残缺，不可复原，无法判断出器形。包含标本 M36：15、AT17：1、BT3：17。

（二）牙饰

4 件。完整，平面呈柳叶形，打磨光滑，二面扁平，器身弯曲，骨质细腻。有横向打磨的细微痕迹。包含标本 M37：9、M42：4、M42：5、M66：9。

四　铜器

3 件，分别为镜形饰、斧、环各 1 件。铜斧出自房址，其他出自墓葬。

镜形饰　1 件。素面，镜面扁平，镜背中央有桥形纽。标本 M41：1（图一九〇，1）。

斧　1 件。标本 AT14F1：6（图一九〇，3）。

环　1 件。标本 M50：10（图一九〇，2）。

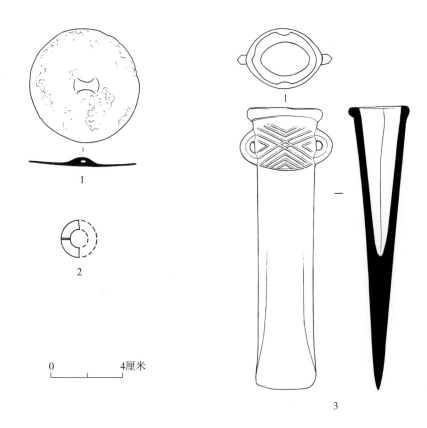

图一九〇　铜器

1. 镜形饰（M41:1）　　2. 环（M50:10）　　3. 斧（AT14F1:6）

第二节　无编号的器物

A、B 两区各探方内出土的器物在遗物整理过程中发现有部分器物上既没有出土单位编号，也无纸质标签，推测这些归属不明确的器物极有可能是部分墓葬中遗失的器物。计 22 件，其中陶器 19 件、石器 2 件、骨器 1 件。编号以 0 开头。为了全面而翔实地介绍资料，下面仅将这批无编号的器物介绍如下。

夹砂绳纹侈口罐　5 件。

标本 0：16，残口沿局部。夹砂灰陶。侈口，圆唇，束颈。颈部以下饰竖绳纹。口径 9.6、残高 5.6 厘米（图一九一，1）。

标本 0：17，残存口沿局部。夹砂橙黄陶。侈口，圆唇，斜直领微内曲。颈上部饰一周附加堆纹，其上有按压窝纹。残高 5.2 厘米（图一九一，2）。

标本 0：18，残存口沿局部。夹砂红褐陶。侈口，斜直领稍内曲，弧肩。颈上部饰一周附加堆纹，其上有按压窝纹，颈下部饰两周旋纹，肩饰竖绳纹。口径 12.8、残高 7.1 厘米（图一九一，3）。

标本 0：19，残存口沿局部。夹砂橙黄陶。侈口，圆唇，斜直领稍内曲。肩饰竖绳纹。口径 9.4、残高 6.2 厘米（图一九一，4）。

标本 0：20，残存底部。夹砂灰陶。弧腹，平底。底径 5.8、残高 3.6 厘米（图一九一，5）。

喇叭口篮纹高领罐　4 件。

标本 0：9，残存口沿局部。泥质橙黄陶。侈口，圆唇，窄斜折沿。口径 15.6、残高 4.5 厘米（图一九一，6）。

标本 0：10，残存口沿局部。泥质橙黄陶。侈口，圆唇。口径 13.6、残高 3.4 厘米（图一九一，7）。

标本 0：11，残存口沿局部。泥质橘红陶。侈口，圆唇。口径 16.8、残高 8 厘米（图一九一，8）。

标本 0：14，残存腹局部。泥质橙黄陶。桥形耳。饰竖篮纹。残高 9.2 厘米（图一九一，9）。

双大耳罐　3 件。

标本 0：4，泥质橘红陶。侈口，圆唇，斜直领较高，圆鼓腹，平底。口和腹上部间有桥形双大耳。口径 6.6、腹径 8.4、底径 3.8、高 12.1 厘米（图一九一，10）。

标本 0：5，口、腹、底均残缺。泥质橙黄陶。侈口，圆唇，曲颈较高，扁腹，大平底。口和腹上部间有桥形双大耳。口径 10.1、腹径 9、底径 8、高 10.5 厘米（图一九一，11）。

标本 0：6，腹、底部残缺。泥质橙黄陶。侈口，圆唇，口一侧有流，斜直领稍内曲，领较高。口径 8.8～9.6、残高 9.8 厘米（图一九一，12）。

豆　2 件。

标本 0：7，豆盘残缺。泥质橘红陶。喇叭形。底径 9.6、残高 10.2 厘米（图一九一，

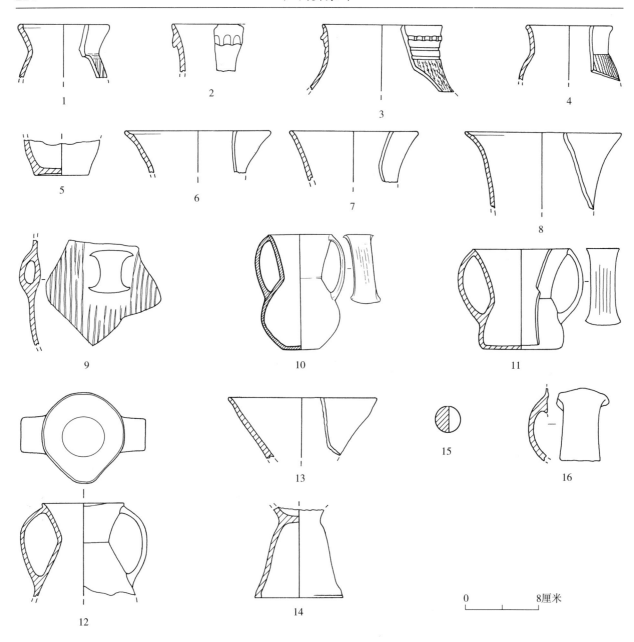

图一九一　无编号的器物

1~5.夹砂绳纹侈口罐（0：16、0：17、0：18、0：19、0：20）　6~9.喇叭口篮纹高领罐（0：9、0：10、0：11、0：14）　10~12.双大耳罐（0：4、0：5、0：6）　13、14.豆（0：12、0：7）　15.陶球（0：8）　16.器耳（0：13）

14）。

标本0：12，豆柄残缺。泥质橘红陶。侈口，圆唇，斜弧腹。口径16、残高6.4厘米（图一九一，13）。

陶球　1件。

标本0：8，泥质橘红陶。直径2.8厘米（图一九一，15）。

器耳　1件。

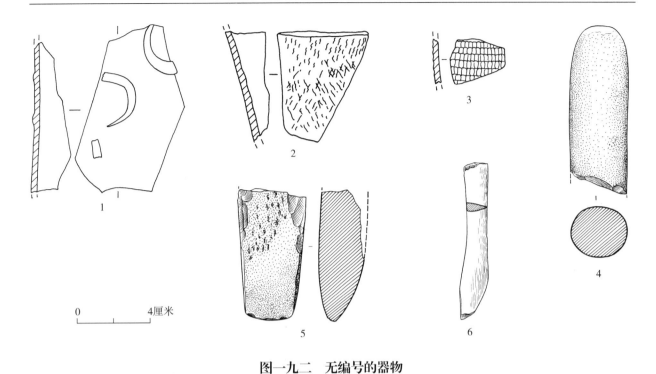

图一九二　无编号的器物

1~3.陶片（0:15、0:21、0:22）　　4、5.石斧（0:1、0:2）　　6.骨器（0:3）

标本0:13，泥质橙黄陶。应为喇叭口篮纹高领罐的耳部。残长7.6厘米（图一九一，16）。

陶片　3件。

标本0:15，残片。泥质橙黄陶。饰月牙形泥条。残长9、残宽5.8厘米（图一九二，1）。

标本0:21，夹砂橘红陶。饰绳纹。残长5.8厘米（图一九二，2）。

标本0:22，夹砂橘红陶。饰篦状绳纹。残长3.2厘米（图一九二，3）

石斧　2件。

标本0:1，残缺。呈圆柱状。残长8.8、宽3厘米（图一九二，4）。

标本0:2，残缺。呈四棱楔状。残长7、宽3.2厘米（图一九二，5）。

骨器　1件。

标本0:3，残。长条形三棱状。残长8.2、宽1.6、厚0.4厘米（图一九二，6）。

第三节　编号错误的器物

编号错误的器物是指器物或标签上所标记的出土单位与原记录不符或重复的遗物。推测这些编号错误的器物极有可能是部分墓葬中遗失的器物。计14件，其中陶器11件、骨器3件。为了翔实地介绍资料，下面仅将这批编号错误的器物介绍如下（不计入分型分式章节）。

夹砂绳纹侈口罐 6件。

标本 M23：2-1（原编号 M23：2），残存颈腹部。夹砂红褐陶。弧腹。肩部饰有三周旋纹，腹饰竖绳纹。腹径11.6、残高15厘米（图一九三，1）。该器标签编号 M23：2，但 M23 出土器共10件，现有10件器物齐全无误。该墓发掘记录和平剖面图上均记录 M23：2 为红陶尊（本报告定名为折肩盆），而 M23：2-1 是夹砂绳纹侈口罐。故推断其为混入器物，原编号有误。

标本 M27：3-1（原编号 M27：3），夹砂灰黑陶。侈口，圆唇，曲颈较矮，圆腹，近底稍

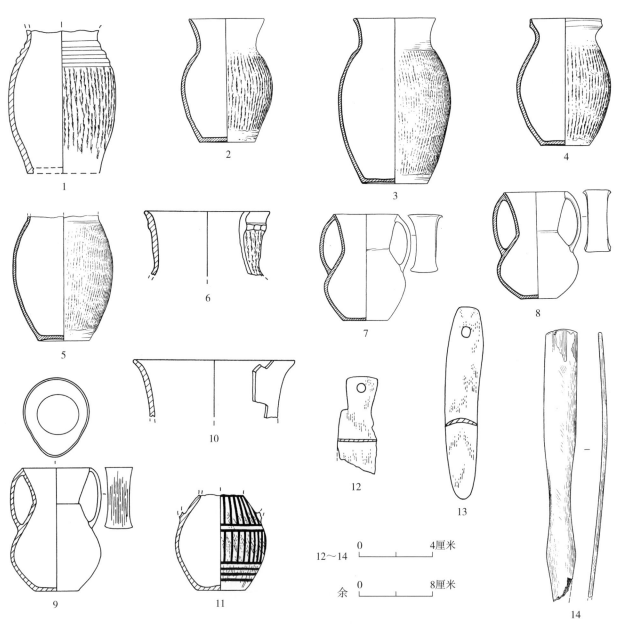

12～14 | 0 —— 4厘米

余 | 0 —— 8厘米

图一九三 编号错误的器物

1～6.夹砂绳纹侈口罐（M23：2-1、M27：3-1、M62：1-1、M114：1-1、M115：2-1、M62：2-1） 7～9.双大耳罐（M114：2-1、AT3-1、M75：5-1） 10.喇叭口篮纹高领罐（M62：4-1） 11.彩陶罐（M62：3-1） 12、13.骨匕（M61：6-1、M54：5-1） 14.骨器（BT1H1：1-1）

内曲收，平底。腹饰竖绳纹。口径 8、腹径 10.1、底径 6、高 12.7 厘米（图一九三，2）。该器标签编号 M27：3，但 M27 出土器共 5 件，现有 5 件器物齐全无误。该墓发掘记录记载其发掘日期为 1975 年 6 月 1 日，现有 5 件器物的标签书写日期均为 1975 年 6 月 1 日，且均用黑色碳素笔书写，而该器标签书写日期却是 1975 年 6 月 5 日，故推断其为混入器物，原编号有误。

标本 M62：1-1（原编号 M62：1），夹砂红褐陶。侈口，圆唇，矮束领，圆弧腹，平底稍内凹。腹饰竖绳纹。口径 8.6、腹径 12.1、底径 7、高 17.4 厘米（图一九三，3）。该器标签编号 M62：1，但 M62 发掘记录和平剖面图均记载该墓出土器物共 7 件，现有 7 件器物齐全无误。该墓发掘记录中 M62：1 为红陶碗（本报告定名为钵），从其遗迹照也能清楚地看到此器为碗，而 M62：1-1 却是夹砂绳纹侈口罐，故推断其为混入器物，原编号有误。

标本 M62：2-1（原编号 M62：2），残存口沿局部。夹砂灰黑陶。侈口，圆唇，颈微束，颈上部饰一周绳索状附加堆纹，颈肩部饰竖绳纹。口径 13.6、残高 6.8 厘米（图一九三，6）。该器标签编号为 M62：2，但 M62 发掘记录和平剖面图记录该墓出土器物共 7 件，现有 7 件器物均齐全无误。该墓发掘记录中 M62：2 为夹砂绳纹侈口罐，从其遗迹照也能清楚地看到该器基本完整，仅口沿局部残缺，而 M62：2-1 仅残存口沿局部，故推断其为混入器物，原编号有误。

标本 M114：1-1（原编号 M114：1），夹砂灰陶。侈口，斜方唇，短束领，圆弧腹，平底。腹饰竖绳纹。口径 7.6、腹径 11.6、底径 5.2、高 13.6 厘米（图一九三，4）。该器标签编号 M114：1，但 M114 发掘记录和平剖面图记载该墓出土器物共 2 件，现有 2 件器物齐全无误。该墓发掘记录记载 M114：1 为残双大耳罐，从其遗迹照也能清楚地看到该器残破，而 M114：1-1 是完整的夹砂绳纹侈口罐，故推断其为混入器物，原编号有误。

标本 M115：2-1（原编号 M115：2），口部残缺。夹砂灰黑陶，陶色不均。溜肩，弧腹，最大腹径偏上，平底，颈部以下饰细绳纹。腹径 10.8、底径 5.6、高 13 厘米（图一九三，5）。该器标签编号 M115：2，但 M115 发掘记录和平剖面图上均记录该墓出土器物共 2 件，现有 2 件器物齐全无误，记录和标签均用黑色碳素笔书写，书写日期为 1975 年 10 月 25 日，从其遗迹照也能清楚地看出该墓的随葬器物均完整，而此器残破，故推断其为混入器物，原编号有误。

喇叭口篮纹高领罐 1 件。

标本 M62：4-1（原编号 M62：4），残存口沿局部。泥质橙黄陶，喇叭口，圆唇。口径 17.6、残高 6.2 厘米（图一九三，10）。该器标签编号 M62：4，但 M62 发掘记录和平剖面图上均记录该墓出土器物共 10 件，现有 10 件器物齐全无误。该墓发掘记录中 M62：4 为双大耳罐，从其遗迹照也能清楚地看到此器为双大耳罐，而 M62：4-1 却是喇叭口高领罐，且仅存口沿，故推断其为混入器物，原编号有误。

双大耳罐 3 件。

标本 M75：5-1（原编号 M75：5），泥质橙黄陶。侈口，口一侧有流，圆唇，斜直领较高，微内曲，圆腹稍下垂，平底。口径 7.6 ～ 8.4、腹径 9.8、底径 4.8、高 13 厘米（图一九三，9）。

该器标签编号 M75：5，但 M75 发掘记录和平剖面图均记录该墓出土器物共 9 件，另有白色碎石若干，现有 9 件器物齐全无误。该墓发掘记录中 M75：5 为夹砂绳纹侈口罐，从其遗迹照也能清楚地看到此器无耳，而 M75：5-1 是双大耳罐，故推断其为混入物器，原编号有误。

标本 M114：2-1（原编号 M114：2），泥质橙黄陶。侈口，圆唇，鼓腹较深，最大腹径居中，平底。口径 6.8、腹径 8.6、底径 4.8、高 9.2 厘米（图一九三，7）。该器原始标签编号 M114：1，但 M114 发掘记录和平剖面图均记载该墓出土器物共 2 件，现有 2 件器物齐全无误。该墓发掘记录中 M114：1 为残双大耳罐，而此器完整，从其遗迹照也能清楚地看到此器残破，而 M114：2-1 是完整双大耳罐，故其为混入器物，原编号有误。

标本 AT3-1，泥质橙黄陶。侈口，圆唇，高斜直领微内曲，圆腹微下垂，平底。口和腹上部间有桥形双大耳。口径 7、腹径 8.8、底径 3.8、高 9.4 厘米（图一九三，8）。AT3 原始记录上无双大耳罐出土，故推断此器为混入器物，原编号有误。

彩陶罐　1 件。

标本 M62：3-1（原编号 M62：3），口沿及双耳残缺。泥质橙黄陶。平底。饰红褐色彩，腹部彩绘图案以两圈窄带纹区隔，上下饰竖平行线纹，近底部饰三周窄带纹。腹径 10.2、底径 5.4、残高 10 厘米（图一九三，11）。该器标签编号 M62：3，但 M62 原始记录和平剖面图上均记录该墓出土器物共 10 件，现有 10 件器物齐全无误。该墓发掘记录中 M62：3 是夹砂绳纹侈口罐，从其遗迹照也能清楚地看到此器为完整的夹砂绳纹侈口罐，而 M62：3-1 是残缺的彩陶罐，故推断其为混入器物，原编号有误。

骨匕　2 件。

标本 M54：5-1（原编号 M54：5），磨制。平面近圆角长方形，一面稍内凹，一面圆鼓，有穿孔。长 10.1、宽 1.8、厚 0.2、孔径 0.6 厘米（图一九三，13）。该器标签编号 M54：5，但 M54 发掘记录和平面图草图上均记录该墓出土器物共 4 件，现有 4 件器物齐全无误。发掘记录和平剖面图上均无 M12：5 的编号，故推断其为混入器物，原编号有误。

标本 M61：6-1（原编号 M61：6），器身残缺，仅存柄部及刃部局部。磨制，器身和柄部分界明显，柄呈梯形，有穿孔。残长 5.2、宽 2.2、厚 0.18、孔径 0.4 厘米（图一九三，12）。该器标签编号 M61：6，但 M61 发掘记录和平面图草图上均记录该墓出土器物共 7 件，现有 7 件器物齐全无误。发掘记录中该编号的骨匕是完整器，而这件骨匕残缺严重，故推断其为混入器物，原编号有误。

骨器　1 件。

标本 BT1H1：1-1（原编号 BT1H1：1），残长 14.4、宽 1.6、厚 0.27 厘米（图一九三，14）。BT1H1 发掘记录未提及出土骨器，且该器标签为后期整理时用铅笔标记，故推断其为混入器物，原编号有误。

第六章　遗址分期与结构

第一节　遗址分期

一　叠压打破关系

发掘清理的 A、B 两区遗迹中，共统计出有叠压打破关系的遗迹单位 21 组。确定这 21 组叠压打破关系的依据如下：一是记录中明确记载有叠压或打破关系的遗迹单位，二是总平面草图上有明确标记的有叠压或打破关系的遗迹单位，三是从遗迹照片可看出有明确叠压打破关系的遗迹单位。

A 区叠压打破关系如下：

（1）M7 → M28

（2）M13 → M12

（3）M29 → M22

（4）M52 ┐
　　　　├→ M70
　　　M71 ┘

（5）M47 ┐
　　　　　├→ M42
　　AT10H2 ┘

（6）M84 ┐
　　　　├→ AT11H1
　　　M51 ┘

（7）M58 → M82

（8）M61 → M69

（9）M64 → M65

（10）M72 → M73

（11）M92 → AT19F0

（12）M97 → M108

（13）M111 → AT17Y1

（14）原始发掘记录中部分遗迹记录有出土层位：上层、下层。故记录中"上层"的 M1、M2、M3、M4、M5、M6、M8、M10、M14、M15、M35 应晚于记录中"下层"的 M12 和 M13。

B 区叠压打破关系如下：

（1）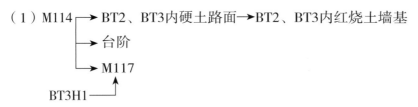

（2）

（3）BT1H4 → BT1H1 ┐
　　BT1H9 ┘ → BT1F1

（4）BT1H3 → BT1 内归属不明的红烧土墙基

（5）BT1H2 ┌→ BT1H5
　　　　　└→ BT2F1墙基

（6）BT2H2 ┐
　　BT2H3 ┘→ BT2F1

（7）M113、M114、M115 在原始发掘记录中属于"第二层"，应晚于原始记录中属于"第三层"的 M116、M117。

A 区：

（1）M7 → M28

M7 位于 AT6 西南角。开口距地表深 0.5、墓底距地表深 0.7 米。此墓仅出土骨匕 1 件。

M28 位于 T2 南部，延伸至 AT6 内，墓口距地表深 0.85、墓底距地表深 1.15 米。随葬器物计 23 件，其中陶器 19 件、石斧 1 件、绿松石珠 3 颗。

二座墓虽然有打破关系，但 M7 仅出土 1 件骨匕，没有陶器出土，不可比对。

（2）M13 → M12

M12 位于 AT1 的中部。该墓开口于下层，墓口距地表深度不明，墓底距地表深 1.6 米。随葬器物计 6 件，其中陶器 3 件、骨器 3 件。

M13 位于 AT1 东北部。墓底距地表深 1.35 米。仅存一堆乱骨，无随葬器物。

二座墓虽然有打破关系，但 M13 没有随葬器物，与 M12 无法进行陶器比对。

（3）M29 → M22[1]

---

[1]　根据原始记录：M29打破M22。但根据二者开口距地表深度、距离等信息认为此判断可能存疑，但目前根据总平面草图、照片及记录等信息无法确定二者的关系，仅根据原始记录列出，不作判断。

M29 位于 AT2 南部。墓口距地表深 0.95 米，墓底距地表深 1.33 米。随葬器物计 8 件：夹砂绳纹侈口罐 1 件、高领罐 2 件、喇叭口篮纹高领罐 1 件、双大耳罐 2 件、钵 1 件、骨匕 1 件。另有白色碎石若干。

M22 位于 AT2 西南角。墓口距地表深 0.7 米，深 1.7 米。陶器随葬计 7 件：夹砂绳纹侈口罐 3 件、喇叭口篮纹高领罐 1 件、单大耳罐 1 件、双大耳罐 1 件、钵 1 件。另有白色碎石若干。

二座墓有打破关系，且有同类陶器随葬，可资比对。

（4）M52 ┐
　　　　├→ M70
　　　M71 ┘

M52 位于 AT5 南部。墓口距地表深度未记录，墓底距地表深 1.55 米。无随葬器物。

M70 位于 AT5 南部。深度未记录。无随葬器。

M71 位于 AT5 西南角。该墓深度未记录。仅有几片陶片随葬。

三座墓虽有打破关系，但均无较完整的陶器随葬，不可比对。

（5）M47 ┐
　　　　　├→ M42
　　　AT10H2 ┘

M47 位于 AT10 东南角。开口深度未记录，墓底距地表深 0.7 米。无随葬器物。

M42 横跨 AT6、AT7、AT10、AT9 四个探方。墓口距地表深 0.66 米，墓底距地表深 1.35 米。出土器物计 8 件组：陶器底部残件 1、残鬲足 1 件、残陶片 1、绿松石片 1 组、长方形骨片饰 1 组、牙饰 2 件、蚌壳 1 件，另有白色碎石若干。

AT10H2 位于 AT7 和 AT10 内。坑口距地表深 0.6 米，深 0.6 米。出土器物计 3 件：夹砂绳纹侈口罐 1 件、喇叭口篮纹高领罐 1 件、残甑底 1 件。

三处遗迹虽有打破关系，其中 M42 和 AT10H2 有残陶器出土，但无同类器，不可比对。

（6）M84 ┐
　　　　├→ AT11H1
　　　M51 ┘

M51 位于 AT11 东隔梁下。墓口距地表深度很浅，墓底距地表深 0.45 米。随葬器物计 2 件：夹砂绳纹侈口罐 1 件、双大耳罐 1 件。

M84 位于 AT14 西南角。深度未记录。仅随葬几片灰陶片和 5 块白色碎石。

AT11H1 位于 AT10 和 AT11 北面，部分压在 AT13、AT14 隔梁下。坑口距地表深 0.6 米，深 1.25 米。出土器物计 7 件：残夹砂绳纹侈口罐 1 件、残彩陶罐 1 件、彩陶片 2 片、石刀 2 件、石环 1 件。

三处遗迹有打破关系，其中 M51 和 AT11H1 有陶器出土，且有同类器夹砂绳纹侈口罐，可资比对。

（7）M58 → M82

M58 位于 AT12 西北部。墓口距地表深 0.9 米，墓底距地表深 1.21 米。随葬器物计 4 件：

薄胎细绳纹罐 1 件、蛇纹罐 1 件、瓮 1 件、残甑底 1 件。

M82 位于 AT12 西北角。距地表深 1 米，但不清楚是墓口还是墓底距地表的深度。随葬器物仅 1 件残夹砂绳纹侈口罐，现存器物中未见该编号的器物，可能混入编号错误或无编号器物内。

二座墓有打破关系，但 M82 随葬品未见实物，不可比对。

（8）M61 → M69

M61 位于 AT5 北隔梁下。墓口距地表深 0.85 米，墓底距地表深 1.1 米。随葬器物计 7 件：高领罐 1 件、薄胎细绳纹罐 1 件、喇叭口颈耳罐 1 件、蛇纹罐 1 件、钵 1 件、骨匕 1 件、石斧 1 件。

M69 位于 AT12 西南角。墓口距地表深 0.95 米，墓底距墓口深 1.35 米。随葬器物计 7 件：夹砂绳纹侈口罐 2 件、高领罐 2 件、双大耳罐 2 件、钵 1 件。

二座墓有打破关系，均有陶器出土，可资比对。

（9）M64 → M65

M64 靠近 AT5 的西壁。墓口距地表深度未记录，墓底距地表深 1.16 米。无随葬器物。

M65 位于 AT5 的西北角。墓口距地表深 1.2 米，墓底距地表深 1.77 米。随葬器物计 12 件：夹砂绳纹侈口罐 2 件、高领罐 2 件、喇叭口篮纹高领罐 2 件、双大耳罐 1 件、瓮 1 件、钵 1 件、骨匕 2 件、骨管 1 件，另有白色碎石若干。

二座墓有打破关系，但 M64 无随葬器物，不可比对。

（10）M72 → M73

M72 位于 T9 北部，压于 T9 的北隔梁下。深度未记录。无随葬器物。

M73 位于 T15 的南部。墓口距地表深未记录，墓底距地表深 0.69 米。无随葬器物。

二座墓有打破关系，但均无随葬器物，不可比对。

（11）M92 → AT19F0

M92 位于 T19 西南角。墓口距地表深 0.49 米，墓底距地表深 0.75 米。随葬器物计 7 件：夹砂绳纹侈口罐 2 件、高领罐 2 件、喇叭口篮纹高领罐 1 件、双大耳罐 1 件、钵 1 件。

AT19F0 位于 T19 西南角。深度未记录。出土遗物计 3 件，均为石刮削器。

二处遗迹有打破关系，但 AT19F0 仅有 3 件石器出土，无陶器，不可比对。

（12）M97 → M108

M97 位于 T17 北部。墓口距地表深 0.8 米，墓底距地表深 1.1 米。随葬器物计 6 件：夹砂绳纹侈口罐 2 件、单大耳罐 1 件、喇叭口颈耳罐 1 件、瓮 1 件、钵 1 件。

M108 位于 T17 北隔梁下，延伸至 T1 内。墓口距地表深 0.87 米，墓底距地表深 1.4 米。随葬器物计 10 件：夹砂绳纹侈口罐 2 件、喇叭口篮纹高领罐 2 件、单大耳罐 1 件、双大耳罐 3 件、豆 1 件、蚌壳 1 件，另有白色碎石若干。

二座墓有打破关系，且均有陶器随葬，可资比对。

（13）M111 → AT17Y1

M111 位于 T17 东、北隔梁下。墓口距地表深 0.87 米，墓底距地表深 1.4 米。随葬器物计 8 件：夹砂绳纹侈口罐 2 件、高领罐 1 件、喇叭口篮纹高领罐 1 件、双大耳罐 1 件、彩陶罐 1 件、瓮 1 件、豆 1 件，另有白色碎石若干。

AT17Y1 位于 AT17 北面。距地表深 1 米。无出土器物。

二处遗迹有打破关系，但 AT17Y1 无出土器物，不可比对

（14）原始发掘记录中部分遗迹记录有出土层位：上层、下层。故记录中"上层"的 M1、M2、M3、M4、M5、M6、M8、M10、M14、M15、M35 应晚于记录中"下层"的 M12 和 M13。此地层关系也可为分期提供参考。

B 区：

（1）

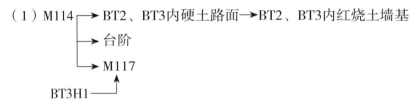

M114 位于 BT3 偏北。墓口距地表深 0.6 米，墓底距地表深 2.1 米。随葬器物计 2 件：夹砂绳纹侈口罐 1 件、双大耳罐 1 件。M117 位于 BT3 北部。墓口距地表深 0.9 米。无随葬器物。BT3H1 位于 BT3 中部偏北处。深度未记录。随葬器物仅 1 件钵。

这一组打破关系中仅 M114 和 BT3H1 有出土器物，但这两处遗迹单位无直接打破关系，不可比对。

（2）BT3H2 ┐
　　　　　　├→ BT3 内归属不明的红烧土墙基
　　　M116 ┘

M116 位于 BT3 中部偏南。距地表深 1.05 米。随葬器物计 2 件，泥质红陶罐 1 件和夹砂绳纹侈口罐 1 件，现存器物中未见有该址明确编号的器物，可能混入无编号或编号错误的器物。

BT3H2 位于 BT3 西南角，部分压于 BT3 南壁下。浅坑深 0.55 米。坑深约 2.5 米。出土器物计 7 件：双耳罐 1 件、鬲足 1 件、斝足 1 件、钵 1 件、器盖 1 件、石刀 1 件、石斧 1 件。

这一组打破关系中仅 M116 和 BT3H2 有出土器物，但这两处遗迹单位无直接打破关系，不可比对。

（3）

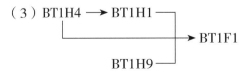

BT1H1 位于 BT1 西部。坑口距地表深度未记录，深 1.75 米。无出土器物。

BT1F1 位于 BT1 西部。居住面距地表深 0.87 米。无出土器物。

BT1H4 位于 BT1 西部。坑口距地表深度未记录。深 0.9 米。出土器物计 2 件：钵 1 件、器盖 1 件。

BT1H9 位于 BT1 中部偏西。坑口距地表深 0.83 米，深 1.06 米。现存器物中未见该址编号的陶片和遗物。

这一组打破关系中 BT1H4 有陶器出土，但另外两处遗迹无出土器物，不可比对。

（4）BT1H3 → BT1 内归属不明的红烧土墙基

BT1H3 位于 BT1 东南角，大部分压在东隔梁和探方南壁下。坑口距地表深 0.44 米，深 1.46 米。出土器物计 3 件：陶球 1 件、石刀 1 件、刮削器 1 件。

BT1 内归属不明的红烧土墙基位于 BT1 南侧。深度未记录。无出土器物。

这一组打破关系中 BT1H3 有陶器出土，但 BT1 内归属不明的红烧土墙基无出土器物，不可比对。

（5）BT1H2 ┌→ BT1H5
　　　　　 └→ BT2F1墙基

BT1H2 位于 BT1 东部。坑口距地表深 0.97 米，深 1.75 米。出土器物计 4 件：陶器盖 1 件、石刀 1 件、石球 1 件、骨纺轮 1 件。

BT1H5 位于 BT1 东部。坑口距地表深 0.92 米，深 1.18 米。出土器物仅石刀 2 件。

BT2F1 墙基位于 BT2 东部。深度未记录。无出土器物。

这一组打破关系中 BT1H2 和 BT1H5 均有石刀出土。可资比对。

（6）BT2H2 ┐→ BT2F1
　　　BT2H3 ┘

BT2H2 位于 BT2 中部。坑口距地表深 1 米，深 1.25 米。出土器物有夹砂绳纹侈口罐 1 件、钵 1 件。

BT2F1 位于 BT2 西部，延伸至 BT1 东部。开口距地表深度等未记录。现存器物中未见该址编号的器物。

BT2H3 位于 BT2 西部。坑口距地表深 1.25 米，深 0.75 米。出土器物有骨锥 2 件。

这组打破关系中无同类器。不可比对。

（7）M113、M114、M115 在原始发掘记录中属于"第二层"，应晚于原始记录中属于"第三层"的 M116、M117

因位于"第三层"的 M116 和 M117 均无出土器物，这组有地层关系的墓葬之间亦不可比对。

综上所述：上述 A、B 两区有叠压打破关系的遗迹中，有出土器物可供对比的仅有 5 组：

（1）M29 → M22

（2）M51 → AT11H1

（3）M61 → M69

（4）M97 → M108

（5）BT1H2 → BT1H5

另外，具有出土层位关系的几座墓葬也可作为参考：

M1、M2、M4、M5、M10 → M12

二　叠压打破关系与典型器组合

齐家坪遗址平均每座墓仅随葬陶器四五件。这些陶器的种类主要有夹砂绳纹侈口罐、双大耳罐、高领罐、喇叭口篮纹高领罐、钵和豆，这六类陶器的总和占齐家坪遗址墓葬出土随葬陶器的 83.7%。这其中，最具代表性，且有一定变化规律的器类是夹砂绳纹侈口罐、高领罐；其次为喇叭口篮纹高领罐和单大耳罐等器类。以上几类出现频率高、典型性突出的陶器是我们下面分期研究的重点对象。另外，双大耳罐虽然出现频率高，但其形态变化细微，故我们将对双大耳罐和其余出现频率不高的，但在器物组合方面具有明显时代特征的器物也将给予关注。依照墓葬的叠压打破关系，根据典型陶器的形态变化及组合关系，确定齐家坪遗址陶器形态的早晚阶段性变化规律。

齐家坪遗址出土的陶器数量不多，且相同器类间的变化细微。加之地层不甚明确，原始记录相对简单，叠压和打破关系为分期研究提供了重要证据。下面我们将以墓葬叠压和打破关系为线索，观察典型器的形态变化及组合关系，同时参照其他方面的间接信息，进行齐家坪遗址的分期研究。

齐家坪遗址的 21 组叠压和打破关系中，有的墓损毁严重，有的墓无任何随葬器物，或有的有随葬器物，但缺乏可资比对分析的典型陶器，计 15 组。这 15 组叠压和打破关系的遗迹对于分期研究的作用有限。鉴于此，我们精简出 5 组遗迹的叠压打破关系，进而根据各遗迹单位出土陶器的典型器形态及组合，确定各自的相对位置。

（1）M29 → M22

M29 出土陶器为夹砂绳纹侈口罐 1、高领罐 2 件、喇叭口篮纹高领罐 1 件、双大耳罐 2 件、钵 1 件、骨匕 1 件。

M22 出土的陶器为夹砂绳纹侈口罐 3 件、喇叭口篮纹高领罐 1 件、单大耳罐 1 件、双大耳罐 1 件、钵 1 件。

二者共出的同类器物有夹砂绳纹侈口罐、喇叭口篮纹高领罐、双大耳罐和钵。

夹砂绳纹侈口罐 M29：3 为较宽胖的 B 型Ⅲ式，而 M22：1、M22：4 和 M22：6 均为稍高的 B 型Ⅱ式。从打破关系判断：夹砂绳纹侈口罐中，较宽胖的器形要晚于稍高的器形。

喇叭口篮纹高领罐 M29：4 领部较高，局部已残，体较瘦高，M22：7 为 A 型Ⅱ式，区别为前者有双耳，后者无双耳。M22：7 为斜直领，领稍矮，体较矮胖。从打破关系判断：曲颈较高，体型较瘦高的喇叭口篮纹高领罐要晚于斜直领较矮、体型稍矮胖的喇叭口篮纹高领罐。

双大耳罐 M29：1 和 M29：7 均为圆腹较宽扁的 Ba 型Ⅱ式，而 M22：3 为较瘦高圆腹的 Ba

型Ⅰ式。从打破关系判断：圆腹较宽扁的双大耳罐要晚于较瘦高圆腹的双大耳罐。

钵M29：6为敛口浅腹的A型Ⅲ式，而M22：5为深腹口微敛的B型Ⅲ式。从打破关系判断：敛口浅腹钵要晚于深腹口微敛的钵。

（2）M51 → AT11H1

M51随葬器物为夹砂绳纹侈口罐1件和双大耳罐1件。

AT11H1出土器物为残夹砂绳纹侈口罐1件、残彩陶罐1件、彩陶片2片、石刀2件、石环1件。

二者共出的同类器物仅夹砂绳纹侈口罐：M51：1为器形宽胖的B型Ⅲ式，其腹部近底处为斜直内收成大平底；AT11H1：7虽为残器，但从残存腹部以下部分形态亦可推测出该器形较为矮胖，近底处弧收成大平底。从打破关系判断：近底处弧收成大平底的宽胖的夹砂绳纹侈口罐要晚于近底处弧收成大平底矮胖的夹砂绳纹侈口罐。

（3）M61 → M69

M61随葬器物有高领罐1件、薄胎细绳纹罐1件、喇叭口颈耳罐1件、蛇纹罐1件、钵1件、骨匕1件、石斧1件。

M69随葬器物为夹砂绳纹侈口罐1件、高领罐2件、双大耳罐2件、钵1件。

二者共出的同类器物为高领罐。

高领罐M61：1为束颈稍高圆弧腹矮瘦的A型Ⅲ式，M69：4为高束颈圆鼓腹高胖的A型Ⅱ式。根据打破关系判断：束颈稍高圆弧腹矮瘦的A型Ⅲ式高领罐要晚于高束颈圆鼓腹高胖的A型Ⅱ式。

（4）M97 → M108

M97随葬器物为夹砂绳纹侈口罐2件、单大耳罐1件、喇叭口颈耳罐1件、瓮1件、钵1件。

M108随葬器物为夹砂绳纹侈口罐2件、喇叭口篮纹高领罐2件、单大耳罐1件、双大耳罐3件、豆1件、蚌壳1件。

二者共出的同类器物为夹砂绳纹侈口罐和单大耳罐。

夹砂绳纹侈口罐M97：3、M97：6为束颈较高圆腹稍胖的A型Ⅲ式，M108：7为束颈较高圆弧腹瘦高的A型Ⅱ式，M108：9为斜直领弧腹靠上瘦高的B型Ⅰ式。根据打破关系判断：束颈较高圆腹稍胖的A型Ⅲ式夹砂绳纹侈口罐要晚于束颈较高圆弧腹瘦高的A型Ⅱ式和斜直领弧腹靠上瘦高的B型Ⅰ式。

单大耳罐M97：5为领部较高鼓腹器形较瘦高的A型Ⅰ式，而M108：6领部较矮鼓腹的B型。根据打破关系判断：领部较高鼓腹器形较瘦高的A型Ⅰ式单大耳罐要晚于领部较矮鼓腹的B型。

（5）BT1H2 → BT1H5

BT1H2出土器物为石刀1件、陶器盖1件、石球1件、骨纺轮1件。

BT1H5出土石刀2件。

二者共出的同类器物为石刀。

BT1H2：4 为单面打制成薄片状、两边中间各有一凹槽的 A 型，BT1H5：1 和 BT1H5：2 为 C 型带孔石刀。

根据打破关系判断：C 型带孔石刀应早于 A 型两边中间有凹槽的单面打制石刀。

三　分段与分期

依据以上地层学和类型学所得出的夹砂绳纹侈口罐逻辑序列，参照墓葬同出陶器的共存关系，以上典型陶器的型式划分及组合关系归纳为表二。

据表二可知，A 型 I 式、A 型 II 式、B 型 I 式、B 型 II 式夹砂绳纹侈口罐、Ba 型 I 式、Ba 型 II 式双大耳罐、A 型 II 式高领罐、Ba 型 I 式、Ba 型 II 式喇叭口篮纹高领罐、A 型 II 式、B 型 I 式钵、I 式豆、B 型 II 式薄胎细绳纹罐为同时期典型器组合，它们之间频繁出现共存。与这些典型器偶尔发生共存的器类还有：A 型 II 式单大耳罐、Bb 型折肩罐、Ba 型瓮、II 式蛇纹罐、喇叭口颈耳罐等。考虑到齐家坪遗址大部分墓葬随葬的器物数量偏少，有的器物复见率较低，尽管共存概率小，但在不发生矛盾的提前下，它们处在同一时间段的可能性非常大，故由这几类形式的典型器共同构成齐家坪遗址早段器物群。

A 型 I 式、A 型 II 式、A 型 III 式、A 型 IV 式、B 型 II 式、B 型 III 式、B 型 IV 式夹砂绳纹侈口罐与 A 型、Ba 型各式双大耳罐、A 型、Ba 型各式高领罐、A 型、Ba 型各式喇叭口篮纹高领罐、各型 II 式、III 式钵和各式豆为同时期典型器组合，它们之间频繁出现共存。与这些典型器偶尔发生共存的器类还有：单大耳罐、折肩罐、瓮、蛇纹罐、喇叭口颈耳罐等。由这几类形式的典型器共同构成齐家坪遗址晚段器物群。

晚段器物群是早段的继承和发展，不论从数量上还是从器类上都远超早段。

依据上述分组结果，齐家坪遗址的 M2、M5、M12、M19、M27、M54、M58、M61、M68、M69、M74、M83、M94、M95、M102、M107、M113、M114、M115 所出陶器的型式均未超出早段的范畴，应属同一时期。可以 M61、M107 为代表构成齐家坪遗址的早段。

齐家坪遗址的 M1、M4、M10、M11、M16、M18、M20、M21、M22、M23、M24、M25、M26、M28、M29、M32、M34、M36、M37、M44、M50、M51、M55、M59、M60、M62、M63、M65、M66、M75、M76、M77、M79、M85、M86、M88、M89、M90、M92、M96、M97、M98、M100、M101、M104、M105、M108、M110、M111、M112、M118 所出陶器的型式均未超出晚段的范畴，应属同一时期。可以 M28、M110 为代表构成齐家坪遗址的晚段。

以上两段代表了齐家坪遗址的早晚发展阶段（图一九四）。早段即为齐家坪遗址的早期阶段，晚段即是齐家坪遗址的晚期阶段。其余各墓，或因没有随葬器物，或有随葬陶器但缺乏典型器，暂不分期。

齐家坪遗址出土的同类器器形变化细微，很难区分早晚演变趋势，下面仅对这些器物大概的变化做一分析。各类型器物的总体演变趋势是从高胖到瘦小。夹砂绳纹侈口罐、双大耳罐、高领

表二　齐家坪遗址墓葬随葬器物型式表

分期	墓号	夹砂绳纹侈口罐		高领罐		喇叭口篮纹高领罐		薄胎细绳纹罐
		A	B	A	B	A	B	A/B
早	M2							BⅠ BⅡ
	M5	Ⅱ				Ⅱ		BⅡ
	M12	Ⅱ					Bb	
	M19		Ⅱ					
	M27		Ⅱ	Ⅱ2				
	M40							AⅠ
	M54		Ⅰ	Ⅱ				
	M58							AⅠ
	M61			Ⅲ				BⅡ
	M68							
	M69	Ⅰ	Ⅱ	Ⅱ	BaⅠ			
	M74	Ⅱ2					BaⅡ	
	M83						BaⅠ	
	M94	Ⅰ Ⅱ		Ⅱ		Ⅱ	BaⅡ	
	M95		Ⅰ		BbⅠ		BaⅡ	
	M102		Ⅱ					
	M107		Ⅱ		BbⅡ	Ⅰ	BaⅠ	
	M113		Ⅱ					
	M114							
	M115	Ⅱ						
	AT11H1							
	BT1H5							
	BT2H2							
	BT3H1							

注：器物型式后的数字表示数量，未标注数字的为1件。

单大耳罐	双大耳罐		钵		豆	其他
A/B/C	A	B	A	B/C	A/B	
		Ba Ⅱ			Ab Ⅱ	残喇叭口篮纹高领罐
C		Ba Ⅱ		B Ⅰ		Ba瓮、B Ⅰ骨匕
		Ba Ⅰ				B Ⅰ骨匕、骨镞
					Aa Ⅰ	残夹砂绳纹侈口罐、Ba折肩罐、单大耳带流瓶
		Ba Ⅱ	Ⅱ			
						残陶罐
	Ⅱ					夹砂绳纹侈口双耳罐
						Ⅰ蛇纹罐、Ba瓮、残甑
				B Ⅱ		喇叭口颈耳罐、Ⅱ蛇纹罐、B Ⅰ骨匕、A石斧
			Ⅱ			
		Ba Ⅱ 2		B Ⅰ		
B			Ⅱ			
A Ⅱ						
		Ba Ⅱ			Ab Ⅰ	单耳杯
		Ba Ⅱ				碎石
		Ba Ⅱ 2		B Ⅰ		A彩陶罐、Ba折肩罐
		Ba Ⅰ				
		Ba Ⅱ				残夹砂绳纹侈口罐
		Ba Ⅱ				
						残夹砂绳纹侈口罐、残彩陶罐、彩陶片2、C石刀2、石环
						C石刀2
			Ⅰ			残夹砂绳纹侈口罐
				C Ⅰ		

续表二

分期	墓号	夹砂绳纹侈口罐		高领罐		喇叭口篮纹高领罐		薄胎细绳纹罐
		A	B	A	B	A	B	A/B
晚	M1	Ⅱ2						
	M4	Ⅱ2		Ⅱ				AⅠ
	M10		Ⅱ2					
	M11	Ⅱ	Ⅱ2 Ⅳ	Ⅱ2			BaⅠ	
	M16	Ⅰ Ⅱ2	Ⅱ				BaⅠ	
	M18		Ⅳ		BaⅢ		BaⅢ	AⅡ2
	M20				BaⅠ2	Ⅱ	BaⅠ	
	M21	Ⅱ Ⅲ		Ⅱ	BaⅡ			
	M22		Ⅱ3			Ⅱ		
	M23	Ⅱ Ⅲ		Ⅱ		Ⅰ	BaⅡ	
	M24	Ⅱ2		Ⅱ Ⅲ				
	M25	Ⅱ Ⅳ	Ⅲ		BaⅢ		BaⅠ	
	M26		Ⅳ					
	M28	Ⅰ Ⅱ5 Ⅳ		Ⅰ			BaⅠ BaⅡ2	
	M29		Ⅲ		BaⅡ BaⅣ			
	M32	Ⅱ3 Ⅲ					BaⅠ BaⅡ2	
	M34	Ⅳ	Ⅲ	Ⅲ				
	M36	Ⅰ Ⅱ Ⅲ	Ⅳ	Ⅱ Ⅲ		Ⅰ	BaⅠ	
	M37			Ⅰ				
	M44	Ⅲ	Ⅰ	Ⅳ	BaⅣ		BaⅠ	
	M50	Ⅲ Ⅳ	Ⅱ					

单大耳罐	双大耳罐		钵		豆	其他
A/B/C	A	B	A	B/C	A/B	
		Ba II	III			喇叭口颈耳罐、盉、骨针2、猪下颌骨
A I	I	Ba II			Ab III	A瓮、A I 骨匕
		Ba III	I			B II彩陶罐、A II 骨匕、骨饰
		Ba I			Aa II	残夹砂绳纹侈口罐1、Bb折肩罐、I三大耳罐、单大耳带流瓶、A瓮、碎石
		Ba I	I III			残夹砂绳纹侈口罐、细石器
A II		Ba III 2		B II	Aa II	A折肩罐、Ba折肩罐、碎石
		Ba III 2		B II	B	残夹砂绳纹侈口罐、骨针
		Ba III	III			碎石
		Ba I		B III		残单大耳罐、碎石
A II		Ba I 2				A折肩盆、B I 骨匕、碎石
		Ba I	II			B I 骨匕、碎石
	I II	Ba I 3		B III	Ab II	残夹砂绳纹侈口罐、Ba瓮、B折肩盆
		Ba I				残夹砂绳纹侈口罐
	II	Ba I Ba II 2 Ba III		B III	Ab II	A瓮、B石斧、绿松石珠3
		Ba II 2	III			残喇叭口篮纹高领罐1、B I 骨匕、碎石
A I		Ba III 2				
		Ba I				
		Ba II 2 Ba III		B I B II		II三大耳罐、残骨器、碎石
		Ba III 2				I蛇纹罐、B I 骨匕2、牙饰
		Ba I Ba III				II三大耳罐、绿松石片8
		Ba I 2 Ba II				夹砂绳纹侈口单耳罐、B I 骨匕、铜环

续表二

分期	墓号	夹砂绳纹侈口罐		高领罐		喇叭口篮纹高领罐		薄胎细绳纹罐
		A	B	A	B	A	B	A/B
晚	M51		Ⅲ					
	M55	Ⅰ			Ba Ⅱ		Ba Ⅱ	
	M59				Ba Ⅳ			
	M60		Ⅱ 2		Ba Ⅳ		Ba Ⅰ Ba Ⅱ	
	M62	Ⅱ 2			Ba Ⅲ			
	M63	Ⅱ Ⅲ		Ⅱ	Ba Ⅳ		Ba Ⅰ	
	M65	Ⅱ 2		Ⅲ	Ba Ⅲ		Ba Ⅰ 2	
	M66	Ⅱ Ⅲ 2				Ⅰ	Ba Ⅱ	
	M75	Ⅱ Ⅲ		Ⅱ	Ba Ⅰ			
	M76	Ⅲ						
	M77	Ⅱ		Ⅱ	Bb Ⅲ			
	M79	Ⅱ		Ⅱ	Bb Ⅲ		Ba Ⅰ Ba Ⅱ	
	M85		Ⅰ					
	M86						Ba Ⅱ	
	M88	Ⅲ						
	M89		Ⅲ				Ba Ⅰ	
	M90		Ⅲ				Ba Ⅱ	
	M92	Ⅱ	Ⅳ	Ⅱ	Ba Ⅱ		Ba Ⅱ	
	M96		Ⅲ				Ba Ⅲ	
	M97	Ⅲ 2						
	M98				Bb Ⅱ		Ba Ⅲ	
	M100		Ⅰ Ⅱ					

单大耳罐	双大耳罐		钵		豆	其他
A/B/C	A	B	A	B/C	A/B	
		Ba Ⅱ				
A Ⅱ		Ba Ⅱ 2 Ba Ⅲ	Ⅰ			Bb 折肩罐、碎石
					Ab Ⅰ	
		Ba Ⅱ 2	Ⅱ			Bb 折肩罐、碎石
A Ⅲ		Ba Ⅱ		B Ⅱ		B Ⅰ 骨匕
		Ba Ⅱ				碎石
		Ba Ⅱ		B Ⅱ		Ba 瓮、骨管、B Ⅰ 骨匕 2、碎石
		Ba Ⅱ	Ⅰ			牙饰、A Ⅱ 骨匕、碎石
		Ba Ⅱ 2		B Ⅱ		A Ⅰ 骨匕、骨针、碎石
A Ⅲ	Ⅲ	Ba Ⅰ	Ⅲ	B Ⅱ		喇叭口颈耳罐、碎石
		Ba Ⅲ 3			Ab Ⅲ	残夹砂绳纹侈口罐、碎石
		Ba Ⅰ Ba Ⅲ			Aa Ⅱ	A 折肩罐、夹砂绳纹侈口双耳罐、Ⅱ 蛇纹罐、碎石
				B Ⅲ		残夹砂绳纹侈口罐、残双大耳罐
		Ba Ⅱ 2	Ⅲ			喇叭口颈耳罐
		Ba Ⅰ				
		Ba Ⅱ				残夹砂绳纹侈口罐、盘、碎石
		Ba Ⅲ	Ⅲ			绿松石片、碎石
		Ba Ⅲ	Ⅲ			
		Ba Ⅰ 2			Aa Ⅰ	夹砂绳纹侈口单耳罐、双錾双流罐
A Ⅰ				B Ⅲ		喇叭口颈耳罐、Ba 瓮
		Ba Ⅱ Bb	Ⅲ			夹砂绳纹侈口双耳罐、A 折肩盆、碎石
				B Ⅲ		

续表二

分期	墓号	夹砂绳纹侈口罐		高领罐		喇叭口篮纹高领罐		薄胎细绳纹罐
		A	B	A	B	A	B	A/B
晚	M101		Ⅱ2					
	M104		Ⅳ					
	M105		Ⅰ				Ba Ⅰ	
	M108	Ⅱ	Ⅰ				Ba Ⅱ2	
	M110	Ⅱ4	Ⅰ3	Ⅲ2			Ba Ⅰ Ba Ⅱ2	
	M111	Ⅱ2			Bb Ⅲ		Ba Ⅰ	
	M112	Ⅲ	Ⅱ					
	M118	Ⅳ2	Ⅲ Ⅳ	Ⅳ				
	BT1H2							
	BT1H3							
	BT1H4							
	BT3H2							

注：大写英文字母表示型，小写英文字母表示亚型，罗马数字表示式，阿拉伯数字表示数量。

单大耳罐	双大耳罐		钵		豆	其他
A/B/C	A	B	A	B/C	A/B	
		Ba Ⅱ			Aa Ⅲ	骨针
		Ba Ⅰ				
A Ⅲ		Ba Ⅰ Ba Ⅱ				
B		Ba Ⅱ Ba Ⅲ 2			Aa Ⅰ	贝壳、碎石
		Ba Ⅰ Ba Ⅱ 4		B Ⅰ B Ⅱ 2		A 折肩罐、B 骨锥、B 石斧
		Ba Ⅱ			Ab Ⅰ	B Ⅰ彩陶罐、Bb 瓮、碎石
						贝壳
			Ⅲ			夹砂绳纹侈口单耳罐、研磨石
						A 石刀、纺轮、石球
						A 石刀、A 刮削器、陶球
			Ⅲ			器盖、陶球
				C Ⅱ		双耳罐、斝、鬲、器盖、A 石刀、A 石斧

器类		夹砂绳纹侈口罐		高领罐			双大耳罐
段	型式	A	B	A	Ba	Bb	A
早	I	M94：2	M110：4	M28：7	M20：5	M95：1	M25：8
早	II	M110：3	M60：4	M11：1	M21：5	M107：2	M25：7
晚	III	M75：1	M96：2	M110：9	M25：5	M79：11	M76：1
晚	IV	M50：1	M26：1	M44：2	M44：5		

图一九四 典型

双大耳罐		单大耳罐			钵	
Ba	Bb	A	B	C	A	B
M25∶9	M98∶7	M32∶5	M108∶6	M5∶6	M10∶5	M107∶7
M110∶6		M23∶6			M68∶1	M110∶8
M18∶12		M105∶2			M1∶4	M28∶10

陶器分段图（一）

器类	豆			喇叭口篮纹高领罐		
段　型式	Aa	Ab	B	A	Ba	Bb
早　Ⅰ	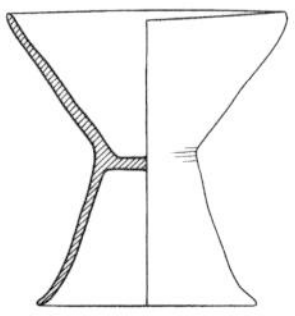 M108：5	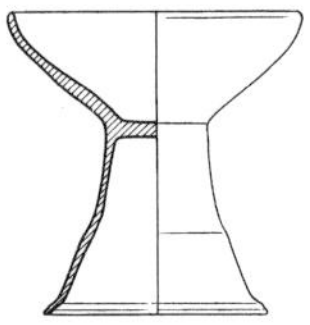 M94：1	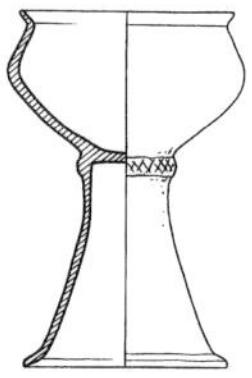 M20：1	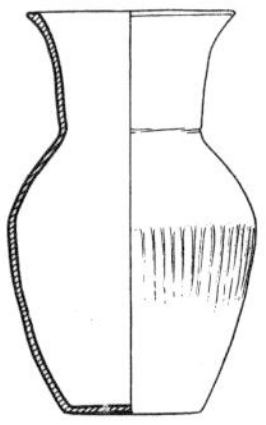 M66：5	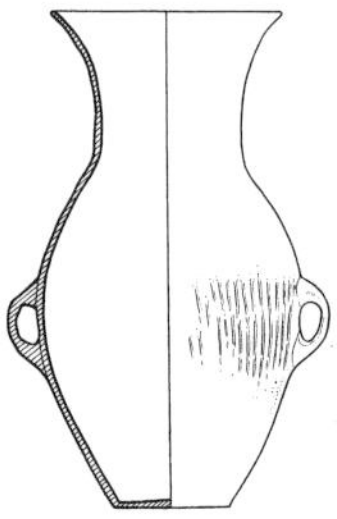 M25：12	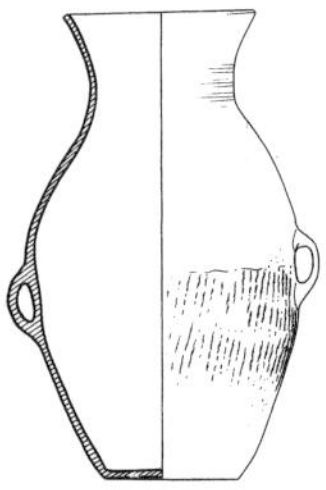 M12：1
早　Ⅱ	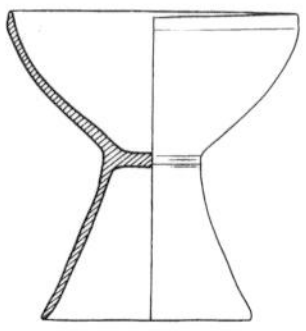 M79：4	 M25：13		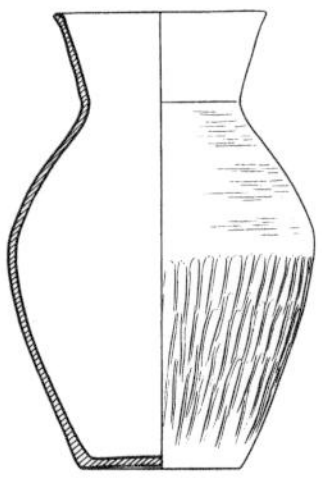 M20：11	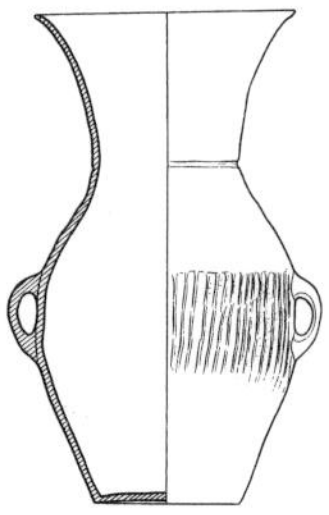 M110：12	
晚　Ⅲ	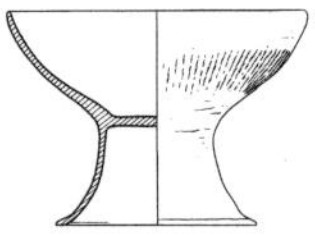 M101：1	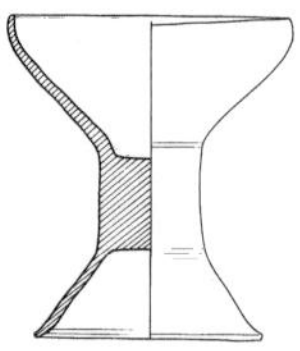 M77：5			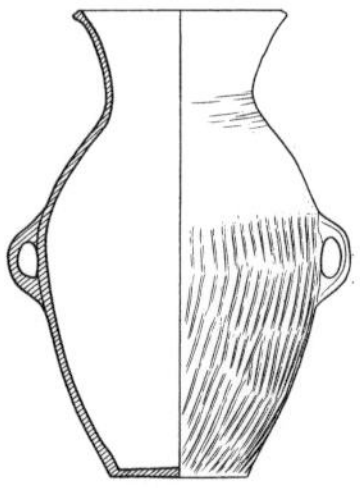 M18：11	

图一九四　典型

薄胎细绳纹罐		蛇纹罐	彩陶罐		三大耳罐
A	B		A	B	
M4：9	M2：3	M37：1	M107：1	M111：8	M11：8
M18：7	M5：3	M61：5		M10：6	M44：3

陶器分段图（二）

罐、喇叭口篮纹高领罐和钵数量庞大，根据前文对其进行了分期研究，也总结出了其大体的发展规律，但同一类型的器物之间变化细微。同一类型器物的不同型式多存在于同一座墓葬中，故下文仅对各类型器物的大体演变规律做一概述，形成齐家坪遗址出土器物群的早晚演变序列。

夹砂绳纹侈口罐与夹砂绳纹高领罐除了在口沿和领部有宽窄和高矮的区别外，腹、底部和纹饰形态相似，而泥质高领罐则不同。这两大类器形在陶器中数量大，占据了陶器总数约39.5%。它们在表二中总体演变趋势是瘦高向矮胖发展。A、B型器在早晚段都很流行，几乎有随葬品的墓葬必有此器随葬。夹砂绳纹侈口罐的大、中、小形器经常在同一座墓中共存，晚段出现了花边口沿装饰。高领罐大体是从高大到矮胖的发展过程。

双大耳罐的A、Ba型延续时间长，数量多，器形变化细微。A型折腹类双大耳罐延续时间长，演变规律是从瘦高向宽胖发展，Ba型鼓腹类双大耳罐则是由瘦高向瘦小发展。带流双大耳罐则出现在早期偏晚段。

喇叭口篮纹高领罐的A型出现在早期，由瘦小类向高胖类发展。Ba型早期为高喇叭口高大类，晚期则是小喇叭口的矮胖类。

A型浅口钵总体演变趋势由宽大到瘦高。B型深腹类钵则由瘦小到宽大。

豆的总体变化趋势是浅豆盘到深豆盘。Aa型则由瘦小类到高大再到矮胖类发展。Ab型则是由瘦小到高大类发展。

三大耳罐数量较少，仅在早期出现，由瘦高类向矮小类发展。

单大耳罐集中出现在早期偏早阶段，仅A型延续到晚期偏早阶段，器形的演变趋势由瘦高类向高大类发展。B型深腹类和C型折肩折腹类仅出现在早期，都是孤品。

薄胎细绳纹罐仅在早期集中出现，A型双耳类由瘦高向矮小发展，B型无耳类则由瘦高类向矮胖类发展。

蛇纹罐仅在早期出现，数量极少，其由瘦高类向矮胖类发展。

双耳彩陶罐仅在早期出现平底A型和圜底B型，其由高大类向矮胖类发展。

第二节　墓地布局与结构

以墓地由南向北的正北向墓葬（包含北偏东或偏西）为轴线，对齐家坪墓地从南向北、由西向东进行依次排列，可分为1至10排。

第一排，共2座，位于墓地的最南端，仅2座正西向的墓M92和M99，无其他墓向的墓葬。

第二排，共16座。

（1）墓向正北的墓共4座：M98、M101、M102和M109。

（2）墓向西北的墓共7座：M89、M90、M103、M104、M95、M105和M96。

（3）墓向不明确的墓共5座：M106、M91、M100、M85和M93。

第三排，共 13 座。

（1）墓向正北的墓共 2 座：M108 和 M111。

（2）墓向西北的墓共 4 座：M86、M97、M107 和 M94。

（3）墓向正西或西偏南的墓共 3 座：M18、M20 和 M4。

（4）墓向不明确的墓共 4 座：M6、M88、M87 和 M3。

第四排，共 19 座。

（1）墓向正北的墓共 13 座：M25、M17、M19、M21、M11、M5、M10、M29、M14、M23、M36、M1 和 M13。

（2）墓向西北的墓共 1 座：M22。

（3）墓向正西的墓共 1 座：M12。

（4）墓向不明确的墓共 4 座：M9、M32、M2 和 M8。

第五排，共 13 座。

（1）墓向正北的墓共 2 座：M33 和 M37。

（2）墓向西北的墓共 1 座：M7。

（3）墓向正西的墓共 3 座：M34、M15 和 M28。

（4）墓向不明确的墓共 7 座：M30、M27、M64、M70、M71、M52 和 M41。

第六排，共 9 座。

（1）墓向正北的墓共 5 座：M16、M39、M24、M40 和 M62。

（2）墓向东北的墓共 1 座：M65。

（3）墓向不明确的墓共 3 座：M31、M26 和 M38。

第七排，共 10 座。

（1）墓向正北的墓共 5 座：M42、M63、M75、M60 和 M69。

（2）墓向正西的墓共 3 座：M44、M56 和 M61。

（3）墓向不明确的墓共 2 座：M35 和 M47。

第八排，共 13 座。

（1）墓向正北的墓共 4 座：M59、M55、M76 和 M110。

（2）墓向西北的墓共 1 座：M51。

（3）墓向正西或西南的墓共 2 座：M74 和 M46。

（4）墓向不明确的墓共 6 座：M45、M57、M43、M72、M58 和 M82。

第九排，共 11 座。

（1）墓向正北的墓共 4 座：M49、M54、M66 和 M78。

（2）墓向西北的墓共 2 座：M77 和 M73。

（3）墓向正南的墓共 1 座：M53。

（4）墓向不明确的墓共 4 座：M68、M67、M84 和 M81。

第十排，共 6 座。

（1）墓向正北的墓共 1 座：M112。

（2）墓向西北的墓共 1 座：M79。

（3）墓向正西的墓共 3 座：M50、M48 和 M83。

（4）墓向不明确的墓共 1 座：M80。

齐家坪墓地整个发掘 A 区基本上呈正方形，南段第一至第四排埋葬较集中，墓向多为正北或西北方向，其中第二排与第四排墓葬排列最为规整有序，每座墓之间距离相近且墓向基本相同。北段第五至第十排埋葬相对较散乱，墓葬数量较稀少，且正北向的墓葬多在墓地东段出现，靠近墓地西段仅在第九排有零星的正北向墓葬，西向的墓葬数量较多，墓向不明确的墓葬数量较南端四排多。

以发掘点南北布方情况（即 T3 的东隔梁）为中轴线，将发掘区分为西区和东区，结合以上分析结果将墓地早晚段布局情况归纳为表三。

表三　墓地早晚段布局情况

分布	西区		东区	
期	单人葬	合葬	单人葬	合葬
早	M5、M19、M27、M54、M83		M2、M61、M58、M69、M74、M94、M95、M107	M12
合计	5 座		8 座	1 座
晚	M18、M21、M32、M34、M51、M66、M79	M11、M25、M44、M50	M1、M4、M10、M20、M22、M23、M24、M29、M55、M60、M62、M75、M86、M89、M90、M92、M96、M97、M98、M101、M104、M105、M108、M111	M16、M28、M36、M37、M59、M63、M65、M76、M77、M110
合计	7 座	4 座	24 座	10 座

根据表三，我们可以清楚地看到齐家坪墓地的早晚布局情况：

早期墓葬多为单人葬，合葬墓仅 1 座。西区 5 座，东区 8 座，唯一的合葬墓分布在东区靠近台地边缘的东南角。晚期的单人葬墓和合葬墓数量都有增多。单人葬墓在西区有 7 座，东区有 24 座。合葬墓在西区有 4 座，东区有 10 座。可知早期墓葬以单人葬为主，合葬墓极少出现。晚期单人葬墓仍然盛行，但合葬墓也大量出现，且多分布在台地边缘地带。墓地内多数葬式不明确的墓葬分布在西部偏北侧，还有很多无随葬品的墓葬也多分布在西北部。

第七章 结语

第一节 葬式与葬俗

一 葬式

按墓主个体的数目可分单人葬和合葬；按埋葬的方式可分为一次葬和二次扰乱葬。

齐家坪墓地的单人葬墓计 82 座，占墓葬总数的 69.5%，合葬墓计 36 座，占总数的 30.5%。

合葬墓中成年男女双人（人骨鉴定为原始记录）合葬的墓 10 座，占合葬墓的 27.8%；一女二男合葬的墓 2 座，占合葬墓的 5.6%；四人以上的大型合葬墓 8 座，占合葬墓总数的 22.2%；其他合葬墓中人骨的性别等记录不是很明确（乱骨、成年男性合葬、成人与小孩合葬等）的墓有 16 座，占合葬墓总数的 44.4%。同一座合葬墓中有仰身直肢和侧身屈肢等葬式，其中男女双人合葬墓中男性多为仰身直肢葬，而女性则为侧身屈肢葬，面向男性。

一次葬指的是人死亡后直接下葬，未经过二次移动，也没有再埋入新的个体的墓葬计 9 座，占总数的 5.9%。二次扰乱葬是经过扰动的墓葬，有 109 座，占总数的 92.4%，是本墓地的主流，流行时间长。

葬式主要有仰身直肢、侧身直肢、侧身屈肢、俯身直肢、二次乱葬、头骨高于躯干骨葬。

二 葬俗

1. 随葬白色碎石的葬俗

本次清理的 118 座墓葬中有白色碎石随葬的墓葬计 35 座，占总数的 29.7%，各墓白色碎石的数量为 14 ～ 242 块不等。这些白碎石均为白色石英石料，大部分是被人为砸碎，碎石大小均匀，多有棱角和台面，没有经过二次处理，碎石被作为随葬品，多数放置在人骨左侧腰身处。这种现象在单人葬墓和合葬墓中都有出现，但合葬墓中仅出现在某一墓主左侧腰处。其中仅 2 座墓只随葬白色碎石，而无其他随葬器物，而其他 33 座墓葬多数随葬品丰富，共出的器物除了陶器还有骨器、绿松石片、贝壳等。有殉葬的合葬墓中，只有墓主有碎石随葬，而殉葬者则无碎石随葬。

有学者认为这一葬俗应与白石崇拜有关，白石崇拜是羌人及同祖的少数民族共同的宗教习俗。

相传古代羌人在岷江上游与戈基人交战不胜，在梦中得到用坚硬的白石与木棍做成武器的暗示，果然战胜了敌人。人们想答谢神恩，却苦于不知神颜，于是便捧白石为最高天神，举行了隆重的祀典。在另一则传说中，羌族出自白石。据四川凉山彝族自治州甘洛县羌语支耳苏人的传说，人是由大海中一块白石裂开产生的。四川茂汶羌族自治县的羌族崇祀白石，各家各户在大门顶上或屋顶上安放一块白石，称之为白石神。有不少地方还专门为白石修建了神庙[1]。藏族被认为是古羌人的后裔，它的支系甲绒也奉白石神，在居址四角、窗门和壁上无不供以白石[2]。

甘肃永靖大何庄有6座齐家文化墓葬也发现小白石子随葬，每座2～48块不等，大都放置在肱骨或盆骨旁[3]。甘肃永靖秦魏家也发现有21座有小白石子的齐家文化墓葬，每座2～105块不等，撒在人骨周围或者堆放在一起[4]。武威皇娘娘台发现有20座齐家文化的墓葬中随葬绿色或白色的小石子和粗玉石片，小石子一般都和陶器堆放在一起，个别的在头部上方和手旁堆放，大部分是粗玉和大理石料，都经过人工打击[5]。

综上所述，齐家文化尤其是齐家坪墓地，白色碎石随葬的现象比较普遍。随葬的白色碎石的数量不等，有的只有十几块，有的多达两百多块。我们推测这一葬俗不仅和宗教有关，也可能预示着墓主的身份地位。

2. 身首不在同一平面的葬式

头骨和躯干骨不在同一个水平面上，头骨高于躯干骨。这种现象的墓葬共8座，占总数的6.8%，均为单人仰身直肢葬，在青海柳湾有"头低脚高的骨架放置方法"[6]。而齐家坪遗址中的这8座墓葬则与青海柳湾的相反，骨架呈头高脚低的摆放方式。出现这种现象的墓葬较少，这种差异的缘由，目前还不得而知。

3. 人骨涂撒红色颜料的葬式

人骨上涂撒红色颜料的葬式，在大何庄、秦魏家和皇娘娘台都有发现。武威皇娘娘台遗址中M40、M48、M52、M66中的骨架上有红色颜料，报告中仅对M48进行了详细的介绍，M48是一男二女合葬墓，男性仰身直肢卧于中间，两女性侧身屈肢分别卧于男性左右，两女性骨架上均有红色颜料。男性随葬石璧83件，玉璜1件，脚下方随葬陶罐7件，平底大口罐2件，

[1] 钟仕民：《彝族母石崇拜及神话传说》，云南人民出版社，1993年，第59页。
[2] 邓延良：《甲绒与牦牛羌》，《社会科学战线》1981年第2期。
[3] 中国科学院考古研究所甘肃工作队：《甘肃永靖大何庄遗址发掘报告》，《考古学报》1974年第2期。
[4] 中国科学院考古研究所甘肃工作队：《甘肃永靖秦魏家齐家文化墓地》，《考古学报》1975年第2期。
[5] 甘肃省博物馆：《武威皇娘娘台遗址第四次发掘》，《考古学报》1978年第4期。
[6] 青海省文物管理处考古队、北京大学历史系考古专业：《青海乐都柳湾原始社会墓葬第一次发掘的初步收获》，《文物》1976年第1期。

豆 1 件，小石子 304 颗，随葬器物丰厚而特殊。秦魏家报告中描述 M89 的器物放置比较特殊，四块猪下颌骨放在骨架脚下方的 2 件陶罐上，骨架上涂抹（或撒上）颜色鲜艳的赭石粉末，M89 是早期墓葬。大何庄报告描述 M34、M57、M58 三墓的骨架头部和两股骨上都涂抹（或撒上）赭石粉末，颜色鲜艳，有的还保持粉末的原状。M58 随葬的 2 石片上涂红色。M34 的墓主是一仰身直肢葬的成年人，人骨完整，头向西北。随葬陶器 6 件，墓口填土中放双大耳罐和夹砂绳纹侈口罐各 1 件。另有 36 块猪下颌骨随葬，其中 30 块放在墓口填土中，6 块放在骨架的左脚旁。骨架头部有红色布纹的痕迹，可能是红布敷面，也可能是布上撒赭石粉末，右肱骨旁放有 19 块小白石块。M75 是儿童墓，仰身直肢葬，头向西北，脚旁放双大耳罐和夹砂双耳罐各 1 件，罐上都附有红色布纹的痕迹。其中 M58 是早期墓，其他两座墓为晚期墓。齐家坪遗址仅 M42 的墓主足骨旁涂抹（或撒上）红色颜料，而且 M42 也是葬式特殊，随葬品特殊。从以上对比可知，人骨上涂抹（或撒上）赭石颜料的墓葬在每个遗址都是极少数的，推测在人骨上涂抹（或撒上）红色赭石颜料是一种特殊的葬俗，可能彰显着墓主特殊的身份地位。

4. 二次扰乱葬俗

本墓地有 100 座墓葬为二次扰动葬。二次扰乱葬是对已下葬若干年的墓葬进行二次开挖、扰乱人骨或者捡骨、迁出、迁入其他部分人骨等行为后，再进行原墓回填埋葬或再进行合葬的葬俗。二次开挖后有的仅对人骨进行扰乱，有的将部分人骨（肢骨、头骨等）取出后，将原来的墓坑再次掩埋好，再将取出的这部分骨骼进行二次埋葬，这些可能是家族捡骨迁葬墓，这种捡骨迁葬可能是造成部分墓葬人骨不全的主要原因。复杂的迁葬习俗可能与宗教信仰、墓主的死因及部落家族血亲有关。

5. 割体葬式

M65 在一件双大耳罐内放置一手指骨。M20 墓主的左手指骨被放置在左膝盖旁，左趾骨却放置在陶豆旁，右胫骨和手指骨放置在头骨左侧。在西安半坡、姜寨等遗址及永昌鸳鸯池墓地中有出现"割体葬"的，这些遗址均属于仰韶文化，且不是个例[1]。齐家文化出现割体葬的葬式较少，其原因还需深入研究。

第二节　源流与年代

齐家文化自发现至今近百年，其分期、类型、源流等问题存在着多种观点，至今仍有分歧。

---

[1] 中国科学院考古研究所：《西安半坡——原始氏族公社聚落遗址》，文物出版社，1963年；半坡博物馆、陕西省考古研究所、临潼县博物馆：《姜寨——新石器时代遗址发掘报告》，文物出版社，1988年；甘肃省博物馆文物工作队、武威地区文物普查队：《甘肃永昌鸳鸯池新石器时代墓地》，《考古学报》1982年第2期。

关于齐家文化的分期，张忠培分为三期八段[1]，水涛分为四期六段[2]，陈小三分为四期五段[3]，张天恩[4]、王辉[5]、韩建业[6]等分为三期。关于齐家坪遗址，张忠培将其框定在第三期七段，属于齐家文化晚期。王辉、韩建业也将齐家坪遗址划入齐家文化晚期。水涛将其划分为三段，分别与四期6段中的2、4、6段相对应。陈小三分为三段，将其与齐家文化划分的四期5段中的3、4、5相对应，齐家坪遗址整体看处在齐家文化晚期，与磨沟遗址的齐家文化相衔接。

关于齐家文化的源流，也有多种说法。有齐家文化是马厂类型的继续和发展；齐家文化是常山下层文化的继续与发展；齐家文化是独立发展而成；齐家文化是马家窑文化发展到马厂类型后分为东西两支，一支发展为河西的四坝文化，一支发展为齐家文化等多种观点。齐家文化的源头大致在陇东及宁夏南部，由东向西渐进扩展。

关于齐家文化类型的划分，谢端琚暂定为三区五类型，分东、中、西三个区。东区为甘肃东部地区的泾水、渭河、西汉水上游等流域，分师赵村和七里墩两个类型。中区为甘肃中部地区的黄河上游及其支流洮河、大夏河流域，以永靖秦魏家遗址为代表，称秦魏家类型。西区为甘肃西部和青海东部地区的黄河上游及其支流湟水流域与河西走廊，分皇娘娘台和柳湾两个类型[7]。

齐家文化早期当与陇东和宁夏南部的常山下层类型和菜园遗存有着密切的联系，可能还受到了客省庄二期文化的影响。

齐家文化中期从甘肃东南部拓展至河西走廊以东的甘肃大部、青海东缘和宁夏南部，以青海乐都柳湾齐家文化遗存为代表[8]，还包括甘肃天水西山坪七期遗存、武威皇娘娘台遗存[9]，宁夏隆德页河子"龙山时代遗存"[10]，青海民和喇家遗存等[11]。主体器类在早期的基础上发生了改变，斝式鬲演变为鬲，小口高领罐由圆肩变为折肩，部分双大耳罐耳部变大，绳纹远多于篮纹，

[1] 张忠培：《齐家文化研究（上）》，《考古学报》1987年第1期；张忠培：《齐家文化研究（下）》，《考古学报》1987年第2期。

[2] 水涛：《甘青地区青铜时代的文化结构和经济形态研究》，《中国西北地区青铜时代考古论集》，科学出版社，2001年。

[3] 陈小三：《河西走廊及其邻近地区早期青铜时代遗存研究——以齐家、四坝文化为中心》，吉林大学博士学位论文，2012年第201页。

[4] 张天恩、肖琦：《川口河齐家文化陶器的新审视》，《中国考古学研究——庆祝石兴邦考古半世纪暨八秩华诞文集》，三秦出版社，2004年，第361~367页。

[5] 王辉：《甘青地区新石器—青铜时代考古学文化的谱系与格局》，《考古学研究》（九），文物出版社，2012年，第210~244页。

[6] 韩建业：《中国西北地区先秦时期的自然环境与文化发展》，文物出版社，2008年。

[7] 谢端琚：《甘青地区史前考古》，文物出版社，2002年。

[8] 中国社会科学院考古研究所：《青海柳湾》，文物出版社，1984年。

[9] 甘肃省博物馆：《甘肃武威皇娘娘台遗址发掘报告》，《考古学报》1960年第2期；甘肃省博物馆：《武威皇娘娘台遗址第四次发掘》，《考古学报》1978年第4期。

[10] 北京大学考古实习队、固原博物馆：《隆德页河子新石器时代遗址发掘报告》，《考古学研究》（三），科学出版社，1997年。

[11] 中国社会科学院考古研究所甘青工作队、青海省文物考古研究所：《青海民和县喇家遗址2000年发掘简报》，《考古》2002年第12期。

有花边口沿罐等。仍流行璧、琮、多孔刀、长体单孔铲等玉、石器。仰身直肢葬盛行，有男性直肢葬、女性屈肢葬的现象。齐家文化中期可分为西山坪类型和皇娘娘台类型，其年代大约在公元前 2200～前 1900 年 [1]。

齐家文化晚期以甘肃广河齐家坪遗存为代表 [2]，包括甘肃永靖秦魏家、永靖大何庄 [3]、临潭磨沟遗存 [4]，陕西陇县川口河遗存 [5]、西安老牛坡早期遗存 [6]、商洛东龙山 "夏代早期遗存" [7] 等。主要器类仍为带耳罐、大口高领罐、折肩罐、花边圆腹罐等，但随着空间范围的不断扩大，区域性差异也更加显著，至少可以分为三个地方类型。一是甘肃中西部和青海东北部的秦魏家类型，流行较瘦高的大口折肩罐、装饰倒三角纹彩的双 (三) 大耳罐等; 二是甘肃西南部的磨沟类型，有较多矮胖的带耳罐类，少见双 (三) 大耳罐; 三是关中和商洛地区的川口河类型或老牛坡类型，有更多圜底罐、高领圆腹罐。晚期的绝对年代在公元前 1900～前 1500 年，已经进入青铜时代早期 [8]。齐家文化晚期仍有玉、石璧等。

齐家文化末期，在齐家坪、磨沟、皇娘娘台等墓地出现了一些圜底的彩陶罐或绳纹罐。在磨沟墓地发现了来自于欧亚草原文化影响的墓上封堆和铜器。这些说明公元前 16 世纪以后有较多欧亚草原文化因素渗透进甘青地区，这或许是促进齐家文化分化转变的原因之一。最终，齐家文化发展为寺洼文化。晚期齐家文化对中原产生了影响，二里头文化也出现了花边罐和束颈圆腹罐，二里头文化的环首刀、"戚" 等青铜器 [9] 和青铜合金技术的发展可能也和齐家文化有关系 [10]。同时，齐家文化也接受了中原文化的影响。

根据 1992 年 3 月文物出版社出版的由中国社会科学院考古研究所编写的《中国考古学中碳十四年代数据集（1965～1991 年）》，关于甘青地区碳 –14 测年数据的最新修订结果如下:

天水师赵村与西山坪遗址的第七段文化遗存属于齐家文化，师赵村有一组数据，编号是木炭，年代距今 3870±80 年（公元前 1920 年）和距今 3760±80 年（公元前 1810 年），通过达曼表与高精度表校正值为公元前 2317～前 2042 年; 西山坪有两组木炭的测年数据，一组为距今 3600±215 年（公元前 1650 年）和距今 3500±215 年（公元前 1550 年），通过达曼表与高精度表校正值为公元前 2140～前 1529 年; 另一组数据为距今 3750±80 年（公元前 1800 年）和距今 3640±80 年（公元前 1690 年），通过达曼表与高精度表校正值为公元前 2138～前 1906 年;

[1] 张雪莲、叶茂林、仇士华等:《民和喇家遗址碳十四测年及初步分析》,《考古》2014 年第 11 期。

[2] 王辉:《甘青地区新石器—青铜时代考古学文化的谱系与格局》,《考古学研究》（九），文物出版社，2012 年。

[3] 中国社会科学院考古研究所甘肃工作队:《甘肃永靖大何庄遗址发掘简报》,《文物》2009 年第 10 期。

[4] 甘肃省文物考古研究所、西北大学文化遗产与考古学研究中心:《甘肃临潭县磨沟齐家文化墓地》,《考古》2009 年第 7 期。

[5] 尹盛平:《陕西陇县川口河齐家文化陶器》,《考古与文物》1987 年第 5 期。

[6] 刘士莪:《老牛坡》，陕西人民出版社，2002 年。

[7] 陕西省考古研究院、商洛市博物馆:《商洛东龙山》，科学出版社，2011 年，第 32～134 页。

[8] 韩建业:《中国西北地区先秦时期的自然环境与文化发展》，文物出版社，2008 年。

[9] 林沄:《早期北方系青铜器的几个年代问题》,《内蒙古文物考古文集》（第 1 辑），中国大百科全书出版社，1994 年。

[10] 韩建业:《齐家文化的发展演变: 文化互动与欧亚背景》,《文物》2019 年第 7 期。

永靖大何庄遗址的年代测定材料是从第 7 号房屋的 2 号柱洞内出土的 2 件标本，经放射性碳素测定，其中一件木炭标本数据分别为距今 3675±95 年（公元前 1725 年）和距今 3570±95 年（公元前 1620 年），通过达曼表与高精度表校正值为公元前 2114～前 1777 年；大何庄的另一件木炭标本测定的数据分别为距今 3645±95 年（公元前 1695 年）和距今 3540±95 年（公元前 1590 年），通过达曼表与高精度表校正值为公元前 2030～前 1748 年。青海乐都柳湾遗址中关于齐家文化的年代测定材料是 M392 的棺木，经过碳 -14 测定距今年数有 3570±140（公元前 1620 年）和 3470±140（公元前 1520 年），通过达曼表与高精度表校正值为公元前 1970～前 1630 年。

　　齐家文化的年代有的学者定为公元前 2615～前 1529 年，年代集中在公元前 2300～前 1900 年 [1]，也有学者定为距今 4200～3800 年 [2]。但是从新近考古发现的临潭陈旗磨沟墓地的测年来看，齐家文化的下限可能到了公元前 1500 年左右 [3]。陈国科认为齐家文化铜器年代距今约 4000～3500 年 [4]。2012 年，兰州大学博士生马敏敏采集了齐家坪墓地人骨样本，进行同位素分析，通过对齐家坪墓地 M108-2 与 M97 内的两具人骨进行了碳 -14 测年，得出齐家坪墓地相对年代在公元前 1515～前 1264 年 [5]，并在其博士论文中将齐家坪遗址定在公元前 1600 年 [6]。李延祥在《甘肃齐家坪遗址和磨沟遗址出土绿松石产源探索》中指出齐家坪遗址 M42 出土的绿松石的产源应为陕西洛南绿松石矿区，而磨沟遗址的绿松石产源应为新疆哈密绿松石矿区。洛南绿松石矿区古矿洞发掘及其研究显示其开采年代在公元前 1900～前 900 年间，涵盖了齐家坪遗址目前所测定的年代 [7]。蛇纹器在东起宝鸡、西抵兰州的陕甘宁一线延续时间较长，初步认为其出现于公元前 2000 年前后，其使用年代下限在春秋末年到战国初年 [8]。

　　齐家坪遗址处于齐家文化晚期末段，时代上应在公元前 1700 年以降。

[1] 王辉：《甘青地区新石器—青铜时代考古学文化的谱系与格局》，《考古学研究》（九），文物出版社，2012 年，第 210～244 页。

[2] 水涛：《甘青地区青铜时代的文化结构和经济形态研究》，《中国西北地区青铜时代考古论集》，科学出版社，2001 年，第 193～327 页。

[3] 陈建立、毛瑞林、王辉等：《甘肃临潭磨沟洼文化墓葬出土铁器与中国冶铁技术的起源》，《文物》2012 年第 8 期。

[4] 陈国科：《黑水河流域早期铜矿冶遗址研究》，北京科技大学博士学位论文，2015 年。

[5] M. Ma, G. Dong, X. Liu, et al.2013. Stable isotope analysis of human and animal remains at the Qijiaping site in middle Gansu, China, *International Journal of Osteoarchaeology*. 25(6).

[6] 马敏敏：《公元前两千纪河湟及其毗邻地区的食谱变化与农业发展——稳定同位素证据》，兰州大学博士学位论文，2013 年。

[7] 李延祥、赵绚、贾淇等：《甘肃齐家坪遗址和磨沟遗址出土绿松石产源探索》，《广西民族大学学报（自然科学版）》2021 年第 27 卷第 3 期。

[8] 李水城：《中国北方地带的蛇纹器研究》，《文物》1992 年第 1 期。

第三节 齐家坪遗址出土人骨研究

何嘉宁

（北京大学考古文博学院）

一 人骨保存状况

齐家坪遗址墓葬采集人骨保存状况均很差，无完整可拼合的头骨保留，只有个别残颅盖或残面部可以进行少量项目的测量。相对而言四肢骨的保存状况稍好，本文将研究的重点放在四肢骨所反映体质状况上。

墓葬发掘于 20 世纪 70 年代初。时间久远，因而有相当比例人骨编号存在标签破损及丢失的情况。而即使保存有编号的部分人骨也存在骨骼与文字或遗迹照记录不相符的现象。如有的墓葬原始记录为单人葬，但实际人骨标签编号却有多个，从编号上判断似乎应为多人合葬墓。此外，每一原始标签所含人骨的最小个体数（MNI）往往大于 1，即每一编号单位所含人骨的个体数量往往是两个及以上，加之人骨残破以及墓地存在合葬、二次扰乱葬的情况，所有这些都给人骨鉴定带来很多困难和混淆。为此，在本文对人骨的鉴定过程中，未考虑原始文字记录的情况，而只依据骨骼原始标签来编号和鉴定。编号方法为"墓号 + 标签上人骨编号 +（数字）"，如 M22-4（1）、（2）、（3）分别代表 M22 中标签标示为第 4 号人骨中的第 1、第 2 和第 3 个个体。编号丢失的人骨则标示为"佚号"，编号方法相同（表四）。

由于骨骼保存状况很差，对混杂在一起的不同个体人骨很难做出完全肯定的区分。因而依据前述编号方法而做的鉴定有可能会对人骨个体数量的计算以及与此相关性别、年龄比率的统计产生影响，存在发生误差的可能。但对长骨等特定骨骼的功能状况分析影响较小。

表四 齐家坪遗址仅存人骨鉴定表

墓号	性别	年龄	异常	仅供参考
M7-1	男？	15～25		
M7-2	？	青年		
M10-1	男	45～50	龋齿。椎骨的骨关节病，腰椎融合。椎骨压缩性骨折	
M10-2	？	20～25		女？
M10-3	？	13～14	M1 釉质发育不全	

续表四

墓号	性别	年龄	异常	仅供参考
M22-1	女？	成年		大于 25 岁
M22-4（1）	男	40～50		
M22-4（2）	？	未成年		8～9？
M22-4（3）	？	未成年		
M22-4（4）	女	成年		大于 25 岁
M25-1	男？	40±	龋齿	
M25-2	？	7～8		
M89-1	女	18～22		
M89-2	？	成年		45～50，女？
M90-1	女？	12～16		
M90-2	？	成年		
M90-3	？	12～16		
M95-1	？	成年		45～50，男？
M95-2	女	成年		35～45
M95-3	？	18～25		女？
M96-1	？	11～13		女？
M96-2	？	成年		
M97	？	成年		45～50，女？
M98-1	女？	成年		青年？
M98-2	？	未成年		
M99	？	18～20		
M100-1	男？	成年	椎骨骨关节病	30～35
M100-2	男	成年		45±
M100-3	女？	18～22		
M100-4	？	<14～17		
M103	女	成年		40±

续表四

墓号	性别	年龄	异常	仅供参考
M104-1	？	未成年		7～8？
M104-2	？	成年		男？
M105-1	女？	成年	股骨穿孔	18～25？
M105-2	？	11～16		
M107	女	成年		40～50
M108-1（1）	女	成年		40～50
M108-1（2）	？	成年？		
M108-2	男？	成年		
M108-3（1）	男	成年		大于25岁
M108-3（2）	？	未成年		<12～16
M108-3（3）	？	18～22		女？
M108-4（1）	？	成年		男？
M108-4（2）	？	成年		男？
M109	男？	20～25		
M110-1（1）	？	成年		男？
M110-1（2）	女	20～25		
M110-1（3）	？	7～8		
M110-1（4）	男	成年		45～50
M110-1（5）	？	成年		
M110-2（1）	女？	20～25	耻骨穿孔	
M110-2（2）	男？	成年		
M110-3&4	男？	成年		
M110-3（1）	女？	成年		
M110-3（2）	女？	成年		
M110-5（1）	女	成年		
M110-5（2）	男？	成年		

续表四

墓号	性别	年龄	异常	仅供参考
M110-6（1）	男？	成年		男
M110-6（2）	男？	成年	右肱骨远端骨关节病	
M110-7（1）	女	成年		35～40
M110-7（2）	？	15～18		
M110-7（3）	男？	成年		
M111	？	18～20		
M114？	女	20～30		
M佚号01	？	未成年		
M佚号02	女	成年		
M佚号03（1）	？	成年		45～50
M佚号03（2）	女？	成年		
M佚号04（1）	女？	20±		
M佚号04（2）	男？	中老年		
M佚号05（1）	？	成年		
M佚号05（2）	？	成年		
M佚号06（1）	？	未成年		7～8？
M佚号06（2）	？	成年		
M佚号07（1）	女？	成年		
M佚号07（2）	女？	成年		
M佚号08（1）	女	成年		
M佚号08（2）	男？	成年		
M佚号09	男？	成年		
M佚号10	？	成年		
M佚号11（1）	女？	成年		
M佚号11（2）	女？	成年		
M佚号11（3）	？	未成年		

续表四

墓号	性别	年龄	异常	仅供参考
M 佚号 12	女？	20～25		
M 佚号 13	男？	成年		45～50
M 佚号 14	男	成年		45～50
M 佚号 15	？	成年		
M 佚号 16（1）	男？	成年		
M 佚号 16（2）	？	成年		男？
M 佚号 16（3）	？	未成年		<10
M 佚号 17（1）	男？	45～50	龋齿	
M 佚号 17（2）	？	成年		

注：现存单位编号的人骨数量多与原记录不相符，这里的鉴定结果仅供参考。

二　研究内容和方法

（1）人骨鉴定

首先对人骨性别、年龄进行鉴定。成年人骨鉴定主要参照吴汝康[1]的方法进行。其中头骨的年龄鉴定主要依据骨缝的愈合和牙齿磨耗综合推断而得，同时年龄鉴定还参考了耻骨联合面形态变化[2]和耳状面形态变化[3]等方法。鉴于古人牙齿磨耗程度明显重于现代人，因而对吴汝康的现代华北人牙齿磨耗推断年龄标准进行了调整并参照 Miles[4]标准进行鉴定。在鉴定过程中依据材料的具体保存情况选用不同的方法。

未成年人头骨年龄鉴定主要是依据牙齿发育情况[5]并结合头部骨骼的发育状况综合判断；青春期以前的儿童人骨的性别则难以判断。在以上鉴定的基础上对齐家坪人骨性别、年龄分布情况进行统计。

除性别、年龄外，还对人骨的身高、体重进行了推算和统计。身高根据股骨长度来推断。

[1] 吴汝康、吴新智、张振标：《人体测量方法》，科学出版社，1984年。

[2] Brooks S., Suchey J.M. ,1990. Skeletal age determination based on the os pubis: a comparison of the Acsádi-Nemeskeri and Suchey-Brooks methods. *Human Evolution* Vol,5：227–238.

[3] Lovejoy C.O., Meindl R.S., Pryzbeck T.R., and Mensforth R.P., 1985. Chronological metamorphosis of the auricular surface of the ilium: A new method for the determination of adult skeletal age at death. *American Journal of Physical Anthropology*, 68：15-28.

[4] Miles A E W，1962. Assessment of the ages of a population of Anglo-Saxons from their dentitions. *Journal of the Royal Society of Medicine*. October; 55：881–886.

[5] 石四箴：《儿童口腔病学》（第三版），人民卫生出版社，2008年。

男性的身高推断所依据的是牛艳麟[1]所推导的公式；女性身高推断依据张继宗[2]的公式。由于身高的计算常有多个推导公式，在这种情况下会选择相关系数较高的多个公式分别计算，然后取其平均值作为个体的最后身高估算结果。体重计算依据Ruff[3]的方法，依据股骨头最大径来计算。

（2）体型及比较

在所推断身高、体重的基础上，计算个体的体重指数（Body Mass Index，BMI）以反映体型。计算方法为：BMI= 体重（kg）/ 身高（m）^{2}。研究表明，体重指数与身体脂肪含量有明显的相关性，可以较好地反映个体的肥胖程度。对于现代中国成人来说BMI值小于18.5为体重过低，说明可能存在营养不良等健康问题；18.5～23.9为正常；大于24.0～27.9为超重；28以上为肥胖[4]。以此为标准判断齐家坪古人的体型，并与其他古代人群进行比较。

（3）股骨测量与比较

长骨形态与其功能状况存在非常密切的关系，其粗壮程度、截面形态、生物力学参数等都与个体生前运动行为模式密切相关。尤其是股骨，作为人体最大的长骨，其形态与承重、运动方式等关联最为紧密。为了解齐家坪古人运动行为状况，对股骨进行了测量和比较。项目包括骨干中部的横径、纵径、中部截面面积、股骨嵴指数、骨干上部扁平指数等，并与其他人群进行比较。

其中股骨嵴指数 = 骨干中部纵径 / 横径 ×100，它反映了骨干中部截面形状，此形状与股骨中部前后向弯曲载荷相关，故该指数的大小与股骨的功能状况尤其是下肢的活动度存在非常密切的相关性。中部截面面积 = 骨干中部纵径 × 横径，显然该面积并非真实的截面面积，而只是为不同人群进行比较的权宜性估算值。中部截面的面积与骨骼可承受压缩及拉伸应力的强度呈正比，反映了股骨的抗压、抗拉强度或承重能力。为排除体重的影响，在进行古人群间股骨干截面面积比较时对数据进行了校正，方法为用中部截面面积除以体重。这样使用校正后数据进行对比所反映的是在同等体重情况下股骨抗压、抗拉强度的差异，能更真实地反映出股骨功能状况。

（4）人骨的病理和异常

虽然人骨保存状况很差，仍对龋齿等病理现象及一些人骨异常进行了观察。

（5）对比材料

进行对比的古代人骨材料见表五。这些对比人群在时代、文化及行为模式上均有很大差异。河南新乡君子村清墓和陕西邰城汉墓出土人骨可作为时代较晚的典型农业定居生活方式古人群之代表，尤其是君子村组古人群在活股骨功能状况上与现代人群最为相近，活动度最弱。北京

[1]　牛艳麟：《中国汉族男性四肢长骨推断身高的研究》，山西医科大学硕士学位论文，2006年。

[2]　张继宗：《中国汉族女性长骨推断身高的研究》，《人类学学报》2001年第20卷第4期。

[3]　Ruff C.，Trinkaus E.，Holliday T.，1997. Body mass and encephalization in Pleistocene Homo. *Nature*，387：173-176.

[4]　中华人民共和国卫生部疾病控制司：《中国成人超重和肥胖症预防控制指南》，人民卫生出版社，2006年。

延庆军都山墓地属春秋战国时期北京地区北方游牧民族文化，目前只发现有墓葬尚未发现与定居生活有关的居住遗址。根据墓葬普遍殉牲、成套的马具以及典型草原文化风格的动物纹装饰艺术判断，该古人群体从事畜牧和游猎的生活方式，具有较高的流动性和活动度[1]。甘肃酒泉干骨崖遗址属四坝文化，时代相当于中原地区的夏商之际。虽然四坝文化总体上属于半农半牧的经济形态，但干骨崖墓地极少随葬动物，地处山前地带，定居生活相对稳定，其经济形态偏重于农业[2]，因而其古人的活动度弱于军都山古人群。西夏侯是山东大汶口文化新石器时代居民的代表。

在不同运动行为模式以及生存环境下，人类的体质状况存在差异。以这些古代人群为参照，对齐家坪古居民的股骨运动功能状况及体型状况等进行探讨。

表五　对比材料

对比材料	地点	文化时代	个体数		股骨数	
			男	女	男	女
齐家坪	甘肃广河	齐家文化	13	16	19	26
西夏侯	山东曲阜	大汶口文化	8	6		
干骨崖	甘肃酒泉	四坝文化	12	5	12	5
军都山	北京延庆	东周	18	23	29	36
邰城	陕西杨凌	汉代	8	21	14	38
君子村	河南新乡	清代	17	15	32	29

三　结果

（1）性别、年龄分布

齐家坪人骨的性别、年龄分布情况如表六所示。所鉴定人骨的男女性别比例约为 1∶1.13；未成年个体与成年个体比例为 1∶3.89。其中未成年个体的年龄很少有小于 5 岁的，可能暗示婴幼儿不入墓地。成年男女性年龄分布有差异，女性青年比例相对较高，而男性中老年比例高、青年比例少。这种情况反映出生育年龄阶段女性死亡率较高的事实。

---

[1] 北京市文物研究所：《军都山墓地——玉皇庙》，文物出版社，2007年。
[2] 李水城：《四坝文化研究》，《考古学文化论集》（三），文物出版社，1993年。

表六　齐家坪人骨性别、年龄分布

年龄(岁) 性别	0～5	6～11	12～18	仅可鉴定 为未成年	18～25	26～45	46～50	可鉴定为 成年	合计
男	0	0	0	0	2	1	4	16	23
女	0	0	1	0	6	1	0	19	27
不详	0	2	7	9	5	0	0	19	42
合计	0	2	8	9	13	2	4	54	92

（2）身高、体重及体型

经统计，齐家坪出土人骨男性身高平均 167.7 厘米，体重 71.2 千克；女性身高 157.1 厘米，体重 57.5 千克。按 BMI 指数计算，无论男性或女性都没有体重过低或肥胖个体，但男女都有超重个体且占有较高的比例。男性 80% 的个体超重，其比例明显高于女性的 41.7%；男性 BMI 平均值也表现为超重，而女性平均值则正常（表七）。

表七　齐家坪人骨身高、体重及 BMI

		体重（千克）	身高（厘米）	BMI
男	均值	71.2	167.7	25
	SD	2.7	2.6	0.7
	N	5	13	5
	MAX	74.4	171.1	25.9
	MIN	68	162.5	23.8
女	均值	57.5	157.1	22.9
	SD	6	6.7	2.1
	N	12	13	12
	MAX	68.6	164.6	26.1
	MIN	47.3	142.4	20.1

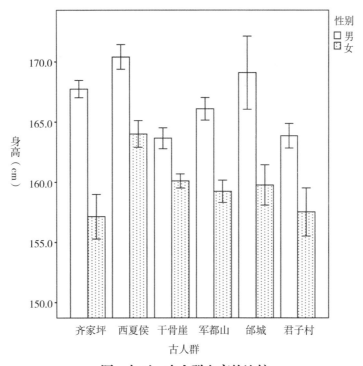

图一九五 古人群身高的比较

注：条柱高度为身高均值，误差线条为±1平均值标准误（S.E.），后同

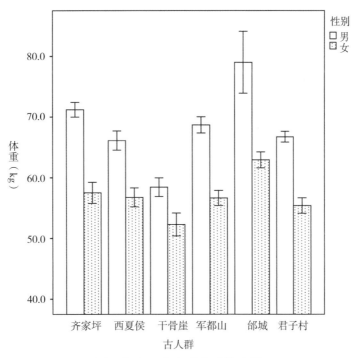

图一九六 古人群体重的比较

比较可以发现，古人的身高、体重及体型存在相当大的差异。在进行比较的几组材料中，西夏侯和邰城汉代古代居民身高最高，邰城汉代居民同时还有较大的体重，而干骨崖组的体重

绝对值最轻。齐家坪古居民体重居中，与除邰城、干骨崖之外的其他几个古代组相当。齐家坪古居民男性身高居中、女性则略显为偏低（图一九五、一九六）。

在 BMI 指数所体现的体型比较中，干骨崖和西夏侯古居民体型在所有对比人群中最为偏瘦，少有超重个体；邰城汉墓出土人骨体型则明显偏胖，很可能与食物及加工技术进步相关的营养状况较好有关。齐家坪古居民虽无肥胖的个体，但超重个体比例明显高于西夏侯新石器时代居民以及干骨崖四坝文化古居民，在体型上与军都山、君子村类似，胖瘦程度居中（图一九七、一九八；表八）。

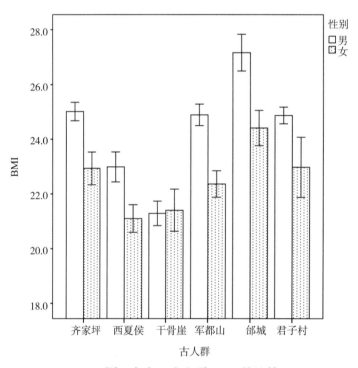

图一九七　古人群 BMI 的比较

表八　古人群人骨体型比较

遗址	男					女				
	体重过低	正常	超重	肥胖	合计	体重过低	正常	超重	肥胖	合计
齐家坪（例）	0	1	4	0	5	0	7	5	0	12
西夏侯（例）	0	6	1	0	7	0	6	0	0	6
干骨崖（例）	0	8	0	0	8	0	3	0	0	3
军都山（例）	0	4	13	1	18	1	17	5	0	23
邰城（例）	0	0	3	1	4	0	4	6	1	11

续表八

遗址	男					女				
	体重过低	正常	超重	肥胖	合计	体重过低	正常	超重	肥胖	合计
君子村（例）	0	5	11	0	16	1	6	3	1	11
齐家坪（%）	0	20	80	0	100	0	58.3	41.7	0	100
西夏侯（%）	0	85.7	14.3	0	100	0	100	0	0	100
干骨崖（%）	0	100	0	0	100	0	100	0	0	100
军都山（%）	0	22.2	72.2	5.6	100	4.3	73.9	21.7	0	100
邰城（%）	0	0	75	25	100	0	36.4	54.5	9.1	100
君子村（%）	0	31.3	68.8	0	100	9.1	54.5	27.3	9.1	100

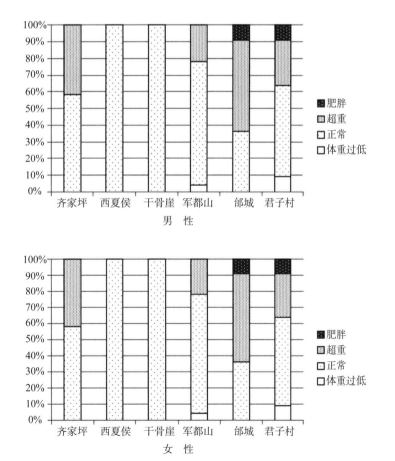

图一九八　古人群体型的比较

（3）股骨测量比较及其功能状况

表九及图一九九、二〇〇显示了齐家坪及各对比组股骨主要测量项目统计数值及比较结果。按组别比较，清代君子村股骨无论男女都有最小的骨干中部截面面积（校正后），说明在同等体重情况下其股骨承受拉伸能力最弱。相反，齐家坪、军都山以及干骨崖的男性均有较大的中部截面面积，反映了股骨具有较强抗拉伸能力。

有研究发现，股骨嵴指数与个体的活动度密切相关，在流动性、活动度高的采集狩猎社会的人群中股骨嵴指数值最高，而定居生活的人群中指数值较低，因而该指数常被用来指示古人的活动度。比较发现，齐家坪和军都山男性都具有较高的股骨嵴指数，其骨干中部截面前后径较厚，股骨功能状态较强，在几个对比组中具有较高的活动度。君子村居民的股骨嵴指数同截面面积一样在几个对比组中数值最低，其骨干中部前后向最为扁平。君子村居民较小的骨干截面面积和股骨嵴指数正是其从事完全定居农业生活、活动度较低的一种反映。

此外，齐家坪和军都山都体现出了股骨嵴指数较大的性别差异，而君子村、邰城以及干骨崖几组的性别差异相对较低。这说明齐家坪古居民下肢功能状况在男女性中存在较明显的差异。该指数在各组别间的差异以男性更为显著。

表九　齐家坪股骨测量与比较

组别 上部扁平指数		男			女		
		上部扁平指数	股骨嵴指数	中部截面面积 （校正）	上部扁平 指数	股骨嵴指数	中部截面面积 （校正）
齐家坪	N	16	19	7	22	23	20
	均值	75.2	109.5	11.8	69.4	95.7	11.6
	SD	5.10	11.67	1.06	7.35	8.91	1.47
	MAX	84.4	127.9	13.4	83.9	111	14.9
	MIN	66.6	88.3	10.1	57.2	76.3	9.8
干骨崖	N	12	12	10	5	5	5
	均值	68	100.7	12.2	66.1	96.9	10.6
	SD	8.15	13.70	1.48	5.29	10.63	1.95
	MAX	81.1	129.7	14.4	73	107.1	13
	MIN	55.2	78	9.6	58.7	80	8.5

续表九

组别 上部扁平指数		男			女		
		上部扁平指数	股骨嵴指数	中部截面面积 （校正）	上部扁平 指数	股骨嵴指数	中部截面面积 （校正）
军都山	N	29	28	28	36	35	35
	均值	84.7	111.7	11.8	73.3	92.9	11.5
	SD	8.31	10.38	1.34	8.56	7.62	1.58
	MAX	100.3	133.6	14.4	96.2	113	16
	MIN	64.1	92	8.7	54.8	81.8	8
邰城	N	13	13	8	32	35	21
	均值	78.5	107.8	11.5	77.9	100.5	11.6
	SD	7.64	9.21	0.93	9.17	8.51	0.93
	MAX	89.9	124.9	13.4	98.6	118.7	13.4
	MIN	67.3	94.8	10.2	63.2	88.1	9.7
君子村	N	32	32	32	29	28	28
	均值	85.3	95.6	11.2	81.1	90.9	11.1
	SD	6.29	7.61	0.99	6.49	6.16	1.29
	MAX	102.1	112.9	13.5	93.8	101.8	13.3
	MIN	74.2	79.8	9.2	69.8	76.1	8.3

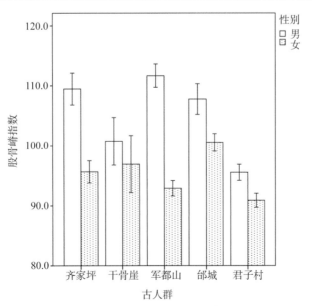

图一九九　古人群股骨嵴指数的比较

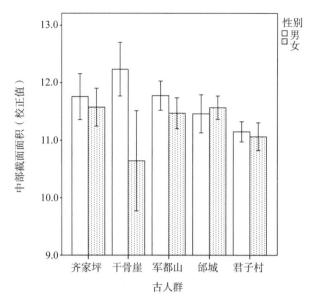

图二〇〇　古人群股骨干中部截面面积（校正后）的比较

（4）异常与病理

1）龋齿

齐家坪出土人骨保存牙齿的个体有 14 个，其中 3 个个体患有龋齿，按个体计算的患龋率为 21.4%。但考虑到每个个体所保留的牙齿常很少，因而实际患龋个体所占比例可能更高。按牙齿计算的患龋率为 17.6%，即便按类别统计前臼齿和臼齿也有相当高的患龋率（表一〇），其数值不仅超过很多华北新石器时代人群，也达到甚至高于商周时期的很多古代人群[1]。

表一〇　齐家坪人骨龋齿发病情况

	门齿	犬齿	前臼齿	臼齿	合计
龋牙数	0	0	3	10	13
总牙数	5	10	19	40	74
龋齿率（%）	0	0	15.8	25	17.6

2）骨骼人工穿孔

在全部保存的人骨中，在两个个体骨骼上发现有人工穿孔现象。

M105–1 只保留有左右胫骨以及右股骨，其长骨光滑纤细、骨壁较薄，可能是一女性个体。在右股骨远端有横向的圆形穿孔，横向贯通股骨远端的内、外侧髁。穿孔直径约 6 毫米，边缘较规则。穿孔内可见松质骨，未见骨骼吸收、炎症、修复或增生样改变，应是在该个体死后才

[1]　何嘉宁：《中国北方古代人群龋病及与经济类型的关系》，《人类学学报》2004年增刊。

形成的穿孔（图二○一）。

　　M110-2（1）保存有残破头骨、骶骨及右髋骨，可能是一个年轻女性个体。在右侧耻骨体与耻骨上支交接处即髋臼的前缘有一个前后向贯穿的规则圆形穿孔，直径约 5 毫米，形态与 M105-1 的穿孔类似。同样无明显的炎症、增生或吸收样改变，由此判断该穿孔同样是个体死后或死亡时才形成的（图二○二）。

　　这两个穿孔可以确认是人工形成，这种现象在我国古遗址出土人骨中尚未见报道。如果能够排除该现象不是发掘过程中所致损伤的话，那么这可能代表一种古代文化习俗，其含义值得探讨。

图二○一　M105-1 右侧股骨远端的人工穿孔

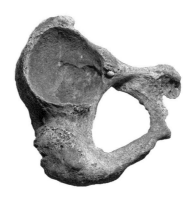

图二○二　M110-2（1）右侧髋骨的人工穿孔

四　讨论和结论

（1）体型

　　人类的体型与营养状况和生存环境相关，可为我们提供相关信息。在地理环境上，邰城、西夏侯、君子村、齐家坪的纬度比较接近，均为北纬 35° 左右，而军都山和干骨崖更偏北，在北纬 40° 左右；但从海拔高度看齐家坪和干骨崖遗址的海拔更高。根据艾伦法则（Allen's Rule）"生活在寒冷地区的恒温动物与温暖地区的同种个体或近缘异种相比，其四肢（或其附属器官）部分有缩短的倾向，以减少体表面积，有利于保持体温"推断，较胖的体型有利于减少单位体重的身体散热面积，因而更适应于较寒冷气候环境中生活，较瘦的体型则相反更适应更温暖气候环境。古气候研究表明，距今4000～3500年前后中国西部气候变冷[1]，加之海拔较高，齐家坪居民体型偏胖可能与此时较冷的气候有关。军都山体型偏胖同样可能与气候有关。

影响体型的另一个因素是营养状况，较好的营养状况必然导致体重趋于增加。邰城汉代居民生活环境更为适宜，其体型偏胖很可能和稳定定居生活和食物以及食物精加工所致的营养状况较好有关。齐家坪居民体型偏胖也不排除与营养因素存在相关性的可能，但这需要通过结合古病理、食谱分析等来综合判断。由于人骨保存状况的限制，齐家坪古营养状况方面的内容有待今后更多材料的分析和讨论。

（2）股骨功能状况

古人行为模式的一项重要差异体现在活动度上，即古人个体或群体的活动能力。人类获取资源、贸易、人口增长以及迁徙流动、人群间的竞争等都和人类的活动能力相关。不同生业模式下人类活动度就存在明显区别，采集狩猎、游牧或农牧兼营、农耕等不同的经济模式下人类有着不同的活动强度和活动范围，如采集狩猎者往往被认为具有相对更高的运动强度。

股骨在承重和运动中发挥着非常重要的作用，在反映古人运动行为模式上具有重要价值。在高强度运动状态下（如奔跑、攀爬等），大腿前后群肌肉的功能收缩导致股骨前后方向弯曲载荷的增加。该载荷的长期作用会导致股骨干断面前后向厚度逐渐增厚，在测量项目上表现为股骨嵴指数的增大（图二〇三）。同理，股骨垂直向载荷经常性的增大（如负重增加、体重增大等）也会使股骨干截面面积代偿性增长以增强其抗压、抗拉能力。高活动度人群往往具有更大的股骨嵴指数值和更大的骨干截面面积。因此我们选择了股骨干中部截面面积和股骨嵴指数这两个与下肢功能状况及活动度密切相关的项目进行比较，以了解齐家坪古代居民的股骨功能状况。

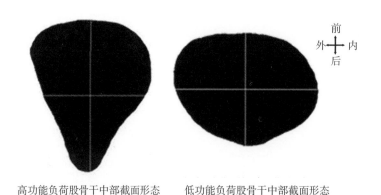

高功能负荷股骨干中部截面形态　　　低功能负荷股骨干中部截面形态

图二〇三　长期功能载荷下股骨干中部截面形态差异示意图

---

[1]　水涛：《甘青地区青铜时代的文化结构和经济形态研究》，《中国西北地区青铜时代考古论集》，科学出版社，2001年。

结果表明，齐家坪人群股骨具有较高的股骨嵴指数和骨干中部截面面积，其下肢功能状况活跃且性别差异明显，尤其是男性的下肢功能活动度高表现得最为突出。在这两个项目上，齐家坪与军都山古代居民表现最为类似。军都山古居民是以畜牧业为主要经济形态人群，具有人群流动性相对较大、活动度较强的特点。二者数值上的相近反映出他们可能具有类似的活动度和下肢功能状况。与另一组典型农业定居生活的清代君子村古代人群相比，齐家坪古代居民明显具有更强的活动度。对照人群为了解齐家坪古人运动模式提供了很好的参照。

另一方面，齐家坪股骨功能状况的活跃度主要体现在男性。无论骨干中部截面面积还是股骨嵴指数都在男性较高；女性只有截面面积较高，股骨嵴指数则偏低与清代君子村类似。对比研究还发现，古代人群股骨功能状态存在性别差异的情况比较普遍，但表现有所不同。从事农业定居生活的清代、汉代居民男女性股骨功能状况差异相对较小。

齐家坪人股骨功能状况较明显的性别差异应该是社会分工的一种反映。男女性所从事工作所需长骨功能活跃度上存在较明显区别。从股骨测量数据判断，男性可能从事较多的高强度野外作业，每日运动距离较远；而女性下肢活动度仅稍高于清代定居农业的君子村居民，可能从事较多的室内以及居址附近的生产活动，活动度弱于男性。男女性分工明确，使得女性股骨干中部断面较男性更圆、面积更小。随着定居生活的发展，在汉代以后，男性下肢活动度也开始下降，性别差异减小。

虽然本文中骨干截面面积的计算方法以及股骨嵴指数都不是反映长骨功能状况的最佳参数，但它们为了解齐家坪古代居民运动行为模式提供了重要证据。CT扫描等技术手段的应用以及生物力学参数的计算（如截面惯性矩等）可以更精确的计算长骨的功能状况，在今后条件具备时可以利用这些新手段、方法进行更细致的分析与讨论。

（3）总结

对齐家坪人骨的观测及比较总结如下。

1）齐家坪人骨保存状况较差，性别比约为1∶1.13，未成年个体占一定比例。

2）齐家坪人骨男女性平均身高分别为167.7厘米和157.1厘米，平均体重分别为71.2千克和57.5千克。有相当比例个体体型偏胖，且在男性表现更为明显。体型偏胖很可能与其生存气候环境偏冷有一定关系。

3）齐家坪股骨的测量分析反映出其居民下肢有较强的功能载荷，相比于时代较晚的典型定居生活人群，齐家坪古人具有更强的下肢活动度。

4）齐家坪股骨功能状况存在较明显的性别差异，其差异程度与从事畜牧生活方式的军都山东周时期北方游牧民族类似。齐家坪男性股骨功能状况明显强于女性，应与社会分工有关。

5）齐家坪古居民具有较高的龋齿发病率。有两个体发现骨骼人工穿孔现象，值得关注。

第四节　齐家坪遗址出土动物遗骸鉴定报告

吕鹏

（中国社会科学院考古研究所科技考古中心）

2007 年，我们对甘肃省广河县齐家坪遗址出土的一批动物遗骸进行鉴定。由于墓葬记录和动物骨骼编号无法对应，推断这批动物骨骼可能为整个遗址发掘出土的动物骨骼混装而成，故这里的出土单位编号只能说明其属于该墓地，不代表一定属于该墓葬。这批动物遗骸均为哺乳纲动物，其出土单位包括 T31 ② [1] 和 M96 [2]，计 125 件（其中包括记录出土单位标签破损的动物遗骸一袋，共 10 件）。其中有 49 件因为过于破碎，缺乏典型特征，仅能鉴定为大型哺乳动物和中型哺乳动物，占标本总数的 39.2%。

现将鉴定结果按动物种属、量化统计、测量数据、痕迹、墓葬中随葬或陪葬的动物、讨论、结语七部分报告如下。

一　动物种属

均为哺乳纲动物，具体种属包括：狗、猪、小型鹿科动物、黄牛和绵羊等 5 种。

哺乳纲　Mammalia

食肉目　Carnivora

犬科　Canidae

狗　*Canis familiaris Linnaeus*

偶蹄目　Artiodactyla

猪科　Suidae

野猪　*Sus scrofa Linnaeus*

家猪　*Sus scrofa domesticus Brisson*

鹿科　Cervidae

牛科　Bovidae

黄牛　*Bos* sp.

绵羊　*Ovis* sp.

---

[1]　骨骼标签为T31②，但此次发掘的探方中并无T31，推测可能为T3②。

[2]　骨骼标签为M96，但根据M96的原始记录，该墓未出土动物骨骼，故该编号的动物骨骼应为混入。

二 量化统计

可鉴定标本数和最小个体数所显示的结果稍有不同：可鉴定标本数中以绵羊、黄牛和猪的数量最多，狗和小型鹿科动物少见；最小个体数中以猪、黄牛、绵羊的数量最多，狗也占有较高的比例，小型鹿科动物少见。考虑到狗仅见3件标本且均为下颌骨及游离齿，这会提高其最小个体数在哺乳纲动物中所占的比例，综合可鉴定标本数（NISP）和最小个体数（MNI）的统计结果，我们认为：该遗址以绵羊、黄牛和猪的数量最多，狗和小型鹿科动物少见（表一一）。

表一一 齐家坪遗址出土动物遗骸鉴定量化统计结果

种属	NISP	%	MNI	%
狗	3	3.95%	2	14.29%
猪	22	28.95%	5	35.71%
小型鹿科动物	1	1.32%	1	7.14%
黄牛	22	28.95%	3	21.43%
绵羊	28	36.84%	3	21.43%
合计	76	100%	14	100%

三 测量数据

动物遗存测量标准依据德国安哥拉·冯登德里施的测量指南[1]。

（1）狗

测量标本2件，均为下颌骨。其一M1长19.68、宽7.97毫米，M2长8、宽6.71毫米，测量点14为19.13毫米，测量点19为22.67毫米；其二M1长22.11、宽8.7毫米，M2长8.95、宽6.17毫米，测量点1为150毫米，测量点2为148毫米，测量点12为35.71毫米，测量点13为21.5毫米，测量点14为19.43毫米，测量点18为61.32毫米，测量点19为27.74毫米，测量点20为22.07毫米（表一二）。

（2）猪

寰椎测量标本1件，宽43.05毫米。上颌骨测量标本1件，M1长15.56毫米，前宽13.5、

---

[1] 〔德〕安哥拉·冯登德里施著，马萧林、侯彦峰译：《考古遗址出土动物骨骼测量指南（A guide to the measurement of animal bones from archaeological sites）》，科学出版社，2007年。

后宽 15.52 毫米；M2 长 21.89 毫米，前宽 16.84、后宽 17.74 毫米；M3 长 30.66、宽 17.5 毫米。下颌骨测量标本 7 件，其中 dp4 长度测量标本 5 件，最大值 20.07 毫米，最小值 12.74 毫米，平均值 16.94 毫米，标准偏差 2.68；dp4 宽度测量标本 5 件，最大值 10.86 毫米，最小值 7.19 毫米，平均值 8.97 毫米，标准偏差 1.36；M1 长度测量标本 4 件，最大值 16.75 毫米，最小值 14.89 毫米，平均值 15.7 毫米，标准偏差 0.88；M1 前宽测量标本 3 件，最大值 12.21 毫米，最小值 10.15 毫米，平均值 11.1 毫米，标准偏差 1.04；M1 后宽测量标本 3 件，最大值 12.6 毫米，最小值 10.95 毫米，平均值 11.95 毫米，标准偏差 0.88；M2 测量标本 1 件，长 21.55 毫米，前宽 14.34、后宽 14.57 毫米；M3 测量标本 1 件，长 40.5、宽 15.9 毫米（表一三）。

（3）黄牛

跟骨测量标本 1 件，宽 56.38、高 37.89 毫米。桡骨远端测量标本 1 件，长 73.21、宽 41.56 毫米。上颌骨测量标本 1 件，M1 长 23.85、宽 24.67 毫米；M2 长 32.04、宽 24.49 毫米；M3 长 32.4、宽 24.96 毫米；M1 ～ M3 长 86.38 毫米。掌骨近端测量标本 1 件，长 57.37 毫米，宽 36.3 毫米（表一四）。

（4）绵羊

上颌骨测量标本 2 件，其中一件 M1 长 14.34、宽 9.14 毫米，M2 长 15.74、宽 9.75 毫米。另一件 M1 长 12.15、宽 12.47 毫米，M2 长 17.29、宽 12.36 毫米。下颌骨测量标本 6 件，其中 dp4 测量标本 5 件，长度最大值 19.65 毫米，最小值 16.37 毫米，平均值 18.1 毫米，标准偏差 1.56；dp4 宽度最大值 7.81 毫米，最小值 7.08 毫米，平均值 7.41 毫米，标准偏差 0.32；M1 测量标本 3 件，长度最大值 16.76 毫米，最小值 13.58 毫米，平均值 15.33 毫米，标准偏差 1.61；宽度最大值 8.37 毫米，最小值 8.03 毫米，平均值 8.21 毫米，标准偏差 0.17；M2 测量标本 1 件，长 18.44、宽 8.2 毫米（表一五）。

四　痕迹

观察齐家坪遗址出土动物遗骸上的痕迹，发现可分为烧痕、人工加工痕迹和啮齿动物啃咬痕迹三类，分述如下：

（1）烧痕

1 件。出土于 T31 ②，为黄牛左侧盆骨髋臼部位。

（2）人工加工痕迹

2 件，均出自于 M96。其中一件为黄牛右侧肱骨远端，上有砍、凿痕迹。另一件为黄牛肩胛骨，上有切割、凿和打磨痕迹。

（3）啮齿动物啃咬痕迹

2 件。其中一件出土于 T31 ②，为绵羊右侧胫骨远端。另一件出土于 M96，为右侧股骨骨干。

五 墓葬中埋葬或随葬的动物

考古遗址中埋葬或随葬的动物若为现今家畜种类，则这些动物可能已经为人类所驯化[1]。齐家坪遗址 M96 中出土的动物包括猪、黄牛和绵羊，此三种动物可能已经是家养动物。

M96 中动物遗骸的出土情况如下：

猪：主要部位包括头骨、下颌骨、寰椎、肩胛骨、胫骨等，骨骼破碎，计 8 件，最小个体数为 2。

黄牛：主要部位包括头骨、枢椎、肩胛骨、肱骨、胫骨、趾骨等，骨骼破碎，计 8 件，最小个体数为 1。其中 1 件肱骨和 1 件肩胛骨上发现人工加工痕迹。

绵羊：主要部位包括下颌骨、枢椎、桡骨、股骨、胫骨、跖骨、盆骨等，骨骼破碎，计有 13 件，最小个体数为 2。其中 1 件股骨骨干上有啮齿动物啃咬痕迹。

另有可辨为大型和中型哺乳动物的碎骨 25 件，为肋骨或肢骨残块。

六 讨论

（1）家养动物

由骨骼形态、测量数据、量化统计和考古现象等所提供的系列证据出发，我们认为：齐家坪遗址的狗、猪、黄牛和绵羊等已经成为家养动物（表一二～表一五）。这些动物除作为主要肉食来源之外，还以人类伙伴（狗）、墓葬中埋葬或随葬的动物（猪、黄牛和绵羊）等身份介入人类生活，这些家养动物在当时人类生活中起到了重要的作用。

表一二 狗骨骼测量数据比较 （单位：毫米）

种属	部位	M1 长度	M1 宽度	M2 长度	M2 宽度	测点 1	测点 12	测点 13	测点 14	测点 18	测点 19	测点 20
齐家坪狗	下颌骨	19.68	7.97	8	6.71				19.13		22.67	
		22.11	8.7	8.95	6.17	150	35.71	21.50	19.43	61.32	27.74	22.07
现生狗		23.74	9.47	10.65	7.88	165	39.54	23.31	21.86	62.42	25.59	22.39

---

[1] 袁靖：《中国古代家养动物的动物考古学研究》，《第四纪研究》2010年第30卷第2期。

表一三 猪骨骼测量数据比较 （单位：毫米）

种属	部位	M1 长度	M1 前宽	M1 后宽	M2 长度	M2 前宽	M2 后宽	M3 长度	M3 宽度
齐家坪猪	上颌骨	15.56	13.5	15.52	21.89	16.84	17.74	30.66	17.5
现生家猪		15.68～16.2 (N=2)	12.77～14.01 (N=2)	13.01～13.53 (N=2)	20.22	15.89	16.2	31.05	17.91
齐家坪猪	下颌骨	14.89～16.75 (N=4)	10.15～12.21 (N=3)	10.95～12.6 (N=3)	21.55	14.34	14.57	40.5	15.9
现生家猪		12.9～15.2 (N=3)	9.44～10.33 (N=3)	9.96～10.79 (N=3)	16.93～19.47 (N=2)	12.1～14.77 (N=2)	12.63～14.85 (N=2)	28.91～36.08 (N=2)	14.8～16.78 (N=2)
现生野猪		18.11	10.8	11.92	24.21	15.02	16.7		

表一四 黄牛骨骼测量数据比较 （单位：毫米）

种属	部位	宽度	高度
齐家坪黄牛	跟骨	56.38	37.89
现生黄牛		53.49	40.02
		远端长度	远端宽度
齐家坪黄牛	桡骨	73.21	41.56
现生黄牛		74.23	46.65
		近端长度	近端宽度
齐家坪黄牛	掌骨	57.37	36.3
现生黄牛		58.42	36.75

表一五 绵羊骨骼测量数据比较 （单位：毫米）

种属	部位	M1 长度	M1 宽度
齐家坪绵羊	下颌骨	13.58～16.76 (N=3)	8.03～8.37 (N=3)
现生绵羊		17.03	8.66

（2）居民获取动物资源的方式

　　齐家坪原始居民所获取动物资源包括野生动物和家养动物两类，获取方式包括家畜饲养和狩猎两种。齐家坪遗址出土动物遗骸的最小个体数为根据量化统计结果为 14 例，其中家养动物 13 例，野生动物 1 例。依据野生动物和家养动物的相对比例，我们判断家养动物在动物资源中占有绝高的比例，居民获取动物资源的主要方式当为饲养家畜，而狩猎方式获取的动物资源所占比重很低（图二〇四）。

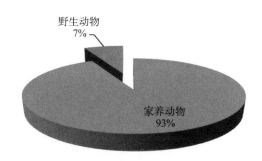

野生动物
7%

家养动物
93%

图二〇四　齐家坪遗址出土野生动物和家养动物比例（MNI）

七　结语

本次鉴定齐家坪遗址出土动物遗骸均为哺乳纲动物，种属包括狗、猪、小型鹿科动物、黄牛和绵羊等 5 种。本文分析了动物遗骸的量化统计结果、测量数据和骨骼表面上的痕迹，发现墓葬中随葬或埋葬的动物包括猪、黄牛和绵羊 3 种，说明这些动物已经成为家养动物并在人类生活中起到了特殊的作用。依据家养动物的判断标准，我们对遗址中家养动物的种类进行了认定，认为狗、绵羊、黄牛、猪已为人类所驯化，家养动物成为齐家坪原始居民最为主要的动物资源，居民获取动物资源的主要方式当为饲养家畜。

附表一　墓葬登记表

墓号	分期	墓向	形制	墓穴（米）			人数	性别
				长	宽	深		
M1	晚	355°	长方形竖穴土坑	1.9	0.87	0.45	1	男
M2	早	?	?	?	?	0.72	1	?
M3		?	?	?	?	?	1	?
M4	晚	250°	长方形竖穴土坑	1.85	0.68	0.4	1	男
M5	早	0°	长方形竖穴土坑	1.92	0.6	0.5	1	男
M6		?	?	?	?	?	1	?
M7		300°	圆角长方形土坑	1.46	0.68	0.2	6	?
M8		?	椭圆坑	0.8	0.68	0.5	2	男男
M9		?	椭圆坑	?	?	?	1	男
M10	晚	0°	长方形竖穴土坑	1.54	0.54	0.3	1	女
M11	晚	358°	长方形竖穴土坑	2.46	0.96	0.48	2	男女
M12	早	280°	长方形竖穴土坑	1.9	1.44	1.1	3	男男?
M13		0°	长方形竖穴土坑	?	?	?	2	男女
M14		6°	长方形竖穴土坑	1.65	0.76	?	2	女?
M15		270°	长方形竖穴土坑	1.55	0.72	0.43	1	?
M16	晚	5°	梯形竖穴土坑	1.76	0.83	0.35	2	男?
M17		0°	长方形竖穴土坑	1.6	0.5	0.55	2	男男
M18	晚	268°	长方形竖穴土坑	1.96	0.62	0.22	1	女
M19	早	0°	长方形竖穴土坑	1.7	0.65	0.15	1	?
M20	晚	268°	长方形竖穴土坑	2.1	0.76	0.65	1	女

年龄	葬式	随葬器物	其他共出遗物
40～45	二次扰乱葬	AⅡ夹砂绳纹侈口罐2，BaⅡ双大耳罐1，AⅢ钵1，喇叭口颈耳罐1，盂1，骨针2	猪下颌骨1（未见实物）
儿童	二次扰乱葬	残喇叭口篮纹高领罐1，BⅠ薄胎细绳纹罐1，BⅡ薄胎细绳纹罐1，BaⅡ双大耳罐1，AbⅡ豆1	
儿童	二次扰乱葬	无	
成年	二次扰乱葬	AⅡ夹砂绳纹侈口罐2，AⅠ双大耳罐1，BaⅡ双大耳罐1，AⅠ单大耳罐1，AⅡ高领罐1，AⅠ薄胎细绳纹罐1，AbⅢ豆1，A瓮1，AⅠ骨匕1	残陶鬲内盛兽骨
40～45	二次扰乱葬	AⅢ夹砂绳纹侈口罐1，AⅡ喇叭口篮纹高领罐1，BⅡ薄胎细绳纹罐1，C单大耳罐1，BaⅡ双大耳罐1，Ba瓮1，BⅠ钵1，骨匕1	白色碎石26块（未见实物）
？	二次扰乱葬	无	
？	葬式不明	骨匕1	大石块
50± 35±	葬式不明	红陶片4	大石块
55～60	二次扰乱葬	无	
成年	二次扰乱葬	BⅡ夹砂绳纹侈口罐2，BaⅢ双大耳罐1，BⅡ彩陶罐1，AⅠ钵1，骨匕1，骨饰1	
45± 45±	二次扰乱葬	AⅡ高领罐2，AⅡ夹砂绳纹侈口罐1，BⅡ夹砂绳纹侈口罐2，BⅣ夹砂绳纹侈口罐1，残夹砂绳纹侈口罐1，BaⅠ双大耳罐1，A瓮1，BaⅠ喇叭口篮纹高领罐1，AaⅡ豆1，Ⅰ三大耳罐1，Bb折肩罐1，C单大耳带流瓶1	白色碎石158块
30～35 35～40 儿童	二次扰乱葬	AⅡ夹砂绳纹侈口罐1，Bb喇叭口篮纹高领罐1，BaⅠ双大耳罐1，BⅠ骨匕1，骨镞1，骨片1（未见实物）	石块2
？	葬式不明	无	
35± ？	葬式不明		白色碎石24块、细石器（未见实物）
？	二次扰乱葬	骨锥4，骨匕1（未见实物），角器1（未见实物）	
35～40 10±	二次扰乱葬	AⅠ钵1，AⅢ钵1，AⅠ夹砂绳纹侈口罐1，AⅡ夹砂绳纹侈口罐2，BⅡ夹砂绳纹侈口罐1，BaⅠ喇叭口篮纹高领罐1，BaⅠ双大耳罐1，残夹砂绳纹侈口罐1	细石器（未见实物）
35± 30±	葬式不明	无	
55～60	二次扰乱葬	AaⅡ豆1，BaⅢ高领罐1，A折肩罐1，Bb折肩罐1，BaⅢ双大耳罐2，BⅡ钵1，AⅡ薄胎细绳纹罐2，BⅣ夹砂绳纹侈口罐1，AⅡ单大耳罐1，BaⅢ喇叭口篮纹高领罐1	白色碎石若干（未见实物）
？	二次扰乱葬	BⅡ夹砂绳纹侈口罐1，Bb折肩罐1，单大耳带流瓶1，AaⅠ豆1，残夹砂绳纹侈口罐1	
25～30	一次葬	BaⅠ高领罐2，AⅡ喇叭口篮纹高领罐1，BaⅠ喇叭口篮纹高领罐1，BaⅡ双大耳罐2，不明双大耳罐1（未见实物），BⅡ钵1，B豆1，残夹砂绳纹侈口罐1（未见实物），骨针1	白色碎石76块（未见实物）

续附表一

墓号	分期	墓向	形制	墓穴（米）			人数	性别
				长	宽	深		
M21	晚	358°	长方形竖穴土坑	1.64	0.58	0.12	1	男
M22	晚	345°	长方形竖穴土坑	2.1	0.58	1.7	1	女
M23	晚	0°	长方形竖穴土坑	1.98	0.75	0.43	1	女
M24	晚	0°	长方形竖穴土坑	1.98	0.56	0.33	1	男
M25	晚	0°	长方形竖穴土坑	2.18	0.8	?	2	男?
M26	晚	?	?	?	?	?	1	?
M27	早	?	?	?	?	?	1	女
M28	晚	270°	长方形竖穴土坑	2.32	1.5	0.3	4	女男?男
M29	晚	357°	长方形竖穴土坑	1.8	0.72	0.38	1	男
M30		?	无墓圹	?	?	?	1	男
M31		?	?	?	?	?	1	?
M32	晚	0°	不规则长方形竖穴土坑	2.6	1.15	?	1	女
M33		0°	长方形竖穴土坑	1.62	0.5	0.14	1	女
M34	晚	266°	长方形竖穴土坑	2.12	0.7	0.2	1	男
M35		?	椭圆坑	?	?	?	4	男男??
M36	晚	0°	梯形竖穴土坑	2.14	0.98	0.6	3	女男男
M37	晚	0°	长方形竖穴土坑	2.18	1	0.21	2	?
M38		?	?	?	?	?	2	女男
M39		5°	不规则长方形竖穴土坑	1.48	0.78	?	2	男?

年龄	葬式	随葬器物	其他共出遗物
15～20	二次扰乱葬	AⅡ夹砂绳纹侈口罐1，AⅢ夹砂绳纹侈口罐1，AⅡ高领罐1，BaⅡ高领罐1，BaⅢ双大耳罐1，AⅢ钵1	白色碎石若干
35～40	二次扰乱葬	BⅡ夹砂绳纹侈口罐3，AⅡ喇叭口篮纹高领罐1，残单大耳罐1，BaⅠ双大耳罐1，BⅢ钵1	白色碎石若干
40～45	二次扰乱葬	AⅡ夹砂绳纹侈口罐1，AⅢ夹砂绳纹侈口罐1，AⅡ高领罐1，AⅠ喇叭口篮纹高领罐1，BaⅡ喇叭口篮纹高领罐1，AⅡ单大耳罐1，BaⅠ双大耳罐2，A折肩盆1，BⅠ骨匕1	白色碎石98块
35～40	一次葬	AⅡ夹砂绳纹侈口罐2，AⅡ高领罐1，AⅢ高领罐1，BaⅠ双大耳罐1，AⅡ钵1，BⅠ骨匕1	白色碎石64块
30± 儿童	二次扰乱葬	残夹砂绳纹侈口罐1，AⅡ夹砂绳纹侈口罐1，AⅣ夹砂绳纹侈口罐1，BⅢ夹砂绳纹侈口罐1，BaⅢ高领罐1，BaⅠ喇叭口篮纹高领罐1，AⅠ双大耳罐1，AⅡ双大耳罐1，BaⅠ双大耳罐3，Ba瓮1，B折肩盆1，AbⅡ豆1，BⅢ钵1	白色碎石178块
?	葬式不明	残夹砂绳纹侈口罐1，BⅣ夹砂绳纹侈口罐1，BaⅠ双大耳罐1	
30～35	二次扰乱葬	BⅡ夹砂绳纹侈口罐1，AⅡ高领罐2，BaⅡ双大耳罐1，AⅡ钵1	
40± 45± 10± 40±	二次扰乱葬	AⅠ夹砂绳纹侈口罐1，AⅡ夹砂绳纹侈口罐5，AⅣ夹砂绳纹侈口罐1，AⅠ高领罐1，BaⅠ喇叭口篮纹高领罐1，BaⅡ喇叭口篮纹高领罐2，AⅡ双大耳罐1，BaⅠ双大耳罐1，BaⅡ双大耳罐2，BaⅢ双大耳罐1，A瓮1，BⅢ钵1，AbⅡ豆1，B石斧1，绿松石珠3	
40～45	二次扰乱葬	BⅢ夹砂绳纹侈口罐1，BaⅡ高领罐1，BaⅣ高领罐1，残喇叭口篮纹高领罐1，BaⅡ双大耳罐2，AⅢ钵1，BⅠ骨匕1	白色碎石104块
40～45	二次扰乱葬	无	
?	二次扰乱葬	无	
17～20	二次扰乱葬	AⅡ夹砂绳纹侈口罐3，AⅢ夹砂绳纹侈口罐1，BaⅠ喇叭口篮纹高领罐1，BaⅡ喇叭口篮纹高领罐2，AⅠ单大耳罐1，BaⅢ双大耳罐2	
20～25	二次扰乱葬	无	
55～60	二次扰乱葬	AⅣ夹砂绳纹侈口罐1，BⅢ夹砂绳纹侈口罐1，AⅢ高领罐1，BaⅠ双大耳罐1	
25～30 25～30 5～10 ?	二次扰乱葬	无	白色碎石30块（未见实物）
成年 成年 成年	二次扰乱葬	AⅠ夹砂绳纹侈口罐1，AⅡ夹砂绳纹侈口罐1，AⅢ夹砂绳纹侈口罐1，BⅣ夹砂绳纹侈口罐1，AⅡ高领罐1，AⅢ高领罐1，AⅠ喇叭口篮纹高领罐1，BaⅠ喇叭口篮纹高领罐1，BaⅡ双大耳罐2，BaⅢ双大耳罐1，Ⅱ三大耳罐1，BⅠ钵1，BⅡ钵1，残骨器1	白色碎石若干
?	二次扰乱葬	残夹砂绳纹侈口罐1（未见实物），AⅠ高领罐1，Ⅰ蛇纹罐1，BaⅢ双大耳罐2，BⅠ骨匕2，牙饰1，骨片1（未见实物）	
40± 35±	葬式不明	无	
? 成年	葬式不明	无	

续附表一

墓号	分期	墓向	形制	墓穴（米）			人数	性别
				长	宽	深		
M40	早	0°	长方形竖穴土坑	1.05	0.45	0.3	2	男女
M41		?	?	?	?	?	1	?
M42		0°	近圆角正方形竖穴土坑	3.3	3.12	0.69	13	男 女 ? 女 女 男 ? 男 女 女 ? ? 女
M43		0°	长方形竖穴土坑	1.4	0.5	?	1	男
M44	晚	268°	长方形竖穴土坑	2.1	1.07	0.11	2	女男
M45		?	?	?	?	?	3	男女男
M46		270°	长方形竖穴土坑	?	?	?	1	?
M47		?	?	?	?	?	1	?
M48		266°	长方形竖穴土坑	1.9	0.48	0.14	1	男
M49		356°	长方形竖穴土坑	1.5	0.6	0.37	1	男

年龄	葬式	随葬器物	其他共出遗物
60± ?	二次扰乱葬	A Ⅰ 薄胎细绳纹罐 1，双大耳罐 1，残陶罐 1	
儿童	二次扰乱葬	铜镜形饰 1	
15± 20± 婴儿 15± 30± 20± 7± 40± 40± 20± 16± 10± 20±	二次扰乱葬	残陶片 1（未见实物），鬲足 1，绿松石片 660，绿松石珠（未见实物），牙饰 2，骨片若干，蚌壳 1	白色碎石 130 块，墓葬中部人骨上及周围有红色颜料
30～35	二次扰乱葬	夹砂绳纹侈口双耳罐 1	
35± 35±	二次扰乱葬	A Ⅲ 夹砂绳纹侈口罐 1，B Ⅰ 夹砂绳纹侈口罐 1，A Ⅳ 高领罐 1，Ba Ⅳ 高领罐 1，Ba Ⅰ 喇叭口篮纹高领罐，Ba Ⅰ 双大耳罐 1，Ba Ⅲ 双大耳罐 1，Ⅱ 三大耳罐 1，绿松石片 8	
35± 35± 40±	葬式不明	肩耳罐 1	
?	二次扰乱葬	无	
?	二次扰乱葬	无	
55±	二次扰乱葬	无	
55+	二次扰乱葬	骨匕 1	

续附表一

墓号	分期	墓向	形制	墓穴（米）			人数	性别
				长	宽	深		
M50	晚	270°	近方形竖穴土坑	2	1.4	0.22	4	?
M51	晚	354°	长方形竖穴土坑	1.98	0.8	?	1	?
M52		?	?	?	?	?	3	男1女2
M53		180°	长方形竖穴土坑	1.3	0.4	?	1	儿童
M54	早	0°	长方形竖穴土坑	1.85	0.75	0.2	1	?
M55	晚	0°	长方形竖穴土坑	1.68	0.78	0.6	1	女
M56		266°	长方形竖穴土坑	1.8	0.95	?	2	女男
M57		270°	不规则坑	?	?	?	3	男?
M58	早	?	?	?	?	0.31	1	?
M59	晚	4°	梯形竖穴土坑	1.9	0.9	?	2	男女
M60	晚	0°	长方形竖穴土坑	1.74	0.75	0.2	1	女
M61	早	270°	长方形竖穴土坑	1.76	0.62	?	1	男
M62	晚	358°	长方形竖穴土坑	?	?	0.5	1	男
M63	晚	1°	圆角长方形竖穴土坑	2.32	1.22	?	4	男男女女
M64		?	?	?	?	?	1	男
M65	晚	8°	长方形竖穴土坑	1.94	0.8	0.57	2	女?
M66	晚	0°	长方形竖穴土坑	1.9	0.8	0.28	1	男
M67		?	?	?	?	?	1	?
M68	早	?	长方形竖穴土坑	?	?	?	1	?
M69	早	0°	长方形竖穴土坑	1.3	0.6	0.4	1	男

年龄	葬式	随葬器物	其他共出遗物
15± 10± 11± 10±	二次扰乱葬	残夹砂绳纹侈口罐1（未见实物），AⅢ夹砂绳纹侈口罐1，AⅣ夹砂绳纹侈口罐1，BⅡ夹砂绳纹侈口罐1，BaⅡ双大耳罐2，BaⅡ双大耳罐1，夹砂绳纹侈口单耳罐1，BⅠ骨匕1，铜环1	
15±	二次扰乱葬	BⅢ夹砂绳纹侈口罐1，BaⅡ双大耳罐1	
壮年	葬式不明	无	
12±	二次扰乱葬	无	
?	二次扰乱葬	BⅠ夹砂绳纹侈口罐1，AⅡ高领罐1，AⅡ双大耳罐1，夹砂绳纹侈口双耳罐1	
成年	二次扰乱葬	AⅠ夹砂绳纹侈口罐1，BaⅡ高领罐1，BaⅠ喇叭口篮纹高领罐1，Bb折肩罐1，AⅡ单大耳罐1，BaⅡ双大耳罐2，BaⅢ双大耳罐1，AⅠ钵1	白色碎石50块
20～25 35～40	二次扰乱葬	无	
中年 10±	二次扰乱葬	无	
?	二次扰乱葬	AⅠ薄胎细绳纹罐1，Ⅰ蛇纹罐1，Ba瓮1，残甑1	
成年	二次扰乱葬	BaⅣ高领罐1，AbⅠ豆1	
35±	二次扰乱葬	BⅡ夹砂绳纹侈口罐2，BaⅣ高领罐1，BaⅠ喇叭口篮纹高领罐1，BaⅡ喇叭口篮纹高领罐1，Bb折肩罐1，BaⅡ双大耳罐2，AⅡ钵1	白色碎石84块
25～30	一次葬	AⅡ高领罐1，BⅡ薄胎细绳纹罐1，Ⅱ蛇纹罐1，喇叭口颈耳罐1，BⅡ钵1，BⅠ骨匕1，A石斧1	
35～40	二次扰乱葬	AⅡ夹砂绳纹侈口罐2，BaⅢ高领罐1，AⅢ单大耳罐1，BaⅡ双大耳罐1，BⅡ钵1，BⅠ骨匕1	白色碎石101块
60± 55± 30± 50±	二次扰乱葬	AⅡ夹砂绳纹侈口罐1，AⅢ夹砂绳纹侈口罐1，AⅡ高领罐1，BaⅣ高领罐1，BaⅠ喇叭口篮纹高领罐1，BaⅡ双大耳罐1	白色碎石242块
40～45	二次扰乱葬	无	
25± 10±	二次扰乱葬	AⅡ夹砂绳纹侈口罐2，AⅢ高领罐1，BaⅢ高领罐1，BaⅠ喇叭口篮纹高领罐2，BaⅡ双大耳罐1，Ba瓮1，BⅡ钵1，骨管1，BⅠ骨匕2	白色碎石112块
20～25	一次葬	AⅡ夹砂绳纹侈口罐1，AⅢ夹砂绳纹侈口罐2，AⅠ喇叭口篮纹高领罐1，BaⅡ喇叭口篮纹BaⅡ双大耳罐1，AⅠ钵1，牙饰1，AⅡ骨匕1	白色碎石若干
?	二次扰乱葬	无	
?	二次扰乱葬	AⅡ钵1	
40～45	二次扰乱葬	AⅠ夹砂绳纹侈口罐1，BⅡ夹砂绳纹侈口罐1，AⅡ高领罐1，BaⅠ高领罐1，BaⅡ双大耳罐2，BⅠ钵1	

续附表一

墓号	分期	墓向	形制	墓穴（米）			人数	性别
				长	宽	深		
M70		?	椭圆形坑	1.01	0.82	?	2	?男
M71		?	不规则圆形坑	?	?	?	1	男
M72		355°	长方形竖穴土坑	?	?	?	3	男?女
M73		309°	不规则长方形土坑	1	0.5	?	1	男
M74	早	255°	长方形竖穴土坑	1.6	0.55	0.44	1	?
M75	晚	357°	长方形竖穴土坑	2.05	0.66	0.2	1	男
M76	晚	0°	长方形竖穴土坑	2.1	0.7	0.83	2	男男
M77	晚	353°	长方形竖穴土坑	2.1	0.68	0.2	2	男女
M78		0°	?	?	?	?	1	?
M79	晚	335°	近方形竖穴土坑	2	1.46	?	2	女男
M80		?	椭圆形坑	0.9	0.75	?	2	男女
M81		?	?	?	?	?	1	女
M82		?	?	?	?	?	2	男女
M83	早	270°	长方形竖穴土坑	1.8	0.56	0.36	1	女
M84		?	?	?	?	?	1	?
M85	晚	?	?	?	?	0.16	1	?
M86	晚	350°	长方形竖穴土坑	1.9	0.54	0.25	1	?
M87		?	?	?	?	?	1	?
M88		?	?	?	?	?	1	?
M89	晚	350°	长方形竖穴土坑	1.96	0.66	0.3	1	?

年龄	葬式	随葬器物	其他共出遗物
8± 35±	葬式不明	无	
35～40	二次扰乱葬	陶片若干	
55± 10± 45±	葬式不明	无	
30～35	二次扰乱葬	无	
?	二次扰乱葬	AⅡ夹砂绳纹侈口罐2，BaⅡ喇叭口篮纹高领罐1，B单大耳罐1，AⅡ钵1	
60±	二次扰乱葬	AⅡ夹砂绳纹侈口罐1，AⅢ夹砂绳纹侈口罐1，AⅡ高领罐1，BaⅠ高领罐1，BaⅡ双大耳罐2，BⅡ钵1，AⅠ骨匕1，骨针1	白色碎石43块
60± ?	二次扰乱葬	AⅢ夹砂绳纹侈口罐1，AⅢ单大耳罐1，AⅢ双大耳罐1，BaⅠ双大耳罐1，喇叭口颈耳罐1，AⅡ钵1，BⅡ钵1	白色碎石若干
55～60 20～25	二次扰乱葬	残夹砂绳纹侈口罐1，AⅡ夹砂绳纹侈口罐1，AⅡ高领罐1，BbⅢ高领罐1，BaⅢ双大耳罐3，AbⅢ豆1，	白色碎石若干 （未见实物）
?	二次扰乱葬	无	
30± 60±	二次扰乱葬	AⅡ夹砂绳纹侈口罐1，AⅡ高领罐1，BbⅢ高领罐1，BaⅠ喇叭口篮纹高领罐1，BaⅡ喇叭口篮纹高领罐1，A折肩罐1，BaⅠ双大耳罐1，BaⅢ双大耳罐1，双大耳罐1，夹砂绳纹侈口双耳罐1，Ⅱ蛇纹罐1，三大耳罐1，AaⅡ豆1	白色碎石若干 （未见实物）
40± 30±	葬式不明	无	
?	二次扰乱葬	无	
55± 25±	葬式不明	残夹砂绳纹侈口罐1（未见实物）	
40～45	二次扰乱葬	BaⅠ喇叭口篮纹高领罐1，AⅡ单大耳罐1	
?	二次扰乱葬	灰陶片若干	白色碎石5块 （未见实物）
?	二次扰乱葬	残夹砂绳纹侈口罐1，BⅠ夹砂绳纹侈口罐1，残双大耳罐1，BⅢ钵1	
?	二次扰乱葬	BaⅡ喇叭口篮纹高领罐1，BaⅡ双大耳罐2，喇叭口颈耳罐1，AⅢ钵1	
?	二次扰乱葬	无	
?	二次扰乱葬	AⅢ夹砂绳纹侈口罐1，BaⅠ双大耳罐1	
?	二次扰乱葬	残夹砂绳纹侈口罐1，BⅢ夹砂绳纹侈口罐1，BaⅠ喇叭口篮纹高领罐1，BaⅡ双大耳罐1，盘1	白色碎石38块

续附表一

墓号	分期	墓向	形制	墓穴（米）			人数	性别
				长	宽	深		
M90	晚	345°	长方形竖穴土坑	1.76	0.7	0.11	1	?
M91		?	?	?	?	?	1	?
M92	晚	270°	长方形竖穴土坑	1.78	0.72	0.26	1	男
M93		?	?	?	?	0.55	1	?
M94	早	344°	长方形竖穴土坑	1.9	0.5	0.37	1	女
M95	早	342°	长方形竖穴土坑	1.86	0.53	0.24	1	女
M96	晚	350°	长方形竖穴土坑	1.7	0.5	0.3	1	?
M97	晚	290°	长方形竖穴土坑	1.86	0.54～0.74	0.3	1	男
M98	晚	0°	长方形竖穴土坑	1.64	0.6～0.72	0.2	1	?
M99		270°	长方形竖穴土坑	1.34	0.44	0.28	1	?
M100	晚	?	?	?	?	?	1	?
M101	晚	0°	长方形竖穴土坑	1.4	0.4～0.53	0.2	1	?
M102	早	0°	长方形竖穴土坑	1.3	0.4	0.2	1	?
M103		340°	长方形竖穴土坑	1.84	0.5～0.8	0.25	1	女
M104	晚	353°	长方形竖穴土坑	1.93	0.5～0.8	0.16	1	?
M105	晚	351°	长方形竖穴土坑	1.82	0.53	0.12	1	?
M106		?	?	?	?	?	1	?
M107	早	348°	长方形竖穴土坑	2	0.7	0.5	1	?
M108	晚	0°	长方形竖穴土坑	2.05	0.64	0.53	1	?
M109		0°	长方形竖穴土坑	1.5	0.6	0.27	1	?

年龄	葬式	随葬器物	其他共出遗物
?	一次葬	B Ⅲ 夹砂绳纹侈口罐 1，Ba Ⅱ 喇叭口篮纹高领罐 1，Ba Ⅲ 双大耳罐 1，A Ⅲ 钵 1，绿松石片 1	白色碎石若干（未见实物）
?	二次扰乱葬	A Ⅲ 夹砂绳纹侈口罐 1	
?	一次葬	A Ⅱ 夹砂绳纹侈口罐 1，B Ⅳ 夹砂绳纹侈口罐 1，A Ⅱ 高领罐 1，Ba Ⅱ 高领罐 1，Ba Ⅱ 喇叭口篮纹高领罐 1，Ba Ⅲ 双大耳罐 1，A Ⅲ 钵 1	
儿童	二次扰乱葬	无	
成年	二次扰乱葬	A Ⅰ 夹砂绳纹侈口罐 1，A Ⅱ 夹砂绳纹侈口罐 1，A Ⅱ 高领罐 1，A Ⅱ 喇叭口篮纹高领罐 1，Ba Ⅱ 喇叭口篮纹高领罐 1，Ba Ⅱ 双大耳罐 1，Ab Ⅰ 豆 1，单耳杯 1	白色碎石若干（未见实物）
成年	二次扰乱葬	B Ⅰ 夹砂绳纹侈口罐 1，Bb Ⅰ 高领罐 1，Ba Ⅱ 喇叭口篮纹高领罐 1，Ba Ⅱ 双大耳罐 1	白色碎石 15 块
?	二次扰乱葬	B Ⅲ 夹砂绳纹侈口罐 1，Ba Ⅲ 喇叭口篮纹高领罐 1，Ba Ⅰ 双大耳罐 2，夹砂绳纹侈口单耳罐 1，双鋬双流罐 1，Aa Ⅰ 豆 1	
成年	二次扰乱葬	A Ⅲ 夹砂绳纹侈口罐 2，A Ⅰ 单大耳罐 1，喇叭口颈耳罐 1，Ba 瓮 1，B Ⅲ 钵 1	狗骨 1 具
?	二次扰乱葬	夹砂绳纹侈口双耳罐 1，Bb Ⅱ 高领罐 1，Ba Ⅲ 喇叭口篮纹高领罐 1，A 折肩盆 1，Ba Ⅱ 双大耳罐 1，Bb 双大耳罐 1，A Ⅲ 钵 1	白色碎石若干（未见实物）
?	二次扰乱葬	无	白色碎石若干（未见实物）
?	二次扰乱葬	B Ⅰ 夹砂绳纹侈口罐 1，B Ⅱ 夹砂绳纹侈口罐 1，B Ⅲ 钵 1	
?	二次扰乱葬	B Ⅱ 夹砂绳纹侈口罐 2，Ba Ⅱ 双大耳罐 1，Aa Ⅲ 豆 1，骨针 1	
?	二次扰乱葬	B Ⅱ 夹砂绳纹侈口罐 1	
?	二次扰乱葬	无	
?	二次扰乱葬	B Ⅳ 夹砂绳纹侈口罐 1，Ba Ⅰ 双大耳罐 1	
?	二次扰乱葬	B Ⅰ 夹砂绳纹侈口罐 1，Ba Ⅰ 喇叭口篮纹高领罐 1，A Ⅲ 单大耳罐 1，Ba Ⅰ 双大耳罐 1，Ba Ⅱ 双大耳罐 1	
?	二次扰乱葬	无	
?	二次扰乱葬	B Ⅱ 夹砂绳纹侈口罐 1，Bb Ⅱ 高领罐 1，A Ⅰ 喇叭口篮纹高领罐 1，Ba Ⅱ 喇叭口篮纹高领罐 1，Ba Ⅱ 双大耳罐 2，A 彩陶罐 1，Ba 折肩罐 1，B Ⅰ 钵 1	白色碎石 156 块
?	二次扰乱葬	A Ⅱ 夹砂绳纹侈口罐 1，B Ⅰ 夹砂绳纹侈口罐 1，Ba Ⅱ 喇叭口篮纹高领罐 2，B 单大耳罐 1，Ba Ⅱ 双大耳罐 1，Ba Ⅲ 双大耳罐 2，Aa Ⅰ 豆 1，贝壳 1	白色碎石 239 块
?	二次扰乱葬	无	

续附表一

墓号	分期	墓向	形制	墓穴（米）			人数	性别
				长	宽	深		
M110	晚	270°	不规则四边形土坑	3.2	2.68	0.5	8	?
								男
								女
								?
								?
								男
								男
								?
M111	晚	0°	长方形竖穴土坑	1.9	0.7	0.53	1	?
M112	晚	0°	近方形竖穴土坑	2.43	2.05	?	4	?
								男
								女
								?
M113	早	264°	长方形竖穴土坑	1	0.4	0.2	1	?
M114	早	353°	长方形竖穴土坑	1.1	0.5	1.5	1	?
M115	早	265°	长方形竖穴土坑	1.52	0.45	0.15	1	男
M116		248°	长方形竖穴土坑	1.7	0.46	0.15	1	男
M117		255°	长方形竖穴土坑	1.3	0.56	0.9～1.4	1	?
M118	晚	350°	长方形竖穴土坑	?	?	?	1	男

年龄	葬式	随葬器物	其他共出遗物
？	二次扰乱葬	A Ⅱ 夹砂绳纹侈口罐 4，B Ⅰ 夹砂绳纹侈口罐 3，A Ⅲ 高领罐 2，Ba Ⅰ 喇叭口篮纹高领罐 1，Ba Ⅱ 喇叭口篮纹高领罐 2，A 折肩罐 1，Ba Ⅰ 双大耳罐 1，Ba Ⅱ 双大耳罐 4，B Ⅰ 钵 1，B Ⅱ 钵 2，B 骨锥 1，B 石斧 1	
成年			
成年			
？			
？			
成年			
成年			
？			
？	一次葬	A Ⅱ 夹砂绳纹侈口罐 2，Bb Ⅲ 高领罐 1，Ba Ⅰ 喇叭口篮纹高领罐 1，Ba Ⅱ 双大耳罐 1，B Ⅰ 彩陶罐 1，Bb 瓮 1，Ab Ⅰ 豆 1	白色碎石若干
？	二次扰乱葬	A Ⅲ 夹砂绳纹侈口罐 1，B Ⅱ 夹砂绳纹侈口罐 1，双大耳罐 1（未见实物），贝壳 1	白色碎石若干
？			
？			
儿童			
儿童	二次扰乱葬	B Ⅱ 夹砂绳纹侈口罐 1，Ba Ⅰ 双大耳罐 1	
儿童	一次葬	残夹砂绳纹侈口罐 1，Ba Ⅱ 双大耳罐 1	
儿童（？）	二次扰乱葬	A Ⅱ 夹砂绳纹侈口罐 1，Ba Ⅱ 双大耳罐 1	
成年	二次扰乱葬	泥质红陶罐 1（未见实物），夹砂绳纹侈口罐 1（未见实物）	
？	一次葬	无	
成年	二次扰乱葬	A Ⅳ 夹砂绳纹侈口罐 2，B Ⅲ 夹砂绳纹侈口罐 1，B Ⅳ 夹砂绳纹侈口罐 1，A Ⅳ 高领罐 1，双大耳罐 1（未见实物），夹砂绳纹侈口单耳罐 1，A Ⅲ 钵 1，研磨石 1，骨匕 1（未见实物）	

附表二　灰坑登记表

编号	分期	位置	层位	形状	尺寸（米）
AT11H1	早	AT10、AT11 之间靠北，部分压在 AT13、AT14 南壁下	?	圆形袋状	2.2～2.54
AT10H2		AT7 和 AT10 内	?	长方形	1.4～1.6
BT1H1		BT1 西部	①层下	椭圆形	2～2.4
BT1H2	晚	BT1 东部	①层下	圆形圜底	2.57
BT1H3	晚	BT1 东南角，大部压于东隔梁、南壁下	①层下	圆形	?
BT1H4	晚	BT1 西部	①层下	圆形	1.75
BT1H5	早	BT1 东部	①层下	圆形	1.42
BT1H6		BT1 南部	①层下	圆形	1.5
BT1H7		BT1 西南角	①层下	圆形	1
BT1H8		BT1 中部	①层下	三角形	0.72～1.54
BT1H9		BT1 中部偏西	①层下	椭圆形	1.26～2.4
BT2H1		BT2 南壁偏东	?	椭圆形	?
BT2H2	早	BT2 中部	?	椭圆形	1.35～3.3
BT2H3		BT2 西部	?	椭圆形	1.1～2
BT2H4		BT2 东部，一半被压东隔梁下	?	?	?
BT3H1	早	BT3 中部偏北	?	尖底	1.5
BT3H2	晚	BT3 西南角	①层下	"吕"字形	2.4×4.5

深度（米）	出土物	备注
1.2	夹砂粗陶片，夹砂灰陶片，泥质红陶片，彩陶片2，可辨器形者有夹砂绳纹侈口罐1，彩陶罐1，钵，鬲，石环1，石刀2，狗骨架2	距坑口0.58米的狗骨架完整，颈部和胸部压有石块数块；距坑口1.2米的狗骨架较完整
0.6	夹砂红陶片，泥质红陶片，夹砂灰陶片和釉陶片。可辨器形有甑、喇叭口篮纹高领罐和夹砂绳纹侈口罐等	近代坑
1.75	可辨器形者有泥质红陶罐，夹砂绳纹侈口罐，泥质灰陶罐，残器盖2，石刀3，石球1	
1.75	若干陶片，可辨器形者有夹砂红陶罐，泥质红陶罐，陶器盖1，石刀1，石球1，骨纺轮1	
1.46	石刀1，刮削器1，陶球1	
0.9	可辨器形者有泥质红陶钵，泥质红陶罐，夹砂红陶罐，钵1，器盖1	
1.18	可辨器形者有泥质红陶罐，夹砂红陶罐，残骨锥，石刀2	
1.04	可辨器形者有泥质红陶罐，夹砂红陶罐	
0.9	可辨器形者有泥质红陶罐，夹砂红陶罐，器盖1，石刀1	
0.88	可辨器形者有泥质红陶罐，夹砂红陶罐，石刀1，残骨铲1，骨匕1	
1.06	可辨器形者有夹砂绳纹侈口罐，泥质红陶罐，石刀1	
1.2	少量齐家文化陶片	
1.25	少量齐家文化陶片，陶钵1，夹砂绳纹侈口罐1	
0.75	少量陶片，少量兽骨，骨锥2，残器盖1	
1.1	细泥橙黄陶片，夹砂粗陶，残夹砂绳纹侈口罐2，兽骨（牛、羊），卜骨2	
?	陶片，钵1，兽骨，骨锥2，海贝1，石刀1	此坑曾经因水渗入而周壁塌陷，形成尖底
0.55～2.5	少量齐家文化陶片，钵1，双耳罐1，鬲足1，斝足1，器盖1，石刀1，石斧1	

附表三 房址登记表

单位	位置	层位	形状	尺寸（米）			出土物
				长	宽	居住面距地表深	
AT19F0	AT19 西南	?	长方形	4	?	?	刮削器 3
AT14F1	发掘区北部偏西	?	长方形	2.88	2.15	0.77	夹砂绳纹侈口罐 1，双大耳罐 1，铜斧 1，兽骨，人骨，鹅卵石
AT13F2	AT13 与 AT14 之间	?	椭圆形	2	1.8	?	陶片可辨器形者有鬲、钵和罐等，大量陶片、动物骨骼（羊、牛、猪、马、狗）
BT1F1	BT1 西部	①层下	长方形	5.7	3.8	0.87	无
BT2F1	BT2 西部	①层下	长方形	6	5.9	?	纺轮 1，石刀 1

附表四 窑址登记表

单位	位置	层位	形状	直径（米）	距地面深（米）	备注
AT17Y1	AT17 中部	?	椭圆形	0.8～2	1	原始记录："中间有几个红烧土块，似为火眼，但因仅存 1/4，无法弄清其情况"；内圈半径 0.8，外圈半径 1 米；"烧土呈青蓝色，近砖，坚硬"；"被齐家墓葬破坏"；据 M111 发掘记录，该墓填土内有窑的烧土，晚于窑。

附表五 编号明确的器物登记表

编号	器物名称	口径/长	腹径/宽	底径	高/厚	陶质	陶色	纹饰	型式
M1：1	夹砂绳纹侈口罐	10.6	12.8	7.2	18.4	夹砂	灰黑色	竖绳纹	AⅡ
M1：2	盂	3.7	12	5.8	18.6	泥质	橙黄色	素面	未分型
M1：3	夹砂绳纹侈口罐	10.6	13.1	7.3	18.2	夹砂	红褐色	竖绳纹	AⅡ
M1：4	钵	13.4		5.6	7.4	泥质	橙黄色	素面	AⅢ
M1：5	喇叭口颈耳罐	9.8	13.1	6	20.1	泥质	橘红色	素面	未分型
M1：6	双大耳罐	6.5	8.9	3.7	11.5	泥质	橙黄色	素面	BaⅡ
M1：8	骨针	残		残					未分型
M1：9	骨针	残		残					未分型
M2：1	双大耳罐	残	11	4.2	11.3	泥质	橙黄色	素面	BaⅡ

续附表五

编号	器物名称	口径 / 长	腹径 / 宽	底径	高 / 厚	陶质	陶色	纹饰	型式
M2：2	喇叭口篮纹高领罐	残	17	7.7	17	泥质	橙黄色	竖篮纹	器型不明
M2：3	薄胎细绳纹罐	10	12.1	5.7	13.4	夹细砂	橘红色	细绳纹	B Ⅱ
M2：4	薄胎细绳纹罐	9.8	12.5	5.3	16	夹细砂	灰黑与橘红色	细绳纹	B Ⅰ
M2：5	豆	17.6		10.4	13.2	泥质	橙黄色	素面	Ab Ⅱ
M4：1	瓮	10.8	26.3	11	26.8	泥质	橙黄色	堆塑泥饼竖篮纹	A
M4：2	双大耳罐	7.1～7.6	10	3.8	12.2	泥质	橙黄色	素面	Ba Ⅱ
M4：3	双大耳罐	7.6	8.4	3.6	12.6	泥质	橙黄与橘红色	素面	A Ⅰ
M4：4	夹砂绳纹侈口罐	11.3	14.2	7	18.5	夹砂	灰黑与橘红色	竖绳纹	A Ⅱ
M4：5	单大耳罐	6.6	6.8	3.3	11	泥质	橙黄色	素面	A Ⅰ
M4：6	夹砂绳纹侈口罐	8.7	11.3	6	15.3	夹砂	灰黑与橘红色	竖绳纹	A Ⅱ
M4：7	高领罐	8.5	11.8	5.5	17	泥质	橘红色	素面	A Ⅱ
M4：8	豆	14.4		9.6	14.6	泥质	橘红色	附加堆纹刻划纹	Ab Ⅲ
M4：9	薄胎细绳纹罐	9	13	6	16.5	夹细砂	灰黑与橙黄色	戳印纹细绳纹堆塑泥饼	A Ⅰ
M4：10	骨匕	11	2.1		0.15				A Ⅰ
M5：1	瓮	10.9	23.2	8.5	26.6	泥质	橘红色	素面	Ba
M5：2	夹砂绳纹侈口罐	9.8	13.7	7	19	夹砂	橙黄色	竖绳纹	A Ⅱ
M5：3	薄胎细绳纹罐	8.2	11.6	6.2	13.6	夹细砂	红褐色	附加堆纹细绳纹	B Ⅱ
M5：4	双大耳罐	7.4	10.8	6.1	13.4	泥质	橙黄色	素面	Ba Ⅱ
M5：5	喇叭口篮纹高领罐	8.8	13.1	6.2	18.6	泥质	橘红色	竖篮纹	A Ⅱ
M5：6	单大耳罐	8	11.1	3.7	13.4	泥质	橘红色	素面	C
M5：7	钵	15.2		6.5	8.6	泥质	橘红色	素面	B Ⅰ
M5：8	骨匕	15.6	2						B Ⅰ
M7：1	骨匕	14.6	2.3		0.2				B Ⅰ
M10：1	骨饰	5.3	1.8		0.1				未分型

续附表五

编号	器物名称	口径/长	腹径/宽	底径	高/厚	陶质	陶色	纹饰	型式
M10：2	骨匕	17.4	2		0.5				A Ⅱ
M10：3	夹砂绳纹侈口罐	7.7	10.6	5.6	14.5	夹砂	灰黑与橘红色	竖绳纹	B Ⅱ
M10：4	双大耳罐	6.6	9	4.1	12.1	泥质	橙黄与橘红色	素面	Ba Ⅲ
M10：5	钵	16.2		7.6	6.6	泥质	橘红色	素面	A Ⅰ
M10：6	彩陶罐	7.2	15.1	圜底	12.7	泥质	橘红色	彩绘	B Ⅱ
M10：7	夹砂绳纹侈口罐	6.4	9.2	5.2	12.6	夹砂	灰黑与橘红色	竖绳纹	B Ⅱ
M11：1	高领罐	9.4	14.7	8	20	泥质	橘红色	素面	A Ⅱ
M11：2	夹砂绳纹侈口罐	9.4	11.8	6.3	14.3	夹砂	灰黑色	竖绳纹	B Ⅳ
M11：3	双大耳罐	6.7	8.9	3.7	12.5	泥质	橘红色	素面	Ba Ⅰ
M11：4	瓮	12.1	26.5	11.3	27	泥质	橘红色	堆塑泥饼竖篮纹	A
M11：5	夹砂绳纹侈口罐	7.7	10.6	6.3	14.4	夹砂	灰黑色	竖绳纹	A Ⅱ
M11：6	喇叭口篮纹高领罐	16	16.1	8.5	30.5	泥质	橘红色	竖篮纹	Ba Ⅰ
M11：7	豆	13.2		9.6	15	泥质	橙黄色	素面	Aa Ⅱ
M11：8	三大耳罐	8.6		7.7	11.1	泥质	橘红色	素面	Ⅰ
M11：9	折肩罐	15.4	21.2	9.5	19.8	泥质	橙黄色	戳印纹	Bb
M11：10	高领罐	8.6	11.4	7.4	16	泥质	橙黄色	素面	A Ⅱ
M11：11	夹砂绳纹侈口罐	10.5	13	6.9	18.6	夹砂	灰黑色	竖绳纹	B Ⅱ
M11：12	夹砂绳纹侈口罐	7.5	9.6	5.6	12.6	夹砂	橙黄色	竖绳纹	B Ⅱ
M11：13	单大耳带流瓶	10.6～11.2	11	8.5	15.4	泥质	橙黄与橘红色	素面	未分型
M11：14	夹砂绳纹侈口罐	残	残	6.8	11.2	夹砂	红褐色	竖绳纹	器型不明
M11：15	白色碎石								碎石
M12：1	喇叭口篮纹高领罐	10.4	15	7.2	24.8	泥质	橘红色	竖篮纹	Bb
M12：2	骨匕	9.4	1.3		0.17				B Ⅰ
M12：3	骨镞	3.6	0.6		0.5				未分型
M12：4	石块								

续附表五

编号	器物名称	口径 / 长	腹径 / 宽	底径	高 / 厚	陶质	陶色	纹饰	型式
M12：5	石块								
M12：7	双大耳罐	7.2	8.4	3.8	11.7	泥质	橙黄色	素面	Ba Ⅰ
M12：8	夹砂绳纹侈口罐	9.6	11	7.8	16.4	夹砂	灰黑与橘红色	竖绳纹	A Ⅱ
M15：1	骨锥	10	1.6		1.7				A
M15：2	骨锥	12.4	2.6		1.7				A
M15：3	骨锥	10.6	1.6		0.9				A
M15：4	骨锥	5.8	1.5		0.5				A
M16：1	钵	19.5		10	9	泥质	橘红色	竖篮纹	A Ⅰ
M16：2	夹砂绳纹侈口罐	残	11.6	7	11.6	夹砂	灰黑与橘红色	竖绳纹	器型不明
M16：3	夹砂绳纹侈口罐	7.9	7.8	5.2	13	夹砂	灰黑色	竖绳纹	A Ⅰ
M16：4	喇叭口篮纹高领罐	14.4	16.4	8.4	30	泥质	橙黄色	竖篮纹	Ba Ⅰ
M16：5	夹砂绳纹侈口罐	10.2	13.1	7	19.2	夹砂	灰黑色	竖、斜绳纹	A Ⅱ
M16：6	夹砂绳纹侈口罐	10.7	13.6	7.9	19.1	夹砂	橙黄色	竖绳纹	B Ⅱ
M16：7	夹砂绳纹侈口罐	8.9	10.3	6	15.2	夹砂	灰黑色	竖、斜绳纹	A Ⅱ
M16：8	双大耳罐	6.7	8.4	3.1	12.1	泥质	橙黄色	素面	Ba Ⅰ
M16：9	钵	14.4	15.4	10	5.4	泥质	橙黄色	素面	A Ⅲ
M18：1	豆	15.2		12.4	18.4	泥质	橙黄色	素面	Aa Ⅱ
M18：2	高领罐	7.5	11.1	5.5	14.5	泥质	橙黄色	竖篮纹	Ba Ⅲ
M18：3	折肩罐	11.8	29	11.5	28.6	泥质	橙黄色	竖篮纹	A
M18：4	双大耳罐	8.5	10.2	6	13	泥质	橙黄色	素面	Ba Ⅲ
M18：5	钵	14		6.4	7.4	泥质	橙黄色	素面	B Ⅱ
M18：6	折肩罐	11.3	15.5	8.3	15.8	泥质	橙黄色	素面	Ba
M18：7	薄胎细绳纹罐	9.5	13	5.9	15.6	夹细砂	灰黑与橘红色	附加堆纹细绳纹	A Ⅱ
M18：8	夹砂绳纹侈口罐	8.6	9.7	5	11.7	夹砂	灰黑与橘红色	竖绳纹	B Ⅳ
M18：9	薄胎细绳纹罐	8.8	12.4	5.2	13.2	夹细砂	灰黑与橘红色	细绳纹	A Ⅱ

续附表五

编号	器物名称	口径/长	腹径/宽	底径	高/厚	陶质	陶色	纹饰	型式
M18：10	单大耳罐	9.9	12.4	5.4	14.8	泥质	橙黄色	素面	AⅡ
M18：11	喇叭口篮纹高领罐	12	16	7.8	25.2	泥质	橙黄色	竖篮纹	BaⅢ
M18：12	双大耳罐	6.3	7.1	3.9	9.9	泥质	橙黄色	素面	BaⅢ
M19：1	豆	15.6		11.6	16.4	泥质	橙黄色	素面	AaⅠ
M19：2	夹砂绳纹侈口罐	10	12.3	6.5	15.4	夹砂	灰黑与橙黄色	戳印纹 竖绳纹	BⅡ
M19：3	夹砂绳纹侈口罐	残	11.9	残	14.8	夹砂	橘红色	旋纹 竖绳纹	器型不明
M19：4	单大耳带流瓶	10.2～10.4	10.1	5.8	16	泥质	橙黄色	素面	未分型
M19：5	折肩罐	11.5	15	8.7	13.7	泥质	橙黄色	素面	Ba
M20：1	豆	9.2	10.3	8.8	15	泥质	橘红色	附加堆纹 刻划纹	B
M20：2	钵	16.2		7	9.8	泥质	橘红色	素面	BⅡ
M20：3	喇叭口篮纹高领罐	15.8	16.6	8.6	31.2	泥质	橙黄与橘黄色	竖篮纹	BaⅠ
M20：4	夹砂绳纹侈口罐	残	8.1	5.2	9	夹砂	灰黑色	竖绳纹	器型不明
M20：5	高领罐	9.2	11.5	5.3	17.8	夹砂	橘红色	竖绳纹	BaⅠ
M20：7	双大耳罐	6.8	8.9	3.6	11.4	泥质	橘红色	素面	BaⅢ
M20：8	双大耳罐	8	12	4.8	14.2	泥质	橘红色	素面	BaⅢ
M20：9	高领罐	7.4	9.8	5.2	16.2	夹砂	橘红色	竖绳纹	BaⅠ
M20：11	喇叭口篮纹高领罐	11.3	16.5	8.8	24.4	泥质	橙黄色	竖篮纹	AⅡ
M20：12	骨针	5.5	0.1～0.2						未分型
M21：1	钵	13.2	14	8	6.6	泥质	橘红色	素面	AⅢ
M21：2	夹砂绳纹侈口罐	8.3	10.8	5.3	15	夹砂	灰黑色	花边口沿 竖绳纹	AⅢ
M21：3	夹砂绳纹侈口罐	9.4	12	7.9	17.4	夹砂	灰黑色	竖绳纹	AⅡ
M21：4	双大耳罐	6.7	9	3.6	11.7	泥质	橘红色	素面	BaⅢ
M21：5	高领罐	5.5	8.9	5.5	13.3	夹砂	橘红色	竖绳纹	BaⅡ
M21：6	高领罐	8.8	15	8.8	22	夹砂	橙黄色	旋纹	AⅡ

续附表五

编号	器物名称	口径/长	腹径/宽	底径	高/厚	陶质	陶色	纹饰	型式
M22：1	夹砂绳纹侈口罐	10	12.6	7.5	16.8	夹砂	灰黑与橘红色	竖绳纹	B Ⅱ
M22：2	单大耳罐	残	10.2	5.2	10.2	泥质	橙黄与橘红色	素面	器型不明
M22：3	双大耳罐	6	8.6	3.3	11.4	泥质	橙黄色	素面	Ba Ⅰ
M22：4	夹砂绳纹侈口罐	9	11.4	5.8	16	夹砂	灰黑与橘红色	竖绳纹	B Ⅱ
M22：5	钵	10.6	10.8	6.4	7.6	泥质	橙黄色	素面	B Ⅲ
M22：6	夹砂绳纹侈口罐	10.2	14	7	18.2	夹砂	灰黑色	竖绳纹	B Ⅱ
M22：7	喇叭口篮纹高领罐	13.8	18	9	26.2	泥质	橙黄色	竖篮纹	A Ⅱ
M23：1	喇叭口篮纹高领罐	16.4	19.2	9.8	31	泥质	橙黄色	素面	A Ⅰ
M23：2	折肩盆	16.2	16.6	8.3	13	泥质	橙黄色	戳印纹	A
M23：3	双大耳罐	6.4	7.9	3	11.2	泥质	橙黄色	素面	Ba Ⅰ
M23：4	高领罐	7	8.8	5	13	夹细砂	橘红色	素面	A Ⅱ
M23：5	夹砂绳纹侈口罐	8.3	10.2	6	13.5	夹砂	红褐色	竖绳纹	A Ⅲ
M23：6	单大耳罐	7.3	9.2	3.8	12.4	泥质	橙黄色	素面	A Ⅱ
M23：7	双大耳罐	6.8	8.5	3.4	12.5	泥质	橙黄色	素面	Ba Ⅰ
M23：8	喇叭口篮纹高领罐	11.7	12.4	6.2	22.1	泥质	橙黄色	竖篮纹	Ba Ⅱ
M23：9	夹砂绳纹侈口罐	9.2	12.4	6.5	17.8	夹砂	红褐色	竖绳纹	A Ⅱ
M23：10	白色碎石								碎石
M23：11	骨匕	5.3	1.6		0.3				B Ⅰ
M24：1	高领罐	8.9	12.3	7.2	17.8	泥质	橙黄色	素面	A Ⅱ
M24：2	夹砂绳纹侈口罐	10.8	13.2	7.5	18.5	夹砂	灰黑色	竖绳纹	A Ⅱ
M24：3	双大耳罐	6.4	7	2.8	10.4	泥质	橙黄色	素面	Ba Ⅰ
M24：4	高领罐	8.2	10.4	5.5	12.4	泥质	橙黄色	素面	A Ⅲ
M24：5	钵	14.2		6.5	7.8	泥质	橘红色	素面	A Ⅱ
M24：6	夹砂绳纹侈口罐	8.5	11.1	6.6	15	夹砂	灰黑色	竖绳纹	A Ⅱ
M24：7	白色碎石								碎石

续附表五

编号	器物名称	口径/长	腹径/宽	底径	高/厚	陶质	陶色	纹饰	型式
M24：8	骨匕	19	2.3		0.2				B I
M25：1	夹砂绳纹侈口罐	残	22.5	6.4	13.3	夹砂	红褐色	竖绳纹	器型不明
M25：2	夹砂绳纹侈口罐	8.1	11.2	6	14	夹砂	灰黑色	花边口沿竖绳纹	B Ⅲ
M25：3	夹砂绳纹侈口罐	8.6	10.6	5.3	14.7	夹砂	灰黑色	竖绳纹	A Ⅱ
M25：4	夹砂绳纹侈口罐	7	9.1	5	11.3	夹砂	灰黑色	竖绳纹	A Ⅳ
M25：5	高领罐	7.8	10.6	6.1	15.2	夹砂	橙黄色	竖绳纹	Ba Ⅲ
M25：6	折肩盆	15.7	18.4	7.6	13.7	泥质	橙黄与橘红色	素面	B
M25：7	双大耳罐	8～8.5	10.7	4.9	13.8	泥质	橙黄色	素面	A Ⅱ
M25：8	双大耳罐	6.5	8.2	3.8	12.4	泥质	橙黄色	素面	A I
M25：9	双大耳罐	7.6	8.4	3.2	11.9	泥质	橙黄色	素面	Ba I
M25：10	双大耳罐	6	7.3	3.3	10.5	泥质	橙黄色	素面	Ba I
M25：11	双大耳罐	6.3	8.2	3.7	11.6	泥质	橙黄色	素面	Ba I
M25：12	喇叭口篮纹高领罐	12.7	14.7	6.3	26.3	泥质	橘红色	竖篮纹	Ba I
M25：13	豆	14.7		8.4	14	泥质	橙黄色	素面	Ab Ⅱ
M25：14	钵	13.6		8.2	8.2	泥质	橙黄色	素面	B Ⅲ
M25：15	瓮	11.6	22.5	8.8	25.1	泥质	橙黄色	刻划纹	Ba
M26：1	夹砂绳纹侈口罐	7.1	10.2	6.3	11	夹砂	灰黑色	竖绳纹	B Ⅳ
M26：2	夹砂绳纹侈口罐	残	11.8	6.7	14.5	夹砂	灰黑色	竖绳纹	器型不明
M26：3	双大耳罐	7.4	8.7	3.2	11.7	泥质	橙黄色	素面	Ba I
M27：1	夹砂绳纹侈口罐	8.9	11.1	6.6	15.6	夹砂	灰黑色	竖绳纹	B Ⅱ
M27：2	双大耳罐	8	8.6	3	12.3	泥质	橙黄色	素面	Ba Ⅱ
M27：3	高领罐	8	9.1	4.3	12.7	夹砂	红褐色	旋纹	A Ⅱ
M27：4	钵	13.8		6.9	5.5	泥质	橙黄色	素面	A Ⅱ
M27：5	高领罐	8	11.2	6.4	14.8	泥质	橙黄色	素面	A Ⅱ
M28：1	双大耳罐	8.2	9.2	4.7	12.9	泥质	橙黄色	素面	Ba Ⅱ

续附表五

编号	器物名称	口径/长	腹径/宽	底径	高/厚	陶质	陶色	纹饰	型式
M28：2	石斧	6.6	2.2		1.6				B
M28：3	绿松石珠	0.35	0.25		0.08				未分型
M28：4	瓮	11	23.6	11.8	18.2	泥质	橘红色	素面	A
M28：5	夹砂绳纹侈口罐	9.5	10.5	5.8	14.8	夹砂	灰黑色	竖绳纹	AⅡ
M28：6	夹砂绳纹侈口罐	7.9	9.1	5.5	11.1	夹砂	灰黑色	竖绳纹	AⅣ
M28：7	高领罐	9.6	12.1	6.1	20.1	泥质	橙黄色	素面	AⅠ
M28：8	夹砂绳纹侈口罐	9.8	11.9	6.2	16.9	夹砂	红褐色	竖绳纹	AⅡ
M28：9	夹砂绳纹侈口罐	7.2	8.4	5.5	11.8	夹砂	红褐色	竖绳纹	AⅠ
M28：10	钵	13		7	8.2	泥质	橙黄色	素面	BⅢ
M28：11	双大耳罐	7.1	8	3.7	11.7	泥质	橙黄与橘红色	素面	AⅡ
M28：12	豆	14.2		9.4	13	泥质	橙黄色	素面	AbⅡ
M28：13	喇叭口篮纹高领罐	14.2	16.8	8.4	28.2	泥质	橙黄色	竖篮纹	BaⅡ
M28：14	夹砂绳纹侈口罐	9	12.6	6.8	17.1	夹砂	灰黑色	竖绳纹	AⅡ
M28：15	双大耳罐	6.1	9	3.7	12.6	泥质	橙黄色	素面	BaⅡ
M28：16	喇叭口篮纹高领罐	14.7	15.6	8	28.8	泥质	橙黄色	竖篮纹	BaⅠ
M28：17	夹砂绳纹侈口罐	7.9	10.1	6	13.4	夹砂	灰黑色	竖绳纹	AⅡ
M28：18	夹砂绳纹侈口罐	8.1	10.3	5.3	14.5	夹砂	红褐色	竖绳纹	AⅡ
M28：19	双大耳罐	6	8	3.2	11.6	泥质	橘红色	素面	BaⅢ
M28：20	喇叭口篮纹高领罐	12.2	13.6	7.3	25.2	泥质	橙黄色	竖篮纹	BaⅡ
M28：21	双大耳罐	7	7.5	3.7	11.6	泥质	橙黄色	素面	BaⅠ
M28：22	绿松石珠	0.9	0.35		0.1				BaⅡ
M28：23	绿松石珠	0.8	0.45		0.08				未分型
M29：1	双大耳罐	7.2～8	11.2	4.3	14.7	泥质	橙黄色	素面	BaⅡ
M29：2	高领罐	7.2	9.1	4.6	13.6	夹砂	灰黑色	竖绳纹	BaⅡ
M29：3	夹砂绳纹侈口罐	10.4	13.5	7.4	17.6	夹砂	橙黄色	竖绳纹	BⅢ

续附表五

编号	器物名称	口径／长	腹径／宽	底径	高／厚	陶质	陶色	纹饰	型式
M29：4	喇叭口篮纹高领罐	残缺	16.6	9.1	27.2	泥质	橙黄色	竖篮纹	器型不明
M29：5	高领罐	8.8	12.9	6.4	16.2	泥质	橙黄色	竖篮纹	Ba Ⅳ
M29：6	钵	13	13.8	7.2	6.8	泥质	橘红色	彩绘	A Ⅲ
M29：7	双大耳罐	6～6.8	7.8	3.8	11.5	泥质	橙黄色	素面	Ba Ⅱ
M29：8	白色碎石								碎石
M29：9	骨匕	16.3	2.7		0.17				B Ⅰ
M32：1	夹砂绳纹侈口罐	9	10.7	5.5	14.7	夹砂	灰黑与橘红色	竖绳纹	A Ⅱ
M32：2	双大耳罐	6.9	8.4	3.9	12	泥质	橙黄色	素面	Ba Ⅲ
M32：3	夹砂绳纹侈口罐	10.8	13.1	6.6	18.4	夹砂	橘红色	堆塑泥饼交错绳纹	A Ⅱ
M32：4	夹砂绳纹侈口罐	10.8	13.1	5.7	19	夹砂	灰黑与橙黄色	竖绳纹	A Ⅱ
M32：5	单大耳罐	8.8	9.8	5	14	泥质	橙黄色	素面	A Ⅰ
M32：6	喇叭口篮纹高领罐	14	15.3	7.4	26.2	泥质	橙黄色	竖篮纹	Ba Ⅱ
M32：7	双大耳罐	7	8.5	4	11.7	泥质	橙黄色	素面	Ba Ⅲ
M32：8	喇叭口篮纹高领罐	15.2	18	8.6	31.6	泥质	橙黄色	竖篮纹	Ba Ⅱ
M32：9	喇叭口篮纹高领罐	15.6	17.3	7.9	30.6	泥质	橙黄色	竖篮纹	Ba Ⅰ
M32：10	夹砂绳纹侈口罐	8.6	9.4	4.5	12.8	夹砂	灰黑与橘红色	附加堆纹竖绳纹	A Ⅲ
M34：1	高领罐	8.4	14.7	6.5	20.2	泥质	橘红色	附加堆纹	A Ⅲ
M34：2	双大耳罐	6.9	8.5	3.9	12.1	泥质	橙黄色	素面	Ba Ⅰ
M34：3	夹砂绳纹侈口罐	8.2	10.8	6.6	13.4	夹砂	橙黄色	竖绳纹	A Ⅳ
M34：4	夹砂绳纹侈口罐	8.2	10.3	6.2	12.8	夹砂	灰黑色	竖绳纹	B Ⅲ
M36：1	双大耳罐	5.8	6.3	3.2	10	泥质	橘红色	素面	Ba Ⅱ
M36：2	双大耳罐	6.6	8.2	4	11.8	泥质	橙黄色	素面	Ba Ⅱ
M36：3	夹砂绳纹侈口罐	8.1	9.9	6.1	12.9	夹砂	灰黑与橘红色	竖绳纹	A Ⅲ
M36：4	钵	12		6.6	6.6	泥质	橘红色	素面	B Ⅱ
M36：5	夹砂绳纹侈口罐	7.1	7.9	4.1	11.9	夹砂	灰黑色	竖绳纹	A Ⅰ

续附表五

编号	器物名称	口径／长	腹径／宽	底径	高／厚	陶质	陶色	纹饰	型式
M36：6	喇叭口篮纹高领罐	16.2	18.3	9.7	31	泥质	橙黄色	素面	A I
M36：7	钵	10.4		5.4	6.5	泥质	橘红色	素面	B I
M36：8	双大耳罐	6.7～7.6	11.3	4.6	13.4	泥质	橙黄色	素面	Ba Ⅲ
M36：9	夹砂绳纹侈口罐	9.3	11.8	6.1	16.4	夹砂	灰黑与橘红色	竖绳纹	A Ⅱ
M36：10	喇叭口篮纹高领罐	12.4	14	7.2	25.2	泥质	橙黄色	竖篮纹	Ba I
M36：11	高领罐	6.6	9.4	5.5	13.1	泥质	橙黄色	花边口沿堆塑泥饼	A Ⅱ
M36：12	三大耳罐	9.5	9.2	8.6	9.7	泥质	橙黄色	素面	Ⅱ
M36：13	高领罐	9	14	6.2	18.8	泥质	橙黄色	素面	A Ⅲ
M36：14	夹砂绳纹侈口罐	10.2	13	6.3	15.6	夹砂	灰黑色	竖绳纹	B Ⅳ
M36：15	骨器	6.6	1.9		0.5				器型不明
M36：16	白色碎石								碎石
M37：1	蛇纹罐	7.6	10.8	5.6	14	夹细砂	灰黑与橘红色	附加堆纹蛇纹	I
M37：2	双大耳罐	6.8	9.4	3.7	12.6	泥质	橘红色	素面	Ba Ⅲ
M37：4	高领罐	12.7	14.6	7.1	22.8	泥质	橙黄色	素面	A I
M37：5	双大耳罐	6.8	9.6	3.7	12	泥质	橙黄色	素面	Ba Ⅲ
M37：6	骨匕	18.3	2.1		0.13				B I
M37：7	骨匕	20.3	2		0.18				B I
M37：9	牙饰	14.5	2.5		0.4				未分型
M40：1	薄胎细绳纹罐	9	12.2	4.8	15.8	夹细砂	灰黑与橙黄色	戳印纹细绳纹	A I
M40：3	残陶罐					夹砂	红色		未分型
M41：1	铜镜形饰	6			0.25			素面	未分型
M42：1	绿松石片	2.9	0.8		0.01				未分型
M42：2	长方形骨片饰	0.7～1.2	0.3～0.6		0.15				未分型
M42：3	白色碎石								碎石
M42：4	牙饰	12.9	2		0.7				未分型

续附表五

编号	器物名称	口径/长	腹径/宽	底径	高/厚	陶质	陶色	纹饰	型式
M42：5	牙饰	11.2	1.7		0.7				未分型
M42：7	蚌壳	已朽							已朽
M42：9	鬲足	残			6.4	夹砂	橙黄色	竖绳纹	未分型
M43：1	夹砂绳纹侈口双耳罐	11.6	14.5	6	22.6	夹砂	红褐色	竖绳纹	未分型
M44：1	喇叭口篮纹高领罐	15.2	17.6	8.5	32.1	泥质	橘红色	竖篮纹	Ba Ⅰ
M44：2	高领罐	9.6	12.7	6.4	18	泥质	橘红色	素面	A Ⅳ
M44：3	三大耳罐	9.6		9.6	7.2	泥质	橙黄与橘红色	素面	Ⅱ
M44：4	双大耳罐	6.7	8.6	4.1	11.6	泥质	橙黄色	素面	Ba Ⅲ
M44：5	高领罐	6.6	7.2	7	14	夹细砂	橘红色	竖绳纹	Ba Ⅳ
M44：6	双大耳罐	7.3	8.6	4	12	泥质	橙黄色	素面	Ba Ⅰ
M44：7	夹砂绳纹侈口罐	10	12.8	6.6	18	夹砂	橘红色	竖绳纹	A Ⅲ
M44：8	夹砂绳纹侈口罐	8.9	9.7	6.4	13.7	夹砂	灰黑色	竖绳纹	B Ⅰ
M44：9	绿松石片	2.8	0.8		0.01				未分型
M45：1	肩耳罐	9.1	18.6	9.5	22.2	泥质	灰黑色	旋纹 竖篮纹	未分型
M49：1	骨匕	16.8	2.5		0.2				B Ⅱ
M50：1	夹砂绳纹侈口罐	7.2	8	4.9	9.6	夹砂	灰黑色	竖绳纹	A Ⅳ
M50：3	双大耳罐	8	8.6	3.9	11.7	泥质	橙黄色	素面	Ba Ⅰ
M50：4	夹砂绳纹侈口罐	9	9.5	6	12.7	夹砂	灰黑色	竖绳纹	A Ⅲ
M50：5	双大耳罐	6.8	7.8	3.7	10.6	泥质	橙黄色	素面	Ba Ⅰ
M50：6	双大耳罐	6.4～7.3	8.2	4	11.8	泥质	橙黄色	素面	Ba Ⅱ
M50：7	夹砂绳纹侈口单耳罐	8.1	8.8	4	11	夹砂	灰黑与橙黄色	竖绳纹	未分型
M50：8	夹砂绳纹侈口罐	9.4	11.2	6.9	15.2	夹砂	灰黑色	竖绳纹	B Ⅱ
M50：9	骨匕	14.5	1.9		0.13				B Ⅰ
M50：10	铜环	2	1		0.08				未分型
M51：1	夹砂绳纹侈口罐	8.3	11.2	7	14.8	夹砂	灰黑色	竖绳纹	B Ⅲ

续附表五

编号	器物名称	口径/长	腹径/宽	底径	高/厚	陶质	陶色	纹饰	型式
M51：2	双大耳罐	7.6	8.3	4.5	12.4	泥质	橙黄色	素面	Ba Ⅱ
M54：1	夹砂绳纹侈口罐	8	8.4	5.7	13.5	夹砂	灰黑色	竖绳纹	B Ⅰ
M54：2	双大耳罐	7.5	8.5	4.4	12.1	泥质	橙黄与橘红色	素面	A Ⅱ
M54：3	高领罐	10.2	11.4	6	16.2	泥质	橙黄色	素面	A Ⅱ
M54：4	夹砂绳纹侈口双耳罐	8.3	9.1	5.2	12.5	夹砂	灰黑色	竖绳纹	未分型
M55：1	高领罐	8.6	8.2	3.9	13.1	夹砂	橙黄色	竖绳纹	Ba Ⅱ
M55：2	单大耳罐	9.5	11.6	5.8	14.8	泥质	橙黄色	素面	A Ⅱ
M55：3	夹砂绳纹侈口罐	8.4	13	7.8	18	夹砂	红褐色	竖绳纹	A Ⅰ
M55：4	双大耳罐	7.3	8.7	4.1	12.3	泥质	橙黄色	素面	Ba Ⅱ
M55：5	双大耳罐	6.7～8.1	12.3	5	14	泥质	橙黄色	素面	Ba Ⅲ
M55：6	钵	15.8		6.2	6.6	泥质	橙黄色	素面	A Ⅰ
M55：7	折肩罐	12.3	17.3	6.8	15.3	泥质	橙黄色	素面	Bb
M55：8	喇叭口篮纹高领罐	13.2	14.8	6.4	25.5	泥质	橙黄色	竖篮纹	Ba Ⅱ
M55：9	双大耳罐	残	8.7	3.5	11.6	泥质	橙黄色	素面	Ba Ⅱ
M55：10	白色碎石								碎石
M58：1	薄胎细绳纹罐	8.9	12.2	6.1	15.1	夹细砂	橘红色	细绳纹	A Ⅰ
M58：2	瓮	12.4	24.5	7.8	27.5	泥质	橙黄色	素面	Ba
M58：3	蛇纹罐	9.6	14.8	6.2	18.2	夹细砂	灰黑与橙黄色	附加堆纹蛇纹	Ⅰ
M58：4	甑	残	残	12.2	8.5	泥质	橙黄色	素面	未分型
M59：1	豆	14.6		9.4	13.2	泥质	橙黄色	素面	Ab Ⅰ
M59：2	高领罐	7.2	10	5.7	12.4	夹细砂	橘红色	竖绳纹	Ba Ⅳ
M60：1	双大耳罐	6.5	7.8	3.5	10.6	泥质	橘红色	素面	Ba Ⅱ
M60：2	钵	16.5		8.6	7.3	泥质	橙黄色	素面	A Ⅱ
M60：3	高领罐	6.3	9.8	4.6	12.8	夹砂	红褐色	竖绳纹	Ba Ⅳ
M60：4	夹砂绳纹侈口罐	8.6	11.2	5.6	16.2	夹砂	红褐色	竖绳纹	B Ⅱ

续附表五

编号	器物名称	口径/长	腹径/宽	底径	高/厚	陶质	陶色	纹饰	型式
M60：5	夹砂绳纹侈口罐	9.6	11.1	5.6	17.2	夹砂	灰黑与橘红色	竖绳纹	BⅡ
M60：6	喇叭口篮纹高领罐	14	16.5	7	27.1	泥质	橙黄色	竖篮纹	BaⅡ
M60：7	双大耳罐	6.5	8.2	3.7	11.5	泥质	橘红色	素面	BaⅡ
M60：8	喇叭口篮纹高领罐	13	12	6.8	24	泥质	橙黄色	竖篮纹	BaⅠ
M60：9	折肩罐	9.3	20.3	8.3	16.3	泥质	橙黄色	素面	Bb
M60：10	白色碎石								碎石
M61：1	高领罐	8	11	5.6	16	泥质	橙黄色	素面	AⅢ
M61：2	钵	16		7.6	8.7	泥质	橙黄色	素面	BⅡ
M61：3	喇叭口颈耳罐	9.7	16.3	6.1	22.2	泥质	橙黄色	素面	未分型
M61：4	薄胎细绳纹罐	9.1	13.1	6.2	15.5	夹细砂	红褐色	附加堆纹细绳纹	BⅡ
M61：5	蛇纹罐	8.2	12.6	6	13	夹细砂	红褐色	戳印纹蛇纹	Ⅱ
M61：6	骨匕	15.5	1.9		0.1				BⅠ
M61：7	石斧	13.4	4		2.2				A
M62：1	钵	13.4		8.6	7.4	泥质	橙黄与橘红色	素面	BⅡ
M62：2	夹砂绳纹侈口罐	10.2	11.1	6	15.8	夹砂	灰黑与橘红色	竖绳纹	AⅡ
M62：3	夹砂绳纹侈口罐	10.3	12.8	7.5	19.2	夹砂	灰黑色	竖绳纹	AⅡ
M62：4	双大耳罐	6.6	8.9	3.5	11.9	泥质	橙黄与橘红色	素面	BaⅡ
M62：5	单大耳罐	8.9	12.3	4.2	14.2	泥质	橙黄色	素面	AⅢ
M62：6	高领罐	12.9	14.4	7	21	泥质	红褐色	竖篮纹	BaⅢ
M62：7	骨匕	16.6	2.3		0.18				BⅠ
M63：1	夹砂绳纹侈口罐	11.2	13.2	7.2	19.3	夹砂	灰黑与橙黄色	交错绳纹	AⅡ
M63：2	夹砂绳纹侈口罐	6.6	9	4.8	12	夹砂	灰黑与橘红色	竖绳纹	AⅢ
M63：3	双大耳罐	6.2	8.2	3.8	10.8	泥质	橙黄色	素面	BaⅡ
M63：4	高领罐	8.1	12	5.7	16.1	夹细砂	橘红色	竖绳纹	BaⅣ
M63：5	喇叭口篮纹高领罐	15.9	15.7	7.8	30.8	泥质	橘红色	竖篮纹	BaⅠ

续附表五

编号	器物名称	口径/长	腹径/宽	底径	高/厚	陶质	陶色	纹饰	型式
M63：6	高领罐	9	12	5.6	16.2	泥质	红褐色	素面	A Ⅱ
M63：7	白色碎石								碎石
M65：1	钵	12.6		8	7.2	泥质	橘红色	素面	B Ⅱ
M65：2	双大耳罐	6.7	8.7	4.1	11.7	泥质	橙黄色	素面	Ba Ⅱ
M65：3	高领罐	9.3	15.4	6	20.3	泥质	橙黄色	素面	A Ⅲ
M65：4	高领罐	7.7	11.8	6.5	16.8	夹细砂	红褐色	竖绳纹	Ba Ⅲ
M65：5	瓮	13.5	16.2	6.9	19.2	泥质	橙黄色	花边口沿	Ba
M65：6	夹砂绳纹侈口罐	8	9.8	5.1	14.8	夹砂	灰黑与橘红色	竖绳纹	A Ⅱ
M65：7	喇叭口篮纹高领罐	16.5	17.1	8.2	32.9	泥质	橙黄色	竖篮纹	Ba Ⅰ
M65：8	喇叭口篮纹高领罐	16.4	16.9	8.8	32.8	泥质	橙黄色	竖篮纹	Ba Ⅰ
M65：9	夹砂绳纹侈口罐	8.6	9.6	4.7	13.1	夹砂	灰黑与橘红色	竖绳纹	A Ⅱ
M65：10	骨管	1.6	1.5		0.2				未分型
M65：11	骨匕	5.5	1		0.13				B Ⅰ
M65：12	骨匕	4.3	1.2		0.1				B Ⅰ
M65：13	白色碎石								碎石
M66：1	夹砂绳纹侈口罐	6.9	9.2	残	残	夹砂	灰黑色	竖绳纹	A Ⅱ
M66：2	喇叭口篮纹高领罐	11.7	13	6.3	22.3	泥质	橘红色	竖篮纹	Ba Ⅱ
M66：3	夹砂绳纹侈口罐	10	13.1	7.4	18.3	夹砂	红褐色	竖绳纹	A Ⅲ
M66：4	钵	14.8		7.6	6.9	泥质	橙黄色	竖篮纹	A Ⅰ
M66：5	喇叭口篮纹高领罐	9.1	10.7	6.1	17.2	泥质	橘红色	竖篮纹	A Ⅰ
M66：6	双大耳罐	6.5	8.5	3.7	11.9	泥质	橙黄色	素面	Ba Ⅱ
M66：7	夹砂绳纹侈口罐	9.7	11.3	6.3	15.4	夹砂	红褐色	竖绳纹	A Ⅲ
M66：9	牙饰	12.6	2.6						未分型
M66：10	骨匕	3.8	1.4		0.2				A Ⅱ
M68：1	钵	13.4		6.5	5.8	泥质	橘红色	竖篮纹	A Ⅱ

续附表五

编号	器物名称	口径／长	腹径／宽	底径	高／厚	陶质	陶色	纹饰	型式
M69：1	夹砂绳纹侈口罐	9.1	12.6	7	17.1	夹砂	橙黄色	竖绳纹	B Ⅱ
M69：2	双大耳罐	7.4	8.6	4.2	12.3	泥质	橙黄色	素面	Ba Ⅱ
M69：3	钵	12		5.9	7	泥质	橙黄色	素面	B Ⅰ
M69：4	高领罐	7.2	13	6	17.8	泥质	橙黄色	素面	A Ⅱ
M69：5	高领罐	5.7	8.3	4.6	12.6	夹砂	灰黑色	竖绳纹	Ba Ⅰ
M69：6	夹砂绳纹侈口罐	9	10.3	6.1	15.2	夹砂	灰黑与橙黄色	竖绳纹	A Ⅰ
M69：7	双大耳罐	6.5～7.2	9.4	3.9	12.2	泥质	橙黄色	素面	Ba Ⅱ
M74：1	钵	15.2		8.7	5.6	泥质	橙黄色	素面	A Ⅱ
M74：2	夹砂绳纹侈口罐	10.4	12.2	5.8	18.4	夹砂	灰黑色	竖绳纹	A Ⅱ
M74：3	单大耳罐	8	9.6	5.4	13.2	泥质	橙黄色	素面	B
M74：4	喇叭口篮纹高领罐	11.5	17.2	9.6	25.5	泥质	橘红色	竖绳纹	Ba Ⅱ
M74：5	夹砂绳纹侈口罐	9.4	11.3	6.8	16.1	夹砂	灰黑色	竖绳纹	A Ⅱ
M75：1	夹砂绳纹侈口罐	8.7	10.2	5.5	13.2	夹砂	红褐色	花边口沿竖绳纹	A Ⅲ
M75：2	双大耳罐	7	9.4	4	11.6	泥质	橙黄色	素面	Ba Ⅱ
M75：3	双大耳罐	7.8～9	11.1	5	13.8	泥质	橙黄色	素面	Ba Ⅱ
M75：4	高领罐	9.8	13.6	8.3	19	泥质	橙黄色	竖篮纹	A Ⅱ
M75：5	夹砂绳纹侈口罐	9.6	11.3	6.8	18.9	夹砂	灰黑与橙黄色	竖绳纹	A Ⅱ
M75：6	高领罐	6.9	10.9	5.4	15.5	夹砂	红褐色	堆塑泥饼竖绳纹	Ba Ⅰ
M75：7	钵	12		7	7.2	泥质	橙黄色	素面	B Ⅱ
M75：8	骨匕	12.6	2.4		0.2				A Ⅰ
M75：9	白色碎石								碎石
M75：10	骨针	9.7	0.1～0.15						未分型
M76：1	双大耳罐	8.2	10.8	3.7	11.7	泥质	橙黄色	素面	A Ⅲ
M76：2	双大耳罐	6.5	8.2	3.9	12.1	泥质	橙黄色	素面	Ba Ⅰ
M76：3	钵	11.4		5	5.1	泥质	橙黄色	素面	A Ⅲ

续附表五

编号	器物名称	口径 / 长	腹径 / 宽	底径	高 / 厚	陶质	陶色	纹饰	型式
M76：4	喇叭口颈耳罐	9.4	15.5	7.5	22	泥质	橘红色	素面	未分型
M76：5	钵	12.4		6.8	7.6	夹粗砂	橘红色	素面	BⅡ
M76：6	夹砂绳纹侈口罐	8.8	11.5	4.8	16	夹砂	灰黑色	竖绳纹	AⅢ
M76：7	单大耳罐	7.3	10.4	4.1	13.2	泥质	橙黄色	素面	AⅢ
M76：8	白色碎石								碎石
M77：1	高领罐	8.8	12	7.6	17.6	泥质	橙黄色	竖绳纹	AⅡ
M77：2	夹砂绳纹侈口罐	8.5	10	5.8	15.2	夹砂	灰黑色	竖绳纹	AⅡ
M77：3	夹砂绳纹侈口罐	残	8.7	4.4	10	夹砂	灰黑色	竖绳纹 斜绳纹	器型不明
M77：4	双大耳罐	6.6	8.5	3.7	10.9	泥质	橘红色	素面	BaⅢ
M77：5	豆	14		11.6	15.8	泥质	橘红色	素面	AbⅢ
M77：6	高领罐	6.7	9	5.4	14.2	夹细砂	橙黄色	旋纹 竖绳纹	BbⅢ
M77：7	双大耳罐	7.2～8	12.8	5	14.6	泥质	橙黄色	素面	BaⅢ
M77：8	双大耳罐	6.4	8.2	3.9	7.2	泥质	橙黄色	素面	BaⅢ
M79：3	双大耳罐	6.5	7.8	3	11.6	泥质	橙黄色	素面	BaⅠ
M79：4	豆	15.2		10.8	15.9	泥质	橘红色	素面	AaⅡ
M79：5	夹砂绳纹侈口双耳罐	8.6	10.5	5.8	14.2	夹砂	灰黑色	竖绳纹	未分型
M79：6	喇叭口篮纹高领罐	12.4	13.3	7.2	24.9	泥质	橙黄色	竖篮纹	BaⅠ
M79：7	喇叭口篮纹高领罐	15.1	18.2	8.2	30.1	泥质	橘红色	竖篮纹	BaⅡ
M79：8	夹砂绳纹侈口罐	8.6	9.3	5.2	14	夹砂	灰黑色	竖绳纹	AⅡ
M79：9	蛇纹罐	6.8	11.2	4	12.3	夹细砂	灰黑色	附加堆纹 蛇纹	Ⅱ
M79：10	高领罐	8.5	12	5.7	17.7	泥质	橙黄色	素面	AⅡ
M79：11	高领罐	6.9	9.3	5.2	13.9	泥质	橙黄色	旋纹 竖篮纹	BbⅢ
M79：12	双大耳罐	7.6～8	12.2	5	14.3	泥质	橙黄色	素面	BaⅢ
M79：13	折肩罐	12.2	32	14	27.6	泥质	橘红色	堆塑泥饼 竖篮纹	A

续附表五

编号	器物名称	口径/长	腹径/宽	底径	高/厚	陶质	陶色	纹饰	型式
M83：1	单大耳罐	7.5	9	4.4	12.2	泥质	橙黄色	素面	A Ⅱ
M83：2	喇叭口篮纹高领罐	15.9	18	7.9	31.5	泥质	橙黄色	竖篮纹	Ba Ⅰ
M85：1	钵	12.6		7.6	9.4	泥质	橙黄色	素面	B Ⅲ
M85：2	夹砂绳纹侈口罐	9.2	10.2	5.2	15.4	夹砂	灰黑色	竖绳纹	B Ⅰ
M85：3	双大耳罐	残				泥质	橙黄色	素面	器型不明
M85：4	夹砂绳纹侈口罐	残				夹砂	灰黑色	竖绳纹	器型不明
M86：1	喇叭口篮纹高领罐	15.3	16.8	7.7	27.6	泥质	橙黄与橘红色	竖篮纹	Ba Ⅱ
M86：2	双大耳罐	8.7	10.2	4.5	13.5	泥质	橙黄色	素面	Ba Ⅱ
M86：3	双大耳罐	7.7	8.3	3.5	11	泥质	橙黄色	素面	Ba Ⅱ
M86：4	喇叭口颈耳罐	9.5	残	残	13.4	泥质	橙黄色	素面	未分型
M86：5	钵	15.8	17.2	9.7	7.2	泥质	橙黄与橘红色	素面	A Ⅲ
M88：1	夹砂绳纹侈口罐	10.8	13.1	9	17.5	夹砂	灰黑色	竖绳纹	A Ⅲ
M88：2	双大耳罐	7.2	7.6	3.5	11.8	泥质	橙黄色	素面	Ba Ⅰ
M89：1	盘	16.8		5.4	4	泥质	橙黄色	刻划纹	未分型
M89：2	喇叭口篮纹高领罐	16.4	18.3	8	32	泥质	橘红色	竖篮纹	Ba Ⅰ
M89：3	双大耳罐	7.9	8.1	4	11.2	泥质	橙黄色	素面	Ba Ⅱ
M89：4	夹砂绳纹侈口罐	残	9	5	9.4	夹砂	灰黑色	竖绳纹	器型不明
M89：5	夹砂绳纹侈口罐	10.2	13.9	7.3	17.8	夹砂	灰黑与橙黄色	竖绳纹	B Ⅲ
M89：6	白色碎石							碎石	
M90：1	喇叭口篮纹高领罐	15.4	17	7.6	29.4	泥质	橙黄色	斜篮纹	Ba Ⅱ
M90：2	夹砂绳纹侈口罐	9.2	10.7	5.6	14.3	夹砂	灰黑色	竖绳纹	B Ⅲ
M90：3	双大耳罐	8	8.4	3.2	11.5	泥质	灰黑色	素面	Ba Ⅲ
M90：4	钵	14.4	15.8	9.3	8.2	泥质	橘红色	竖篮纹	A Ⅲ
M90：5	绿松石片	残							未分型
M91：1	夹砂绳纹侈口罐	7.1	8.6	残	10.5	夹砂	灰黑色	竖绳纹	A Ⅲ

续附表五

编号	器物名称	口径/长	腹径/宽	底径	高/厚	陶质	陶色	纹饰	型式
M92：1	喇叭口篮纹高领罐	15.7	16.9	7.8	30.1	泥质	橘红色	竖篮纹	Ba Ⅱ
M92：2	夹砂绳纹侈口罐	8.2	8.4	5.3	12.5	夹砂	橙黄色	竖绳纹	A Ⅱ
M92：3	夹砂绳纹侈口罐	9.4	10.2	5.2	13.7	夹砂	灰黑色	竖绳纹	B Ⅳ
M92：4	双大耳罐	7.5	8.4	3.8	10.7	泥质	橙黄色	素面	Ba Ⅲ
M92：5	高领罐	8.2	11	7	17.7	夹砂	灰黑色	竖绳纹	Ba Ⅱ
M92：6	钵	15	15.7	8.8	7	泥质	橘红色	素面	A Ⅲ
M92：7	高领罐	8.4	11.9	6.3	17	泥质	橙黄色	素面	A Ⅱ
M94：1	豆	13.4		10.6	13.6	泥质	橙黄色	素面	Ab Ⅰ
M94：2	夹砂绳纹侈口罐	7.9	10.1	6.1	15.2	夹砂	灰黑色	竖绳纹	A Ⅰ
M94：3	高领罐	9	11.6	6.3	16.2	泥质	橙黄色	素面	A Ⅱ
M94：4	喇叭口篮纹高领罐	13.8	15.8	8	28.7	泥质	橙黄色	竖篮纹	Ba Ⅱ
M94：5	喇叭口篮纹高领罐	12.2	15.8	8	22.4	泥质	橙黄色	素面	A Ⅱ
M94：6	双大耳罐	6.8	8.1	3.7	11	泥质	橙黄色	素面	Ba Ⅱ
M94：7	单耳杯	12.4	13.2	7.2	10.1	泥质	橙黄色	素面	未分型
M94：8	夹砂绳纹侈口罐	8.7	10.3	5.8	14.6	夹砂	灰黑色	竖绳纹	A Ⅱ
M95：1	高领罐	7.8	12.2	7.8	18	泥质	灰黑与橙黄色	弦纹 竖篮纹 附加堆纹	Bb Ⅰ
M95：2	喇叭口篮纹高领罐	16.7	18.4	7.6	31.5	泥质	橙黄色	竖篮纹	Ba Ⅱ
M95：3	双大耳罐	7.6	8.4	4.1	11.9	泥质	橙黄色	素面	Ba Ⅱ
M95：4	夹砂绳纹侈口罐	8.4	9	5.4	13	夹砂	橙黄色	竖绳纹	B Ⅰ
M95：5	白色碎石								碎石
M96：1	喇叭口篮纹高领罐	12.6	17.5	9.1	28.7	泥质	橙黄色	竖篮纹	Ba Ⅲ
M96：2	夹砂绳纹侈口罐	7.4	8.9	5	11.6	夹砂	灰黑色	竖绳纹	B Ⅲ
M96：3	豆	14.2		11.8	10.2	泥质	灰黑色	素面	Aa Ⅰ
M96：4	双大耳罐	8	8.2	4.4	12.4	泥质	橙黄色	素面	Ba Ⅰ

续附表五

编号	器物名称	口径/长	腹径/宽	底径	高/厚	陶质	陶色	纹饰	型式
M96：5	夹砂绳纹侈口单耳罐	6.8	8.2	4.8	10	夹砂	灰黑与橘红色	竖绳纹	未分型
M96：6	双錾双流罐	7.5	10.9	6	8.3	泥质	橙黄色	素面	未分型
M96：7	双大耳罐	6.6	8	3.2	11.6	泥质	橙黄色	素面	Ba Ⅰ
M97：1	瓮	11.8	22.7	10.9	23.1	泥质	橙黄色	竖篮纹	Ba
M97：2	钵	13.1		7.5	8.5	泥质	橙黄色	素面	B Ⅲ
M97：3	夹砂绳纹侈口罐	10	12.4	7	17.3	夹砂	灰黑色	竖绳纹	A Ⅲ
M97：4	喇叭口颈耳罐	8.1	12.3	5.5	16	泥质	橙黄色	素面	未分型
M97：5	单大耳罐	6.8	8.4	3.7	12.2	泥质	橙黄色	素面	A Ⅰ
M97：6	夹砂绳纹侈口罐	8.5	10.9	6.1	14.5	夹砂	灰黑色	旋纹竖绳纹	A Ⅲ
M98：1	喇叭口篮纹高领罐	12.4	16.6	8.4	26.8	泥质	橘红色	竖篮纹	Ba Ⅲ
M98：2	折肩盆	11.5	12.2	4.8	9.2	泥质	橙黄色	素面	A
M98：3	双大耳罐	7.2	8.7	3.8	11.5	泥质	橙黄色	素面	Ba Ⅱ
M98：4	钵	14.4	15	8	6.1	泥质	橙黄色	竖篮纹	A Ⅲ
M98：5	高领罐	7.8	10.6	5.6	15.6	夹砂	红褐色	旋纹竖绳纹	Bb Ⅱ
M98：6	夹砂绳纹侈口双耳罐	8.9	10.1	5.5	13.8	夹砂	灰黑与橘红色	竖绳纹	未分型
M98：7	双大耳罐	6.4	7.9	4.2	10.7	泥质	橘红色	素面	Bb
M100：1	夹砂绳纹侈口罐	10.2	11	6.6	15	夹砂	灰黑与橘红色	竖绳纹	B Ⅱ
M100：2	夹砂绳纹侈口罐	6.4	7.4	5.1	9.9	夹砂	灰黑与橘红色	竖绳纹	B Ⅰ
M100：3	钵	12.4	13	8.2	7.3	泥质	橙黄色	竖绳纹	B Ⅲ
M101：1	豆	16.8		11.6	12	泥质	橙黄色	竖绳纹	Aa Ⅲ
M101：2	夹砂绳纹侈口罐	8.5	10	5.4	13	夹砂	灰黑与橘红色	竖绳纹	B Ⅱ
M101：3	夹砂绳纹侈口罐	7.1	8.8	5.8	11.3	夹砂	灰黑与橘红色	竖绳纹	B Ⅱ
M101：4	双大耳罐	7.2	7.9	4	11.5	泥质	橙黄色	素面	Ba Ⅱ
M101：5	骨针	1.5							未分型

续附表五

编号	器物名称	口径／长	腹径／宽	底径	高／厚	陶质	陶色	纹饰	型式
M102：1	夹砂绳纹侈口罐	8.6	12.3	6.2	18.1	夹砂	橙黄色	竖绳纹	BⅡ
M104：1	夹砂绳纹侈口罐	11	12	7.6	14.5	夹砂	灰黑与橘红色	竖绳纹	BⅣ
M104：2	双大耳罐	8.2	9.2	3.9	12.8	泥质	橙黄色	素面	BaⅠ
M105：1	喇叭口篮纹高领罐	15.9	17.4	6.5	33.3	泥质	橙黄色	竖篮纹	BaⅠ
M105：2	单大耳罐	9.8	12	4.7	13.5	泥质	橙黄色	素面	AⅢ
M105：3	双大耳罐	7.5	8.8	4	12.4	泥质	橙黄色	素面	BaⅡ
M105：4	双大耳罐	7.9	9	5	12.6	泥质	橙黄色	素面	BaⅠ
M105：5	夹砂绳纹侈口罐	9.7	11.1	7	16.6	夹砂	灰黑与橙黄色	竖绳纹	BⅠ
M107：1	彩陶罐	8.2	11.4	5.2	11.2	泥质	橙黄色	彩绘	A
M107：2	高领罐	8.6	10.9	5.9	17.5	夹细砂	橙黄色	旋纹竖绳纹	BbⅡ
M107：3	双大耳罐	7.4	8.7	3.2	11.7	泥质	橙黄色	素面	BaⅡ
M107：4	喇叭口篮纹高领罐	14.2	18	8.6	30	泥质	橙黄色	竖篮纹	AⅠ
M107：5	夹砂绳纹侈口罐	10	13.6	5.4	17.7	夹砂	橙黄色	竖绳纹	BⅡ
M107：6	喇叭口篮纹高领罐	13.6	14.7	9.25	26.7	泥质	橙黄色	竖篮纹	BaⅠ
M107：7	钵	11.8		6.6	7.2	泥质	橙黄色	素面	BⅠ
M107：8	折肩罐	11	17	8.1	17.8	泥质	橙黄与橘红色	戳印纹	Ba
M107：9	双大耳罐	7.1	9.2	3.2	12.1	泥质	橙黄色	素面	BaⅡ
M107：10	白色碎石								碎石
M108：1	双大耳罐	7.7	9.2	4.2	12.7	泥质	橙黄色	素面	BaⅢ
M108：2	喇叭口篮纹高领罐	13.4	17.5	6.5	28.2	泥质	橙黄色	竖篮纹	BaⅡ
M108：3	喇叭口篮纹高领罐	15.3	17.7	8.9	30.2	泥质	橙黄色	竖篮纹	BaⅡ
M108：4	双大耳罐	7.7	9.1	4.3	12.1	泥质	橙黄色	素面	BaⅢ
M108：5	豆	13.2		10.2	13.7	泥质	橘红色	素面	AaⅠ
M108：6	单大耳罐	6.1	9.8	4.9	13.4	泥质	橙黄色	素面	B
M108：7	夹砂绳纹侈口罐	9.8	11.2	6.4	16.6	夹砂	橙黄与橘红色	竖绳纹	AⅡ

续附表五

编号	器物名称	口径／长	腹径／宽	底径	高／厚	陶质	陶色	纹饰	型式
M108：8	双大耳罐	8.4～9	11.2	3.8	13.8	泥质	橘红色	素面	Ba Ⅱ
M108：9	夹砂绳纹侈口罐	9.2	11.6	7.9	17	夹砂	灰黑色	竖绳纹	B Ⅰ
M108：10	贝壳	1.85	1.3						未分型
M108：11	白色碎石								碎石
M110：1	钵	13.6		8.4	7.2	泥质	橙黄色	素面	B Ⅱ
M110：2	夹砂绳纹侈口罐	10.8	13.4	6.6	18	夹砂	灰黑色	竖绳纹	B Ⅰ
M110：3	夹砂绳纹侈口罐	8.8	10.8	6.6	15.3	夹砂	灰黑与橘红色	竖绳纹	A Ⅱ
M110：4	夹砂绳纹侈口罐	8.7	10.2	5.8	15.8	夹砂	灰黑与橘红色	竖绳纹	B Ⅰ
M110：5	双大耳罐	残	8.8	4	11.2	泥质	橘红色	素面	Ba Ⅰ
M110：6	双大耳罐	7.5～9	10.3	4.3	13.5	泥质	橙黄色	素面	Ba Ⅱ
M110：7	夹砂绳纹侈口罐	10.5	12.8	6.3	19.1	夹砂	灰黑与橙黄色	竖绳纹	A Ⅱ
M110：8	钵	15.2		8.8	9.4	泥质	橙黄色	素面	B Ⅱ
M110：9	高领罐	8	13.2	6.6	16.4	泥质	橙黄色	素面	A Ⅲ
M110：10	夹砂绳纹侈口罐	10.4	13	8.4	19.6	夹砂	灰黑色	竖绳纹	A Ⅱ
M110：11	高领罐	10.6	16.3	7.6	23.2	泥质	橘红色	素面	A Ⅲ
M110：12	喇叭口篮纹高领罐	14.9	15.2	8.2	27.7	泥质	橙黄色	竖篮纹	Ba Ⅱ
M110：13	双大耳罐	6.3	8	3.8	11.5	泥质	橙黄色	素面	Ba Ⅱ
M110：14	折肩罐	11.5	30.3	15.8	27.5	泥质	橙黄色	堆塑泥饼竖篮纹	A
M110：15	双大耳罐	6.5	8.8	4.2	12	泥质	橘红色	素面	Ba Ⅱ
M110：16	双大耳罐	6.8	8.6	4	12.3	泥质	橙黄色	素面	Ba Ⅱ
M110：17	钵	15.6		7.2	8.4	泥质	橘红色	素面	B Ⅰ
M110：18	喇叭口篮纹高领罐	13.5	18	8.8	30.8	泥质	橙黄色	竖篮纹	Ba Ⅱ
M110：19	夹砂绳纹侈口罐	8.9	11.4	6.5	16.1	夹砂	灰黑与橘红色	竖绳纹	B Ⅰ
M110：20	喇叭口篮纹高领罐	14.4	14.6	6.8	27.6	泥质	橙黄色	竖篮纹	Ba Ⅰ
M110：21	夹砂绳纹侈口罐	11.6	13.6	6.9	20	夹砂	灰黑色	竖绳纹	A Ⅱ

续附表五

编号	器物名称	口径/长	腹径/宽	底径	高/厚	陶质	陶色	纹饰	型式
M110∶22	骨锥	17.5	3.2		0.8				B
M110∶23	石斧	11.3	3.3		2.4				B
M111∶1	豆	14		9	11.2	泥质	橘红色	素面	Ab Ⅰ
M111∶2	双大耳罐	7	8.9	3.3	12.5	泥质	橙黄色	素面	Ba Ⅱ
M111∶3	瓮	11.2	15	8.1	11.7	泥质	橙黄色	素面	Bb
M111∶4	喇叭口篮纹高领罐	11.6	13.9	7.9	23.8	泥质	橙黄色	竖篮纹	Ba Ⅰ
M111∶5	高领罐	残	10.9	6.4	17.3	夹砂	橙黄色	竖篮纹	Bb Ⅲ
M111∶6	夹砂绳纹侈口罐	10.3	13.3	6.5	17.8	夹砂	红褐色	竖绳纹	A Ⅱ
M111∶7	夹砂绳纹侈口罐	8.4	10.5	5.7	14.6	夹砂	灰黑色	竖绳纹	A Ⅱ
M111∶8	彩陶罐	9.6	17.2		22.4	泥质	橙黄色	彩绘	B Ⅰ
M112∶2	夹砂绳纹侈口罐	7.3	10.4	5.9	14.3	夹砂	灰黑色	竖绳纹	A Ⅲ
M112∶3	夹砂绳纹侈口罐	7.9	9.6	4.8	13.8	夹砂	灰黑色	竖绳纹	B Ⅱ
M112∶4	贝壳	已朽							未分型
M113∶1	双大耳罐	7.5	7.8	3.9	11.6	泥质	橙黄色	素面	Ba Ⅰ
M113∶2	夹砂绳纹侈口罐	6.6	8.6	5	11	夹砂	灰黑色	竖绳纹	B Ⅱ
M114∶1	夹砂绳纹侈口罐	残	残	7.4	7	夹砂	灰黑色	竖绳纹	器型不明
M114∶2	双大耳罐	残	8.6	3.7	9.3	泥质	橙黄色	素面	Ba Ⅱ
M115∶1	双大耳罐	7	8.8	4.8	11.2	泥质	橙黄色	素面	Ba Ⅱ
M115∶2	夹砂绳纹侈口罐	8.6	12.4	7	16	夹砂	红褐色	竖绳纹	A Ⅱ
M118∶1	研磨石	8.6	1.6		0.7				未分型
M118∶4	夹砂绳纹侈口单耳罐	7.3	8.6	5.4	10.6	夹砂	灰黑色	堆塑泥饼竖绳纹	未分型
M118∶5	夹砂绳纹侈口罐	8.5	12.4	6.8	17	夹砂	红褐色	竖绳纹	A Ⅳ
M118∶6	夹砂绳纹侈口罐	8	11.2	6.8	15.5	夹砂	橙黄色	竖绳纹	B Ⅲ
M118∶7	高领罐	8	13.5	7.8	17.5	泥质	橙黄色	素面	A Ⅳ
M118∶8	夹砂绳纹侈口罐	8.2	10.2	6.4	13.1	夹砂	灰黑色	竖绳纹	B Ⅳ

续附表五

编号	器物名称	口径/长	腹径/宽	底径	高/厚	陶质	陶色	纹饰	型式
M118：9	夹砂绳纹侈口罐	10.6	11.6	6.2	15	夹砂	红褐色	花边口沿竖绳纹	A Ⅳ
M118：10	钵	12.6		5.4	5.6	泥质	橙黄色	素面	A Ⅲ
AT8：1	单大耳罐	7.4～8	10.2	4.8	12.8	泥质	橙黄色	素面	A Ⅱ
AT9：1	石斧	17.7	5		4.3				A
AT15：2	夹砂绳纹侈口罐	8.6	11.9	6	15.2	夹砂	红褐色	竖绳纹	A Ⅲ
AT17：1	骨饰	8.2		残					未分型
AT17：2	陶纺轮	5.8			0.7	泥质	橘红色	素面	未分型
AT18：1	器盖	残			3.5	泥质	橘红色	素面	未分型
AT18：2	器盖	残			4.6	泥质	橘红色	素面	未分型
AT19F0：1	刮削器	9.5	7.7		2.5				B
AT19F0：2	刮削器	11.3	10.2		3.6				B
AT19F0：3	刮削器	15	13.8		7.4				B
AT14F1：4	夹砂绳纹侈口罐	残	12.3	5.9	11.2	夹砂	灰黑色	竖绳纹	器型不明
AT14F1：5	双大耳罐	残	8	3.9	8.1	泥质	橙黄色	素面	器型不明
AT14F1：6	铜斧	15	4		3.5				未分型
AT11H1：1	石环	5.2～6.5			0.5				未分型
AT11H1：2	石刀	2.8	4.7		0.6				C
AT11H1：3	石刀	5.5	5.2		0.6				C
AT11H1：4	彩陶片	6.5	2.6		0.4	泥质	砖红色	黑色彩绘	未分型
AT11H1：5	彩陶罐	9.6	残	残	4.8	泥质	橙黄色	红褐色彩绘	器型不明
AT11H1：6	彩陶片	6	5.2		0.6	泥质	砖红色	黑色彩绘	未分型
AT11H1：7	夹砂绳纹侈口罐	残	残	5	5.4	夹砂	红褐色	竖绳纹	器型不明
AT10H2：1	甑	残	残	残	残	泥质	橘红色	素面	未分型
AT10H2：2	夹砂绳纹侈口罐	11.8	残	残	13.1	夹砂	红褐色	竖绳纹	器型不明
AT10H2：3	喇叭口篮纹高领罐	19	残	残	11	泥质	橘红色	素面	器型不明

续附表五

编号	器物名称	口径 / 长	腹径 / 宽	底径	高 / 厚	陶质	陶色	纹饰	型式
BT1：1	石斧	6.4	4.4		0.5				C
BT2：1	石斧	17.5	7.2		4.4				A
BT2：2	石斧	14.4	5.4		2.6				A
BT2：3	骨纺轮	5.8			0.2～0.7				未分型
BT2：4	石刀	11	6		0.9				B
BT2：5	陶球	4.5～4.8				泥质	橘红色	素面	未分型
BT2：6	骨铲	9.3	5.3		0.3～1.2				未分型
BT2：7	骨匕	10	4.2		0.3～0.5				型式不明
BT2：8	器盖	4.4			2.2	泥质	橘红色	素面	未分型
BT2：9	石刀	7.5	6.4		1				B
BT2：10	石刀	10.8	6.7		0.9				B
BT2：11	砺石	8			1.8				未分型
BT3：1	单大耳罐	8	9	5	12	泥质	橙黄色	素面	器型不明
BT3：2	夹砂绳纹侈口罐	8.4	8.8	4.8	12.4	夹砂	灰黑色	竖绳纹	A Ⅳ
BT3：3	石刀	8.8	5.4		0.7				A
BT3：4	甑	残	残	残	残	泥质	橙黄色	素面	未分型
BT3：5	石凿	16.4			2.7				未分型
BT3：6	骨匕	5.4	1.2						型式不明
BT3：7	骨匕	8.1	2.5						型式不明
BT3：8	骨匕	8.2	3						型式不明
BT3：9	石刀	8.2	5		1				A
BT3：10	石球	5.2							未分型
BT3：11	石斧	9.8	8.4		3.5				C
BT3：12	骨匕	10.2	2		0.25				A Ⅲ
BT3：13	鬲足	残			7.7	夹砂	灰色	竖绳纹	未分型

续附表五

编号	器物名称	口径/长	腹径/宽	底径	高/厚	陶质	陶色	纹饰	型式
BT3：14	器盖	残			4.6	泥质	橘红色	素面	未分型
BT3：15	单大耳罐	8.4	11	3.6	16	泥质	橙黄色	素面	A I
BT3：16	石斧	9.4	4.4		3				B
BT3：17	骨器	10	0.8		0.2				未分型
BT3：18	卜骨	15.2	7.7		0.2～1.7				未分型
BT3：19	羊肩胛骨	11.4							未分型
BT3：20	钻孔石器	8	7.2		4.8				B
BT3：21	器盖	残			4.4	泥质	橘红色	素面	未分型
BT3：22	陶球	3.5				泥质	橘红色	素面	未分型
BT3：23	器盖	残			残	泥质	橘红色	素面	未分型
BT3：24	石刀	8.8	4.8		1				A
BT3：25	石刀	7.4	5.1		1.2				B
BT3：26	鬲足	残			8.4	夹砂	红褐色	竖绳纹	未分型
BT3：27	羊肩胛骨	13.2							未分型
BT3：28	陶球	4.5～5				泥质	橘红色	素面	未分型
BT3：29	钻孔石器	9.8	7.6		4.3				A
BT3：30	骨锥	6.7	1.4		0.3				B
BT3：31	双大耳罐	6.7	8.6	3.9	11	泥质	橘红色	素面	Ba I
BT3：32	夹砂绳纹侈口罐	残	残	残	7.4	夹砂	橙黄色	竖绳纹	器型不明
BT3：33	喇叭口篮纹高领罐	残	残	7.6	12.8	泥质	橘红色	竖篮纹	器型不明
BT3：34	双大耳罐	残	11.3	4.6	9.4	泥质	橙黄色	素面	器型不明
BT3：35	双大耳罐	9.6	10		9.6	泥质	橘红色	素面	器型不明
BT②：1	豆	18.2			7	泥质	橙黄色	素面	器型不明
BT②：2	夹砂绳纹侈口罐	残			7.4	夹砂	橙黄色	竖绳纹	器型不明
BT②：3	夹砂绳纹侈口罐	11.9			6.4	夹砂	橙黄色	竖绳纹	器型不明

续附表五

编号	器物名称	口径/长	腹径/宽	底径	高/厚	陶质	陶色	纹饰	型式
BT②:4	瓮	9.8			8.8	泥质	橙黄色	素面	器型不明
BT②:5	夹砂绳纹侈口罐	16.2			8.4	夹砂	橙黄色	竖绳纹	器型不明
BT1H2:1	骨纺轮	3.9			3.8				未分型
BT1H2:2	石球	4.1～4.3							未分型
BT1H2:3	器盖	7.6			3.2	泥质	橘红色	素面	未分型
BT1H2:4	石刀	7.6	5		0.8				A
BT1H3:1	石刀	9.7	5.1		1.3				A
BT1H3:2	石刮削器	8.2	7.4		1.2				A
BT1H3:3	陶球	2.8				泥质	灰黑色	素面	未分型
BT1H4:1	钵	14.8		8.6	7.2	泥质	橘红色	素面	AⅢ
BT1H4:2	器盖	7.6			3.7	泥质	橘红色	素面	未分型
BT1H5:1	石刀	3.7	4.8		0.4				C
BT1H5:2	石刀	8.2	4.3		0.8				C
BT1H7:1	器盖	8			6.8	泥质	橘红色	素面	未分型
BT1H7:2	石刀	6.1	4.2		0.5				D
BT2H2:1	钵	14		8.2	5.4	泥质	橘红色	素面	AⅠ
BT2H2:2	夹砂绳纹侈口罐	9.4			9.6	夹砂	橘红色	竖绳纹	器型不明
BT2H3:1	骨锥	12.3	1.5						A
BT2H3:2	骨锥	12.2	1.8						B
BT2H4:1	卜骨	15.2	9.5		0.2～1.8				未分型
BT2H4:2	卜骨	15.8	9		0.2～1.8				未分型
BT2H4:3	夹砂绳纹侈口罐	残	残	残	残	夹砂	灰黑色	竖绳纹	器型不明
BT2H4:4	夹砂绳纹侈口罐	10.4	残	残	残	夹砂	灰黑色	竖绳纹	器型不明
BT3H1:1	钵	12.4			6	泥质	橙黄色	素面	CⅠ
BT3H2:1	双耳罐	13.8			6.4	夹砂	红褐色	竖绳纹	未分型

续附表五

编号	器物名称	口径/长	腹径/宽	底径	高/厚	陶质	陶色	纹饰	型式
BT3H2：2	器盖	11.7			6.5	泥质	橙黄色	素面	未分型
BT3H2：3	钵	15.9		残	残	泥质	橘红色	素面	C Ⅱ
BT3H2：4	石斧	12.3	3.5		2.8				A
BT3H2：5	斝足	残			8.8	泥质	橙黄色	素面	未分型
BT3H2：6	鬲足	残			6.8	泥质	橙黄色	竖绳纹	未分型
BT3H2：7	石刀	7.6	4.7		1				A

附录一　墓葬更正部分说明

齐家坪遗址 1975 年发掘的资料在时隔四十多年后才得以再次整理。郭德勇在发掘结束后对其进行了首次整理，部分墓葬资料的记录和现存器物的编号等出入较大，原始图纸上一些遗迹的编号有二次改动，现存器物中一部分器物编号混乱或缺失，这给整理工作带来了巨大困难。笔者在全面梳理墓地相关资料和信息后，通过照片、资料、器物以及器物标签字迹和日期等信息相互佐证，先确定有标签遗物的归属单位，再将记录和遗物有出入的墓葬相互比对，反复调整，最终把部分编号混乱或缺失的器物更正并归入原出土单位，无法更正的部分只能将原始记录和器物于无编号器物或编号错误章节公布。遗址出土的陶器除可复原器物外，破碎的陶片均未找到，可能混入历年发掘的陶片中，待后期扩建场所后再加整理。经过分辨已更正的资料如下所述。

1.M1

原始记录资料：M1 出土器物共 8 件。整理遗物时发现缺少 2 件器物，即残骨针 M1：7 和 M1：8。

最终订正说明：根据发掘记录、照片和遗物标签等资料比对，分辨出该墓的 2 件骨针被混入到探方内。

M1 出土器物查找齐全。

2.M4

原始记录资料：M4 出土器物共 10 件。整理遗物时发现缺少 1 件器物，即骨匕 M4：10，另多余 1 件陶豆。

最终订正说明：骨匕 M4：10 被调入珍贵文物库房保管。根据发掘记录、照片和遗物标签等资料比对，分辨出多余的陶豆属于 M11。

M4 出土器物查找齐全。

3.M10

原始记录资料：M10 出土器物共 7 件。整理遗物时发现缺少 4 件器物，即骨饰 1 件 M10：1 和骨匕 1 件 M10：2，彩陶单耳罐 1 件 M10：6，红陶钵 1 件 M10：5。

最终订正说明：根据发掘记录、照片和遗物标签等资料比对，分辨出彩陶罐 M10：6。该器被混入 M20 遗物内，存放在珍贵文物库房。钵 M10：5 和骨饰 M10：1、M10：2 也存放在珍贵文物库房。

M10 出土器物查找齐全。

4.M11

原始记录资料：M11 出土器物共 14 件。整理遗物时发现缺少 2 件陶器，即瓮 M11：4 和豆 M11：7，多余 1 件彩陶罐。

最终订正说明：根据发掘记录、照片和遗物标签等资料比对，最终分辨出豆 M11：7 和双耳瓮 M11：4。该墓出土的陶豆 M11：7 被混入到 M4 中，双耳瓮 M11：4 被混入到 M111 中。多余的 1 件彩陶罐属于 M111。

M4 平剖面草图绘制于 1975 年 5 月 23 日，M11 平剖面草图绘制于 1975 年 5 月 25 日，两座墓葬的发掘记录、器物标签均未记录书写时间，也未署名，但字迹不同，通过以上信息比对后确定 M4 多余的陶豆是 M11：7。M111 发掘记录及器物标签由孙修身于 1975 年 10 月 16 日书写，经比对确定 M111 多余的双耳瓮是 M11：4，而 M11 多余的彩陶罐是 M111：8。

M11 出土器物查找齐全。

5.M12

原始记录资料：M12 出土器物共 6 件。整理遗物时发现缺少 1 件双大耳罐 M12：7。

最终查找说明：根据标签书写、记录和照片等资料比对，分辨出双大耳罐 M12：7。该器物被混入到 M108 中，被编为 M108：8。M12 发掘记录、文物标签于 1975 年 5 月 28 日书写，M108 发掘记录、文物标签由孙修身于同年 10 月 16 日书写，经比对可知该器物混入 M108。

M12 出土器物查找齐全。

6.M16

原始记录资料：M16 出土器物共 9 件。整理遗物时发现缺少 1 件夹砂罐 M16：2。

最终订正说明：根据发掘记录、照片和遗物标签等资料比对，分辨出该墓 M16：2 是一堆残破的夹砂绳纹侈口罐陶片，后经修复，口沿依然残缺。

M16 出土器物查找齐全。

7.M20

原始记录资料：M20 随葬器物共 12 件。整理遗物时发现缺少 2 件陶器，即夹砂罐 M20：6 和双大耳罐 M20：10，另多余 1 件彩陶罐。

最终订正说明：根据发掘记录、照片和遗物标签等资料比对，分辨出该墓多出的这件彩陶罐是 M10：6。M10 发掘记录未见书写时间，M20 发掘记录于 1975 年 6 月 8 日书写，书写人均为负安志。该彩陶罐标签虽已遗失，但整个墓地仅出土 3 件彩陶罐，其他两件归属明确，仅 M10 缺少 1 件彩陶罐，故推断该器为 M10：6。

M20 缺少的 2 件器物最终未能分辨出来。M20 出土器物未能查找齐全。

8.M23

原始记录资料：M23 出土陶器共 10 件。整理遗物时发现缺少 1 件高领罐 M23：8。

最终订正说明：现存遗物仅一件喇叭口篮纹高领罐无标签和编号，故断定该器是M23：8。

M23 出土器物查找齐全。

9.M25

原始记录资料：M25 的相关记录全部遗失。

最终订正说明：在 A 区探方记录里记录了 M25 的情况，但该墓平、剖面图未能找到。

10.M28

原始记录资料：M28 出土器物共 23 件。整理遗物时发现该墓编号的实物共 38 件，另有一包白色碎石，且大部分编号重复，即一编号对应两件器物。

查找订正说明：这 38 件遗物均有标签，且器物标签和器底编号均明确书写着出土单位是M28。随后在梳理 M36 资料时发现该墓的 15 件随葬品全部不见实物。根据发掘记录、照片和遗物标签等资料比对，分辨出 M28 是 1975 年 6 月 9 日由負安志主持发掘并书写的墓葬发掘记录，且用蓝黑墨水的钢笔书写的出土器物标签，而 M36 是 1975 年 6 月 13 日由負安志主持发掘并书写的墓葬发掘记录，用蓝色圆珠笔书写的出土器物标签。于是，笔者将 6 月 13 日发掘的器物归入 M36。该墓发掘记录及平、剖面图均未记录和标注有白色碎石出土，故编号为 M28 的一包碎石应为混入。

M28 出土器物查找齐全。

11.M32

原始记录资料：M32 随葬器物共 10 件。整理遗物时发现缺少 1 件单耳罐 M32：5。

查找订正说明：一件单耳罐器底写着"75GGPT3M？"，M 后面的墓号已被磨掉，无法辨认，器物标签已丢失。AT3 内的所有墓葬中仅 M32 内出土一件单耳罐，故此器归入 M32 内，编号为 M32：5。

M32 出土器物查找齐全。

12.M36

原始记录资料：M36 墓葬记录及平、剖面图明确记录和标注该墓出土器物共 15 件。遗物整理时未发现该墓的出土器物。

最终订正说明：M36 出土器物 15 件，均被混入到 M28 内。

M36 出土器物查找齐全。

13.M37

原始记录资料：M37 出土器物共 9 件。整理遗物时发现缺少 2 件器物，即双耳灰陶罐M37：3 和骨片 M37：8。

最终订正说明：经过反复查找和比对，依然无法分辨出夹砂绳纹侈口双耳罐 M37：3 和骨片 M37：8。

M37 出土器物未能查找齐全。

14.M40

原始记录资料：M40 出土器物共 3 件。整理遗物时发现缺少 2 件陶器，即双大耳罐 M40：2 和红陶罐 M40：3。

最终订正说明：根据发掘记录、照片和遗物标签等资料比对，分辨出红陶罐 M40：3 出土时已残破不全，无法复原。双大耳罐 M40：2 未能分辨出来。

M40 出土器物未能查找齐全。

15.M42

原始记录资料：M42 出土器物共 8 件。整理遗物时发现缺少 3 件陶器，即鬲足 M42：9、残陶器底 M42：6、残陶片 M42：8。另记录上有：出土有绿松石珠（位于 7 号人骨颈部）和蚌 1 枚，但具体位置不清楚，绿松石珠不见，蚌壳朽烂。

最终订正说明：根据发掘记录、照片和遗物标签等资料比对，分辨出鬲足 M42：9。该鬲足无标签，器物未编号，且全部遗物中仅此鬲足无编号，于是推断其应是 M42：9。残陶器底和残陶片并未找到。

M42 出土器物未能查找齐全。

16.M45

原始记录资料：M45 无随葬品，但在墓坑填土中出有陶器 1 件。遗址整理时未见该陶器实物。

最终订正说明：M45 在填土中出土的陶器为残片，经修复后复原为 1 件肩耳罐。

M45 出土器物查找齐全。

17.M47

原始记录资料：M47 无随葬品，但在整理遗物时发现多余 1 件高领罐。

最终订正说明：根据发掘记录、照片和遗物标签等资料比对，分辨出该喇叭口篮纹高领罐是 M74：4。

18.M50

原始记录资料：M50 出土器物共 10 件。整理遗物时发现缺少 2 件陶器，即夹砂绳纹单耳罐 M50：2 和夹砂绳纹侈口罐 M50：8。

最终订正说明：根据发掘记录、照片和遗物标签等资料比对，分辨出夹砂绳纹侈口罐 M50：8。该器底部模糊书写着"75GGPT13M？"，M 后面的墓号已无法辨认，亦不见器物标签。AT13 内的所有墓葬中，只有 M50 出有一夹砂绳纹侈口罐，故推断该器为 M50：8。未查找到夹砂绳纹单耳罐 M50：2。

M50 出土器物未能查找齐全。

19.M58

原始记录资料：M58 出土器物共 4 件。整理遗物时发现缺少 1 件残甑底 M58：4。

最终订正说明：根据发掘记录、照片和遗物标签等资料比对，分辨出残甑底 M58：4。该器混入到碎陶片内。

M58 出土器物查找齐全。

20.M65

原始记录资料：M65 出土器物共 13 件。整理遗物时发现缺少 2 件器物，即骨管 M65：10 和骨匕 M65：11。

最终订正说明：根据发掘记录、照片和遗物标签等资料比对，最终分辨出 M65 缺少的 2 件器物。

M65 出土器物查找齐全。

21.M66

原始记录资料：M66 出土器物共 9 件。整理遗物时发现多余 1 件喇叭口高领罐 M66：2。

最终订正说明：根据发掘记录、照片和遗物标签等资料比对，分辨出该器为 M23：8。详细分辨过程在 M23 词条中已叙述，这里不再累述。

22.M74

原始记录资料：M74 出土器物共 5 件。整理遗物时发现缺少 1 件夹砂绳纹侈口罐 M74：5 和 1 件喇叭口篮纹高领罐 M74：4。

最终订正说明：根据发掘记录、照片和遗物标签等资料比对，分辨出喇叭口篮纹高领罐 M74：4 混入 M47 中。夹砂绳纹侈口罐 M74：5，该器底部书写着"75GGQT9M？"，M 后面的墓号已被磨掉，无法辨认，器物标签已遗失。T9 内所有的墓葬中，只有 M74 出土器物中缺少一件夹砂绳纹侈口罐，故推断该器为 M74：5。

M74 出土器物查找齐全。

23.M75

原始记录资料：M75 出土器物共 9 件。整理遗物时发现多余 1 件双大耳罐 M75：5。

最终订正说明：根据发掘记录、照片和遗物标签等资料比对，将该双大耳罐另编号为 M75：5-1 为混入器。该器标签编号 M75：5。发掘记录及平剖面图标记 M75：5 为夹砂绳纹侈口罐，该墓遗迹照也能清楚地看到此器无耳，故推断双大耳罐 M75：5-1 为混入器。

24.M76

原始记录资料：M76 出土器物共 7 件。整理遗物时缺少 1 件双大耳罐 M76：2。

最终订正说明：根据发掘记录、照片和遗物标签等资料比对，最终分辨出双大耳罐 M76：2。该器底部书写着"75GGPT12M?"，M 后面的墓号已磨损，无法辨认。AT12 内的所有墓葬中，仅 M76 出土器物中缺少 1 件双大耳罐，故推断该器是 M76：2。

M76 出土器物查找齐全。

25.M79

原始发掘资料：M79 出土器物共 13 件。整理遗物时发现缺少 2 件陶器，即三大耳罐 M79：1 和双大耳罐 M79：2。

最终订正说明：根据发掘记录、照片和遗物标签等资料比对，最终未能分辨出这两件器物来，可能混入编号错误或无编号器物内。

M79 出土器物未能查找齐全。

26.M86

原始发掘资料：M86 出土器物共 5 件。整理遗物时发现缺少 1 件喇叭口颈耳罐 M86：4。

最终订正说明：根据发掘记录、照片和遗物标签等资料比对，最终未能分辨出喇叭口颈耳罐 M86：4，可能混入编号错误或无编号器物内。

M86 出土器物未能查找齐全。

27.M87

原始发掘资料：M87 无随葬器物。整理遗物时发现多余 1 件陶盘。

最终订正说明：根据发掘记录、照片和遗物标签等资料比对，最终分辨出该盘属于 M89。该器标签和器底均书写着出土单位是 M87，日期为 10 月 7 日。M87 发掘记录由萧亢达于 1975 年 10 月 6 日书写，M89 发掘记录由他于同年 10 月 7 日书写，且 M89 发掘记录和平剖面图上均记录该墓 M89：1 是陶盘，故推断其为混入器。

28.M89

原始发掘资料：M89 出土器物共 5 件，另有白色碎石若干。整理遗物时发现缺少 1 件陶盘 M89：1。

最终订正说明：确认 M89：1 陶盘混入到 M87 中。

M89 出土器物查找齐全。

29.M96

原始发掘资料：M96 出土器物共 7 件。整理遗物时发现缺少 1 件陶豆 M96：3。

最终订正说明：根据发掘记录、照片和遗物标签等资料比对，最终分辨出 M96：3。该器标签编号为 M98：8，但 M98 发掘记录和平剖面图记录该墓仅出土 7 件器物，且这 7 件器物均齐全无误。M96 发掘记录由朱瑞明于 1976 年 10 月 7 日书写，且该墓遗物缺少 1 件陶豆；M98 发掘记录由孙修身于同年 10 月 7 日书写，该墓记录并未记有陶豆出土，故推断该器应为 M96：3。

M96 出土器物查找齐全。

30.M98

原始记录资料：M98 出土器物共 7 件。整理遗物时发现多余 1 件陶豆 M98：8。

最终订正说明：根据发掘记录、照片和遗物标签等资料比对，最终分辨出该器应为

M96：3。

M98 出土器物查找齐全。

31.M100

原始记录资料：M100 出土器物共 3 件。整理遗物时发现缺少 1 件陶钵 M100：3。

最终订正说明：根据发掘记录、照片和遗物标签等资料比对，最终分辨出 M100：3。该器底部书写着"GGPT19M？"，M 后面的墓号已经磨掉，无法辨认。AT19 内所有的墓葬中，仅 M100 缺少 1 件陶钵，故推断该器为 M100：3。

M100 出土器物查找齐全。

32.M108

原始记录资料：M108 出土器物共 10 件。整理遗物时发现多余 2 件夹砂绳纹侈口罐和 1 件双大耳罐，即 M108：2、M108：3、M108：8。

最终订正说明：根据发掘记录、照片和遗物标签等资料比对，最终分辨出这两件器物为 M112：2 和 M112：3。M108 发掘记录于 1976 年 10 月 16 日书写，M112 发掘记录由翟春玲于同年 10 月 14 日书写。该墓多余的两件夹砂绳纹侈口罐标签上落款皆清晰书写着"翟 10/14"，经对照发掘记录和这两件器物标签上的笔迹也证明其皆为翟春玲书写，且 M112 现存遗物缺少两件夹砂绳纹侈口罐，故推断这两件器物应为 M112：2 和 M112：3。

M108 出土器物查找齐全。

33.M110

原始记录资料：M110 出土器物共 23 件。整理遗物时发现缺少 1 件夹砂绳纹侈口罐 M110：10。

最终订正说明：根据发掘记录、照片和遗物标签等资料比对，最终分辨出 M110：10。该器被混入 M111 中。M110 与 M111 的发掘记录和器物标签均由孙修身书写于 1975 年 10 月 16 日。M111 出土器物共 8 件，而该器的标签编号 M111：10，M110 发掘记录和平剖面图上记录该墓出土器物 10 号为夹砂绳纹侈口罐，故推断该器为 M110：10。

M110 出土器物查找齐全。

34.M111

原始记录资料：M111 出土器物共 8 件。整理遗物时发现缺少 1 件彩陶罐 M111：8。多余 2 件，1 件瓮和 1 件夹砂绳纹侈口罐。

最终订正说明：根据发掘记录、照片和遗物标签等资料比对，最终分辨出彩陶罐 M111：8。该器被混入 M11 中。多余 1 件瓮属于 M11，夹砂绳纹侈口罐属于 M110。

M111 出土器物查找齐全。

35.M112

原始记录资料：M112 出土器物共 4 件。整理遗物时发现缺少 3 件陶器，即双大耳罐

M112：1、夹砂绳纹侈口罐 M112：2 和 M112：3。

最终订正说明：根据发掘记录、照片和遗物标签等资料比对，最终分辨出 M112：2 和 M112：3。这两件夹砂绳纹侈口罐被混入到 M108 内。未能分辨出双大耳罐 M112：1。

M112 出土器物未能查找齐全。

36.M116

原始记录资料：M116 出土器物共 2 件。整理遗物时发现出土器物均缺失，即红陶罐 M116：1 和灰陶罐 M116：2。

最终订正说明：根据发掘记录、照片和遗物标签等资料比对，未能分辨出这两件器物。

M116 出土器物未能查找齐全。

37.M118

原始记录资料：M118 出土器物共 10 件。整理遗物时发现缺少 3 件器物，即骨匕 M118：2、双大耳罐 M118：3、夹砂绳纹侈口罐 M118：5。

最终订正说明：根据发掘记录、照片和遗物标签等资料比对，最终分辨出 M118：5 为夹砂绳纹侈口罐。该夹砂绳纹侈口罐标签书写"路旁墓，5 号"。M118 发掘记录登记该墓未给号，标记为"路旁"，故推断该器为 M118：5。最终未能分辨出双大耳罐 M118：3，可能混入编号错误或无编号器物内。

M118 出土器物未能查找齐全。

附录二　甘肃省广河县齐家坪齐家文化遗址首次发掘的主要收获 [1]

郭德勇

齐家坪又名祁家坪，是甘肃省广河县排子坪公社黄家湾大队的一个生产队。西倚二坪山，东临洮河，南是水沟，北有军马沟，三面有河溪，一面是土山。土地肥美，是一处便于农、牧业生产和人们生活的台地。在很早的古代，我们的祖先就栖息繁衍于此，留有丰富的物质文化遗存。

齐家坪遗址是一处面积大、文化层厚、内涵丰富的遗址。我们对该处遗址进行了首次发掘，发现了一批重要遗迹和遗物。由于发掘工作还要继续，现将这次发掘的主要收获简要介绍如下。

一　新发现的建筑遗迹

在这次发掘中共发现房子两座，都是长方形、直角、白灰面的地面建筑，和过去发现的同一时期、同一文化的房子建筑情况都不相同。现以 BF1 为例作一说明：

这是一座长方形的地面建筑物，南北长 5.7、东西残宽 5.64 米，直角、白灰面。在偏南处有直径 1.2 米的灶址一处，高与地面平，仅以大圆圈划出，作为和居住面的分界线。由于长期烧烤，灶面呈现红褐色。根据发掘时所了解的情况，知道其建筑过程是：首先在四周挖出宽 0.4～0.6、深 1.2～1.3 米的基沟；在东壁中部又有长 0.6、外凸 0.14～0.18 米的一段，估计可能是门道的位置；在南端又发现有向外斜出长 2、宽 0.48 米、深与基沟同，并与之连在一起的一段。北端因被窖穴打破，情况不详。在基沟挖成之后，填以红烧土块（其中夹有木炭和石灰渣等）加以夯实，使之坚固。在与地面平后，于其上筑墙，建住室。墙厚约 0.3～0.45，残高 0.25 米。墙外分别涂有厚 2 厘米和 0.4 厘米的草泥和白灰。居住面的建筑是首先在生土层上铺垫厚约 0.24～0.42 米的灰褐土，次后铺设 0.32 米的黄土，加以夯实，并进行火烧处理，使之形成坚固的硬面，厚约 2 厘米。接着又于其上涂抹厚约 2 厘米的草泥，使之形成平整的地面，

---

[1] 该附录仅作为参考，与正文不同之处以正文为准。

在此平面上又涂厚约1厘米的白灰。最后，在白灰面上划出灶址。整个住室的建筑是先铺设地面，后于四壁涂泥敷灰。这种挖基和在地面以上进行建筑的房屋，在齐家文化时期的遗址发掘中还是首次发现。它的出现，标志着齐家文化时期的建筑技术已经发展到了一个新的阶段。

窖穴共发现17个，除个别是三角形外，绝大部分是圆形或椭圆形。AT11H1是一个形制规整的窖穴，袋状平底，口径2.2、底径2.7、深1.25米。窖中出土有骨、石器，猪、羊下颌骨和大量的齐家文化时期的陶片。在此窖穴口下0.58和1.2米处，先后发现狗骨各一具，特别是上面的一具，在其颈和胸部还压有大石块，俨然是凶杀，或杀后怕其复活的处理。这就说明了这类窖穴的用途是储放食物的。椭圆形窖穴以BH14为特殊。此窖穴为直壁平底，先在周壁涂有2～3厘米的草泥，在草泥脱落后留有清晰的木末挖掘痕迹。工具由三齿组成，齿粗约2厘米，圆形，齿尖锋利；齿间距离为3～4厘米，每次插入土中的进深都在23厘米以上。此窖穴之北面设有进入窖内的斜坡式门道。在距窖边约40厘米处，发现有横置的木棒痕迹一条，长1.4、粗0.08米；木棒两端又发现柱洞两个，直径12、深5～8厘米。在窖的上部附近，又发现有形如"爪"的木构痕迹。根据以上情况推测，在其上可能建有遮蔽风雨和烈日曝晒的窝棚，甚至还设有总管窖穴的门户。

石方和石圆圈各发现一处。石方（AF1）位于现发掘墓地的北端中部，42号墓头顶稍偏西，二者相距2米许，与AT11H1紧紧相邻，是一个利用天然、灰白色、大如鹅卵的砾石摆列而成的，南北长3、东西宽2.15米的石方。不同年龄、性别的人骨和各种兽骨散存其间。其中还有完整的手骨一只。更值得注意的是在此石方的东北角处发现铜戚1件。在高出此石方30厘米的四周，绕埋有不同方向的墓葬。石圆圈（AF2），位于石方的西北角处，二者紧相连。其形虽系石圆圈，但与大何庄发现者不同。其用料多为齐家文化中所常见的盘状器，夹杂有相当数量的陶片、兽骨（牛、羊、猪、狗）的下颌。周边圆形，但西边又不相连；中间又排出一方块，方块下排出两行，到西段又突然加大。看去颇像是一个长臂、伸腿、仰身的人物漫画像。根据上述，我们认为这两处遗迹很可能和当时人们的宗教仪式有关。

二　齐家文化墓葬的新内容

共发现墓葬118座，都是土坑墓，没有发现葬具。这批墓葬除了在其他墓地所能看到的情况外，还有许多不同的地方。

（1）在这里我们发现有如同西安半坡、姜寨等仰韶文化遗址、永昌鸳鸯池甘肃仰韶文化马厂型墓地所出现的"割体葬仪"，如在第65号墓中，一件口涂红色的高领双耳罐中，我们发现有完整的手指骨一只。这是这种葬仪在齐家文化中的首次发现。

（2）在随葬品中，过去曾发现以猪下颌骨作为死者在生前占有财富的象征，说明了私有制在齐家文化中的存在，在这里我们又发现用完整猪骨（记录中为狗骨）进行随葬的新事实，如墓97，是一座长方形的土坑竖穴墓，主人仰身直肢，墓中随葬陶器6件。在其中的一件大陶罐上，放有完整的狗骨 1 具，两前腿紧抱陶罐，头则压于人骨的腿部，这种事实表明了当时畜牧业的发展和被私人所获有的情况。

（3）人殉在齐家坪墓地中开始出现。如墓 76，是一座仰身直肢葬的单人土坑竖穴墓。墓中随葬陶器 7 件。在一件残破的陶钵中，放置有完整的人头骨 1 个，钵的破渣恰巧卡进死者的口中。从放置的位置，参照殉葬牲畜的情况，我们认为他是主人生前的奴隶，在主人死时，被当成私有物和牲畜一样杀死而埋入坟墓的。

（4）13 人合墓大墓（墓 42），是在齐家文化墓葬中的新发现。这座墓虽经后期的破坏，但仍能看出当时埋葬的情景。在 13 具人骨中，除破坏严重，无法知其葬式者外，其余人骨除八号人骨作仰身直肢葬外，其余的尸骨都作侧身屈肢葬，位于八号人的左右两侧，拱向于他（第三号婴儿例外）。墓中人骨虽多，但排列有序，并非乱掷。第八号人骨的足指骨压在第十二号人骨的膝盖上，第三号人骨躺卧于第二号人骨的怀中，二者面面相向的叠压关系，在第八号人骨的足下、腿部都发现有鲜艳的赭石粉末。仅发现的右手，又被绿松石片、牙骨片等粘合起来的饰物所包护。在其被扰乱的上身部位，又发现利用牙骨片粘合起来的椭圆形饰物，大小如人头，估计它可能是第八号人骨头上原来所戴的饰物。人骨经鉴定：其性别是男性三、女性六、少年和儿童三、性别不明者一；年龄除第八号人骨是 45 岁左右的男性，第九号人骨是 35～40 岁的女性外，其余都是 30 岁以下的男女。从上列事实看，都表明了第八号人骨的特殊，他肯定是此墓的主人。如此众多的人，是不能同时死的，他们必然是为了为八号人骨随葬而强加以外来暴力处死而埋入的，这是男性家长对妻子、子女、奴隶生杀予夺之权的形象说明。

（5）奴隶乱葬坑，共发现 21 座。这类墓葬多为椭圆形，或不规则的竖穴坑。墓中多是仅埋人头，少数附有零乱的散骨。人头多被巨石压定，或砸破。这种墓，除少数有一两件随葬品外，其余都无随葬品。墓 7 是一座椭圆形的竖穴土坑墓，在两块大石下压着 9 个人头，有的被砸烂。人骨经鉴定，在其中发现一男性老年和一女性青年的头上都有明显的外伤痕迹。墓 64 是一座不规则的乱葬坑。墓中埋有人头 1 个和部分散骨。在人头上压有大砾石一块，在旁边散置着较多的石块，是人骨被投入墓中之后，又被人们投石掷砸的遗留。这种巨石压头、明显的外伤和被人掷砸的事实，绝不是氏族成员或自由人所应得的结果，相反，它必是奴隶在生前或死后所遭镇压和残害的遗留。

三　手工艺的新发展和新成就

在齐家文化时期，随着农牧业的发展，手工艺制造业也有了新的发展，并取得新的突出成就。

（1）制陶业仍是当时手工艺制造业中的一个重要部门，并取得了长足的发展，是一种比较发达的手工艺。当时的人们，在陶器上采用锥刺、压印、刻划、附加泥条等方法，在器物上装饰出弦纹、压印、旋纹、凹凸、波浪、对尖菱形、泥钉、云雷、回纹等花纹，使器物显得更加新颖、美观、大方，又增加了器物的牢固和坚实，如墓 20 的陶豆；墓 61、79、20 的夹砂双耳罐；墓 37 的夹砂绳纹侈口罐等。在器形上还出现了一些新的样式：如墓 96 的双流双把罐；墓 60 的罐、墓 1 的盉等。这些器物的造型美观，艺术性也较高，是当时制陶业的新发展，反映出发展的新动向。

（2）冶铜是标志齐家文化手工艺制造业大发展的突出成就。在过去，我们曾在武威皇娘娘台、永靖大何庄、永靖秦魏家等处的遗址和墓葬中发现过一些红铜器。但是，都是一些小型器物，制作粗糙。这次我们在齐家坪又发现了一些铜器，不仅器形大、造型完整，而且技术成熟，如兵器戚，长 15、宽 3.5 厘米，上部有孔眼，附耳，并穿孔；器身铸有图案，刃部锋利。铜镜，直径 5 厘米，正面平而无纹，背面有纽，纽上穿孔，可以系挂。它们的出现标志着齐家文化时期的冶铜技术已经达到相当成熟的地步。

铜的熔点是 1083℃，它有能延能展、旧物重铸的优点。所有这些都是石器所无法比拟的。它的出现和使用，就使我国原始社会的手工艺制造业远远超出了数十万年来的制石工艺，发展到了一个新的水平。尽管它存在有质软、缺乏钢铁的硬度、在生产中还不能完全取代石器的不足，但是，由于它的出现，却使齐家文化时期的生产和社会发展进入了一个新的历史阶段。

齐家坪发掘的资料表明：由于生产力的发展，剩余产品的出现和增多，社会上正发生着激烈的贫富分化。富人和穷人，剥削者和被剥削者，享有完全权利和毫无权利的人，奴隶和奴隶主两大对立的阶级已经开始形成。奴隶被奴隶主当成会说话的工具和牲畜，完全受主人的支配，主人对他们享有生杀予夺的完全权利。墓葬中的人殉、陪葬等恰是这种权利的生动写照。大量奴隶乱葬坑的存在，又说明在当时奴隶和奴隶主这两个阶级的对立已经开始明朗。齐家坪遗址展现的正是国家产生前夜的形象写照，它对于我们探讨私有制、阶级和国家的起源等重大理论问题，提供了珍贵的资料。

附录三　甘肃广河县齐家坪遗址发掘报告 [1]

郭德勇

齐家坪又名祁家坪，是甘肃省广河县排子坪公社黄家湾大队的一个生产队。西傍二坪山，东临洮河，南隔水沟与晏子坪相望，北是军马沟，三面有河溪，一面是土山，土地肥美，是一个便于农、牧业生产和适于人们生活的台地。在很早的古代，我们的祖先就栖息、繁衍、活动于此，留有丰富的物质文化遗存。

齐家坪遗址是齐家文化中最早发现的一处遗址和命名地。据调查，其范围为 300 米 × 400 米，文化层厚约 0.5 ～ 1.5 米 [2]，内涵极为丰富。

发掘工作于 1975 年 5 月开始，到 11 月结束。参加工作的有甘肃省博物馆的六位同志和敦煌文物研究所的一位同志。

这次发掘，先后在 A、B 两个地点进行。A 点位于齐家坪的东南隅，距村庄约一千米多，俗名叫作东家咀。此点主要是墓地，但也有少量的遗迹。在这里共开探方 19 个（AT1 ～ AT19），揭露面积 384.75 平方米，共清理出墓葬 112 座（M1 ～ M112），祭祀遗迹 2 处（AF1、AF2），窖穴 2 个（AT11H1、AT112）。B 点在村庄的东面，与社员住宅相邻，是一处不大、亦不甚高的小平台。此点主要是遗迹，但也间有少量的墓葬。在 B 点开探方 3 个（BT1 ～ BT3），揭露面积 229 平方米，发掘出房子 2 座（BF1、BF2），窖穴 15 个（BH1 ～ BH15），墓葬 5 座（M113 ～ M117）。另外在配合农田水利中清理墓葬 1 座。总计揭露面积 613.75 平方米，发现房子、祭祀场所各 2 处，窖穴 17 个，出土石、骨、玉、陶、铜等质文物近千件。这次发掘的主要收获，先已择要介绍，这里报告的是这次发掘的全部资料。

一　地层堆积

（1）A 点原是一片斜坡形的开阔地，在"农业学大寨"的群众运动中，已被社员平为层

---

[1]　郭德勇编写的《甘肃广河县齐家坪遗址发掘报告》内无配图，且部分遗迹描述、器物编号及名称与原始记录、现存器物无法对应。为尊重前人劳动成果，此处尽量呈现原文，不做内容上的修改，仅对体例、词、句进行编辑加工。与本报告正文矛盾之处，皆以报告正文为准。

[2]　甘肃省博物馆：《甘肃古文化遗存》，《考古学报》1960 年第 2 期，第 32 页。

层的水平梯田。发掘点在整个墓地的东北隅，地层比较简单；在发掘点的西部，清除现在的农耕层，厚约 20 ～ 40 厘米，墓葬即开始出现；东部因原为斜坡，后经堆积，土层较厚。其地层堆积情况以中部 AT2 东壁为例。

第 1 层：农耕层，原约 20 厘米，内含齐家和近现代陶瓷片，植物根茎等。

第 2 层：黄土层，厚约 76 厘米，内含比较单纯，主要是齐家文化时期的典型陶片，偶有完整器物出土。墓葬的口部多在此层开始出现。

第 3 层：生土层，黄色。墓葬多埋在生土中，深浅不一。

（2）B 点原是高于四周的一个孤立台地，面积不大，地面较为平整。其地层堆积情况以 BT1 东壁为例。

第 1 层：农耕层，厚约 24 ～ 58 厘米，内含齐家陶片和近现代瓷片。

第 2 层：褐色，质硬，厚约 36 ～ 238 厘米，夹有大片红烧土、齐家陶片。窖穴、房屋均出于此层。

第 3 层：杂色，厚约 35 ～ 124 厘米，含有少许齐家文化陶片。

第 4 层：生土层，黄色。

二　新发现的建筑遗迹

这次发掘中发现房子两座，都是长方形、直角、白灰面的地面建筑，和过去发现的同一时期、同一文化的房子建筑情况都不相同。现以 BF1 为例作一说明：

这是一座长方形的地面建筑，南北长 5.7、东西残宽 5.46 米，直角，白灰面。在偏南处，有直径 1.2 米的灶址一处，高与地面平，仅以大圆圈划出，作为和居住面的分界线，由于长期烧烤，灶面呈现蓝褐色。根据发掘时所了解的情况，知道其建筑过程是：首先在四周挖出宽 0.4 ～ 0.6、深 1.2 ～ 1.3 米的基沟；在东壁中部又有长 0.6、外凸 0.14 ～ 0.18 米的一段，估计可能是门的位置；在南端又发现有向外斜出长 2、宽 0.48 米，深与基沟同，并与之连在一起的一段。北端因被窖穴打破，情况不详。在基沟挖成之后，填以红烧土块（其中夹有木炭和石灰渣等）加以夯实，使之坚固。在与地面平后，在其上筑墙，建住室。墙厚约 0.3 ～ 0.45、残高 0.25 米。外表分别涂有厚 2 厘米和 0.4 厘米的草泥和白灰。居住面的建筑是首先在生土层上铺垫厚约 0.24 ～ 0.42 米的灰褐土，次后铺设 0.32 米的黄土，加以夯实，并进行火烧处理，使之形成坚固的硬面，厚约 2 厘米，接着在硬面上涂抹厚约 2 厘米的草泥，使之形成平整的地面，在此平面上又涂厚约 1 厘米的白灰。最后在白灰面上划出灶址。整个住室的建筑是先铺设地面，后于四壁涂泥敷灰。这种挖基和在地面以上进行建筑的房屋，在齐家文化时期的遗址发掘中还是首次发现。它的出现，标志着齐家文化时期的建筑技术已经发展到了一个新的阶段。

与人们生活、生产和房屋建筑紧密相连的是储存东西的窖穴。这次在 A、B 两点共发现窖穴 17 个。按其形状大致可以分为三角形、圆形、袋状和椭圆形数种。

（1）圆形

在这次发现的窖穴中占绝对的多数。这类窖穴的口径和深度都在 1 米以上，底径在 1 米左右，在底部又有平底和近于圜底的不同。BH7 平底，口径 1.94、深 1.54、底径 1.18 米，在此窖穴中发现有骨锥、泥质和夹砂陶罐各 1 件。BH2 略呈圜底，口径 2.57、深 1.59 米，出土有石刀、石球等。

（2）袋状窖穴

2 座，以 AT11H1 制作精致，保存完整，窖穴中出土遗物丰富。此窖穴口径 2.2、深 1.25、底径 2.7 米。周壁修治整齐。此窖穴出有骨器、石刀、猪、羊等家畜的下颌骨和骨骼。值得注意的是在此窖穴的口部以下 0.58 和 1.2 米处，先后发现两具狗骨，上面狗骨的颈和胸部，还压以石头。大量家畜骨骼和完整狗骨的出现，说明这类窖穴的用途主要是用于储存食物的。

（3）椭圆形窖穴

2 座，以 BH3 为特殊。此窖穴最大口径为 3.4 米，直壁圜底。原在周壁涂有厚约 2～3 厘米的草泥，但大部脱落，仅余少许。在脱去泥皮的周壁上留有清晰可见的挖掘痕迹。根据现场所见，可知使用的工具系由三齿组成，齿粗约 2 厘米，圆形，齿端有锋利的斜刃；齿的间距在 3～4 厘米之间，每次插入土中的进深约在 23 厘米以上。在此窖穴之北面还设有长 2、宽约 1.4 米的斜坡式门道。在距窖穴边 40 厘米、距窖底约 1.3 米处发现横置的木棒痕迹一条，圆形，直径 8 厘米，长 1.4 米；在木棒的两端又发现有圆形的柱洞两个，直径 12、深 5～8 厘米。在窖穴口部周围还发现有形如"爪"的木构痕迹。根据上述情况推测，在这个窖穴的上部可能搭有遮蔽风雨和防止烈日曝晒的窝棚，甚至还设有总管窖穴的门户。

（4）三角形窖穴

2 座，形状不规。BH8 口距地表 0.96、底距地表 1.82 米，出土有骨铲、石刀、骨匕等。

石方（AF1）和石圆圈（AF2）各发现一处。

石方位于现发掘墓地的北端偏西处，第 42 号大墓的北偏西处，二者之间仅隔 2 米许，与 AT11H1 紧紧相邻。是一个利用灰白色、大如鹅卵的自然砾石排列而成，南北长 3、东西宽 2.15 米。不同年龄、不同性别的人骨和各种兽骨散见其间，其中还有完整的人手骨一只，这可能是人祭的遗留。值得注意的是，在其东北角处还发现了一件完整的铜制兵器（戚）。在高出石方约 30 厘米的四周，分别埋葬有不同方向的墓葬：北端埋有侧身屈肢葬墓 1 座，面向石方，头西足东，是一女性尸骨；东西两侧各有头北足南、仰身直肢葬墓 1 座；南沿有完整的人头骨两个。

AF2 处于 AF1 的西北角，二者紧紧相邻，其名虽叫石圆圈，但与大何庄、秦魏家等处发现者不同 [1]。其排列所用石料，都是经过人为加工的齐家文化中常见的盘状器，周边有刃，中间有的凿出便于手握的圆形窝和承受拇指的沟槽。在排列的盘状器之中，又夹有相当数量的陶片、

[1]　参阅中国科学院考古研究所甘肃工作队：《甘肃永靖大何庄遗址发掘报告》，《考古学报》1974 年第 2 期，第 38 页；中国科学院考古研究所甘肃工作队：《甘肃永靖秦魏家齐家文化墓地》，《考古学报》1975 年第 2 期，第 59 页。

兽骨（羊、牛、猪、狗）等。周边圆形，但在西边不相衔接；中间东部排出方块，其下又排出两直行，至西部加大。看去，颇像一个长臂、伸腿、仰身的人物漫画像。根据上述情况，我们认为这两处遗迹很可能和当时人们的宗教仪式有关。

三　齐家文化墓葬的新内容

在这次发掘中，共发现墓118座：墓地发现墓112座（墓1～墓112），遗址发现墓5座（墓113～墓117），临时配合农田水利清理墓葬1座，共计118座，都属齐家文化时期。

墓地墓葬埋葬集中，有的相互叠压，有的相互打破。形制多为长方形土坑竖穴墓。其中几座大墓则呈横长方或方形；除此之外，亦还发现有相当数量的椭圆形奴隶乱葬坑。头向大致可以分为正北和西偏南两个方位，但亦有少数例外者。葬式有仰身直肢、仰身屈肢、俯身、侧身屈肢等。葬法有单人、合葬、二次葬、乱葬坑等。在这里有和青海省乐都县柳湾地区墓地，齐家文化时期墓葬相类同的特点：即身首分离、四肢不全的现象普遍存在。但是，绝不见"头低脚高的骨架放置方法"[1]。而且恰与之相反，人骨放置是头高脚低。在所有的墓葬中，都没有发现葬具。在随葬品中，以日用生活用具为主，生产工具较少。在单人墓中有随葬生活用具十余件者。合葬墓中的数量更多。在一些墓中已开始利用完整的家畜和奴隶来进行殉葬。

（1）单人墓

56座，其中仰身直肢葬墓48座，仰身屈肢葬墓1座，侧身屈肢葬墓6座，俯身葬墓1座。

甲　仰身直肢葬墓；男女都有。其中男性墓40座，占5/6；女性墓8座，占1/6。举墓18、墓20、墓76、墓97为例：

墓18，坑长1.98、宽0.62米。头向西偏南2°，头高于身，面向上。人骨是一55～60岁的老年女性。在腰、腿部和足下随葬陶器12件。

墓20，坑长2.2、宽0.76、深0.65米。骨架完整，是一成年女性墓。随葬陶器9件，骨针1件。在左臂肘部放置石子一堆，共计76颗。

墓76，坑长2.1、宽0.7、深0.47米。是一年在60岁以上的男性墓。头向北，随葬陶器7件。在其中的一个残陶碗中，放置人头一个，碗的破口恰巧卡入人头的口部。此当系为主人殉葬的奴隶。

墓97，坑长1.8、宽0.6～0.67、深0.3米。仰身直肢，两足交叠，上身稍乱。是一成年男性，头向西北。足下随葬陶器6件。在陶器上随葬狗骨1具，狗头压于人骨的腿上。

乙　仰身屈肢葬墓1座。墓22，坑长2、宽0.6、深1米。墓主是一40岁左右的女性。随葬陶器7件，左臂肘部有碎石一堆。

丙　侧身屈肢葬墓6座，其中女性墓3座、男性墓2座、儿童墓1座。举墓10、墓73、

---

[1]　青海省文物管理处考古队、北京大学历史系考古专业：《青海乐都柳湾原始社会墓葬第一次发掘的初步收获》，《文物》1976年第1期，第70页。

墓 83 为例说明。

墓 10，长 1.52、宽 0.3、深 0.3 米。头顶骨、颜面骨、右臂、腿下部胫、腓骨都被火烧焦，或断掉倒置，是一成年女性。随葬陶器 4 件，骨匕 2 件，其中的彩陶最为精美。

墓 73，墓坑不规则。骨架屈肢特甚，是 30 ～ 35 岁的男性，无随葬品。

墓 83，长 1.87、宽 0.65、深 0.5 米。是 40 ～ 45 岁间的女性，随葬陶器 2 件。

丁　俯身葬墓 1 座。墓 4，长 1.8、宽 0.6 米。墓主是一成年男性，墓前有硬面台阶。随葬陶器 10 件，在陶鬲中放置有兽骨。

（2）合葬墓

20 座。其中成年男女二人合葬墓 8 座，成人男性合葬墓 1 座，成人和儿童合葬墓 5 座，儿童合葬墓 1 座，四人以上的合葬墓 5 座。情况比较复杂，现分述如下：

甲　成人男女二人合葬墓 8 座。每墓中都是一仰身直肢；一侧身屈肢，拱向前者。人骨经鉴定：仰身者都是男性，侧身者都是女性。这种墓都有较多的随葬品。根据情况，又可以分为一次葬和二次葬两种。

①一次葬

以墓 11、墓 36 为例。

墓 11，坑长 2.4、宽 0.9、深 0.9 米。人骨 2 具，其中仰身直肢者是 40 ～ 45 岁的男性；侧身者是年在 45 岁左右的女性。随葬陶器 14 件。

墓 36，长 2.1、宽 1、深 0.6 米。人骨 2 具，其中仰身直肢者是 30 ～ 35 岁的男性，居右。侧身屈肢，拱向前者的是女性成年。随葬陶器 14 件，骨匕 1 件。在男性左臂肘部放置碎石一堆，计 74 颗。另外，在此墓中还发现有多余的人头一个，而此墓并无发现扰乱的痕迹，肯定是和主人一起埋入的，他可能也是为主人殉葬的奴隶。

②经过迁葬的男女成人合葬墓

举墓 77、墓 79 为例说明。

墓 77，长 2.06、宽 0.64 米。人骨 2 具，其中仰身直肢者是 55 ～ 60 岁的男性；散骨为 20 岁左右的女性。随葬陶器 8 件。

墓 79，长 2、宽 1.46 米。骨架 2 具，但排列方法与上列各墓相反：仰身直肢者居左，是 50 ～ 60 岁的男性；侧身屈肢者居右，是 25 ～ 30 岁的女性。随葬陶器 13 件，在其中的鬲和豆的口部都涂抹有红色颜料。

乙　成人男性合葬墓一座。墓 56，坑长不清，宽 0.95 米。人骨 2 具，都是仰身直肢，年龄分别为 20 ～ 25、35 ～ 40 岁，无随葬品。

丙　成人与儿童合葬墓五座。举墓 16、25、65 为例说明。

墓 16，长 1.7、宽 0.84 米。人骨 2 具，都作仰身直肢葬。居右者是 35 ～ 40 岁的男性；居左者是 7 ～ 8 岁的儿童。随葬陶器 9 件。

　　墓 25，长 2.18、宽 0.8 米。人骨 2 具，居右者是 35～40 岁的女性；居左者侧身，下肢微屈，是 7～8 岁的儿童。随葬陶器 16 件。

　　墓 65，长 1.86、宽 0.8、深 0.57 米。人骨 2 具，居右者仰身直肢，是 25 岁左右的女性；居左者侧身直肢，卧于前者左臂上，是一年在 7～8 岁的女性儿童，随葬陶器 9 件。另在左侧骨架的脚部发现骨筒和骨匕各 1 件，在右侧的人骨的胸部亦发现骨匕 1 件，在其左臂中部堆放碎石一堆。值得注意的是在第八号高领罐内发现有人手骨一只，这是割体葬仪在齐家文化中存在的重要例证 [1]。

　　丁　儿童合葬墓仅发现一座。墓 50，长 1.85、宽 1.3 米。人骨 4 具，都是仰身直肢葬。人骨经鉴定都是 11～17 岁的少年儿童，随葬陶器 8 件，骨匕 1 件，铜环 1 件。

　　戊　多人合葬大墓五座，举墓 28、墓 42、墓 110 为例说明：

　　墓 28，长 2.3、宽 1.5、深 0.3 米。人骨 4 具，其中一号仰身直肢，是 35 岁左右的男性；二号侧身屈肢，压在一号臂上，拱向于他，是 7～8 岁的儿童；三号仰身直肢，右臂压在二号人骨上，是 40 岁左右的男性；四号侧身屈肢，双臂曲置，拱向三号，是 25～30 岁的女性。随葬陶器 18 件，绿松石珠 2 颗，石凿 1 件。

　　墓 42，近方形，长 3.5、宽 3.3、深 0.69 米。人骨 13 具，其中完整者 5 具，其余 8 具都遭到不同程度的破坏。但是，从仅存部分仍可以看出当时埋葬时的情况：在 13 具人骨中，仅八号人骨仰身直肢，其余 12 具，除破坏严重无法知其葬式者外，都作侧身屈肢，分别列于第八号人骨两侧或足下；除三号婴儿外，都拱向于八号人骨。墓中人骨虽多，但是排列有序，如三号不满周岁的婴儿，躺卧于二号人骨怀中，二号人骨双臂屈置，作抱持状，二者面面相向，当系母子关系。所以在人骨众多而拥挤的情况下，经过人们的细心安排，仍有条不紊、排列井然、主从分明、形如图案。在发掘中，我们还发现在第八号人骨的足下和腿部都有鲜艳的红色粉末，右手又为粘合的绿松石片、牙骨片所包护。在头部附近还发现有用牙骨片粘合起来的椭圆形饰物，每周由八九十片组成，径与人头相近，估计它可能是八号人头上原来所戴的饰物。人骨经鉴定：男性 3、女性 6、少年和婴儿 3、性别不明者 1。年龄方面，除第八号人骨是 45 岁左右的男性，第九号是 35～40 岁的女性外，其余都是在 30 岁以下的青年、少年和婴儿。从上列情况看：第八、九号人骨可能是此墓中的男女主人，其余则当是为他们殉葬，并强加以外来暴力致死而后埋入的，这些人生前当是墓主人的奴隶。

　　墓 110，是一横长方形的土坑墓，长 2.5、宽 2.53～2.68、深 0.19 米。人骨 8 具，分三组埋葬。南边一组人骨 2 具，一男性仰身直肢居左，一女性侧身屈肢居右，足下随葬陶器一组，计有 9 件。中间一组人骨 3 具，一男性仰身直肢居中，二女性侧身屈肢，位于两侧，拱向男性，足下

[1]　西安半坡博物馆：《西安半坡》，文物出版社，1982 年，第 202 页；西安半坡博物馆、临潼县文化馆：《1972 年春临潼姜寨遗址发掘简报》，《考古》1973 年第 3 期；甘肃省博物馆文物工作队、武威地区文物普查队：《永昌鸳鸯池新石器时代墓地的发掘》，《考古》1974 年第 5 期。

随葬陶器 12 件。北边一组人骨 3 具，都是男性，仰身直肢，足下被断崖破坏，随葬器物无存。在此墓中还发现有骨锥和石斧各 1 件。全墓出土遗物共 23 件。此墓所有人骨紧密相连，都处在一个平面上，又无发现大小坑相套的现象，肯定是一墓，这是父系大家族在当时存在的反映。这种墓葬在齐家文化中还是首次发现。

（3）乱葬坑

21 座。这类墓葬多为不规则的椭圆形竖穴土坑墓，人骨多仅有头骨和少量散骨，且头骨多被巨石压定或砸破，有的在头骨上还留有明显的外伤痕迹。墓中除个别随葬少量的生活用具外，多无随葬品，举墓 7、墓 8、墓 35、墓 64 为例说明。

墓 7，在两个大砾石下压有头骨 9 个，在其中一老年男性和一青年女性的头骨上留有明显的外伤痕迹。

墓 8，在大砾石下压着头骨 2 个和部分散骨，在其中一 50～55 岁之间的男性头骨上留有明显的外伤痕迹。

墓 35，深 0.5 米，墓中埋有头骨 3 个，其中两个被砾石砸破。墓中发现残骨匕尖 1 个。

墓 64，墓中埋头骨 1 个和部分散骨。头骨被砾石压定，旁边又有较多的散石，似在人骨投入墓中后，又被人们投掷石块。

从上述情况看，这些乱葬坑中所反映的事实，绝不是自由人应得的结果；相反，它必然是奴隶在生前或死时遭镇压的遗留，为我们探讨齐家文化所处的社会发展阶段提供了可贵的资料。

（4）随葬品及其他

在 118 座墓中有随葬品的有 83 座，占总数的 70.34%，无随葬品的 35 座，占总数的 29.66%。对于随葬品我们有如下几点看法：

① 随葬品以日常生活用具为主，与其他齐家墓地相比，数量明显增多，如以 5 件作为分界线，在其上下几乎各占一半。在单人墓中有随葬陶器 10 余件者，合葬墓中随葬品更多。无随葬品或少有随葬品的墓也在增多，这就反映出贫富分化的加剧。随葬陶器中以双大耳罐、高领双耳罐、夹砂灰陶侈口罐为普遍，彩陶和鬲、盉等亦有发现。随葬器物多在足下、腿两侧，少数放置于腰部，骨匕多在胸部。

② 随葬生产工具者极少。石器多置于肩旁和腰部。骨针多放在陶罐中，骨匕放在腰部。

③ 牙饰物多挂于颈项之上；牙骨切片、绿松石片，多以胶状物粘合戴在身上的不同部位；石、骨珠多在头部；铜镜、铜环都出自儿童墓。

④ 利用猪下颌骨随葬，仅在墓 1、墓 23 中见，而且都仅有一个，但是却发现有利用完整家畜来殉葬的，如狗等。利用人头殉葬、杀死奴隶随葬在这里已经开始出现，并占一定的数量。

⑤ 在这里发现有 8 座女性单人墓采用了表示尊贵的仰身直肢葬式，每墓都有较多的随葬品；相反，有 2 座男性墓采用了表示屈从和卑下的侧身屈肢葬，且少有或根本没有随葬品，这是和当是男权统治的社会相矛盾的，这究竟是什么缘故，是需要加以探讨的。

四　文化遗物

（一）生产工具

1. 石制工具

敲砸器　发现较多。分二式。

Ⅰ式　4件，利用自然扁平的砾石，由一面打击加工出刃部，两面中间保存原来的光面，周边留有供手握的平背。器形厚重者，在两面分别凿出椭圆形窝和沟槽。AF2：1，直径18～19厘米；AT17：3，直径18厘米。器形较小者，仅在周边留出平背，不凿手窝和沟槽。AF2：2，直径11厘米。

Ⅱ式　1件，利用自然扁平的砾石，两面交互打出刃部，刃钝，两光面上无窝和沟槽。AF2：3，直径15厘米。

石刀　17件。分六式。

Ⅰ式　8件。多由砾石上剥落的石片制成，两侧打出缺口，背和刃部呈现弧形，背中部略厚。BT3：21，长9、宽5厘米。BH10：3，长8、宽5厘米。

Ⅱ式　1件（BH3：1）。打制，北部内凹，呈现弧形；刃外弧，两侧带缺口，长9.2、宽5.5厘米。

Ⅲ式　1件（BH9：1）。平背直刃，两侧有缺口。器身扁平，打制而成，长7.5、宽4.5厘米。

Ⅳ式　1件（BH15：25）。打制，平背弧刃，两侧无缺口，长7.5、宽5厘米。

Ⅴ式　2件。版岩打制而成，平背直刃，两侧一边平齐，一边弧形，似为装柄使用的复合工具。器形大而扁平。BT2：4，长11、宽6厘米。

Ⅵ式　4件。磨制，平背直刃，刃由两面磨出，器身中部钻有单孔。BT3：9，长9、宽3.5厘米。

石斧　11件。分五式。

Ⅰ式　1件（BT3：15）。利用花岗岩砾石打制而成，宽弧刃，两侧带肩。斧身一面保留破裂面，另一面则利用天然的光面，不再磨制。两侧打出肩部，肩部呈现椭圆形，长10、刃宽9厘米。

Ⅱ式　4件，打制后略加磨制，顶端平齐或窄而弧圆。BT2：1，长15.8、宽约6.3、厚3.5厘米。横剖面呈长方形，打制后未加磨制。BT2：2，器较扁平，稍加磨制，一面磨刃，剖面呈长方形，长13、宽4.5、厚1.5厘米。

Ⅲ式　3件。长方形，顶部稍窄，器形较小。BT1：1，长9、宽4厘米。BT3：24，剖面呈长方形，长11、宽4.5、厚2厘米。

Ⅳ式　3件。磨制，顶部圆平，两面磨刃。墓61：7，器形窄长，顶和刃作弧形，长14、宽6.5厘米。墓110：23，长11、宽3、厚2厘米。

Ⅴ式　1件（BT3：5）。器身细长，中部向两侧外凸，两面磨刃，长17、宽5厘米。

石铲　2件。利用砾石上剥落下的石片制成，形如有肩石斧，器身较薄，一面为原来光面，一面利用破裂面，刃作弧形。BH3：2，长8、刃宽7.3厘米。

石凿　1件（BT3：21）。利用青色版岩磨制而成，长条形，刃由两面加工而成，长12.5、宽1.5、厚1.4厘米。

石锛　1件（BT3：16）。长条形，剖面呈长方形，残长9、宽4、厚2.5厘米。

研磨器　1件（BH9：3）。不规则的圆形，两面有凹窝，在一面的窝中还有椭圆形小坑一个，留有少量的红色颜料，直径约4.2厘米。

石球　2件。鹅卵石中间穿孔制成。BT3：20，孔边有系绳磨出的凹槽二条。

长条形石器　1件（路旁墓：1）。顶部弧曲，上端钻孔，两边中部外凸，尾部平齐。

2. 骨制工具

骨铲　6件。分四式。

Ⅰ式　1件（BT3：19）。利用羊肩胛骨磨成，柄部穿孔，呈现三角形，残长11.5厘米。

Ⅱ式　2件。利用动物肩胛骨或肢骨磨成，弧刃。BT2：6，长9、宽5.5厘米。

Ⅲ式　1件（BH8：2）。利用动物下颌骨制成，一面保留光面，另一面仅在刃部加工。残长6.5、刃宽4.8厘米。

Ⅳ式　2件。利用动物下颌骨制成。BT2：7，刃作椭圆形，残长10厘米。BT3：8，略呈三角形，尖刃，残长8.2厘米。

骨锥　12件。分三式。

Ⅰ式　3件。利用动物肢骨破开磨成，上部关节略加修整，下端磨出锥尖。墓110：22，长17.5厘米。

Ⅱ式　4件。利用骨片将一端磨尖制成。BH14：26，长10.5厘米。

Ⅲ式　5件。利用动物肢骨在一端磨出锥尖，另一端保留关节。墓15：1，残长10厘米。BH12：7，长12.7厘米。

骨镞　3件。分二式。

Ⅰ式　1件（墓12：3）。前锋四棱形，平面三角形，剖面作梯形。锋尖锐利，铤尾平齐，残长4.7厘米。

Ⅱ式　2件。利用动物肢骨破开制成，仅在锋部加工磨制，三角形。BH6：1，长7.5厘米。

骨针　8件。分三式。

Ⅰ式　1件（墓1：7）。针细腹粗，无孔，残长4.6厘米。

Ⅱ式　2件。形同Ⅰ式，柄穿孔。墓20：12，长3.4厘米。

Ⅲ式　5件。细长。墓101：5，柄有单孔，残长2.2厘米。墓75出土四根并排为一组，因残不知其长短和是否有孔眼。

骨匕 21件。骨片磨制，柄穿一至两孔。分九式。

Ⅰ式 4件。平顶或弧顶，穿单孔，下端弧刃。墓12：9，顶弧形，长9.5厘米。墓59：9，平顶，长14.5厘米。

Ⅱ式 8件。平顶，穿孔，两侧内收成弧形，下端弧刃。墓61：6，长15.5厘米。

Ⅲ式 2件。平顶，两侧内斜，中间穿孔，下端弧刃。墓37：17，长20.5厘米。

Ⅳ式 1件（墓5：8）。平顶，穿双孔，长16厘米。

Ⅴ式 1件（墓23：10）。平顶，单孔，两侧内斜，斜肩，弧刃，长5.2厘米。

Ⅵ式 2件。动物肢骨制成，关节略加修治，穿单孔，弧刃。BH8：1，长13.7厘米。

Ⅶ式 1件（BT3：12）。长条形，穿双孔，长10.2厘米。

Ⅷ式 1件（墓24：17）。柄中穿孔，两侧内弧，有凹入的缺口，弧刃，长19.5厘米。

Ⅸ式 1件（墓49）。平顶，双孔，两侧内斜，弧刃，长16.6厘米。

3. 陶制工具

纺轮 2件。分二式。

Ⅰ式 1件（AT17：2）。扁平圆形，周边规整，孔由一面直穿，直径6厘米。

Ⅱ式 1件（BT3：9）。一面鼓起，一面平，中间穿孔，直径6厘米。

陶拍 1件（AT17：1）。圆形，正面无纹而光滑，施白色陶衣，柄部已残，仅留柄痕，直径约8厘米。

陶模 1件（AT17：2）。长条形，正面刻纹，背面有把纽，已残。

陶丸 7件。圆形，大小不一，直径3～6厘米。BT3：1，器身满饰锥刺小点，直径6厘米。

（二）生活用具

陶容器和炊器

共发现完整和可以复原的陶器493件，按陶质和施彩等的不同，可以分为泥质（红、灰）、夹砂（红、灰）和彩陶三种。其中泥质陶312件，占总数的63.28%；夹砂陶177件，占35.90%；彩陶4件，占0.81%。

陶器均为手制，以泥条盘筑法为主，小型器物，或简单的器盖、玩具等则采用直接捏塑的方法制成。在一些器物的壁留有清晰的手捏、接缝、抹平、刀削的痕迹。少数器物口部有慢轮修整的痕迹。耳部、底部、三足器的足部多为制好后再接合上去的。器物表面有的在刀削之后而不磨光，有的施有白色陶衣。

器表除素面外，饰有篮纹、绳纹、弦纹、划纹、锥刺纹、压印纹、附加堆纹等。彩绘陶器也偶有发现，如墓108：1，灰陶双大耳罐上，出土时就保留有清晰的彩色线条。部分高领双耳罐内还留有红色颜料涂刷的痕迹。在一些墓中还发现有如漆皮状的东西，它可能是由陶器上脱落下来的遗留。篮纹多施于泥质陶的高领双耳罐上；绳纹多施于夹砂陶的各类罐上，这是最为常见的两种纹饰。除此之外，在这里附加堆纹等亦有相应增多，新的造型别致的罐、盉、双流双把罐等也有所发现。

器形种类繁多，其中侈口罐、双大耳罐、高领双耳罐、高领长颈瓶、豆、碗等最为常见。现按泥质、夹砂和彩陶三大系加以说明：

（1）泥质陶系

双大耳罐　102件。分六式。

Ⅰ式　28件。喇叭口，扁圆腹。墓28：8，口径7、高13厘米。墓12：7，口径8、高13.5厘米。

Ⅱ式　5件。腹部有明显的折棱。墓25：9，口径8、高13.5厘米。墓76：1，口径8、高12厘米。

Ⅲ式　43件。腹深而鼓。墓110：2，口径7、高12厘米。墓16：8，口径6.5、高12厘米。

Ⅳ式　6件。单流。墓110：6，口径7.5、高13厘米。墓50：6，口径6、高12厘米。

Ⅴ式　3件。耳较斜直，腹下内收，近于圜底。墓15：4，口径7.5、高13厘米。

Ⅵ式　7件。喇叭口较小，短颈，颈腹无明确的分界线，耳较小，近环耳。墓75：2，口径7、高11.5厘米。墓18：12，口径6.5、高9.5厘米。

另有10件，因残未分式。

单大耳罐　20件。分八式。

Ⅰ式　2件。侈口，扁腹，小平底，长颈附一大耳。BT3：15，口径9、高16厘米。

Ⅱ式　3件。侈口，高领附一大耳，口有单流，腹下收缩成平底，最大腹径在近底部。墓11：13，口径10.5、高15.5厘米。墓19：4，口径10、高15.5厘米。

Ⅲ式　1件（墓97：5）。侈口短颈，深腹平底，耳较直，口径6.5、高12厘米。

Ⅳ式　7件。侈口高领、鼓腹、小平底。墓55：1，口径9.5、高15厘米。墓74：4，圆唇，口径7.5、高13厘米。

Ⅴ式　2件。侈口，鼓腹，短颈。墓94：7，口径12、高10厘米。

Ⅵ式　3件。侈口，高领，深腹，小平底，器形修长。墓4：5，口径5、高11厘米。墓32：5，颈有凹纹一周，口径9、高13厘米。

Ⅶ式　1件（AT8：1）。侈口单流，肩腹间有明显的折棱，腹较扁，腹下有红色痕迹，口径7.5、高12.5厘米。

Ⅷ式　1件（墓105：2）。侈口高领，腹下内收成弧线。口径10、高14厘米。

双小耳罐　9件。分五式。

Ⅰ式　2件。喇叭口，环形耳，腹深而鼓。墓61：3，口径10、高22.5厘米。

Ⅱ式　1件（墓110：4）。敞口短颈，唇外翻，鼓腹平底，双耳饰泥钉，腹饰绳纹。口径11、高28厘米。

Ⅲ式 4件。与Ⅱ式近似，唯肩部突起。墓4：1，口径11、高27厘米。墓28：3，腹下饰篮纹，口径12、高29厘米。

Ⅳ式 1件（墓28：1）。侈口，圆肩，腹下内收，平底，口径10.5、高18厘米。

Ⅴ式 1件（墓45：1）。侈口，长颈，肩附对称环耳一对，耳饰篮纹，肩饰压印纹，腹浑圆，下部饰篮纹，口径21、残高23厘米。

三耳罐 4件。分二式。

Ⅰ式 2件。喇叭口，高领斜肩，浅腹大平底。墓44：3，口径9、高7.5厘米。

Ⅱ式 2件。与Ⅰ式近似，唯腹下内收，与底形成圆角。墓28：12，口径9.5、高9.2厘米。

高领双耳罐 43件。分五式。

Ⅰ式 1件（墓11：6）。喇叭口特大，形高而修长，平底，饰篮纹，口径15、高30厘米。

Ⅱ式 1件（墓12：2）。形状不规则，腹向一边斜，耳一高一低。

Ⅲ式 27件。器形高大。墓90：1，口沿有划纹两周，口径15、高30厘米。墓89：2，肩、腹相接处有明显的折棱，口径18、高32厘米。

Ⅳ式 7件。器修长近于瓶。墓29：4，颈饰凹纹。墓25：2，口径13、高26厘米。

Ⅴ式 7件。器形较为矮肥，口较小，唇外翻。墓96：1，口径12.5、高29厘米。墓74：3，颈较直，口径11.5、高26厘米。

瓶 49件。分七式。

Ⅰ式 1件（墓76：4）。喇叭口，长颈，附有对称的环形耳一对，颈有不明显的弧曲，圆腹，底稍向内凹，口径9.5、高22.5厘米。

Ⅱ式 3件。与Ⅰ式相近，无耳，颈饰弦纹，形成曲颈，圆腹平底。墓95：1，口径8、高18厘米。

Ⅲ式 1件（墓21：5）。侈口圆唇，斜肩，浅圈足，腹饰绳纹，口径5.5、高17.5厘米。

Ⅳ式 1件（墓111：5）。敞口短颈，饰旋纹，形修长，腹饰篮纹，口径6、高13厘米。

Ⅴ式 4件。侈口，长颈，深腹，平底。墓79：11，肩饰旋纹，腹饰绳纹，口径6、高14厘米。墓66：15，颈肩之交有凹纹一周，口径9.5、高17厘米。

Ⅵ式 24件。侈口细颈，鼓腹平底，饰篮纹、绳纹。墓28：17，颈有凹纹数周，口径10、高20厘米。墓28：14，口径9.5、高21厘米。

Ⅶ式 15件。侈口短颈，圆腹平底，素面居多，少数饰篮纹等。墓65：5，口饰锯齿纹，口径13、高19.5厘米。墓5：5，肩以下饰篮纹，口径8.5、高19厘米。

豆 16件。分七式。

Ⅰ式 1件（墓95：3）。盘作碗状，唇外翻，柄呈喇叭形，口径14、高10厘米。

Ⅱ式 1件（墓20：1）。盘似盂，圆腹，盘柄相接处有附加泥条一周，上刻"X"纹，细柄高圈足，口径9、高14.5厘米。

Ⅲ式　2件。盘如碗，柄粗矮。墓101：1，口径17、高12厘米。

Ⅳ式　1件（墓94：1）。近似Ⅲ式，柄较高，盘外留有红色线条残余，口径14、高14厘米。

Ⅴ式　3件。盘似敛口盆，细柄，圈足。墓28：9，口径14.5、高12.7厘米。

Ⅵ式　6件。与Ⅴ式近似，柄壁较斜，底作喇叭形。墓4：8，盘与柄相接处，有附加泥条一周，上刻曲线纹，口径14、高13厘米。

Ⅶ式　2件。盘与柄都作喇叭形。墓19：1，口径15.5、高16.2厘米。

碗　26件。分六式。

Ⅰ式　1件（墓16：9）。曲壁，小平底。口径15、高6厘米。

Ⅱ式　6件。大口浅腹，平底。墓55：6，口径15、高6.2厘米。墓92：6，口微敛，口径16、高7厘米。

Ⅲ式　3件。口微敛，浅圈足，表面磨光。墓60：2，碗内有赭石粉末，口径16、高7厘米。

Ⅳ式　3件。曲壁小平底。墓27：4，口径13.5、高4.5厘米。墓68：1，腹饰篮纹，口径13.5、高5.5厘米。

Ⅴ式　3件。敞口深腹，腹壁下收，平底。墓65：1，口径12.5、高6.5厘米。墓110：8，口径15、高9厘米。

Ⅵ式　6件。深腹弧壁，腹稍外鼓。墓10：5，口径12.5、高7厘米。墓25：10，底内凹，近圈足，口径14、高8厘米。

盆　16件。分六式。

Ⅰ式　5件。口沿内折，深腹弧壁。墓90：4，口径15、高8厘米。

Ⅱ式　4件。敞口斜壁，圆唇平底。墓107：7，口径11、高7厘米。墓16：1，口沿不平，制作不规整，饰篮纹，口径19.5、高8厘米。

Ⅲ式　3件。敛口，深腹弧壁。墓18：5，口径14、高6.6厘米。墓98：4，腹饰篮纹，口径13、高6厘米。

Ⅳ式　1件（墓28：17）。口微敛，腹壁弧形收缩，平底，口径13、高8厘米。

Ⅴ式　2件。大口深腹，弧壁平底。墓110：17，近底部有凹纹一周，口径16、高7.6厘米。

Ⅵ式　1件（墓110：1）。大口深腹，斜壁，口径14、高7.5厘米。

鳝形罐　1件（墓60：9）。圆唇直颈，有明显的折肩，折腹，腹有凹纹一周，腹下斜收，平底，口径9.5、高17厘米。

盂　1件（墓1：2）。葫芦形，小口单把，腹部圆鼓，口径3.5、盖径8、腹径12、底径6、高19厘米。

双流双把罐　2件。敛口圆腹。墓96：6，口径7.5、高9厘米。BH14：1，残，把端饰有兽头。

盘　1件（墓89：1）。大口浅腹，腹部向内弧曲，小平底，口径17、高4厘米。

杯　3件。分二式。

Ⅰ式　2件。筒状，深腹，平底。墓85：1，施白色陶衣，口径10.5、高15.5厘米。

Ⅱ式　1件（BT3：1）。敞口，近筒状，腹有凸纽一个，口径8、高12厘米。

敞口罐　2件。短颈深腹，平底。墓5：1，口径11、高27厘米。

尊　9件。分三式。

Ⅰ式　3件。喇叭口，短颈折肩，折角明显，腹下斜收，平底。墓23：8，肩腹饰圆圈纹，口径16、高13厘米。

Ⅱ式　4件。喇叭口，折肩平底。墓55：7，折肩折腹，口径12.5、高15.5厘米。墓11：9，颈饰锥刺纹，肩饰压印圆圈纹，口径15.5、高20厘米。

Ⅲ式　2件。侈口圆腹。墓107：8，肩饰三角纹，口径11、高23厘米。

双沿红陶罐　1件（墓25：1）。喇叭口，短颈饰"X"纹，深腹圆鼓，平底，口径11.7、高26厘米。

瓮　2件，残破。

甑　仅发现其残部。AT11H2：3，泥质红陶，底部排列密集有序的圆孔，底径约12.5、残高9厘米。

（2）夹砂陶系

夹砂单大耳罐　2件。喇叭口，唇外翻，饰绳纹，圆腹平底。路旁墓：4，耳饰泥钉三个，口径8、高10.5厘米。

单小耳罐　2件。分二式。

Ⅰ式　1件（墓96：5）。侈口，底内凹，饰绳纹，口径6.5、高9.5厘米。

Ⅱ式　1件（墓4：10）。颈饰锥刺纹，肩饰泥钉，并于其上加锥刺纹。

双小耳罐　11件。分六式。

Ⅰ式　4件。侈口短颈，深腹平底，饰绳纹。墓97：5，耳有泥钉，腹饰篮纹，口径7.5、高14厘米。墓58：1，颈有凹纹一周，口径8.6、高15厘米。

Ⅱ式　1件（墓40：1）。近似Ⅰ式，底近圜底，颈与耳满饰压印纹，口径9、高16厘米。

Ⅲ式　2件。圆唇侈口，短颈圆腹，器矮肥，饰绳纹。墓18：7，耳饰泥钉，颈、腹饰绳纹和锥刺纹等，口径9、高16厘米。

Ⅳ式　1件（墓61：5）。圆唇侈口，颈饰锥刺纹、附加堆纹、泥钉等。腹饰附加堆纹、压印纹等。纹有直线、曲线、回纹等形，口径8、高13厘米。

Ⅴ式　1件（墓79：9）。平唇直颈，饰压印、对尖菱形、附加堆纹等；肩、腹以绳纹作底，在其上有附加堆塑云雷纹四组，平底，口径6、高12.5厘米。

Ⅵ式　1件（墓20：6）。平唇直颈，耳饰锥刺纹和泥钉，颈饰与耳同，肩作阶梯式，饰附加堆纹，并印有方向相反的斜线，腹饰附加堆纹数组，每组两边为上下的直线，中间堆塑曲线纹，口径8.5、高13厘米。

瓶　7件。分四式。

Ⅰ式　1件（墓107：2）。侈口，高领曲颈，圆腹，饰绳纹，口径8.5、高17厘米。

Ⅱ式　1件（墓98：5）。侈口，细长颈，肩饰弦纹，口径8、高16厘米。

Ⅲ式　4件。翻唇细颈，圆腹饰绳纹。墓60：3，腹饰压印纹，口径6.2、高13厘米。墓65：4，颈饰旋纹，口径7.5、高17厘米。

Ⅳ式　1件（墓69：5）。圆唇侈口，深腹平底，饰绳纹，口径5.5、高12.5厘米。

侈口罐　144件。分十一式。

Ⅰ式　30件。侈口短颈，圆腹，饰绳纹。墓18：8，口径8.5、高11.5厘米。墓5：3，颈饰附加波浪纹，口径8、高13.5厘米。

Ⅱ式　25件。侈口短颈，深腹，饰绳纹。墓110：2，口径11、高18.5厘米。

Ⅲ式　5件。翻唇，沿饰锯齿纹，或锥戳纹。墓75：1，口径9、高13.5厘米。

Ⅳ式　6件。短颈，最大腹径在肩下。墓2：4，口径9.5、高16厘米。墓32：3，颈下饰不规则的斜方格纹，口径10.5、高18.5厘米。

Ⅴ式　17件。平唇，直颈。饰绳纹。墓61：4，颈饰波浪纹一周。墓11：2，颈饰凹凸纹，口径10、高14厘米。墓32：10，颈饰锯齿纹，口径8.5、高12厘米。

Ⅵ式　24件。翻唇，圆腹，饰绳纹等。墓97：6，颈饰凹凸纹，口径8、高14.5厘米。墓25：3-2，唇饰压印纹，腹饰绳纹和曲线纹，口径8、高14厘米。

Ⅶ式　1件（墓37：1）。颈有锯齿形附耳一对，饰压印、锯齿、凹纹；肩下饰绳纹，间以直线、波浪等附加堆纹，高14厘米。

Ⅷ式　18件。圆唇圆腹，平底。墓5：2，口径10、高19厘米。墓44：7，肩饰旋纹，口径9.5、高17厘米。

Ⅸ式　1件（墓28：24）。尖唇短颈，有单流，浅圈足，饰绳纹，口径7.5、高13.5厘米。

Ⅹ式　9件。深腹长颈，平底。墓16：3，近似瓶，曲颈，深腹，口径8.5、高13厘米。墓20：5，口径9、高17.5厘米。

Ⅺ式　8件。侈口深腹，腹下内收，饰绳纹。墓101：2，口径8.5、高13厘米。墓12：8，浅圈足，口径8、高15厘米。

鬲　2件，另有鬲腿5件。表面有饰绳纹和素面的区别，内部有空心和实心的不同，实心者内塞泥球，足端又有尖状、乳状和马蹄形的不同。

器盖　11件。分三式。

Ⅰ式　3件。背部有纽，纽顶凹入，形如斗笠。BH12：2，直径12厘米。

Ⅱ式　5件。形如前者，唯纽作乳状。BH15：2，直径12厘米。

Ⅲ式　3件。形如前者，纽顶凹入，并饰锯齿纹，BT3：23、BT3：14等。

（3）彩陶系

4件，都是红彩。

圜底罐　2件。墓10：10，直颈，双耳，耳各有孔四个，腹浑圆。颈饰网状三角纹，肩、腹分三层，饰变形三角纹，口径7、高12.5厘米。墓111：8，夹砂粗陶，侈口短颈，腹最大径在近底部，形如皮囊。制作精致，颈有对称的环耳，耳饰曲折纹，颈饰网状三角纹，腹部分为四分，两分以横线隔为二层，饰变形三角纹，两分（两耳下）饰四纹，口径9.5、高22.5厘米。

平底罐　2件。墓107：1，喇叭口，短颈，对称环形耳，耳饰锥刺孔两个，圆腹平底。颈、腹以横线隔为三层，满饰变形三角纹。口径8、高11厘米。

（三）装饰品

1. 石制饰物

石环　1件（AT11H1：1）。内沿垂直，外沿浑圆，厚0.5、宽0.6厘米。

石珠　2件，发现于墓28，剖面有圆形、方形两种，长0.8～1厘米。

绿松石片　长短、宽窄不一，计有数百片，多发现于墓42中。

2. 骨制饰物

骨璧　3件。形扁平，似纺轮。BT2：3，直径5厘米。

骨管　1件（墓65：1）。白色，圆形，长1.2、直径1.2厘米。

骨珠　3件。都出自墓5，白色，圆形，外径0.3～0.5、孔径0.1～0.15厘米。

牙饰片　发现数百片，大小、长短不一，以墓42发现最多，出土时部分和绿松石片粘合在一起，包护在第八号人骨的手上，部分垒叠成椭圆形，似为头饰物。

牙饰　7件。发现时多在人骨的颈项部，形状基本相同。墓37：8，顶端钻双孔，中间四孔，尾端两孔。

3. 铜制饰物

铜环　1件（墓50：10）。仅存半个，圆形，系由铜条捶击而成，出自人骨手旁，直径1.2厘米。

铜镜（牌）　1件（墓41：1）。正面光平无纹，背后有纽，纽有孔可以系挂，直径5厘米。

4. 玩具

仅发现陶环一件（AT16：1）。形如饺子，由两面拼合制成，合边有明显的手捏痕迹。腹空，估计其中装有石子之类的东西，使之摇动发响，捏后进行刀削，现存一半。

（四）贝币

4枚。墓112：4，保存完整，桃形，中间有凹槽一条，并穿孔，可以系绳，与我国史书中记载明币的情况正相符合。

（五）卜骨

9件。都是利用羊的肩胛骨制成。骨脊和边缘略加修整，有灼无钻，无凿。灼痕多者达十余处。BH13：1，稍残，灼痕14处，长16厘米。BH13：2，完整，灼痕7处，长15厘米。

（六）铜制兵器

仅发现铜戚1件（AF1：?　）。模铸而成，顶有安柄的椭圆形孔眼，两侧附有对称的小耳，耳上穿孔。器身铸有平行线两条，两线间划斜"十"字，在交角处又填补有三角形纹，使其形成如"□"的纹样。长15、宽3.5厘米。此器是目前在齐家文化中发现铜器的最大者。

五　结束语

人们经过长期劳动的实践，经验的积累，到了齐家文化时期，生产力得到发展，与甘肃仰韶文化时期相比，已经发展到了一个新的水平。这种发展不仅表现在农业、畜牧业上，而且也表现在手工艺制造业和商业上。冶铜技术的发明、发展是齐家文化生产中的突出成就。

在齐家文化时期，由于社会生产力的发展，人类历史的前进，终于使漫长的原始社会走到了尽头，并跨进了一个新的历史时代。

齐家坪遗址的发掘，它以其极为丰富的资料，为我们研究其社会生产力的发展、社会生活、社会性质、意识形态诸方面的变化，提供了具有重要科学价值的新资料，对于探讨家庭、私有制、阶级和国家的起源等重大理论问题，具有十分重要的意义。

（一）

农业是齐家文化时期人们谋取生活资料来源的主要手段，生产中的重要部门。他们除了将人们早已使用的石斧、石铲、石刀、骨铲等农具加工改造，使之更加锋利和适用外，还使用了木质的耒、权之类的新农具来进行农业生产劳动，这次在BH14周壁发现的利用木耒挖掘的痕迹充分说明了这一点。这种工具的使用，不仅使已开垦的土地得到了深翻、深耕，提高了劳动效率，减轻了劳动强度，而且使更多的土地被开发，又扩大了耕地的面积，使农业产量有了大幅度的增加。它的出现，标志着齐家文化时期的人们已经由原始的刀耕火种的农业阶段，发展到了一个新的水平，即犁耕农业时期。农业的发展、农业收获的增加，不仅为人们的生活提供了必要的产品，而且还有了较多的剩余产品可以进行储备。在我们这次揭露的不大的面积里，就发现有各种窖穴十余座，那种坑壁修治整齐和设有斜坡门道，上建窝棚，遮蔽风雨，防止烈日曝晒的窖穴（AT11H1），肯定是作为储存食物、粮食和饲料用的。这说明当时人们已有较多的剩余储备。

农业生产的发展，为畜牧业的发展开辟了广阔的道路，准备了必要的条件。在齐家文化中，畜牧业作为人们谋取生活资料来源的重要补充手段也迅速发展起来了。在这里发现有众多的马、牛、山羊、绵羊、猪、狗等家畜的骨骼。这些家畜"只须加以看管和最简单的照顾，就可以愈来愈多地繁殖起来，供给非常充裕的乳肉食物"[1]。AT11H1 发现的两具狗骨，特别是上面的一具还被石块压着颈和胸部，更加生动形象地表明了当时畜牧业的发展。在墓 97 发现的利用完整狗骨进行随葬的事实，又向我们说明在当时发展的畜群，已经被私人或个体小家庭获为己有，变成了他们的私有物。如果说随葬牲畜下颌，是墓主人"炫耀家庭的富裕及其在社会上的地位"[2]的话，那么，随葬完整家畜，则标明墓主人对畜群的占有，不仅表明了他的富裕和特殊地位，还说明私有制在这里已经开始存在，而且首先是从畜群的私有开始的。

手工艺制造业在农牧业发展的基础上也有长足的发展。制陶业仍然是当时手工艺制造业中的一个重要部门，是当时比较发达的一种手工艺。他们在陶器上采用锥刺、压印、堆塑、刻划、附加泥条等方法，装饰出弦纹、旋纹、凹凸、波浪、对尖菱形、云雷、回纹等等花纹。特别是在一些夹砂双小耳罐和侈口罐等上装饰繁缛的附加纹样，既增加了器物的造型美，又增加了器物的坚固性，这种现象在其他齐家文化的遗址和墓地所发现的器物中是少见的，或者根本不见的。在这些当时极为常见的、普通的陶器上，进行如此的加工，除了说明当时制陶技术的发展而外，也表明了当时社会已经出现了新的分工，手工艺制造业已经同农业分离了，成为一个独立的生产部门。而生产的目的已不是为了自身生活的需要，而是为了出卖，这是一个十分值得注意的新动向。

标志着齐家文化手工艺发展的突出成就是冶铜技术的出现和发展。过去，我们在武威皇娘娘台、永靖大何庄、秦魏家等处齐家文化的墓地和遗址中，也曾发现过一些铜器[3]。但都是一些小型的红铜器，制作也较粗糙。这次在齐家坪发现的铜镜（牌）、铜戚等，不仅器形大、造型完整，而且制作技术成熟。根据观察和初步分析，知其含锡量在 10% 以上，已超过了自然铜的含锡标准，其质量当是青铜器。

恩格斯指出："铜、锡以及二者的合金——青铜是顶顶重要的金属；青铜可以制造有用的工具和武器，但是并不能排挤掉石器；……"[4]。铜的熔点是 1083℃，它的冶炼和制造所需要的火候要比烧陶高，技术也较复杂，必须由技术熟练的人来操作，否则是无法办到的。它的出现又进一步说明了当时的社会分工的情况。由于铜在一定的条件下，有能延能展、旧物重铸的优点，所以尽管它缺乏钢铁的硬度，还不能完全取代石器，却仍然把当时的生产推进到了一个新的水平。齐家坪铜器的出土，为研究我国的金属冶炼史提供了新的资料。

[1]　《马克思恩格斯选集》，第四卷，第49页。此附录为郭德勇遗稿，原稿未注明此书出版信息。下同。

[2]　中国科学院考古研究所甘肃工作队：《甘肃永靖秦魏家齐家文化墓地》，《考古学报》1975年第2期，第89页。

[3]　甘肃省博物馆：《甘肃武威皇娘娘台遗址发掘报告》，《考古学报》1960年第2期；中国科学院考古研究所甘肃工作队：《甘肃永靖大何庄遗址发掘报告》，《考古学报》1974年第2期，第57页；中国科学院考古研究所甘肃工作队：《甘肃永靖秦魏家齐家文化墓地》，《考古学报》1975年第2期，第74、87页。

[4]　《马克思恩格斯选集》，第四卷，第157页。

随着生产的发展，社会分工的细密，商品交换也日益发展起来。商业开始是通过氏族的酋长进行的。这时主要是利用本氏族的多余产品，换取本氏族所需要的产品。生产和交换的目的，都是为了满足自身生活的需要。但是，在牲畜被私人获有之后，特别是在社会发生过两次大分工之后的齐家文化中，更多的为交换而生产的部门和产品都出现了，并在逐日增加。个人和私有产品迫切需要走进市场，这就突破了原来由氏族酋长进行交换的范围，使个人之间的交换发展起来了。部落内部、部落之间，甚至还和较远的中原、沿海、西北等地区发生了频繁的商业贸易关系。在齐家文化的遗址中出现的玉斧、绿松石等都非本地产品，这就说明齐家文化时期人们交换活动范围之大。原始社会的交换刚开始是以物易物的；稍后，是以牲畜作为等价物的特殊商品进行交换的。但是，交换范围扩大到远方之后，畜群作为等价物已不能适应需要，这就需要一种携带方便，又能同任何商品交换的特殊商品，于是起货币职能的贝币出现了。在我国历史上利用贝作货币进行交换的记载是很多的。这次我们在齐家坪的发掘中，发现贝币4枚。它的出现标明了齐家文化时期人们进行商品交换范围的远大，也说明在当时可能已出现了专门从事于远途贩运活动的商人。

生产和商品交换发展的结果，使私人占有财产的范围和数量都在急剧的扩大和增加，以前交换来的为集体占有和使用的东西，现在变成了个人或个体小家庭的私有物。在社会上开始出现了明显的贫富分化，从而形成私有制。被私人所占有的财产，个人可以自行处理，甚至可以把它随葬入坟墓，例如妻子、奴隶、武器、家畜、衣服、装饰品和生活用具等。齐家坪墓地的发掘，全面而生动的揭示了这些事实，随葬品悬殊之大是其他墓地所无法相比的，例如在发现的56座单人墓中有的随葬日用陶器十余件，有的还随葬有标志死者生前占有财富的猪下颌骨和狗骨，甚至还有奴隶。这种现象在合葬墓中尤为突出。在这里，富人和穷人、剥削者和被剥削者、享有完全权利和毫无权利的人、奴隶和奴隶主的阶级分化已经形成，奴隶已被奴隶主当成牲畜和工具，受奴隶主的完全支配。

在齐家坪的发掘中，我们发现有6座女性单人墓，采用了表示尊贵的仰身葬式；相反，亦有2座男性墓采用了表示卑下和屈从的侧身屈肢葬式。这与人们所认为齐家文化时期所处的父系氏族社会中男子当权的情况不相容。经过排比，我们发现采用仰身直肢葬的女性墓都有着较多的随葬品，如墓18随葬陶器12件，墓23随葬陶器9件，猪下颌骨1个，说明她们在生前都占有较多的财产。相反，两座侧身屈肢葬的男性，在墓43中仅有一件陶器，墓73中则一无所有。这两个男性都是30～35岁的壮年，都没有发现任何病变。另外，大何庄齐家文化墓葬中有14座侧身屈肢葬墓，其中9座无随葬品，其余5座除个别者外，也都仅有一两件随葬品。秦魏家墓地也发现有类似的情况，墓32的主人是男性，侧身屈肢葬，仅有5块碎石，墓56的主人性别不清，随葬陶器3件，骨针1件。通过上列事实，我们清楚地看到，在形成阶级的齐家文化中，决定采用何种葬式，是由死者生前所处的经济和政治地位决定的。它已打上了深深的阶级烙印，从而证明了那种认为仰身直肢表示尊贵、侧身屈肢表示卑下和屈从的说法是正确的，它在单人葬中也同样适用，这是当时意识形态的重要反映。

（二）

由于生产力的发展，社会分工的产生，使个体劳动在生产中的作用日益加强，某些专业化的劳动开始由个体劳动来承担了。这种情况使人们对于生产资料占有欲望加强了。生产力的发展和原来的集体占有的生产关系发生了矛盾。在以前集体进行劳动时，生产资料和产品都归集体所有，当个体劳动开始单独生产时，生产资料和产品也就逐渐地变成了私人财产，开始产生私有制。私有制在开始还是零星的、个别的现象，而当畜群和耕地等生产资料变为私有，个体家庭成为社会经济单位以后，私有制就确立起来了。在齐家坪的发掘和其他墓地所反映的情况都证实了，在齐家文化中，畜群已被私人或个体小家庭所占有，成了他们的私有财产。现在我们再来谈谈当时的家庭状况。

家庭在社会中是一个能动的因素，是随着生产的发展而发展的。在畜群成为私有，财富在迅速增加的齐家文化中，婚姻制度也随之发生变化，由原来不太牢固的对偶婚转变为一夫一妻制家庭。这正如恩格斯所指出的："一夫一妻制的产生是由于，大量财富集中于一人之手，并且是男子之手，而且这种财富必须传给这一男子的子女，而不是传给其他任何人的子女。"[1]随着一夫一妻制家庭的形成，土地也就逐渐由公有转变为私有。齐家坪的发掘又为我们研究当时的家庭发展提供了丰富的资料。如第110号墓是当时社会上所存在的父系大家庭的写照。在这个墓中的8具人骨，分三组埋在一穴中，各自都有成组的随葬品。在这里除家长过着多妻的生活，其余的人都为一夫一妻，每个家庭都还是父系大家庭中的一个单位。但是，随着生产力的发展，个体家庭在生产中地位的加强，使其对大家庭的离心作用越来越强，并终于脱离大家庭，发展成独立的生产单位。"个体家庭已成为一种力量，并正以威胁的姿态与氏族对抗了。"[2]齐家坪出现的大量的单人墓和成人男女合葬墓，正是个体家庭形成与其离心作用的体现。特别是成人男女合葬墓，占有较多的财产，它不仅说明了婚姻关系的稳定性，个体家庭的建立，而且也标明了它已成为社会组织的基本细胞，既是劳动单位，又是生产资料和产品的占有者，最后，终由于"各个家庭首长之间的财产差别，炸毁了各地仍然保留着的旧的共产制家庭公社；同时也炸毁了在这种公社范围内进行的共同耕作制。"[3]

恩格斯指出："在历史上出现的最初的阶级对立，是同个体婚制下的夫妻间的对抗的发展同时发生的，而最初的阶级压迫是同男性对女性的奴役同时发生的。"[4]在齐家坪和其他齐家墓地出现的男女成人合葬墓，包括一男二女的合葬墓在内，男性仰身直肢，女性侧身屈肢，拱

---

[1] 《马克思恩格斯选集》第四卷，第71页。

[2] 《马克思恩格斯选集》第四卷，第158页。

[3] 《马克思恩格斯选集》第四卷，第160页。

[4] 《马克思恩格斯选集》第四卷，第61页。

向男性,都形象地揭示出齐家文化时期已进入了最初的阶级对立。但是,社会发展仍在继续前进,商业贸易的发展,财富的积聚,个人财产的猛增,使用奴隶劳动在当时不仅成为可能,而且成为极为有利的事。在齐家坪发现的利用人头殉葬,如第42号墓杀死众多的男女奴隶来为主人陪葬等,都是当时社会上富有家庭拥有相当奴隶群的证明。

奴隶主对奴隶们的残酷压迫和剥削,必然要引起奴隶们的反抗,这是必然的、毫无疑义的。奴隶主们为保证自己所占有的财产不受侵犯,使私有财产神圣化,便采用暴力来镇压奴隶们的反抗。在齐家坪发现的二十余座乱葬坑中,许多人头上都留有明显的外伤痕迹,被巨石压头,或投掷乱石的遗留,都是奴隶主镇压奴隶的铁证。在当时,社会上两大阶级的矛盾已经明朗,已处于国家这个暴力机构产生的前夜,而铜制兵器的出现又恰巧为我们证明了这一点。

齐家坪的发掘资料为我们研究齐家文化的社会性质、社会生活、意识形态,探讨私有制、阶级、家庭和国家的起源等重大理论问题,都提供了生动、形象而珍贵的资料。同时,它也使我们清楚地看到,阶级、阶级压迫和国家等,都是一定历史条件下的产物。

1976 年 9 月 7 日初稿

附表　原始记录中齐家坪墓地人骨鉴定表

墓号	性别	年龄	墓号	性别	年龄
M7	男	成年	M97	男	40～45
M7	男	成年	M98	女	成年
M7②	男	45±	M99	男	15～18
M7④	女	15～18	M100	男	成年
M10	男	30～35	M101	?	10±
M25	儿童	6～7	M103	女	25～30
M86	女	成年	M104	男	35±
M89	女	20～25	M105	女	成年
M90	女	12±	M107	女	成年
M92	女	35±	M108	男	30±
M94	女	成年	M108	男	35±
M95	女	20～25	M108②	女	30～35
M96	女	成年	M108④	儿童	6～7

续附表

墓号	性别	年龄	墓号	性别	年龄
M108	女	成年	M110④	男	成年
M108①	女	成年	M110⑤	女	40±
M109	男	20～25	M110⑥	男	35±
M109	?	未成年	M110⑦	男	30～35
M110①	?	未成年	M110⑧	男	20～25
M110②	男	成年	M111	女	20±
M110③	女	成年			

后　记

　　1975年，甘肃省博物馆文物工作队对齐家坪遗址进行了系统发掘。随后，由郭德勇对这批资料进行初步整理研究，并编写了《甘肃省广河县齐家文化遗址首次发掘的主要收获》和《甘肃广河县齐家坪遗址发掘报告》，均无配图。这两篇文章未能终结见刊，为了缅怀逝者，珍惜前辈的劳动成果，给读者提供更多的佐证材料，故将这两篇遗作和部分原始资料收录于本报告。

　　时隔多年，甘肃省文物考古研究所再次启动这批资料的整理工作。因发掘时间相去久远，该遗址出土遗物也随着考古所办公场所多次搬迁而几经周转。当年参与发掘的工作人员都已退休，迈入古稀之年，这使得一些资料中的问题无处解惑，给整理工作带来了巨大的困难和挑战。笔者虽然多次反复比对，力求真实还原原始资料，但难免会有错误存在，敬请读者批评指正。

　　本报告是在甘肃省文物考古研究所的大力支持下，由王辉主持，魏美丽完成报告的整理和编写工作，王辉通读审阅，完成了全文修订和统稿。遗迹及器物草图由寇小石和魏美丽共同完成。器物拍照由陕西十月科技有限公司完成。英文摘要由谭静仪翻译。

　　报告整理期间，得到了甘肃省文物考古研究所马国军、闫秀莲、任芳、王静的帮助。北京大学博士生陈纸同学协助完成了部分发掘资料的整理。她以齐家坪遗址材料为基础完成了博士论文——《齐家文化的分期与源流——以齐家坪遗址为中心》[1]。

　　本报告在整理过程中，得到了北京大学考古文博学院李水城和赵辉教授的指导和帮助，在此致以诚挚的感谢。

---

[1]　陈纸：《齐家文化的分期与源流——以齐家坪遗址为中心》，北京大学博士学位论文，2013年。

Abstract

The Qijiaping archaeological site is located in Paiziping Village, Qijia Town, Guanghe County, Linxia Hui Autonomous Prefecture, Gansu Province, on the Loess Plateau in central Gansu. With an average elevation of 1900 meters above the sea level, the site is situated to the east of the Lin Tao River, to the west of Erping Mountain, to the south of Shuigou Yanziping, and to the north of Junma Gou. As a Major Historical and Cultural Site Protected at the National Level designated in 1996, this site was discovered and named as Qijiaduan in 1924. In 1975, two archaeological excavations were conducted. In 2008, a systematic archaeological survey was carried out, confirming that the site covers an area of approximately 250,000 square meters, consists of a settlement zone and a burial zone.

This report presents all the data from the archaeological excavation in 1975 and the survey conducted in 2008, along with a preliminary exploration and study of this information. The writing and editing of this report strictly adhere to the goal of providing a comprehensive and detailed account of the current state of the original excavation data. The report is divided into seven chapters with nineteen sections, supplemented by five appendices and three additional articles. Chapters 1 to 4 provide a detailed description of the site and its remains, while chapters 5 to 7 introduce artifacts and present preliminary research.

The site is divided into Zone A (burial zone) and Zone B (settlement zone). The stratigraphy of this site is relatively simple, consisting of two strata above natural soil: the plow soil layer and the cultural layer. In both zones, a total of 118 burials, 5 house structures, 17 ash pits, and 1 kiln site were excavated. Most of the burials are rectangular vertical shaft pits, with a few irregular burials or unclearly structured burial pits. No coffins were found. The burial methods include primary burials and secondary burials. All primary burials are single burials, while secondary burials can be either single or mass burials. Secondary burials make up the majority of the burials. Single burials are the primary form, followed by multiple burials. Burial styles include extended spine, extended lateral, flexed lateral, extended prone, secondary disturbed, and burials with the skull higher than the trunk bones.

Most of the burials goods are pottery, but also a small number of bone and stone artifacts, very few turquoise ornaments, bronze artifacts and shells, as well as white pebbles and animal bones, were discovered. Tomb furnishings were mostly concentrated in front of the deceased's feet, with a few found near the head, chest, and waist. Some burials included several white pebbles around the waist. Pottery includes clayey red pottery, sandy red-brown pottery, and a small amount of clayey grey pottery. Types of pottery include cord-marked wide-mouthed jars, high-neck jars, basket-pattern trumpet-mouth high-neck jars, thin-walled cord-marked jars, shoulder-folded jars, single (double/ triple) handled jars, sandy cord-marked wide-mouthed jars that are single or double handled, trumpet-mouthed neck-handled jars, shoulder-handled jars, double-handled double-nozzle jars, painted pottery jars, snake-pattern jars, single-handled single-nozzle jars, *Ges, Jias, Zengs, Wengs,* basins with folded rims, *Bos, Dous, Hes,* cups with single handles, vessel lids, pottery balls, and spinning wheels. There are subtle variations in each type of pottery, with an overall trend towards slimmer and smaller forms. Stone artifacts include knives, axes, *Yues*, chisels, scrapers, sharpening stones, and grinding stones. Bone artifacts include awls, daggers, needles, spinning wheels, and oracle bones. Bronze artifacts consist of mirrors, axes, and rings.

Based on stratigraphy and typological analysis of the pottery, the burials in Zone A can be divided into two phases: the early phase represented by M61 and M107, and the late phase represented by M28 and M110. Zone A is essentially square in shape, with ten rows arranged from south to north in sequence. Burials are concentrated in the first to fourth rows, with most graves facing north or northwest. The second and fourth rows exhibit the most regular and orderly arrangement, with graves placed close to each other and facing in a similar direction. Burials in the fifth to tenth rows are relatively scattered. Based on current data and research, it is believed that the Qijiaping site dates to the late stage of the Qijia Culture, likely starting from around 1700 BC or later.

发掘区A区

彩版一 齐家坪遗址全景照（拍摄角度东—西）

1. 器盖（AT18：1）

2. 纺轮（AT17：2）

3. 石斧（AT9：1）

3　　11　　2　　5　　9　　8　　1　　7　　4

4. M20 器物组合

（图上数字表示器物编号。下同。）

彩版二　A区探方、墓葬出土器物

1. 夹砂绳纹侈口罐（M20：4）

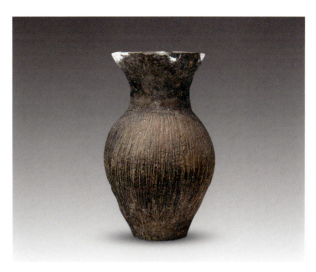

2. 高领罐（M20：5）

3. 高领罐（M20：9）

4. 喇叭口篮纹高领罐（M20：11）

5. 喇叭口篮纹高领罐（M20：3）

彩版三　M20 出土器物

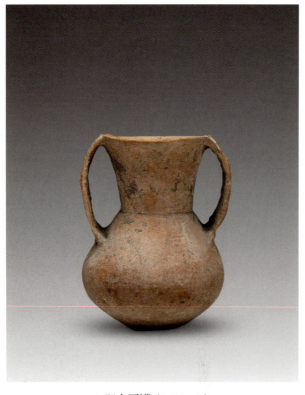

1. 双大耳罐（M20:7）

2. 双大耳罐（M20:8）

3. 钵（M20:2）

4. 豆（M20:1）

彩版四　M20 出土器物

1. M24 器物组合

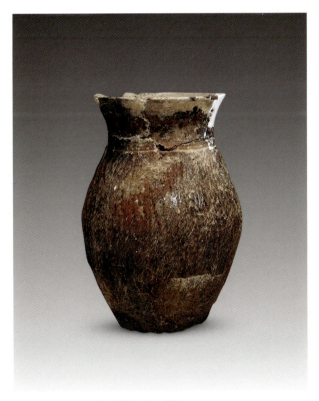

2. 夹砂绳纹侈口罐（M24：2）

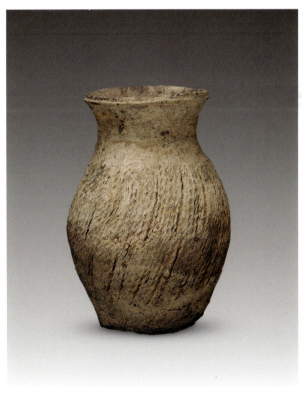

3. 夹砂绳纹侈口罐（M24：6）

彩版五　M24 出土器物

1. 高领罐（M24：1）

2. 高领罐（M24：4）

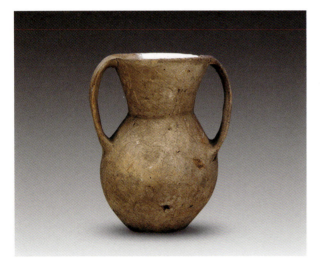

3. 双大耳罐（M24：3）

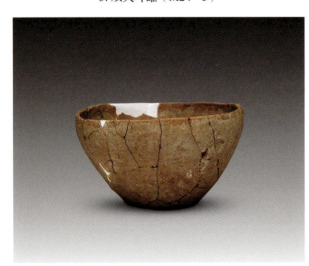

4. 钵（M24：5）

5. 骨匕（M24：8）

彩版六　M24 出土器物

1. M61 器物组合

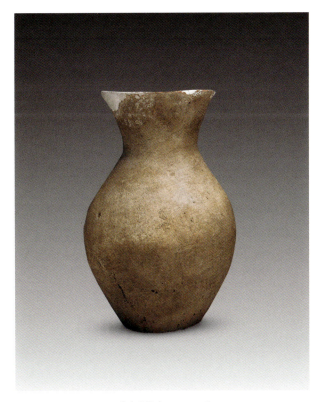

2. 高领罐（M61：1）

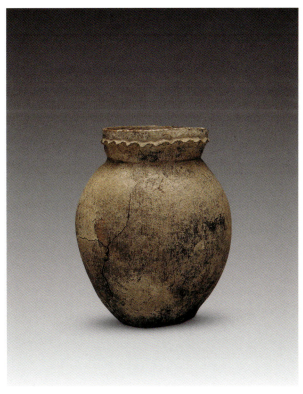

3. 薄胎细绳纹罐（M61：4）

彩版七　M61 出土器物

1. 喇叭口颈耳罐（M61：3）

2. 蛇纹罐（M61：5）

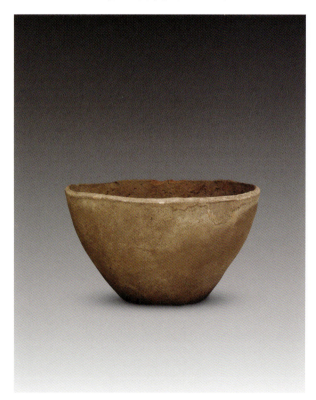

3. 钵（M61：2）

4. 骨匕（M61：6）

彩版八　M61 出土器物

1. M66 器物组合

2. 夹砂绳纹侈口罐（M66：3）

3. 夹砂绳纹侈口罐（M66：7）

彩版九　M66 出土器物

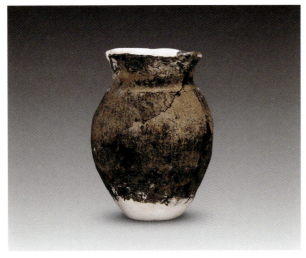

1. 夹砂绳纹侈口罐（M66:1）

2. 喇叭口篮纹高领罐（M66:2）

3. 喇叭口篮纹高领罐（M66:5）

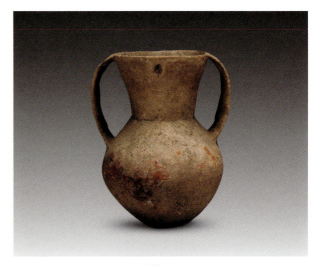

4. 双大耳罐（M66:6）

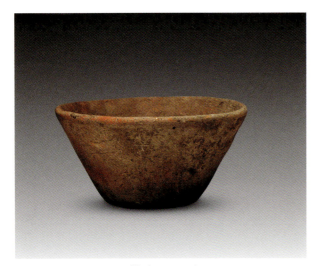

5. 钵（M66:4）

6. 牙饰（M66:9）

1. M90 器物组合

2. 夹砂绳纹侈口罐（M90:2）

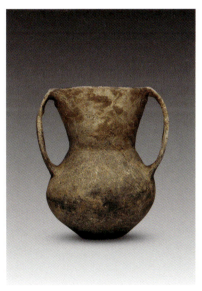

3. 双大耳罐（M90:3）

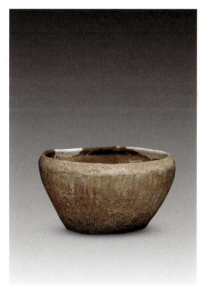

4. 钵（M90:4）

彩版一一　M90 出土器物

1. M92 器物组合

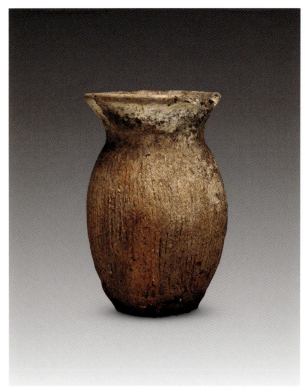

2. 夹砂绳纹侈口罐（M92∶2）

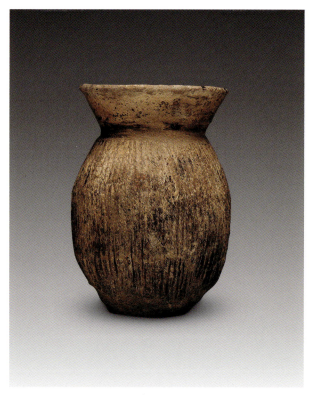

3. 夹砂绳纹侈口罐（M92∶3）

彩版一二　M92 出土器物

1. 高领罐（M92：5）

2. 高领罐（M92：7）

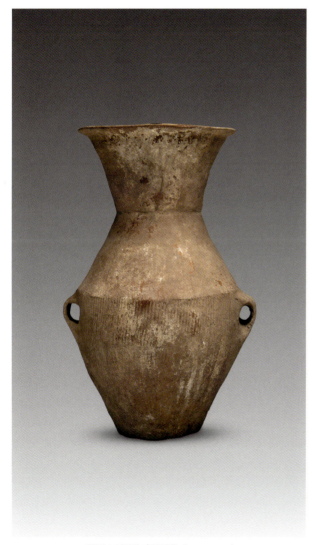

3. 喇叭口篮纹高领罐（M92：1）

4. 双大耳罐（M92：4）

5. 钵（M92：6）

彩版一三　M92 出土器物

1. M111 器物组合

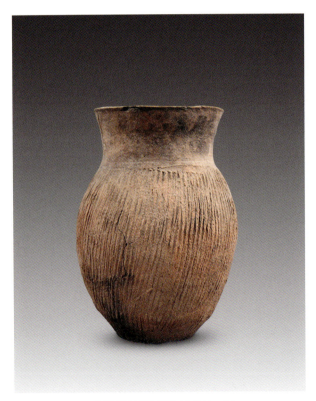

2. 夹砂绳纹侈口罐（M111：6）

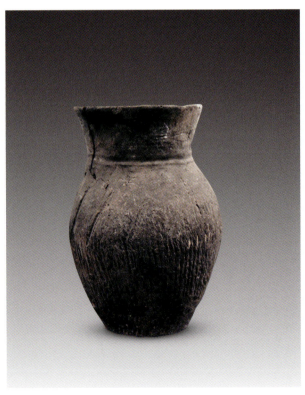

3. 夹砂绳纹侈口罐（M111：7）

彩版一四　M111 出土器物

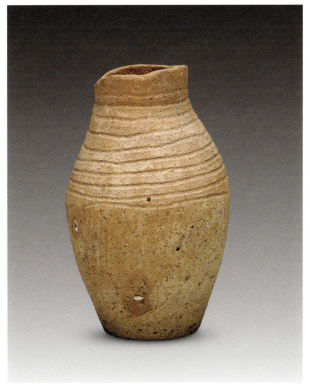

1. 高领罐（M111：5）

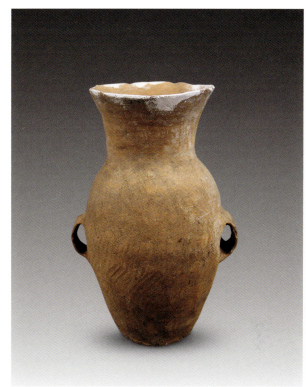

2. 喇叭口篮纹高领罐（M111：4）

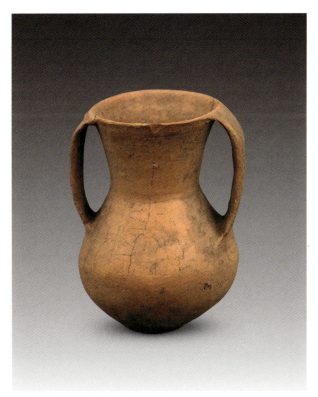

3. 双大耳罐（M111：2）

4. 豆（M111：1）

彩版一五　M111 出土器物

1. 彩陶罐（M111：8）

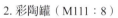

2. 彩陶罐（M111：8）

3. 瓮（M111：3）

彩版一六　M111 出土器物

1. M1 器物组合

2. 夹砂绳纹侈口罐（M1：1）

3. 夹砂绳纹侈口罐（M1：3）

彩版一七　M1 出土器物

1. 双大耳罐（M1：6）

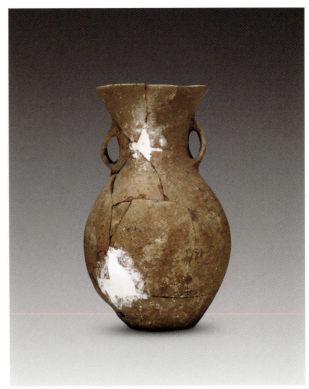

2. 喇叭口颈耳罐（M1：5）

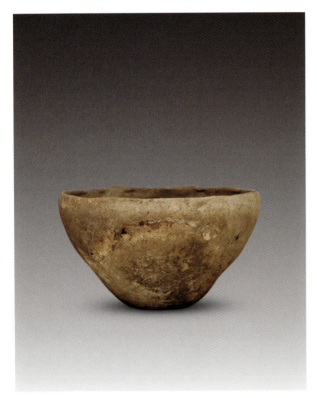

3. 钵（M1：4）

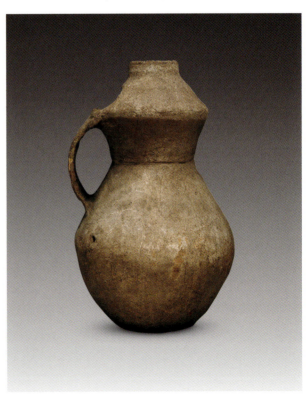

4. 盉（M1：2）

1. M5 器物组合

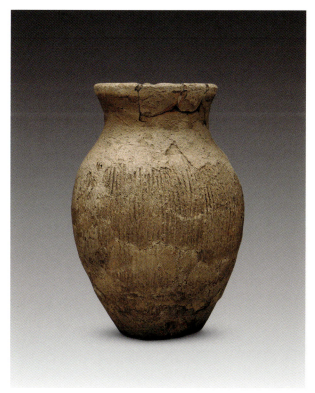

2. 夹砂绳纹侈口罐（M5：2）

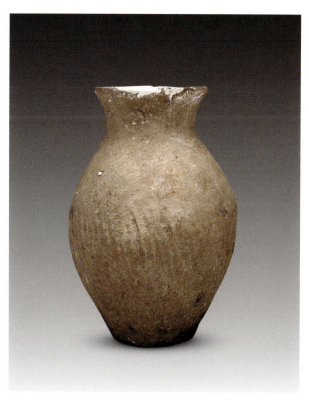

3. 喇叭口篮纹高领罐（M5：5）

彩版一九　M5 出土器物

1. 薄胎细绳纹罐（M5：3）

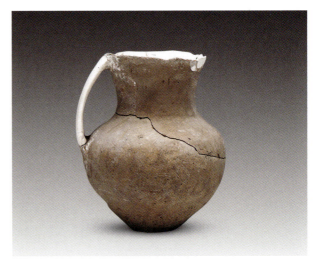

2. 单大耳罐（M5：6）

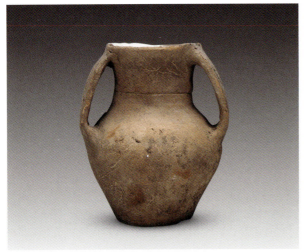

3. 双大耳罐（M5：4）

4. 瓮（M5：1）

5. 钵（M5：7）

6. 骨匕（M5：8）

彩版二〇　M5 出土器物

1. M21 器物组合

2. 夹砂绳纹侈口罐（M21：2）

3. 夹砂绳纹侈口罐（M21：3）

彩版二一　M21 出土器物

1. 高领罐（M21：5）

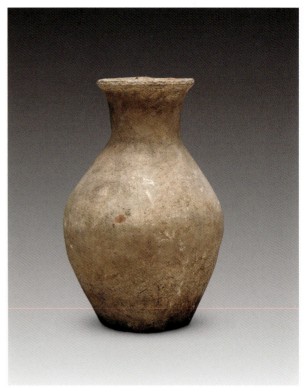

2. 高领罐（M21：6）

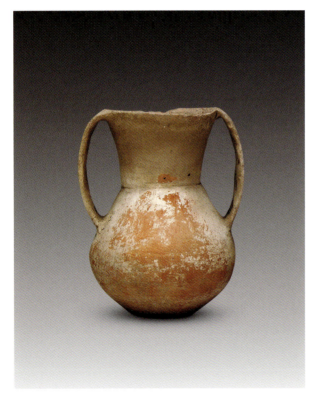

3. 双大耳罐（M21：4）

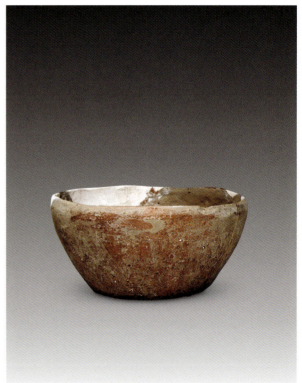

4. 钵（M21：1）

彩版二二　M21 出土器物

1. M23 器物组合

2. 夹砂绳纹侈口罐（M23：5）

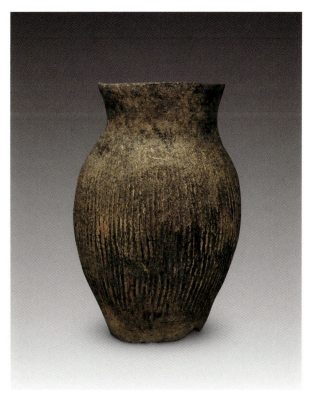

3. 夹砂绳纹侈口罐（M23：9）

彩版二三　M23 出土器物

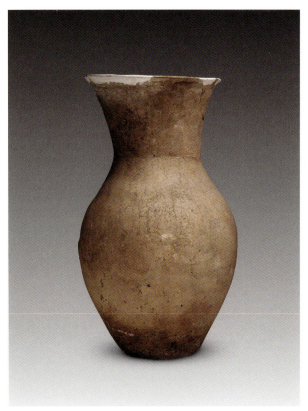

1. 喇叭口篮纹高领罐（M23：1）

2. 高领罐（M23：4）

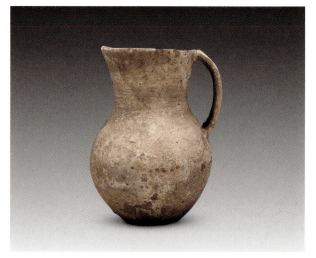

4. 单大耳罐（M23：6）

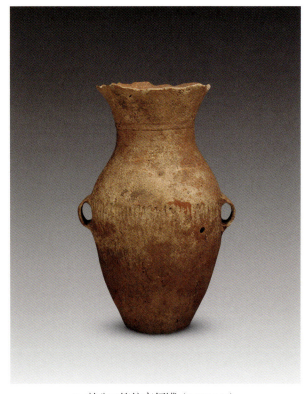

3. 喇叭口篮纹高领罐（M23：8）

5. 折肩盆（M23：2）

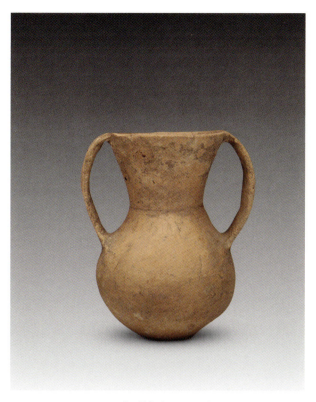

1. 双大耳罐（M23：3）

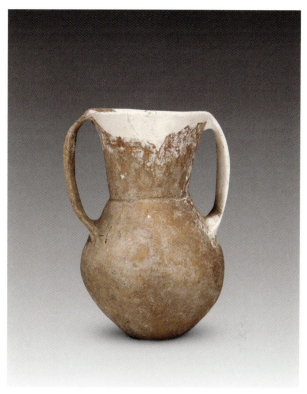

2. 双大耳罐（M23：7）

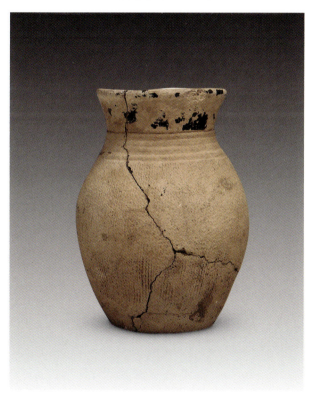

3. 夹砂绳纹侈口罐（M51：1）

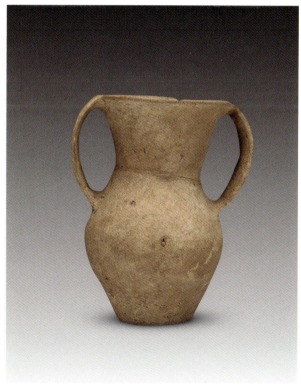

4. 双大耳罐（M51：2）

1. M29 器物组合

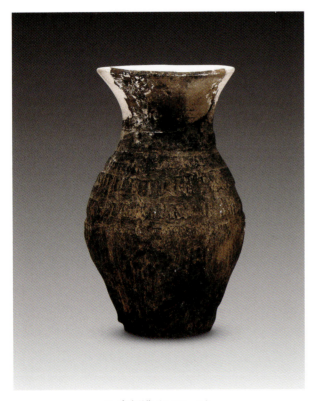

2. 高领罐（M29∶2）

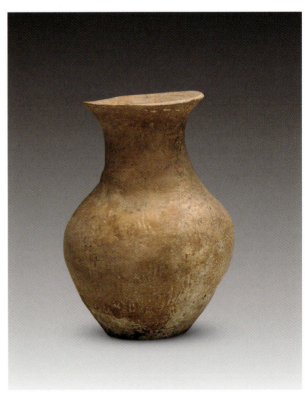

3. 高领罐（M29∶5）

彩版二六　M29 出土器物

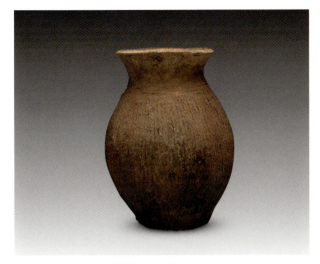

1. 夹砂绳纹侈口罐（M29：3）

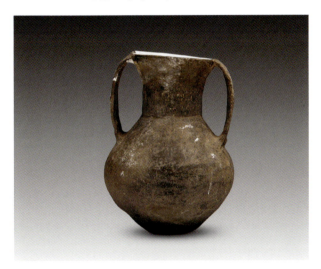

3. 双大耳罐（M29：1）

2. 喇叭口篮纹高领罐（M29：4）

4. 双大耳罐（M29：7）

5. 钵（M29：6）

彩版二七　M29 出土器物

1. M55 器物组合

2. 夹砂绳纹侈口罐（M55:3）

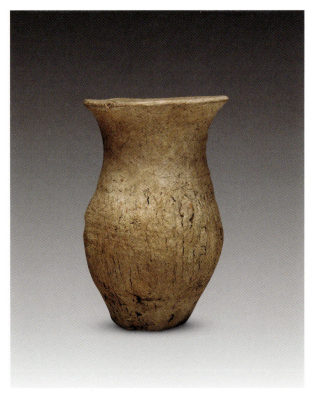

3. 高领罐（M55:1）

彩版二八　M55 出土器物

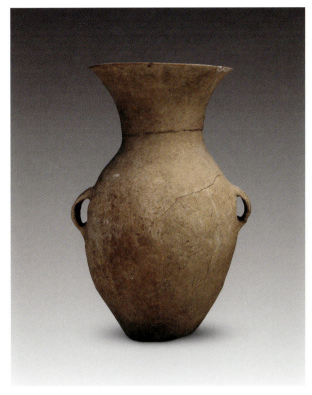

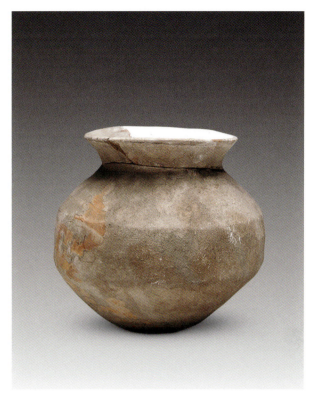

1. 喇叭口篮纹高领罐（M55：8）　　　　　　　2. 折肩罐（M55：7）

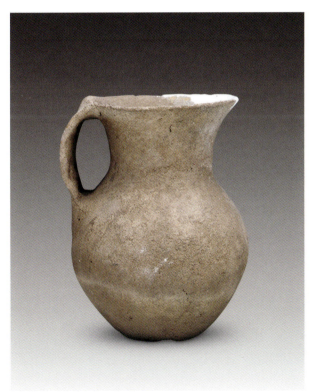

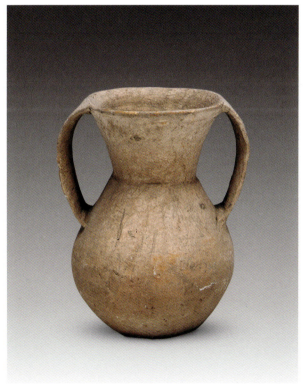

3. 单大耳罐（M55：2）　　　　　　　4. 双大耳罐（M55：4）

彩版二九　M55 出土器物

1. 双大耳罐（M55∶5）

2. 双大耳罐（M55∶9）

3. 钵（M55∶6）

5. 夹砂绳纹侈口罐（M60∶5）

4. 夹砂绳纹侈口罐（M60∶4）

彩版三〇　M55、M60 出土器物

1. M60 器物组合

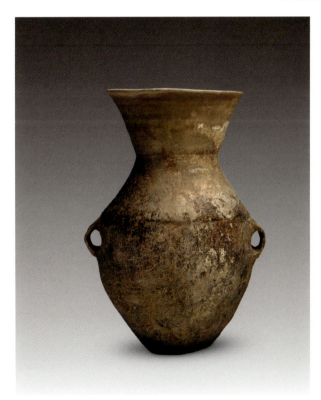

2. 喇叭口篮纹高领罐（M60∶6）

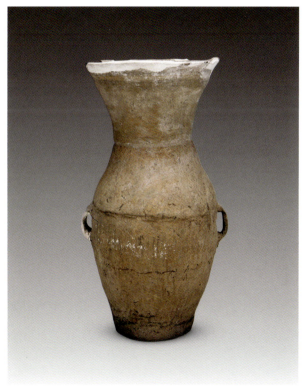

3. 喇叭口篮纹高领罐（M60∶8）

彩版三一　M60 出土器物

1. 高领罐（M60：3）

2. 折肩罐（M60：9）

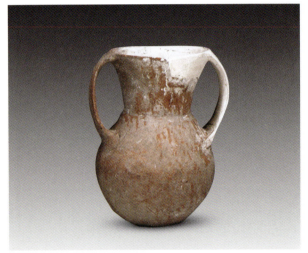

3. 双大耳罐（M60：1）

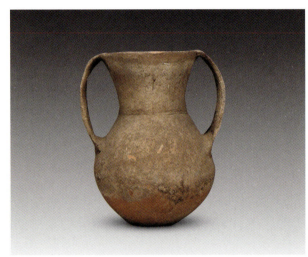

4. 双大耳罐（M60：7）

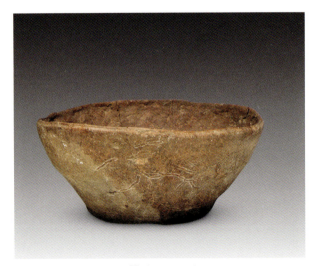

5. 钵（M60：2）

彩版三二　M60 出土器物

1. M62 器物组合

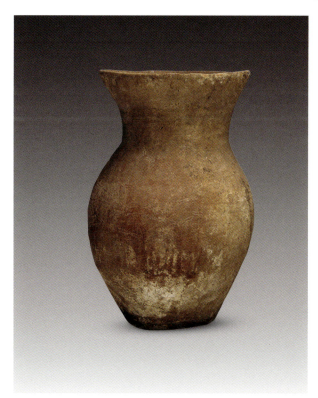

2. 高领罐（M62：6）

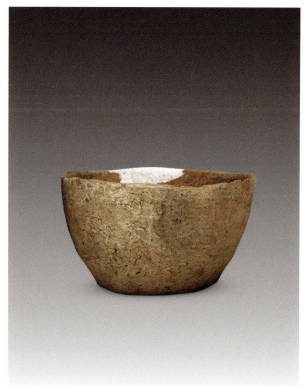

3. 钵（M62：1）

彩版三三　M62 出土器物

1. 夹砂绳纹侈口罐（M62∶2）

2. 夹砂绳纹侈口罐（M62∶3）

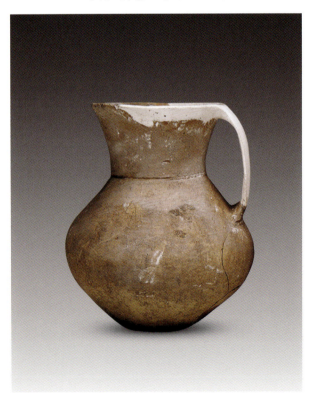

3. 单大耳罐（M62∶5）

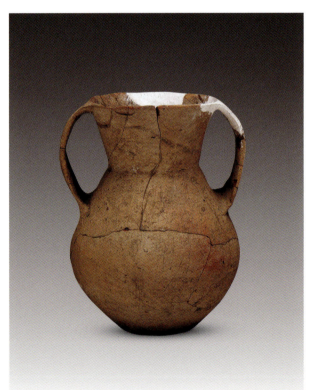

4. 双大耳罐（M62∶4）

1. M75 器物组合

2. 夹砂绳纹侈口罐（M75：1）

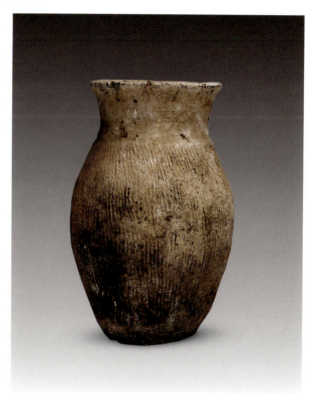

3. 夹砂绳纹侈口罐（M75：5）

彩版三五　M75 出土器物

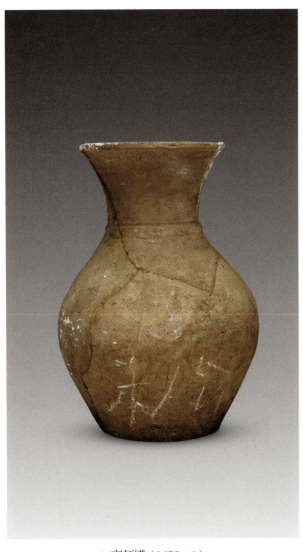

2. 高领罐（M75：6）

1. 高领罐（M75：4）

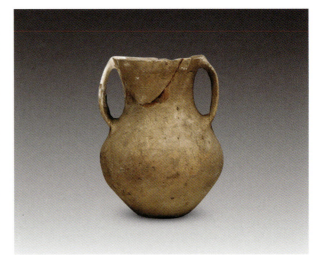

3. 双大耳罐（M75：2）

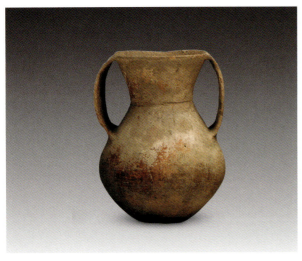

4. 双大耳罐（M75：3）

5. 钵（M75：7）

彩版三六　M75 出土器物

1. M89 器物组合

2. 夹砂绳纹侈口罐（M89：4）

3. 夹砂绳纹侈口罐（M89：5）

5. 双大耳罐（M89：3）

6. 盘（M89：1）

4. 喇叭口篮纹高领罐（M89：2）

彩版三七　M89 出土器物

1. M94 部分器物组合

2. 夹砂绳纹侈口罐（M94：2）

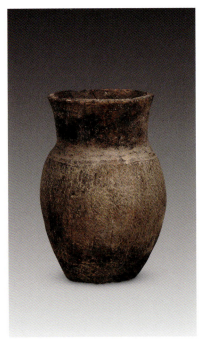

3. 夹砂绳纹侈口罐（M94：8）

4. 双大耳罐（M94：6）

彩版三八　M94 出土器物

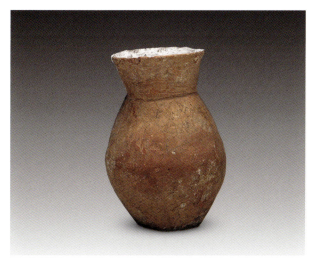

1. 高领罐（M94：3）

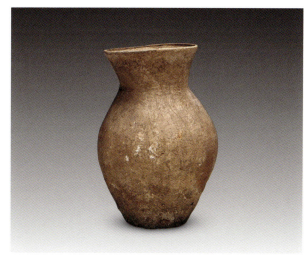

2. 喇叭口篮纹高领罐（M94：5）

4. 豆（M94：1）

3. 喇叭口篮纹高领罐（M94：4）

5. 单耳杯（M94：7）

彩版三九　M94 出土器物

1. M95 器物组合

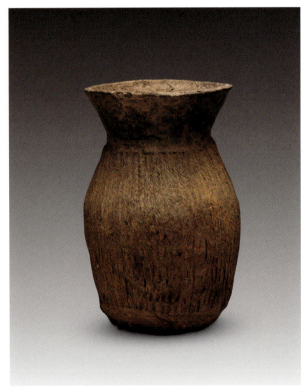

2. 夹砂绳纹侈口罐（M95:4）

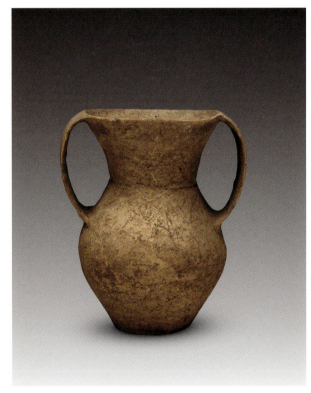

3. 双大耳罐（M95:3）

彩版四〇　M95 出土器物

1. M97 器物组合

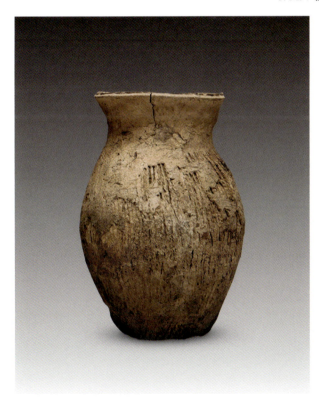

2. 夹砂绳纹侈口罐（M97：3）

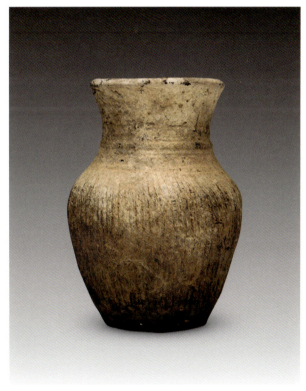

3. 夹砂绳纹侈口罐（M97：6）

彩版四一　M97 出土器物

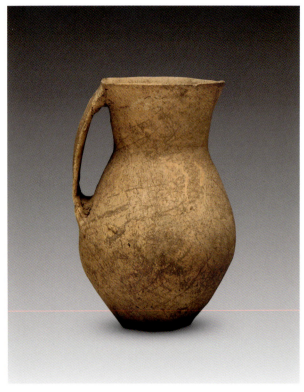

1. 单大耳罐（M97：5）

2. 喇叭口颈耳罐（M97：4）

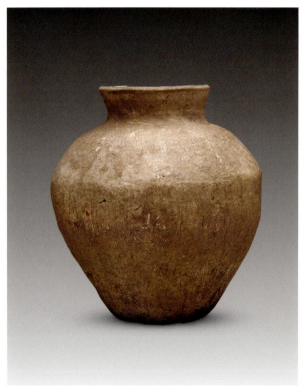

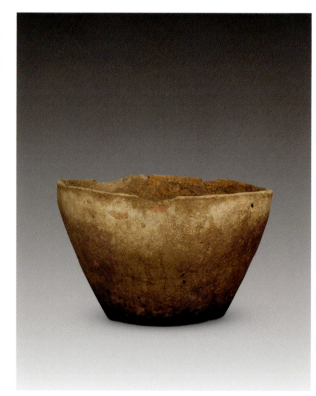

3. 瓮（M97：1）

4. 钵（M97：2）

彩版四二　M97 出土器物

1. M98 器物组合

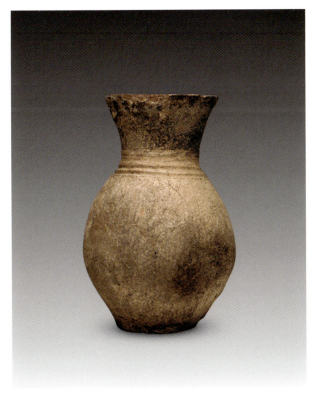

2. 高领罐（M98：5）

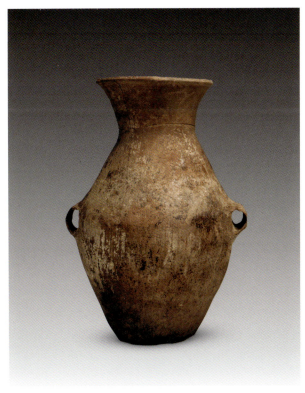

3. 喇叭口篮纹高领罐（M98：1）

彩版四三　M98 出土器物

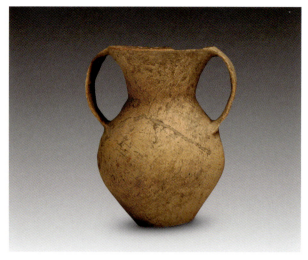

1. 双大耳罐（M98：3）

2. 双大耳罐（M98：7）

3. 夹砂绳纹侈口双耳罐（M98：6）

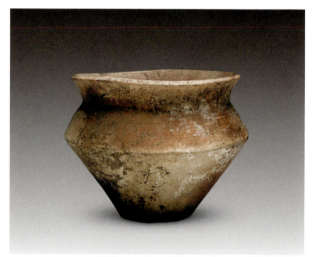

4. 折肩盆（M98：2）

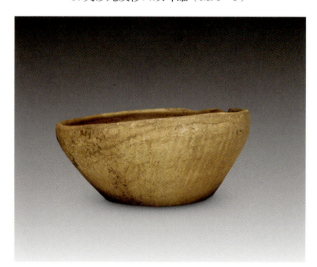

5. 钵（M98：4）

彩版四四　M98 出土器物

1. 夹砂绳纹侈口罐（M104：1）、双大耳罐（M104：2）（左一右）

1　　　　　　5　　　　　　2　　　　　　3　　　　　　4

2. M105 器物组合

彩版四五　M104、M105 出土器物

1. 夹砂绳纹侈口罐（M105：5）

3. 单大耳罐（M105：2）

2. 喇叭口篮纹高领罐（M105：1）

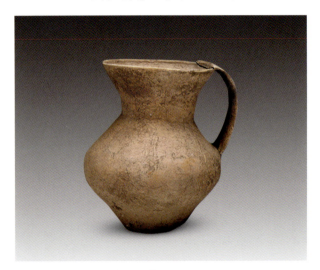

4. 双大耳罐（M105：3）

5. 双大耳罐（M105：4）

1. M107 器物组合

2. 夹砂绳纹侈口罐（M107：5）

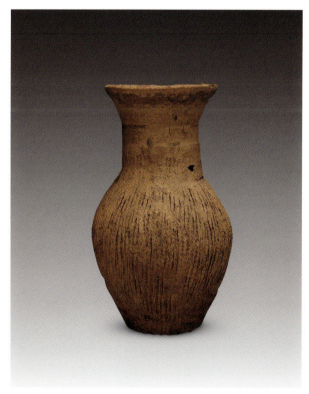

3. 高领罐（M107：2）

彩版四七　M107 出土器物

1. 喇叭口篮纹高领罐（M107：4）

2. 喇叭口篮纹高领罐（M107：6）

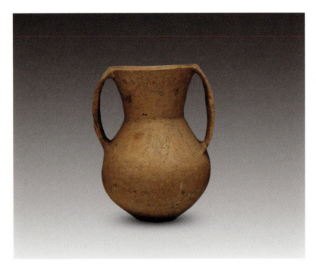

3. 双大耳罐（M107：3）

4. 双大耳罐（M107：9）

5. 钵（M107：7）

彩版四八　M107 出土器物

1. 折肩罐（M107：8）

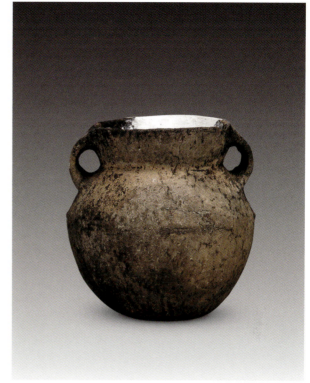

2. 彩陶罐（M107：1）

3   2   7   9   8   5   1   4   6

3. M108 器物组合

彩版四九　M107、M108 出土器物

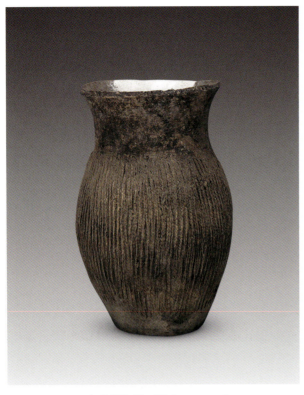

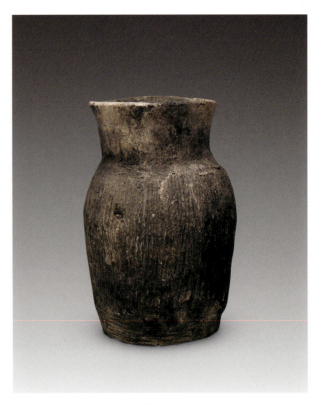

1. 夹砂绳纹侈口罐（M108：7）　　　　　　2. 夹砂绳纹侈口罐（M108：9）

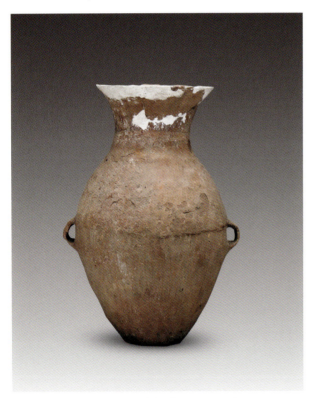

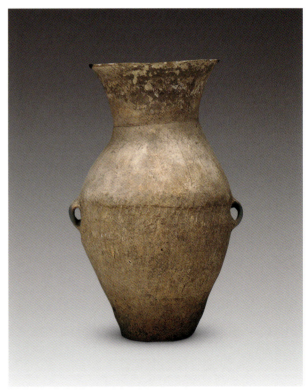

3. 喇叭口篮纹高领罐（M108：2）　　　　　4. 喇叭口篮纹高领罐（M108：3）

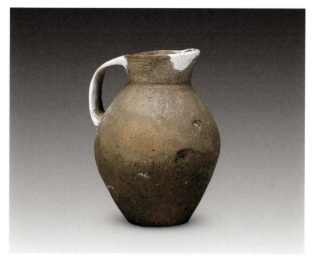

1. 单大耳罐（M108：6）

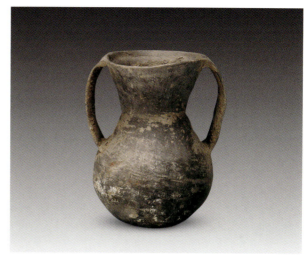

2. 双大耳罐（M108：1）

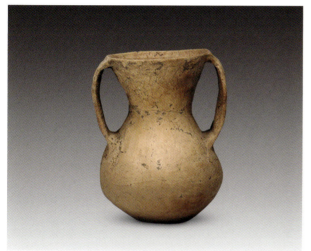

3. 双大耳罐（M108：4）

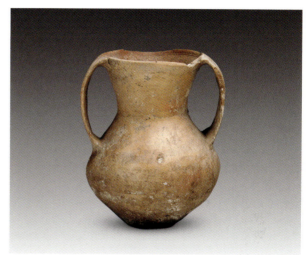

4. 双大耳罐（M108：8）

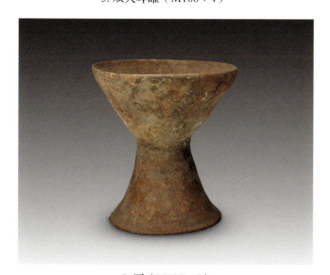

5. 豆（M108：5）

彩版五一　M108 出土器物

1. M18 器物组合

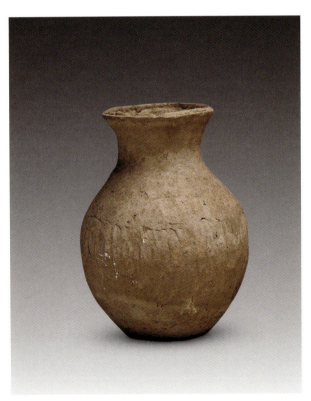

2. 高领罐（M18：2）

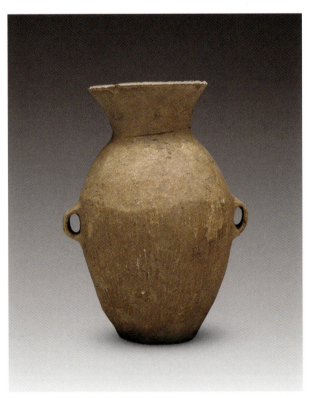

3. 喇叭口篮纹高领罐（M18：11）

彩版五二　M18 出土器物

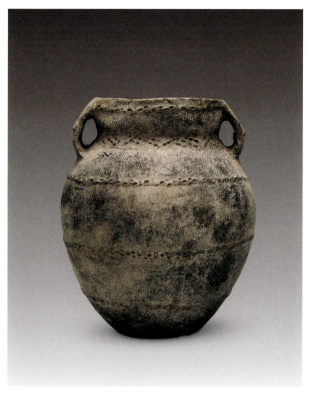

1. 薄胎细绳纹罐（M18：7）

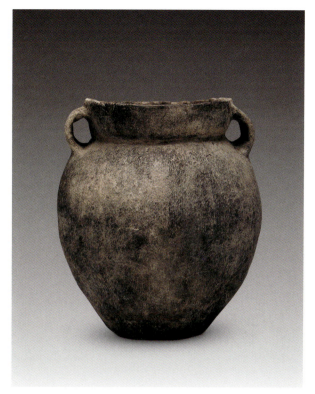

2. 薄胎细绳纹罐（M18：9）

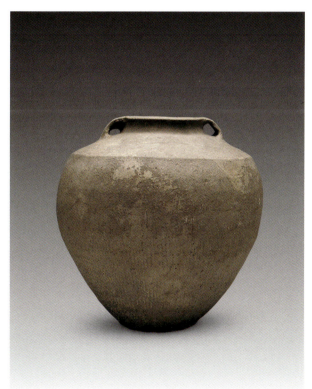

3. 折肩罐（M18：3）

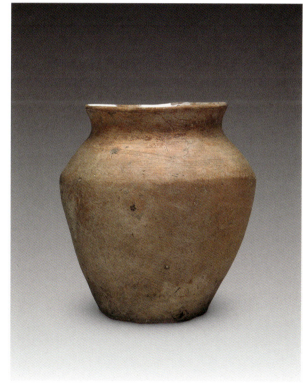

4. 折肩罐（M18：6）

彩版五三　M18 出土器物

1. 单大耳罐（M18：10）

2. 双大耳罐（M18：4）

3. 双大耳罐（M18：12）

4. 钵（M18：5）

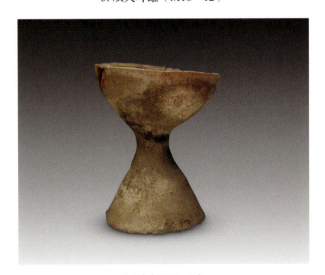

5. 豆（M18：1）

彩版五四　M18 出土器物

1. M34 器物组合

2. M74 器物组合

彩版五五　M34、M74 出土器物

1. 夹砂绳纹侈口罐（M74：2）

2. 夹砂绳纹侈口罐（M74：5）

3. 喇叭口篮纹高领罐（M74：4）

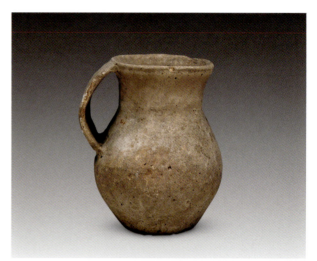

4. 单大耳罐（M74：3）

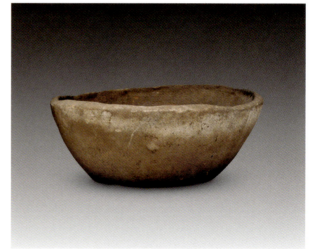

5. 钵（M74：1）

彩版五六　M74 出土器物

1. M22 器物组合

2. 夹砂绳纹侈口罐（M22：1）

3. 夹砂绳纹侈口罐（M22：4）

彩版五七　M22 出土器物

1. 夹砂绳纹侈口罐（M22：6）

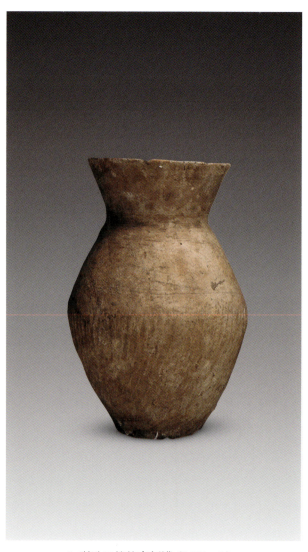

3. 单大耳罐（M22：2）

2. 喇叭口篮纹高领罐（M22：7）

4. 双大耳罐（M22：3）

5. 钵（M22：5）

彩版五八　M22 出土器物

1. M10 器物组合

2. 夹砂绳纹侈口罐（M10∶3）

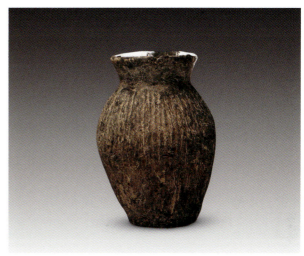

3. 夹砂绳纹侈口罐（M10∶7）

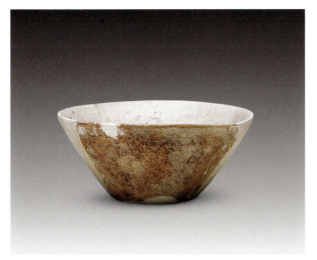

4. 钵（M10∶5）

5. 骨匕（M10∶2）

6. 骨饰（M10∶1）

彩版五九　M10 出土器物

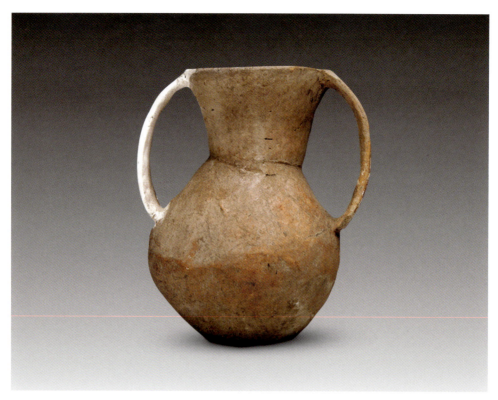

1. 双大耳罐（M10：4）

2. 彩陶罐（M10：6）

彩版六〇　M10 出土器物

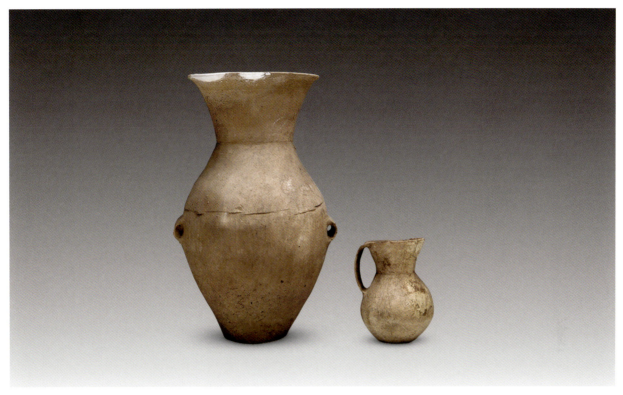

1. 喇叭口篮纹高领罐（M83：2）、单大耳罐（M83：1）（左—右）

1　　9　　4　　3　　2　　7　　5　　6　　8

2. M4 器物组合

彩版六一　M83、M4 出土器物

1. 夹砂绳纹侈口罐（M4：4）

2. 夹砂绳纹侈口罐（M4：6）

3. 高领罐（M4：7）

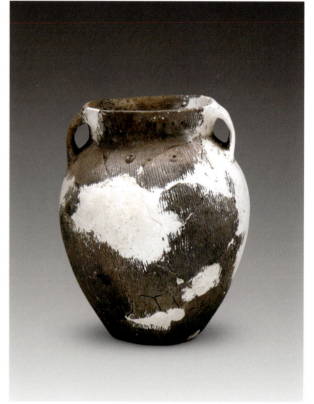

4. 薄胎细绳纹罐（M4：9）

5. 单大耳罐（M4：5）

彩版六二　M4 出土器物

1. 双大耳罐（M4：2）

2. 双大耳罐（M4：3）

3. 瓮（M4：1）

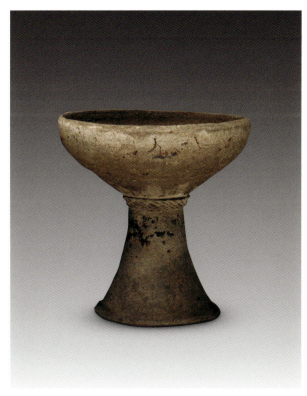

4. 豆（M4：8）

1. M2 器物组合

2. 薄胎细绳纹罐（M2：3）

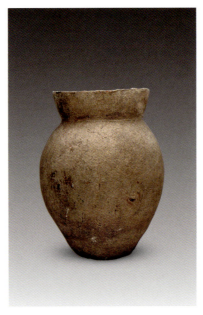

3. 薄胎细绳纹罐（M2：4）

4. 豆（M2：5）

1. M19 器物组合

2. 单大耳带流瓶（M19∶4）

3. 豆（M19∶1）

彩版六五　M19 出土器物

1. 夹砂绳纹侈口罐（M19：2）

2. 夹砂绳纹侈口罐（M19：3）

3. 折肩罐（M19：5）

4. 高领罐（M27：3）

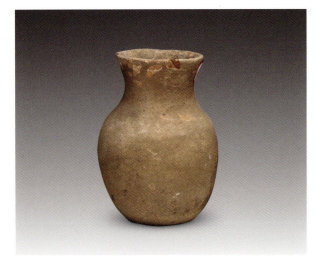

5. 高领罐（M27：5）

6. 钵（M27：4）

彩版六六　M19、M27 出土器物

1. M27 器物组合

2. 夹砂绳纹侈口罐（M27：1）

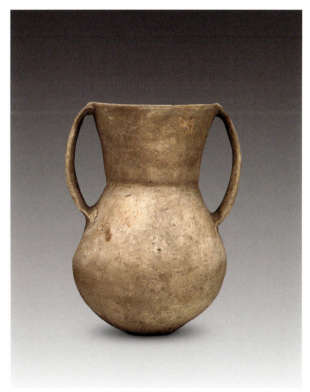

3. 双大耳罐（M27：2）

彩版六七　M27 出土器物

1. M32 器物组合

2. 喇叭口篮纹高领罐（M32：6）

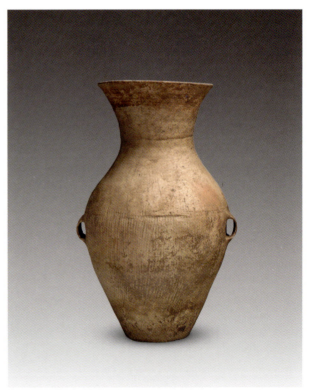

3. 喇叭口篮纹高领罐（M32：8）

彩版六八　M32 出土器物

1. 夹砂绳纹侈口罐（M32：1）

2. 夹砂绳纹侈口罐（M32：3）

3. 夹砂绳纹侈口罐（M32：10）

4. 单大耳罐（M32：5）

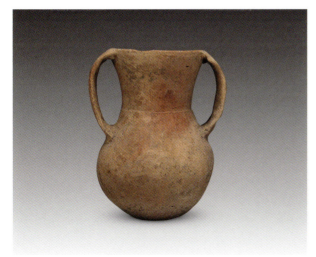

5. 双大耳罐（M32：2）

6. 双大耳罐（M32：7）

彩版六九　M32 出土器物

1. 铜镜形饰（M41∶1）　　　　　　　　2. 双大耳罐（M54∶2）

3　　　　　　1　　　　　　4　　　　　　2

3. M54 器物组合

彩版七〇　M41、M54 出土器物

1. M58 器物组合

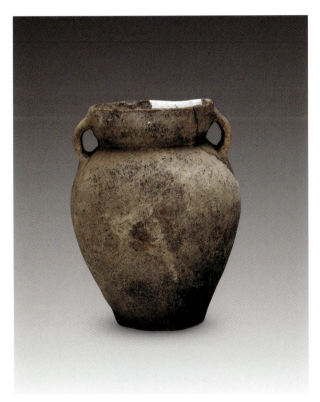

2. 薄胎细绳纹罐（M58：1）

3. 蛇纹罐（M58：3）

彩版七一　M58 出土器物

1. M69 器物组合

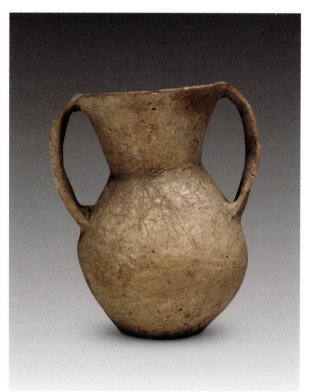

2. 双大耳罐（M69：2）

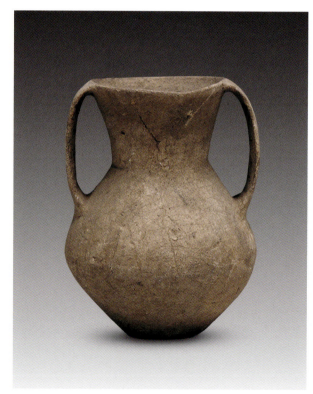

3. 双大耳罐（M69：7）

彩版七二　M69 出土器物

1. 夹砂绳纹侈口罐（M69：1）

2. 夹砂绳纹侈口罐（M69：6）

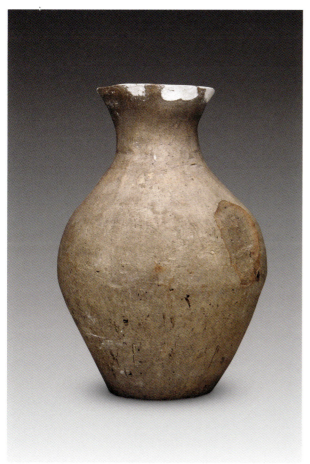

3. 高领罐（M69：4）

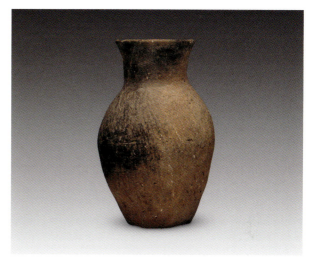

4. 高领罐（M69：5）

5. 钵（M69：3）

彩版七三　M69 出土器物

1. 夹砂绳纹侈口罐（M85：2）、钵（M85：1）（左—右）

1   2   4   5   3

2. M86 器物组合

彩版七四　M85、M86 出土器物

1. 喇叭口篮纹高领罐（M86：1）

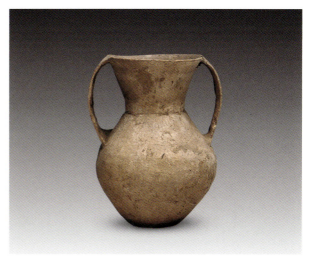

2. 双大耳罐（M86：2）

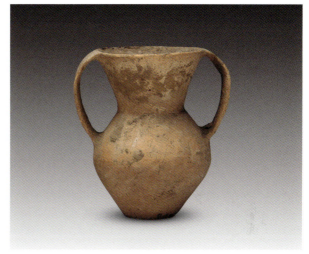

3. 双大耳罐（M86：3）

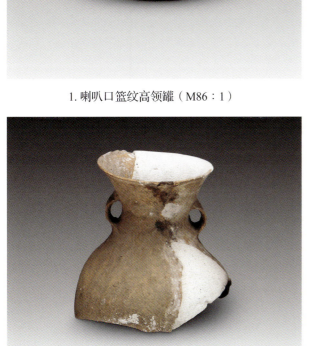

4. 喇叭口颈耳罐（M86：4）

5. 钵（M86：5）

彩版七五　M86 出土器物

1. 夹砂绳纹侈口罐（M88：1）、双大耳罐（M88：2）左—右

2. M96 器物组合

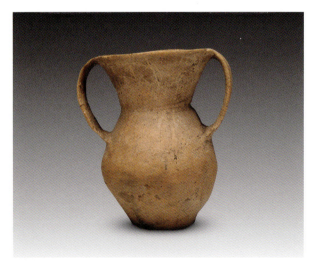

3. 双大耳罐（M96：4）

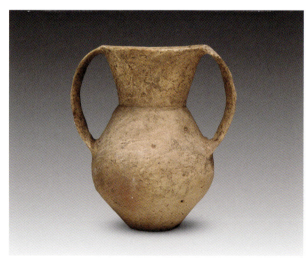

4. 双大耳罐（M96：7）

彩版七六　M88、M96 出土器物

1. 夹砂绳纹侈口罐（M96：2）

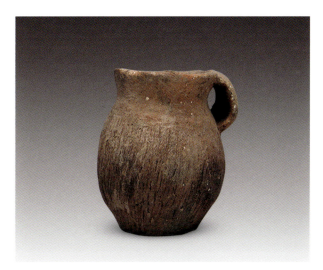

3. 夹砂绳纹侈口单耳罐（M96：5）

2. 喇叭口篮纹高领罐（M96：1）

4. 双錾双流罐（M96：6）

5. 豆（M96：3）

彩版七七　M96 出土器物

1. 夹砂绳纹侈口罐（M100：1、M100：2）、钵（M100：3）（左—右）

2. 豆（M101：1）、夹砂绳纹侈口罐（M101：2）、双大耳罐（M101：4）、夹砂绳纹侈口罐（M101：3）（左—右）

彩版七八　M100、M101 出土器物

1. M11 器物组合

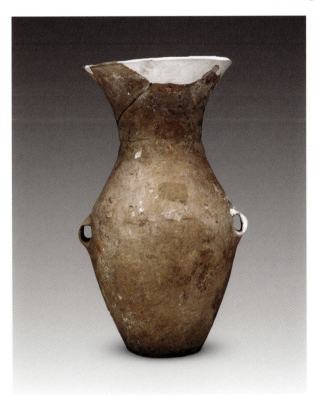

2. 喇叭口篮纹高领罐（M11：6）

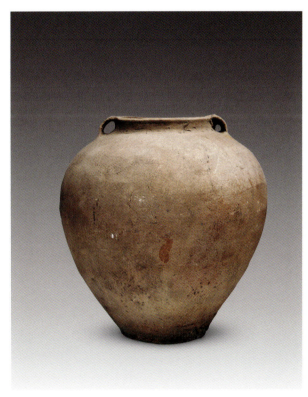

3. 瓮（M11：4）

彩版七九　M11 出土器物

1. 夹砂绳纹侈口罐（M11：2）

2. 夹砂绳纹侈口罐（M11：5）

3. 夹砂绳纹侈口罐（M11：11）

4. 夹砂绳纹侈口罐（M11：12）

5. 高领罐（M11：1）

6. 高领罐（M11：10）

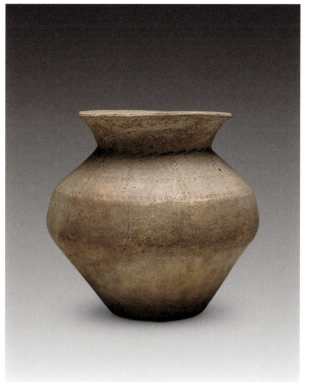

1. 折肩罐（M11：9）

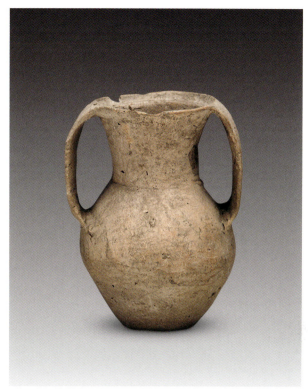

2. 双大耳罐（M11：3）

3. 三大耳罐（M11：8）

4. 豆（M11：7）

彩版八一　M11 出土器物

1. 喇叭口篮纹高领罐（M12∶1）、夹砂绳纹侈口罐（M12∶8）、双大
耳罐（M12∶7）（左—右）

2. 骨镞（M12∶3）

4　　7　　6　　5　　2　　3　　8　　1　　9

3. M16 器物组合

彩版八二　M12、M16 出土器物

1. 夹砂绳纹侈口罐（M16：2）

2. 夹砂绳纹侈口罐（M16：3）

3. 夹砂绳纹侈口罐（M16：5）

4. 夹砂绳纹侈口罐（M16：6）

5. 夹砂绳纹侈口罐（M16：7）

彩版八三　M16 出土器物

1. 喇叭口篮纹高领罐（M16∶4）

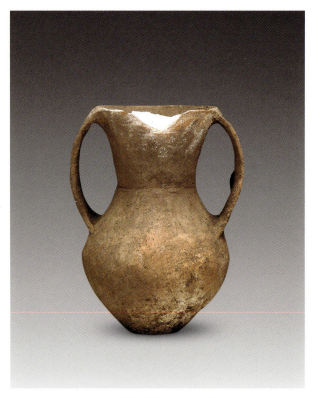

2. 双大耳罐（M16∶8）

3. 钵（M16∶1）

4. 钵（M16∶9）

彩版八四　M16 出土器物

1. M25 器物组合

2. 夹砂绳纹侈口罐（M25：1）

3. 夹砂绳纹侈口罐（M25：3）

4. 夹砂绳纹侈口罐（M25：2）

5. 夹砂绳纹侈口罐（M25：4）

1. 高领罐（M25：5）

3. 瓮（M25：15）

2. 喇叭口篮纹高领罐（M25：12）

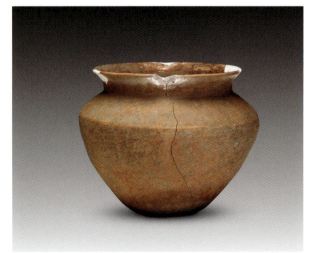

4. 折肩盆（M25：6）

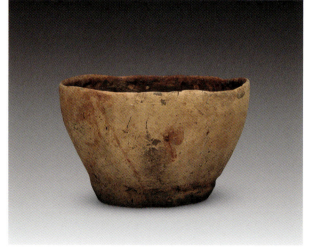

5. 钵（M25：14）

彩版八六　M25 出土器物

1. 双大耳罐（M25∶7）

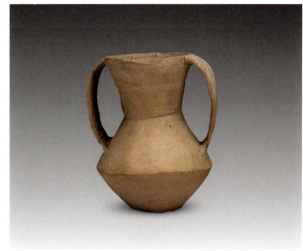

2. 双大耳罐（M25∶8）

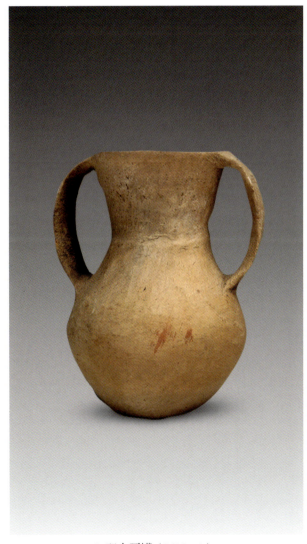

3. 双大耳罐（M25∶9）

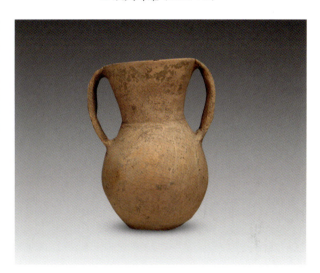

4. 双大耳罐（M25∶10）

5. 双大耳罐（M25∶11）

彩版八七　M25 出土器物

1. M28 器物组合

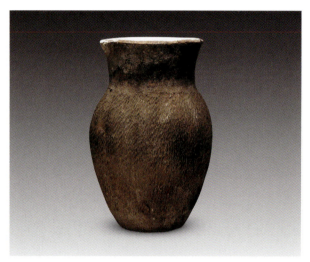

2. 夹砂绳纹侈口罐（M28：8）

3. 夹砂绳纹侈口罐（M28：9）

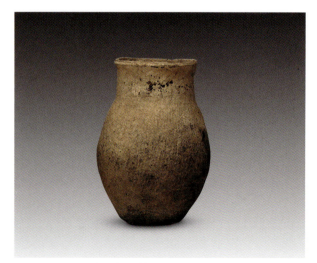

4. 夹砂绳纹侈口罐（M28：14）

5. 高领罐（M28：7）

彩版八八　M28 出土器物

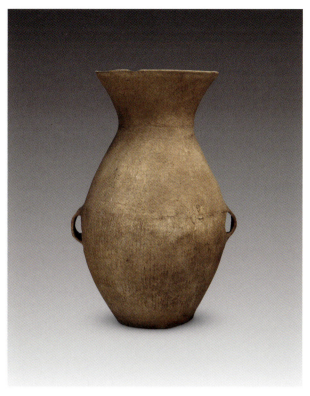

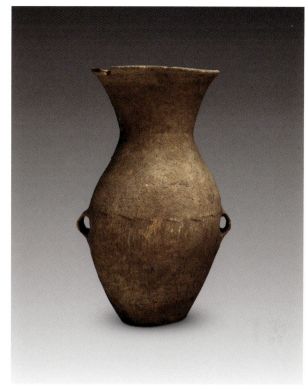

1. 喇叭口篮纹高领罐（M28：13）

2. 喇叭口篮纹高领罐（M28：16）

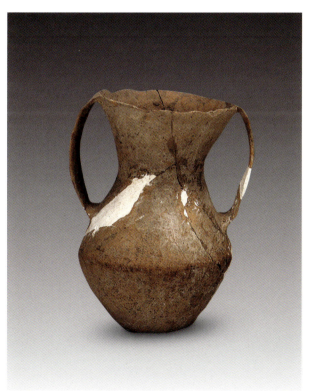

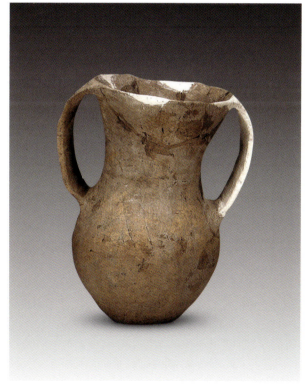

3. 双大耳罐（M28：11）

4. 双大耳罐（M28：21）

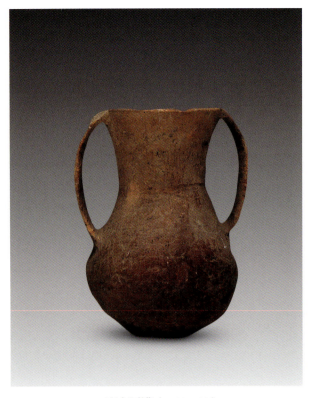

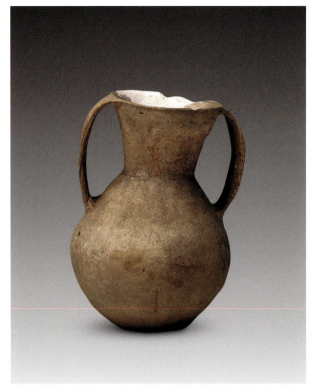

1. 双大耳罐（M28：19）

2. 双大耳罐（M28：15）

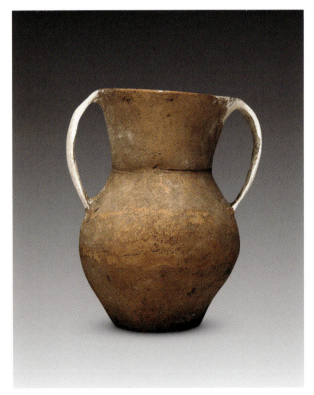

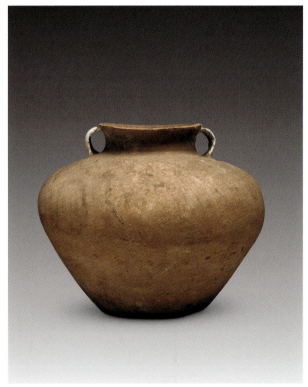

3. 双大耳罐（M28：1）

4. 瓮（M28：4）

彩版九〇　M28 出土器物

1. M36 器物组合

2. 夹砂绳纹侈口罐（M36：9）

3. 夹砂绳纹侈口罐（M36：5）

4. 夹砂绳纹侈口罐（M36：3）

5. 夹砂绳纹侈口罐（M36：14）

彩版九一　M36 出土器物

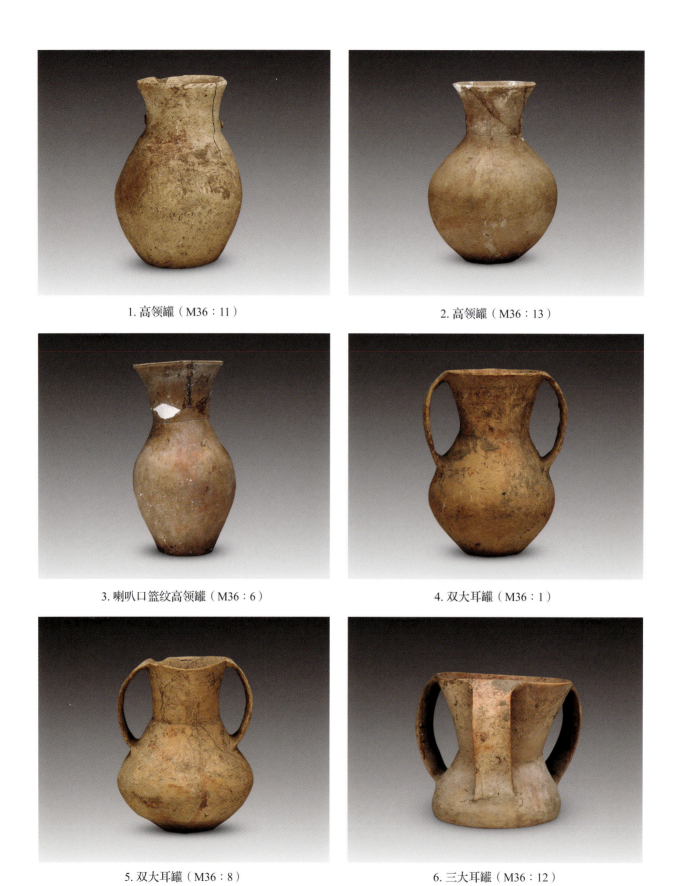

1. 高领罐（M36：11）

2. 高领罐（M36：13）

3. 喇叭口篮纹高领罐（M36：6）

4. 双大耳罐（M36：1）

5. 双大耳罐（M36：8）

6. 三大耳罐（M36：12）

彩版九二　M36 出土器物

1. M37 器物组合

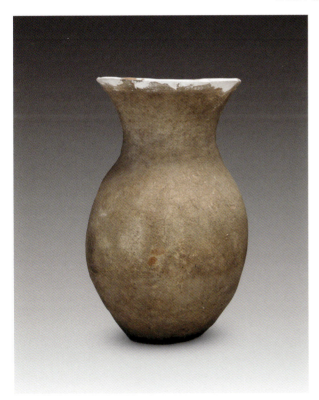

2. 高领罐（M37∶4）

3. 蛇纹罐（M37∶1）

彩版九三　M37 出土器物

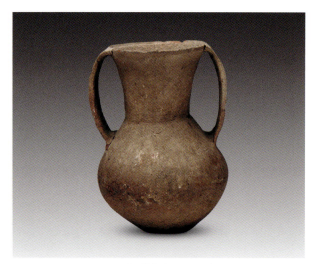

1. 双大耳罐（M37:2）

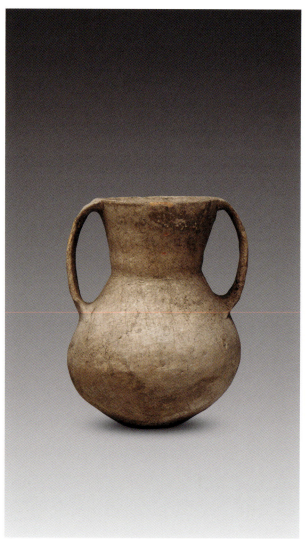

2. 双大耳罐（M37:5）

3. 骨匕（M37:6）　　　　4. 骨匕（M37:7）　　　　5. 牙饰（M37:9）

彩版九四　M37 出土器物

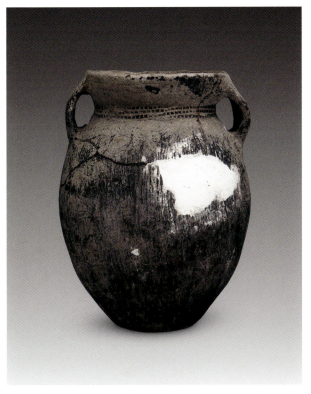

1. 薄胎细绳纹罐（M40：1）

2. 碎石（M42：3）

3. 绿松石片（M42：1）

4. 长方形骨片饰（M42：2）

彩版九五　M40、M42 出土器物

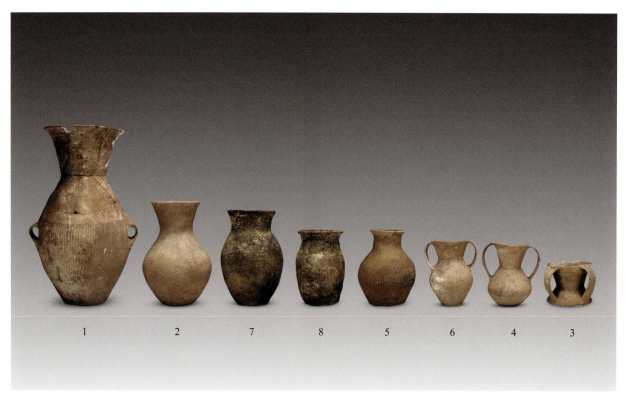

1. M44 器物组合

2. 喇叭口篮纹高领罐（M44:1）

3. 三大耳罐（M44:3）

彩版九六　M44 出土器物

1. 夹砂绳纹侈口罐（M44：7）

2. 夹砂绳纹侈口罐（M44：8）

3. 高领罐（M44：5）

4. 高领罐（M44：2）

5. 双大耳罐（M44：4）

6. 双大耳罐（M44：6）

彩版九七　M44 出土器物

1. M50 器物组合

2. 夹砂绳纹侈口罐（M50：1）

3. 夹砂绳纹侈口罐（M50：4）

4. 夹砂绳纹侈口罐（M50：8）

5. 骨匕（M50：9）

彩版九八　M50 出土器物

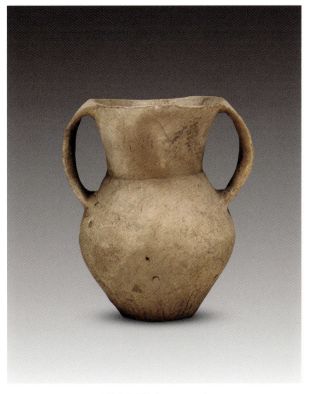

1. 双大耳罐（M50：3）

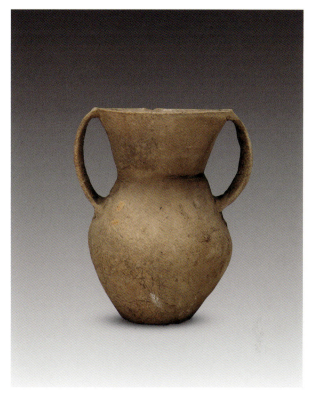

2. 双大耳罐（M50：5）

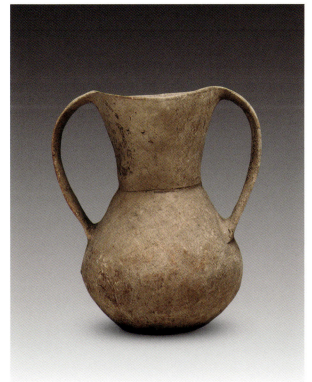

3. 双大耳罐（M50：6）

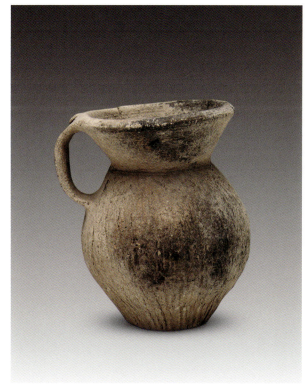

4. 夹砂绳纹侈口单耳罐（M50：7）

彩版九九　M50 出土器物

1. 高领罐（M59：2）、豆（M59：1）（左—右）

5　　　1　　　6　　　4　　　3　　　2

2. M63 器物组合

彩版一〇〇　M59、M63 出土器物

1. 夹砂绳纹侈口罐（M63：1）

2. 夹砂绳纹侈口罐（M63：2）

3. 高领罐（M63：4）

4. 高领罐（M63：6）

5. 喇叭口篮纹高领罐（M63：5）

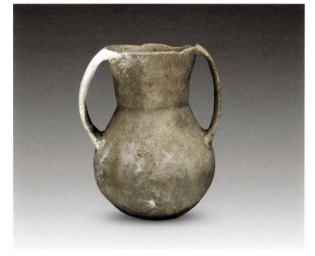

6. 双大耳罐（M63：3）

彩版一○一　M63 出土器物

1. M65 器物组合

2. 夹砂绳纹侈口罐（M65：6）

3. 夹砂绳纹侈口罐（M65：9）

4. 高领罐（M65：3）

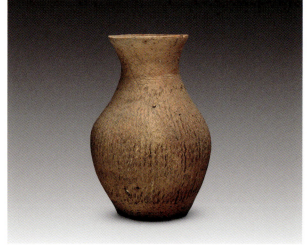

5. 高领罐（M65：4）

1. 喇叭口篮纹高领罐（M65：7）

2. 喇叭口篮纹高领罐（M65：8）

3. 双大耳罐（M65：2）

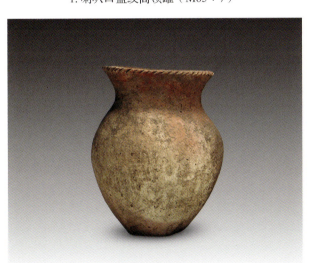

4. 瓮（M65：5）

5. 钵（M65：1）

彩版一〇三　M65 出土器物

1. M76 器物组合

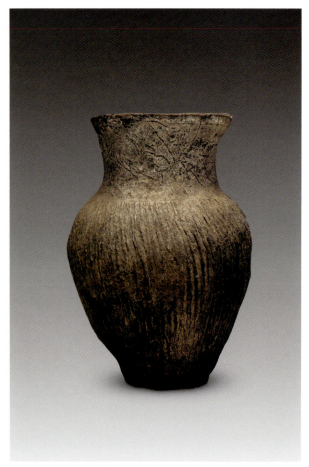

2. 夹砂绳纹侈口罐（M76∶6）

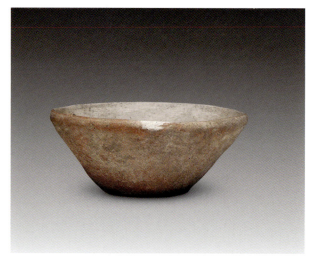

3. 钵（M76∶3）

4. 钵（M76∶5）

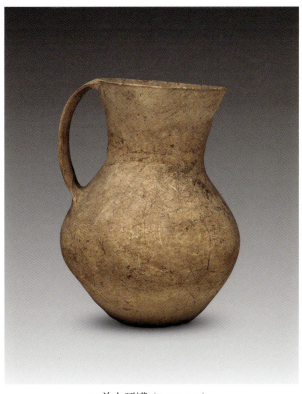

1. 单大耳罐（M76：7）

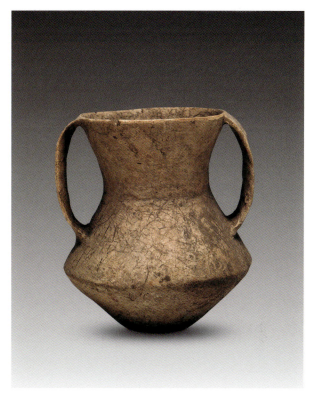

2. 双大耳罐（M76：1）

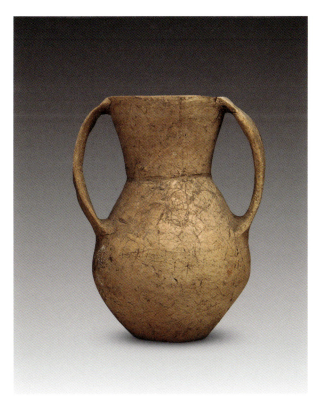

3. 双大耳罐（M76：2）

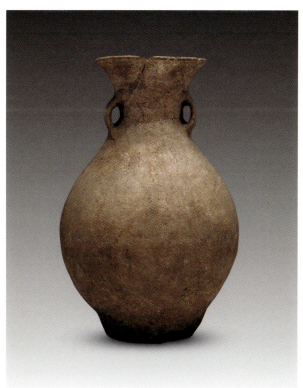

4. 喇叭口颈耳罐（M76：4）

1. M77 器物组合

2. 夹砂绳纹侈口罐（M77：2）

3. 夹砂绳纹侈口罐（M77：3）

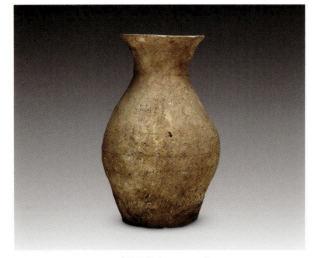

4. 高领罐（M77：1）

5. 高领罐（M77：6）

彩版一○六　M77 出土器物

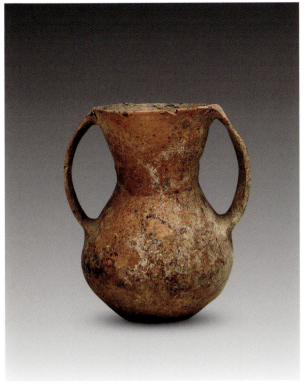

1. 双大耳罐（M77：4）

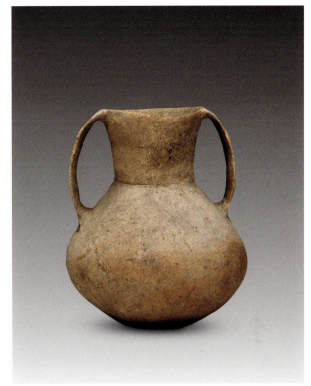

2. 双大耳罐（M77：7）

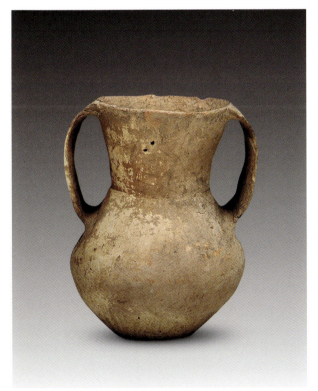

3. 双大耳罐（M77：8）

4. 豆（M77：5）

1. M79 器物组合

2. 夹砂绳纹侈口罐（M79：8）

3. 高领罐（M79：10）

4. 高领罐（M79：11）

5. 夹砂绳纹侈口双耳罐（M79：5）

彩版一〇八　M79 出土器物

1. 喇叭口篮纹高领罐（M79：6）

2. 喇叭口篮纹高领罐（M79：7）

3. 双大耳罐（M79：3）

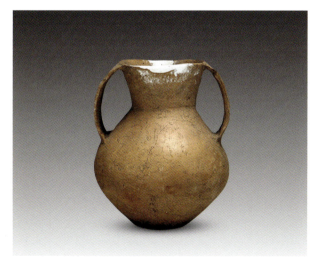

4. 双大耳罐（M79：12）

5. 豆（M79：4）

彩版一〇九　M79 出土器物

1. 折肩罐（M79：13）

2. 蛇纹罐（M79：9）

彩版一一〇　M79 出土器物

1. 夹砂绳纹侈口罐（M110：2）

2. 夹砂绳纹侈口罐（M110：3）

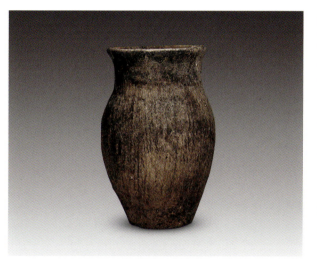

3. 夹砂绳纹侈口罐（M110：4）

4. 夹砂绳纹侈口罐（M110：7）

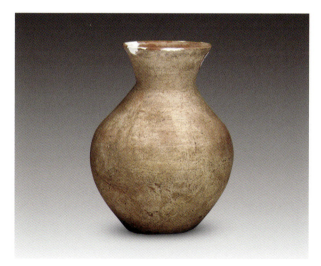

5. 高领罐（M110：9）

彩版一一一　M110 出土器物

1. 双大耳罐（M110：5）

2. 双大耳罐（M110：6）

3. 钵（M110：1）

4. 钵（M110：8）

5. 夹砂绳纹侈口罐（M110：10）

6. 夹砂绳纹侈口罐（M110：19）

彩版一一二　M110 出土器物

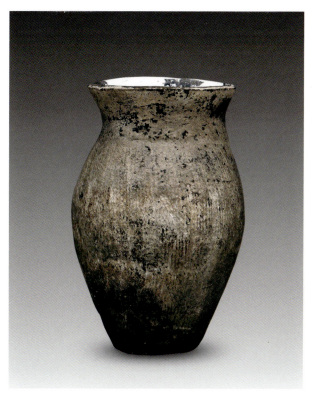

1. 夹砂绳纹侈口罐（M110：21）

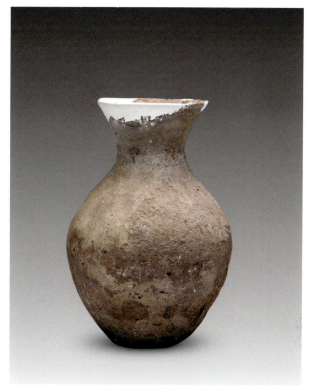

2. 高领罐（M110：11）

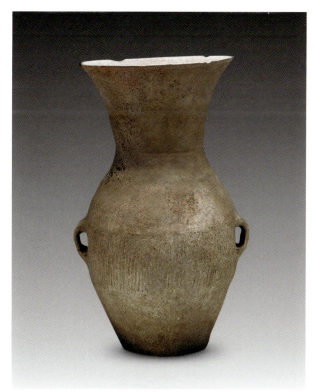

3. 喇叭口篮纹高领罐（M110：12）

4. 喇叭口篮纹高领罐（M110：18）

彩版一一三　M110 出土器物

1. 喇叭口篮纹高领罐（M110：20）

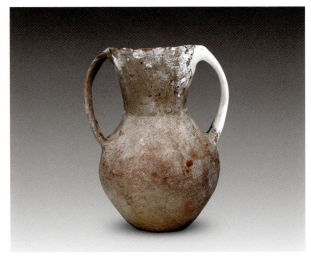

2. 双大耳罐（M110：13）

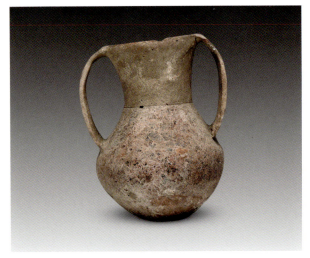

3. 双大耳罐（M110：15）

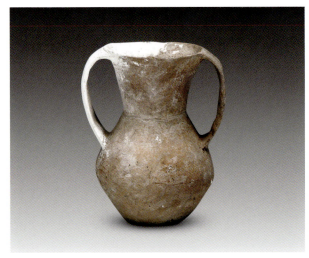

4. 双大耳罐（M110：16）

5. 钵（M110：17）

6. 骨锥（M110：22）

彩版一一四　M110 出土器物

1. 夹砂绳纹侈口罐（M112：2）

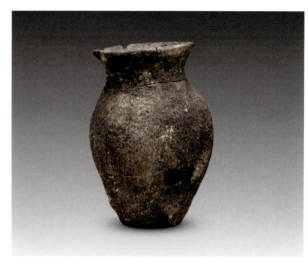

2. 夹砂绳纹侈口罐（M112：3）

3. 夹砂绳纹侈口罐（M26：1）

4. 夹砂绳纹侈口罐（M26：2）

5. 双大耳罐（M26：3）

6. 肩耳罐（M45：1）

彩版一一五　M112、M26、M45出土器物

1. 铜斧（AT14F1：6）

2. 石环（AT11H1：1）

3. 石刀（BT2：10）

4. 砺石（BT2：11）

5. 器盖（BT3：14）

彩版一一六　A区房址、灰坑及B区探方出土器物

1. 石刀（BT3：24）

2. 石凿（BT3：5）

3. 钻孔石器（BT3：20）

4. 钻孔石器（BT3：29）

5. 石球（BT3：10）

1. 夹砂绳纹侈口罐（M113：2）、双大耳罐（M113：1）（左一右）

2. M118 器物组合

彩版一一八　M113、M118 出土器物

1. 夹砂绳纹侈口罐（M118：5）

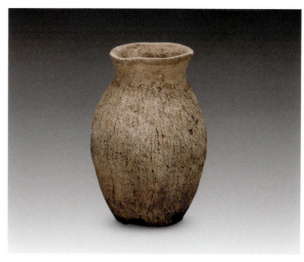

2. 夹砂绳纹侈口罐（M118：6）

3. 夹砂绳纹侈口罐（M118：8）

4. 夹砂绳纹侈口罐（M118：9）

5. 高领罐（M118：7）

6. 夹砂绳纹侈口单耳罐（M118：4）

彩版一一九　M118 出土器物

1. 钵（M118：10）

2. 研磨石（M118：1）

3. 器盖（BT1H2：3）

4. 石刀（BT1H3：1）

5. 石刀（BT1H5：2）

6. 卜骨（BT2H4：2）

彩版一二〇　M118、B 区灰坑出土器物

1.A区

2.B区

3.A区

图版一　发掘现场

图版二　工作场景

1. M20

2. M24

3. M61

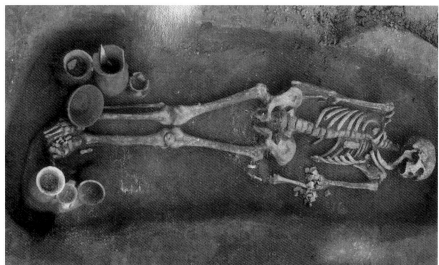

4. M66

图版三　A区墓葬

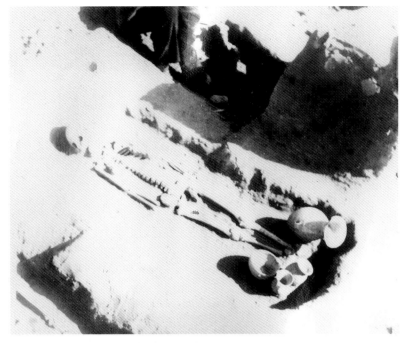

1. M90

2. M111

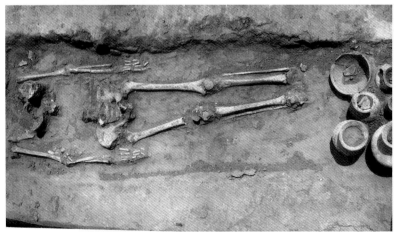

3. M21

图版四　A区墓葬

1. M23

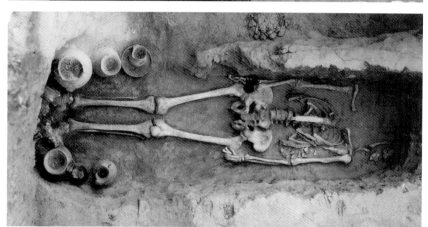

2. M29

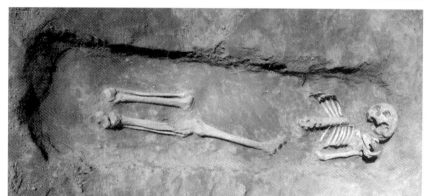

3. M48

4. M51

图版五　A 区墓葬

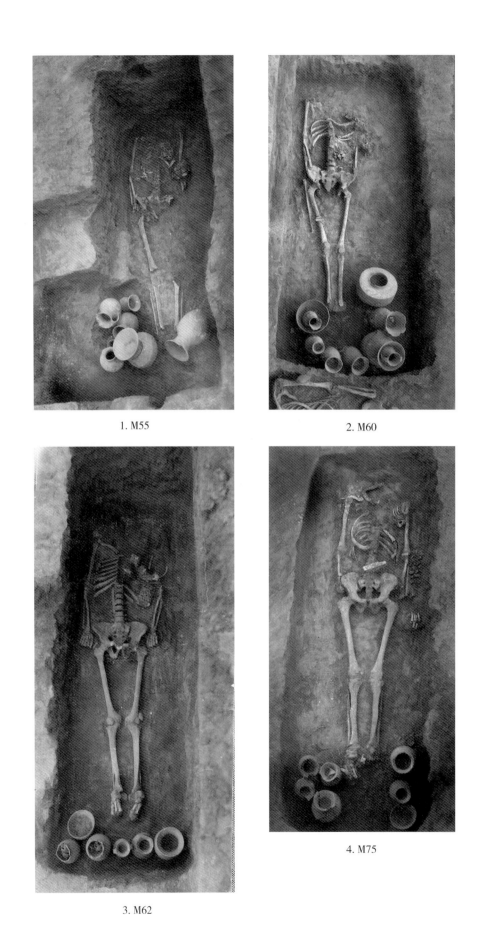

1. M55   2. M60

3. M62   4. M75

图版六　A 区墓葬

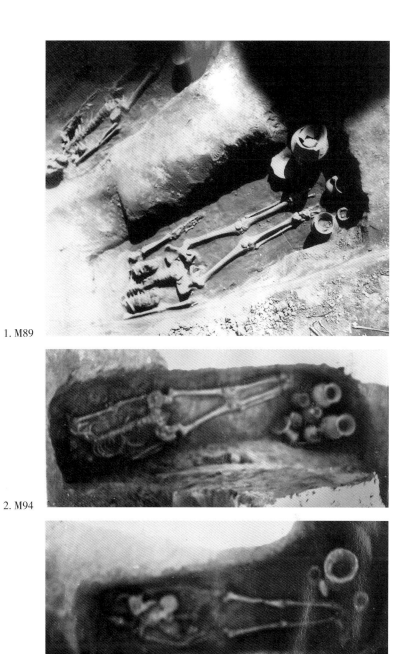

1. M89

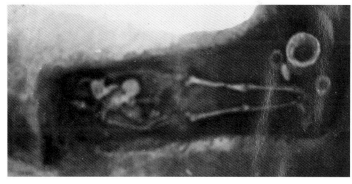

2. M94

3. M95

4. M107

图版七　A 区墓葬

1. M108

2. M34

3. M22

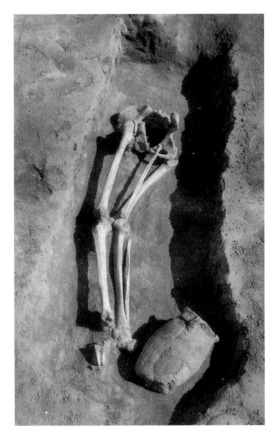

4. M43

图版八　A区墓葬

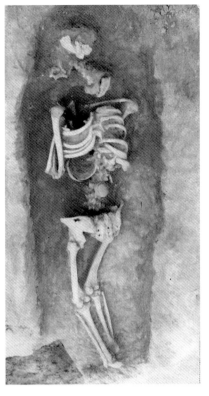

1. M33

2. M32

3. M41

4. M46

图版九　A区墓葬

1. M47

2. M49

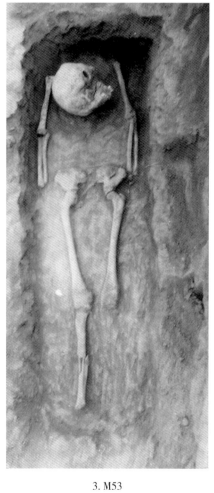

3. M53

4. M54

图版一〇　A 区墓葬

1. M58

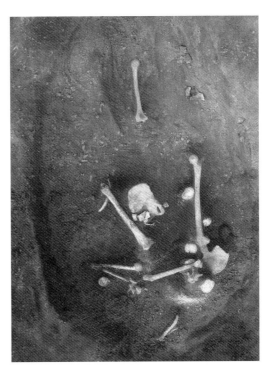

2. M67

3. M71

4. M73

图版一一 A 区墓葬

1. M91

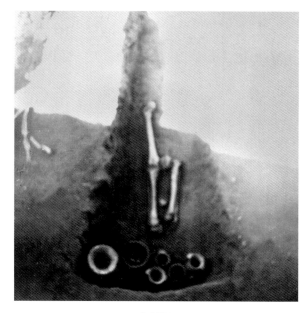

2. M96

3. M100

4. M101

图版一二　A区墓葬

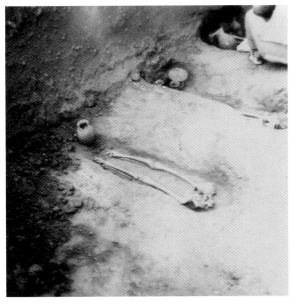

1. M102

2. M106

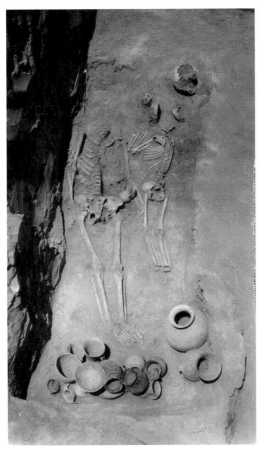

3. M25

4. M28

图版一三　A区墓葬

1. M35上层、下层（左—右）

2. M36

3. M37

图版一四　A区墓葬

1. M39、M40

2. M42

3. M44

4. M50

图版一五　A区墓葬

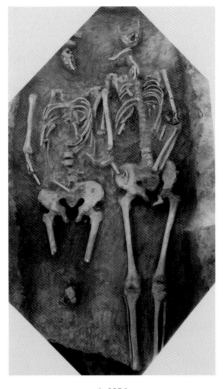

1. M56

2. M57

3. M59

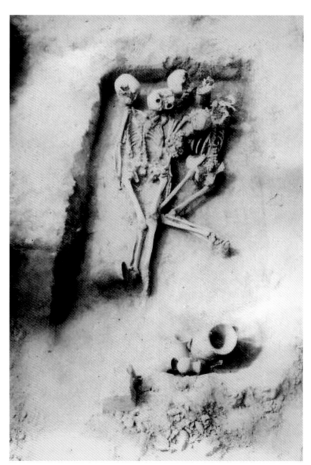

4. M63

图版一六　A 区墓葬

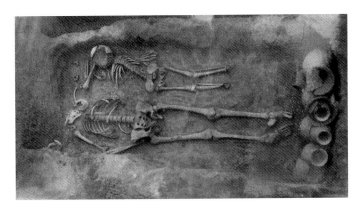

1. M65

2. M72

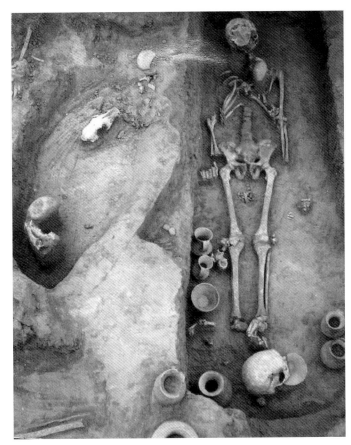

3. M76

4. M77

图版一七　A区墓葬

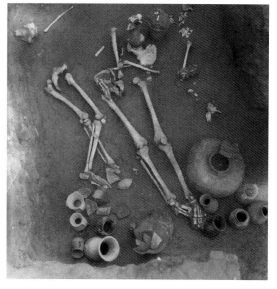
1. M79

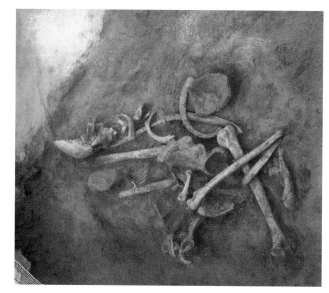
2. M70

3. M112

图版一八　A区墓葬

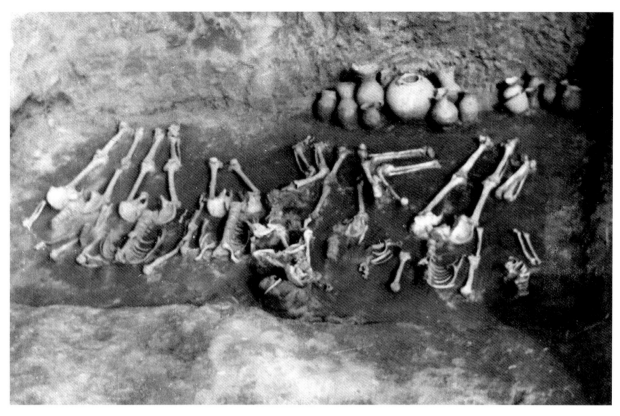

1. M110

2. AT14F1

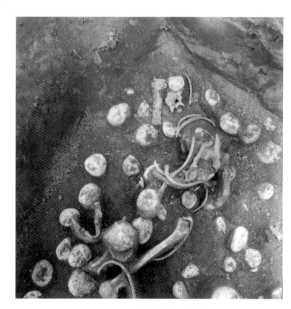

3. AT14F1铜斧出土位置

图版一九　A区墓葬及房址

1. M45

3. M115

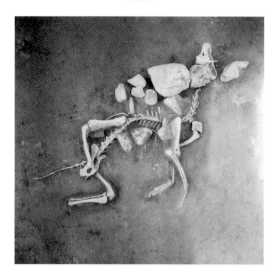

2.AT11H1狗骨架

4. M117

图版二〇　A区墓葬、灰坑及B区墓葬